赫胥黎传

N. 默里 著
夏平 吴远恒 译

文匯出版社

1956年，赫胥黎和劳拉·阿切拉婚后不久合影；如今的赫胥黎夫人在她好莱坞的家中。

1958年，赫胥黎在好莱坞写作。当时，这个事业有成、衣冠楚楚的英国人风头正劲。

赫胥黎在好莱坞的密友包括哈普·马克思、斯特拉维斯基一家、天文学家埃德温·哈勃和小说家阿妮塔·卢斯。这个小圈子还包括衣修午德、嘉宝、卓别林、波利特·戈达德等人。

灵媒艾琳·加勒特。1954年，赫胥黎参加了她主持的超心理学会议，当时他理性探索无边界的声誉早已确立。

1955年，玛丽亚去世前不久的照片。

1919年，玛丽亚·赫胥黎与奥尔德斯婚后不久；下图是汉普斯台德山公寓，婚后头一个月他们就住在这儿。

南西 · 寇纳尔德，《滑稽的环舞》中迈拉 · 维维亚什的原型。20年代赫胥黎曾迷恋于她。下图是伊迪丝 · 西特韦尔，她和其兄弟奥斯伯特是赫胥黎一生的朋友。

20年代，赫胥黎一家，上图是奥尔德斯、玛丽亚和他们的儿子马修在意大利托斯卡尼的大理石堡海滩。下图是在伦敦。

加州赖特沃德森林中的小木屋，赫胥黎在这儿度过了40年代的后半期。

这一时期的赫胥黎

早熟的赫胥黎享受着嘉辛顿庄园的好客，在那儿他结识了诸如艾略特这样的知名作家。下图是赫胥黎和他的第一任妻子。

塞西尔·比顿给赫胥黎拍的照片。这个20年代绝顶聪明的偶像破坏者正在撕开中产阶级尊贵的纱幕。

赫胥黎和D·H·劳伦斯。两个敏感而又迥然不同的人有着复杂、令人称奇的关系。

20年代的玛丽·赫金森，她是作家、社交名流、克莱夫·贝尔的情人，也是赫胥黎夫妇的密友。

赫胥黎在巴黎修瑞斯尼的寓所（1928 – 1930）以及位于桑纳瑞的拉戈尔盖特的“赫胥黎庄园”，就是在那儿，他们有了那辆富有传奇色彩的布干迪汽车。

1936 年赫胥黎在给《加沙的盲人》一书签字。

下左图是 1937 年赫胥黎和他的朋友也是和平运动的导师杰拉尔德 · 赫德在北加州黑山学院的一次讲座之前。这次讲学之旅也使他在美国定居下来。下右图是莫斯利，他是赫胥黎的小说《旋律与对位》中韦布利的原型。

1916年赫胥黎在嘉辛顿的小圈子：玛丽亚·尼斯，不久成了他的妻子；多拉·卡灵顿（《克罗姆·耶罗》中玛丽·不瑞斯葛朵儿的原型）；凯瑟琳·曼斯菲尔德；李顿·斯特雷奇，他形容赫胥黎是“一棵海草”。

身为知识分子兼加州圣人的赫胥黎的各种神态，或张扬，或凝敛。

快到生命终点的赫胥黎已身患晚期癌症，这是他和兄弟朱利安·赫胥黎爵士在汉普斯台德山公寓。

在他最富朝气的时候，他是一个满怀希望的梦想家。

目录

文人们总是受到诱惑，太单一地生活在他这只多栖动物能够接触到的仅仅少数几个世界里。

——奥尔德斯·赫胥黎为劳拉·阿切拉·赫胥黎所著的《你不是目标》所作的前言

在此同时，一个人必须满足于继续为了理性和现实主义以及某种体面而鼓吹。

——奥尔德斯·赫胥黎：《本文与托词》的序言

许多同时代人认为他是一个解放者以及世俗启蒙和科学进步的先驱者。他还是一位常常眼光准确得令人不安的预言家，对于在他的时代里对科学的利用感到理想日益破灭。他是生态运动的早期鼓吹者，这个运动在他死后加紧了步伐。他警告人们注意核武器、人口过多、世界自然资源消耗殆尽、军国主义，以及富有破坏性的民族主义的危险。他的比较隐晦的意见——关于现代消费资本主义的腐蚀作用及广告的洗脑作用，关于对自由的缓慢放弃——使得他最著名的小说《奇妙新世界》在许多方面成为一种比奥威尔的《1984》更加准确的预言。诚然，从某种观点来看，赫胥黎式的高度业余性质，在一个学术极度专门化的时代可能看上去有点儿不合时宜——他喜欢取笑“教授们”（当他自己成为一名“无特定专业访问教授”时也不放松一点），认为无论怎样深奥的学科对于他都不是隔行的。这位兴趣广泛，不承认任何学科障碍，也不感到有必要向这个那个知识领域钦定的守护人顶礼膜拜，即使还没有绝种，也确实是一种濒危物种。赫胥黎的例子——他就是罗莎蒙德·莱曼所称的“一种光辉的智力化身”——提醒人们：如果这个物种永远消失，会有多么危险。

然而，尽管赫胥黎具有巨大的智力天赋，但他绝不仅仅是一架感情枯竭的计算器。确实，他坦白地说过“有一种对各种关系的责任的恐惧”。他还承认：“我知道如何处理抽象概念，但不知道如何与人打交道。”虽然赫胥黎有超常的智力，而且经常无法忍耐人类的愚蠢（更多的是在理论的层次而不是在个人的层次表达出来），但是他是一个谦逊和腼腆到令人惊讶的地步的人。他表现出对他自身作为一个人和一位作家的缺点的异常尖锐的洞察。在20世纪40年代，威廉·谢尔登医生曾在《人类体格种种》和《性情种种》中所归纳的人的类型分类打了他一棍。在这个分类中，赫胥黎是一个“大脑紧张型”，这个名词在他以后的作品中常常出现。在1944年11月刊登在《哈泼氏杂志》上的一篇由詹姆斯·瑟伯配上滑稽插图的文章中，赫胥黎解释了他自己类型的人的特点：

> 大脑紧张型的人是一个过分警觉、过分敏感的内向的人，他更关心他自己的思想、感觉和想像的内部世界，而不甚关心外部世界……在姿势和行动方面，大脑紧张型的人紧张而拘束。他的反应可能迅速失当，他的生理反应紧张到不舒服的程度……极端的大脑紧张型……酷爱独处，不喜欢惹人注目……与别人在一起的时候，他们往往显得羞怯、心情多变，不可预测……他们通常举止拘谨、矜持，在表达感情方面，他们是如此抑制地不形于色，以至于内脏强健型的人怀疑他们冷酷无情。

然而，赫胥黎并非"冷酷无情"。作为20年代的一位青年作家，他被人们看成是一个冷眼旁观、不留情面的讽刺家，对人类的愚行感到厌恶，但是始终有着一颗内在的悲天悯人之心，目光比较敏锐的读者注意到了这一点。

2000年初一个湿热的下午，我在洛杉矶坐在由一位态度文雅的亚美尼亚司机驾驶的出租车上——此人的举止十分得当，对好莱坞地区街道分布的了解却不敢恭维——前往好莱坞山穆尔豪兰公路旁赫胥黎去世时住的那栋房屋，赫胥黎的第二任妻子劳拉·阿切拉·赫胥黎目前仍然住在这里。坐在这栋房屋后面的阳台上，山坡上耸立着的"好莱坞"几个著名的白色大字历历在目，似乎只有一箭之遥，我在同赫胥黎夫人交谈中，不知不觉地问起在赫胥黎即将逝世的时候广为传播的对赫胥黎的看法：他已经化为一位超世俗世界的圣人，超凡绝尘，几乎飘飘欲仙，他的精神支柱已经脱离了这个世界。这就是20世纪50年代和60年代对赫胥黎的普遍看法。劳拉·赫胥黎强烈表示不同意这个看法："他非常入世，轻松，快乐，"她坚持说。我们交谈了一个多小时。光线变得暗淡了，从山中轻轻吹来带着植物芳香的凉风。蚊子像在敌军滩头登陆的小小伞兵，从各个角度降落下来。停顿了很长一段时间：

我无法告诉你这个人是多么文雅和温情：又容人、又温情、又体贴。

劳拉·赫胥黎的看法与奥尔德斯·赫胥黎去世时人们向他致的不少悼词不谋而合。有许多人可以为利奥纳德·伍尔夫所称的他的"引人注目的文雅又亲切的品质"作证。奥斯伯特·西特威尔认为，他就是"那种罕见的人，一个好人"，而以赛亚·伯林说，他是"一位极有教养、善良和一丝不苟的人"。

当代的评论和传记感到用这种方式谈论作家难免不妥。直到前不久为止，评论家们专注于各种正式和理论性的问题。在研究作家的道德态度时，用德里达的话来说，是"*hors-texte*"（离开文本）的，因此并不切题。然而没有什么东西比评论的风尚来去更快，对于这种狭隘的方式不满的迹象越来越多。我们现在也许再次做好了研究赫胥黎和像他那样的作家的准备。另一方面，那些把赫胥黎称为世俗的圣人（当初格拉斯东生造出这个词语来形容约翰·斯图尔特·穆勒的时候，是想让这个词语带有一种矛盾的意义）的人有遭到人们作出怀疑的反应的危险。但是，甚至在1948年代表《图画邮报》采访赫胥黎的不抱幻想的西里尔·康诺利，也不得不得出结论认为，他在伦敦西区上演此人的一部戏剧的期间在克莱里奇晤见的这个人，在品质上与大多数当代作家是不同的：

> 如果你看看他的脸，首先会得到一种巨大才智的印象，但是在艺术家中，这种印象并不少见。更加值得注意，而且几乎是他所特有的是他的脸上焕发出来的安详、慈爱与和蔼；你不再感到"一个多么睿智的人啊"，而是感到"一个多么好的人啊"，这是一个无求于己同时又投入——事实上是全力关注着——善恶之间、觉知和愚蠢之间的永恒的冲突。

可以这样概括赫胥黎的哲学：可以使世界变得好一些，但只能是在使我们自己变得好一些的前提下。他不是一位思想理论家、一位发布宣言的作家，或一位务实的政治家。但是他想改变头脑——或者释放头脑的潜力。他的才智自由驰骋，对于边界不感兴趣。他在加利福尼亚请古怪的“排除有害印象精神治疗法”的创始人 L. 罗恩·休巴德共进午餐——其简单的原因就是他想找到他必须说的话——而当一位朋友写关于飞碟的文章时，他承认“迄今为止还没有得出”飞碟究竟是否存在的“确定意见”。一个开明的头脑是如此罕见，所以我们要责备他，也许应该思忖再三。

但是，除了智力和道德观之外，还有这个人的肉体。赫胥黎的个子非常之高——有六英尺四又二分之一英寸——以及使他受了大半辈子苦的接近失明的状态有时候使得他有一种奇怪的样子，也许使初次见到他的人有一种咄咄逼人的感觉。在赫胥黎居住在南加州的时期认识他的克里斯多弗·伊雪伍德认为，“他个子太高了，我感到与他有一种动物学上的分隔。个子高与个子矮的人之间有一条非常非常宽的鸿沟”。赫胥黎 1919 年结婚之后曾经在汉普斯台德的一栋小小的公寓里居住过，当地的那些南方佬把他看成是一个细弱的老伊顿公学出身的少爷公子，往往在街上对着他嚷：“北边冷不冷啊，伙计！”这类话来逗他玩。弗吉尼亚·伍尔夫第一次见到他之后，在她的日记中写道，他“个子长得不得了”。她是在嘉辛顿的草地上浏览罗伯特·布里奇斯刚刚交给她的杰拉尔德·曼利·霍普金斯的手稿时看到“像巨大的蚱蜢那样的奥尔德斯蜷缩在近处的一张椅子里”的。几年之后，她在一个音乐会上遇见了他，“比过去任何时候更像一架风车、一个稻草人，趣味更加高级、更近于全瞎、更加苍白、更加残疾”。动物的比喻无独有偶。西比尔·贝德福德初次与他见面后注意到：“俘获这么多女人的那种疏离感、脆弱感、这奇怪的小鸟的无人保护的样子。”另外还有植物的比拟：在弗莉达·劳伦斯的眼里，他是一枝“草”，西威尔·斯托克斯则认为他

"像一枝长长的、悲伤的郁金香,它的头部稍显沉重地靠在花茎上"。对于圣约翰和玛丽·赫金森的儿女来说,他是"摇摇晃晃的人"。赫胥黎在南加州的一位密友阿尼塔·卢斯,震惊于他的"形体之美……威廉·布莱克画笔下的天使的头部。奥尔德斯的不良视力甚至增添了他的威严,因为他似乎在看位于上方,在其他人视野以外的东西"。玛丽·赫金森对他的形貌感受很深:"这么高、这么文雅,这么慵懒,使人想起不可触摸的缩入的蜗牛触角,同他源源不断的开朗的思想成为奇怪的对照。"

还有他那有名的声音:抑扬顿挫得恰到好处,银铃似的、清晰的声音。赫胥黎在聆听于1949年夏天——当时他已经在南加州居住了十年多——制成树脂唱片的他自己的讲话录音时,赫胥黎说:

> 语言始终在变化之中;我在小时候听到的有教养的英语同如今的青年男女讲的有教养的英语并不相同。但是,在总的消长潮流中,存在着语言保守主义的孤岛;当我从外部客观地聆听我自己的讲话时,我察觉我就是这类孤岛之一。在乔伊特和刘易斯·卡罗尔时代的牛津,亦即我在母亲在其中成长的牛津,人们是怎样说女王英语的呢?我可以本着相当程度的信心回答说,他们说的话与我说的几乎完全相同。这些20世纪50年代的录音同时也是上一个世纪70年代或80年代的文件。

如果你把自己在伦敦的国家音响档案馆的听音室里关上一天,倾听如他的朋友杰拉尔德·赫尔德所说的他那"像缝纫女工的针脚那样干脆利落的"的声音——在美国居住多年也没有什么改变——你就可以证实另一位朋友雷蒙德·莫蒂摩尔的看法"他的声音和清晰发音仍然是我所知道的人中间最为精湛的"是何等准确。他的谈话中常常插入"多么非凡"和"迷人"这些词语,偶尔也提到当代的一些著名权威对这个那个知识分支的看法，还信手拈来地引用往昔的大师们的话语（“斯宾诺莎有一句非常引人注意的话……”）。只是偶尔几次，这种安闲、柔和的发音，这种几乎是懒洋洋的声调才会稍微升高到一种要是再过分一点儿就可能变成抱怨声调的程度，好像说话的人无法完全了解他的时代人类愚行的规模竟然如此之大，被这种情景所吓退了。然而，说话的声音体现了这个人，耶胡迪·梅纽因声称：“他把自己变成了一件乐器……他的声音是柔和的旋律。”

“奥尔德斯，”他的侄儿弗兰西斯·赫胥黎说，“这个名字多么适合他呀，有多少次，我听见人们仅仅用这个名字亲切而尊崇地提到他，好像世界历史上只有唯一的一个奥尔德斯！”

奥尔德斯·赫胥黎出生于 1894 年维多利亚女王在英国临朝的时候。他在幼年时看到过一眼晚年的女王在她忠实的仆人约翰·布朗的侍奉下，在温莎大公园举行马车出巡仪式。他在 1963 年逝世于好莱坞，比从达拉斯的得克萨斯州政府图书馆射出杀死约翰·肯尼迪总统的致命的子弹仅仅晚几个小时。他是一位伟大的维多利亚时代科学家的孙子和维多利亚时代诗人兼评论家马修·阿诺德的侄外孙。因此，他是维多利亚时代高层自由主义智力活动的世界与那些热忱而头脑进步的社会向善论者无法预测其前进方向的 20 世纪世界之间的一种导管或纽带。正是赫胥黎的这一方面吸引我去研究他，因为我写过马修·阿诺德的传记，渴望探索身为开明公共知识分子的作家和思想家们将 19 世纪的传统坚持维系到现代的道路。在赫胥黎的青年时代，他被同时代人看成是这种维多利亚遗产的反对者，是一位摆脱——而且鼓励别人摆脱——据认为是呆滞、反动的社会秩序的大无畏的现代人物。《二三其德》(1926 年)中以其名字给地方命名的女主人公知道她奋起反对什么：

至于格蕾丝的父母，他们只相差一代人；但是天知道，已经相差得够远了。他们有对于社会主义和性道德、绅士，以及最有教养的人该做什么不该做什么的看法——都是些固定的、无法改变的、积习成性的，到现在几乎成为本能的看法，这些看法使得他们无法理解或原谅当代的世界。

然而，从一个比较广泛的范围来看，可以看到更加深刻的持续性在发挥作用。赫胥黎热爱科学（即便他痛苦地意识到了在他的时代科学遭到滥用）、热爱同广大公众进行交流这一点，使人想起他的祖父决心用平易的语言在皇家学院所作的，有工人和马车夫参加的讲座上，将科学知识传播给普通百姓，一件著名的轶事是有一位马车夫为了感谢他所听讲的内容而不肯收马车费。在他母亲这一边，阿诺德家文质彬彬的公开演讲和写作诗歌的遗传是显而易见的。赫胥黎对那些在艺术和科学之间设立障碍的人不屑一顾，因为他知道这两者是相辅相成的求知方式，而早在一个世纪之前，托玛斯·亨利·赫胥黎和马修·阿诺德就同意过他的这种看法，当时阿诺德向他的朋友赫胥黎大力坚持说，他对文化的著名定义，即“世界上出现过的最好的思想和说过的最好的话”是将科学知识和文化包括在内的。

任何试图撰写一部奥尔德斯·赫胥黎的传记的人都面临两个主要的障碍。其一是1961年在他家蔓延的大火烧掉了赫胥黎的文件、信函和日记，可能还烧掉了其他人的信函，包括他表示正在考虑撰写某种形式的自传文字之后把资料存放在他那儿的家人和亲戚的信函。不过，赫胥黎像他同时代大部分文学家一样，写了大量的信函，本书就利用了散藏在英国、美国和欧洲图书馆里的几百封幸存的尚未发表的信函。让任何打算撰写一部新的传记的人感到踌躇的第二个原因，是1973年和1974年分两卷出版的，由西比尔·贝德福德经授权撰写的赫胥黎的传记。这本书是战后杰出的英语文学传记之一，它不仅是一部传记：它有着一部回忆录的权威性和丰富内容——因为西比尔·贝德福德是赫胥黎的一位多年的密友。这本书还是对一个人的一生和一种生活方式的雄辩的赞誉，这个任务她似乎特别有条件完成。我在2000年夏天有幸与西比尔·贝德福德在她的伦敦寓所里作过长谈，我特别感谢她的这次长谈，以及她的好意和鼓励。

然而，写一部新的传记不需要寻找理由。在过去30年里，出版了认识赫胥黎的许多人——劳伦斯、伍尔夫及不少其他人——的信函和日记集。此外，正如我在志谢中所提到的那样，目前有大量尚未发表的资料，使得有必要更新赫胥黎一生的行迹。这不可避免地意味着奥尔德斯·赫胥黎和他非凡的夫人玛丽亚的私人生活现在可以有更加完整的文件记录了。玛丽亚的双性癖向、20世纪20年代奥尔德斯、玛丽亚和玛丽·赫金森这三人的异常的三角家庭——由于明显的原因，这些情况在以往的传记文章中都没有提及——第一次在本书予以描述。在奥尔德斯·赫胥黎一生的许多怪事中并非最不重要的一件事，就是这种彻底的性自由与一种长久而恩爱的婚姻的并存：赫胥黎在只是最近才披露出来的一封信中把这种婚姻描述为“三十五年的两人合为一体”。赫胥黎夫妇在嘉辛顿被录取攻读性伦理课程。他们轻松而文明地享受肉欲生活。他们讨厌如赫胥黎愤怒地谴责咬住他的朋友戴·赫·劳伦斯不放的那种“追踪淫闻秽事的狗”。从所透露出来的无论哪种有关赫胥黎夫妇的私生活的材料来看，他们的婚姻始终是20世纪最非凡和持久的文学婚姻之一。

在1994年赫胥黎百年诞辰之际，人们把许多重点放在赫胥黎早年的政治活动上——特别是他在20世纪30年代初的一段非常短的据说是民主方面的失误上面。两年前，约翰·凯里所写的一本书《知识分子与群众》(1992年)由于它的论点而受到相当的好评，引用这本书护封上措词兴奋的简介就是：许多20世纪的知识分子部分由于“对以希特勒为最终倡导者的尼采式超人的崇拜”而把“群众”想像成“到了该消灭的时候了”。这本书立刻大获成功是不难理解的。它对保守的英国舆论说出了它希望听到的话：唱高调的进步分子们并不如他们理应做到的好。《每日邮报》感到兴高采烈。凯里的论点——就赫胥黎而言，我完全不同意他的观点——对于赫胥黎的百年纪念日有一种不幸的影响，包括忠实反映了新正统观念的英国广播电台第2套节目一小时长的关于这位作家的《书签》节目在内。

然而，这些来去匆匆的媒体潮流对于赫胥黎的长期评价究竟有些什么影响，是难以定量的。他的敏捷、明晰的才智总是使得他比那些脚步沉重的侦察异端的人超前数步。他的著作在不断印行。《奇妙新世界》至少在那些编集起来用以表示20世纪最广受尊重的书单中经常占据位置。他的感染力是国际性的——当代法国文坛直言不讳的作家米歇尔·魏尔贝克（Michel Houellebecq）尽管对于赫胥黎一生中一些基本事实的了解严重不实，却将同这位作家的对话作为他的小说《基本粒子》（1998年）的一个部分。与一大批搞劳伦斯、伍尔夫和乔伊斯研究这一行的福特派学者相比，研究赫胥黎的人数很少。但是显然赫胥黎的著作仍然为人们所阅读、仍然受到人们欢迎。虽然我写了一部传记而不是对他的小说的评论性研究，我希望在这部新的传记中表明，他能比近来可以做到的更加饶有兴味、更加发人深思地谈论我们当前的状况。

二、爷　　爷

1894年7月26日，奥尔德斯·伦纳德·赫胥黎在萨里郡的乡下戈达尔明诞生，当时“正逢下雨”。这是一个树叶茂盛的郡治，他的小说《奇妙新世界》中的自由人“萨里的野蛮人”约翰，在那儿的一个非常准确地“位于普顿厄姆和厄尔斯泰德之间”的修道院里要求有“不愉快的权利”。1925年，赫胥黎在一篇关于乡居生活的魅力的文章中写道：“我童年所知道的萨里郡有许许多多的荒野。如今，亨德海德已经同埃利芬特和卡斯尔分不出来了。”在他以后写的散文，一篇出色的对于地中海精神的散文形式的赞歌《橄榄树》中，他回忆起作为他在萨里度过的童年时代的背景的那些“老榆树”：“我在它们的沉重的阴影中度过了许多童年时光。”在他1923年写的小说《滑稽的环舞》中，主人公西奥多·耿布里尔“开始用关于萨里郡西部植物群的广博知识讲起来：在那儿能找到蝶形玉凤花、翠花和蜜蜂，长着野生耧斗菜的树林子，假叶树最好的生长地，还有能发现野水仙花的泥土堆。所有这些零散的知识都从记忆中某个地下源泉奔涌到他的脑海中”。在同一部小说中，莱比亚特要迈拉回忆起“普顿厄姆公地的长着欧石南的那种灰色细沙地”。还有旗杆和标志出维多利亚女王站在那儿观望这个景色的说明牌，以及康普顿周围的广阔草坡（后来是赫胥黎骨灰的埋葬之地）和厚密、幽暗的森林。赫胥黎成年之后的几乎所有时间都是在英国境外度过的，但是对于葱绿的阿卡迪亚故乡——在20世纪悄然进行的郊区化永远改变了它的面貌之前——的回忆永远没有离开他的脑海。

然而，他的回忆并不总是这般情意深长。1930年，他对一位记者说："我有时候在想……一个人在一种尚称安乐的环境里照布尔乔亚的生活方式出生、长大——有浴缸、新鲜空气、大量的空间、私密环境和布尔乔亚生活的其他奢侈品——说不定是一件相当不好的事情。其结果是金钱可以买到的那些珍贵的空间和时间——悠闲和可以独自呆着的房间——一旦短缺，就似乎成了一种可怕的困苦：而与我们同类的人的实体接触使得我们充满沮丧和恐怖。马克思主义的人生观并非是独家正确的：但是，确实大有帮助……"赫胥黎敏锐的自我意识使他对于他那享有相对特权的出身的长处和弱点不存在任何疑问。1925年在印度周游的时候，赫胥黎思考了英国人对于议会民主的传统尊崇的问题——指出这种民主实际上是一种"为了人民，偶尔接受人民的咨询的寡头统治政府"——他感到疑惑的是，他之可以自由沉浸于这么一种容易的思索中，是否因为"我出生在一个独立、富裕和极其强大的国家中掌权的上层中产阶级的家庭的缘故。如果我在印度出生，在伦敦的贫民窟长大，我不大可能会得出这么富于哲学性的一种不确定的判断了。"

1894年7月26日，当他的第三个儿子奥尔德斯出生时，当时薪金还是不多的附近查特豪斯公学的古典文学教师伦纳德·赫胥黎，是否会如此义无反顾地把自己列身于有财有势的人的中间，是有疑问的。伦纳德是科学家托玛斯·亨利·赫胥黎的儿子，后来当上一位文学新闻工作者和《康希尔》杂志的副编辑而名声大了起来。他的妻子朱莉娅是托玛斯·阿诺德的女儿，而托玛斯·阿诺德是诗人兼评论家马修·阿诺德的兄弟；朱莉娅的姐妹则是小说家玛丽·奥古斯塔（"汉弗莱夫人"）沃德。朱莉娅·阿诺德是在索默维尔学院读书的第一位女子，

1882年以英文第一名的成绩毕业。她在1880年遇见伦纳德，当时伦纳德是博利奥尔学校的在读生，但是他们还得等上几年才有财力结婚。

在奥尔德斯出生时，赫胥黎夫妇已经在戈达尔明的一栋名为“莱尔厄姆”（泰晤士河畔莱尔厄姆是马修·阿诺德的出生地点）的舒适的、新哥特风格的维多利亚时代的房子里住了一年，这栋房子带有占地一英亩的花园，包括一个网球场、一个玫瑰园和一个假山园。在最上面一层楼有一个儿童室，里面有一个像一匹真的小马那么大的摇摇马，可以一次让四个小孩坐在上面。“我记得那个儿童室，有一匹很好的摇摇马，还有贴着彩色图画和从杂志和货品目录上剪下来的图画片断的屏风——那是一种相互不相关的面孔、风景、物品的引人入胜的拼贴，在一种超现实主义的混乱状态中共存着，”他在1960年如是回忆。虽然奥尔德斯与他父亲的关系后来变得紧张，尤其是在伦纳德于1932年第二次结婚之后，但是他早期童年的生活是幸福的。他敬爱他的母亲，而他的父亲似乎具有一点儿维多利亚时代的一家之长的爱逗笑的诙谐性格。然而，巴纳克先生在《时光必有终止》中对伦纳德的肖像描绘是否让我们了解些什么呢？

> 这是他父亲身上最令人不安的一个方面：你从他的表情永远也猜不透他有些什么感觉或想法。他会坚持不懈地直盯着你，他灰色的眼睛明亮但空无表情，好像你完全是一位陌生人。他心说话字斟句酌、发音清晰。可能会沉默一阵，或者谈点儿无关紧要的事情；接着突然从他那种无动于衷的状态晴天霹雳似的发表一种见解，好像是从西奈山发出的那样。

在奥尔德斯幼年时期照顾他的人，是来自科尼茨堡的一位德国女家庭教师艾拉·萨尔科夫斯基小姐。奥尔德斯后来聘用她照顾他自己的幼子马修。奥尔德斯和他的长兄朱利安之间相差7岁，朱利安本人后来成为一名科学家，并担任地位很高的公职官员，即教科文组织第一届总干事。奥尔德斯的二哥是比他大5岁的特里维能（这个名字与马修·阿诺德的儿子“巴奇”的名字相同，此人在幼年夭折使得诗人悲痛欲绝；阿诺德家族的祖上有籍贯在康沃尔郡的）。比他小5岁的是他唯一的妹妹玛格丽特，此人在赫胥黎一生的文字中似乎不大露面。很可能是她的不同常规的生活方式——她后来同另一位妇女克莉丝塔贝尔·孟福德在南海岸一起生活，她们俩在那里共同开办了一所学校——使得赫胥黎家族对她有些不以为然。

在1970年出版的朱利安·赫胥黎爵士的自传中，对父亲的回忆是“一位和蔼的人，充满几乎是孩子般的欢愉”。但是，如上面已经提示的那样，有证据表明，奥尔德斯并没有那么爱戴他的父亲，随着他日益成熟，对父亲的尊敬程度越来越低。部分的原因是他即使在童年也感到不能够对他父亲有足够的尊敬。他的堂哥格尔瓦斯认为伦纳德·赫胥黎“愚蠢。他不是那种让人尊敬，有困难时去求教的父亲……我想这是因为这种尊敬的缺乏使得奥尔德斯感到困惑，并且损害了他同父亲的关系”。看起来，他对于他妻子在1910年开办的学校里的小女学生们的态度并非一直是得体的，而他在他第一位妻子去世后很快同一位年轻得多的女人再次结婚无助于这种关系。因此，就奥尔德斯而言，他的强烈的感情是留给他所敬爱的母亲的。朱利安这样描绘她：“她戴一副夹鼻眼镜，具有巨大的魅力和浓厚的幽默感——我还记得她常常是一开心就把头往后面一仰，哈哈大笑起来的那种样子——不过随着心情的改变，她会立即从愉快变到严肃……即使当她申斥我们的时候，她那种沉着的凝视迫使你说出真话，但又充满爱意。”朱利安还回忆起她那“逗乐感，她兴高采烈地参加简单的游戏，她对表演的喜爱，她那有传染性的活力和对生活的热爱”。

可惜的是，奥尔德斯没有留下直接回忆他母亲的文字，不过在他的一些小说中可以寻找出一些蛛丝马迹——尤其是《滑稽的环舞》中——

必须承认，在这篇小说里也有许多处对成为鲜明对照的极为“贪婪、霸道的母亲”的类型的描写，这种类型注定在他的全部小说作品中一而再、再而三地反复出现。家庭作为一种机构在奥尔德斯·赫胥黎的小说中评价甚差，但是不应该从他很幼小的时候在莱尔厄姆的体验中去找原因。当他在 20 世纪 50 年代服用试验药物时，他报告说他是努力想找回可能同这个时代有关系的某些无可名状的童年的回忆，但是更可能的是，这种回忆围绕着他母亲的早逝所造成的创伤。在他 1962 年写给他在伯克莱遇到的一位加利福尼亚的音乐教师的一封讨论某种“精神分析芭蕾舞”的奇怪信件中，赫胥黎建议说，这种作品应当表现“对儿童时代的创伤事件——诸如惩罚、羞辱、强奸未遂等——的回忆”。有一位评论家注意到赫胥黎的小说中普遍存在的施虐-受虐狂的主题，猜测“这个现象也许产生于他自己童年时代的一些奇怪的经验”。没有证据可以确认或否认这样一种假设。

奥尔德斯幼年时长得十分漂亮（从他 5 岁时的一张照片可以明显地看出，照片上的他留着卷发，穿着小侍从的服装，从一张用藤做坐垫的皮扶手椅上若有所思地审视着照相机）。他的头非常大，使他获得一个不客气的绰号“欧奇（Ogie）”，即“欧格”（Ogre，一种吃人魔）的简称，而且很快每个人都看出来，就像一位远房表姐妹吉尔·格林伍德对西比尔·贝德福德所说的那样：“每个人都知道奥尔德斯是与众不同的。”他喜爱画画儿和儿童游戏，不过身体相当虚弱。这位未来的讽刺家在朱利安记录下来的一句俏皮话里露了面。当时他们两人都待在一位住在邻近的家庭教师身边，这位家庭教师的耳聋使奥尔德斯对家庭教师们作出了一个总的评论：“她们可能又聋又哑，但是反驳是一定要反驳的。”朱利安所讲的另一个故事是，当这个小男孩若有所思地眺望窗外时，他的教母问他在想些什么，这孩子一本正经地用单音节的词回答说：“皮。”他在 1959 年对一位朋友说：“我最早的记忆之一是被带到戈达尔明的教堂去，在牧师布道时呕吐，大出洋相——毫无疑问，这是一种早熟的反教权主义的表现。”他还记得那个卖松饼的人，“打着吃饭铃，像《追猎蛇鲨》里的一个人物。这人蓄着长长的白胡须，戴着一顶平顶军帽，头上顶着个很大的托盘，盘中用白布盖着新鲜出炉的松饼和烤饼……有一次一架蒸汽压路机来了，压着我们家大门外的路面——那真是个壮观的家伙，带有一个旋转的飞轮和一根很高的烟囱。烟囱冒出一种让人感到刺激的好闻的热油味儿，在锅炉的前方则是一只金色的独角兽”。1899年，奥尔德斯在附近的一个名叫圣布鲁诺的儿童日托学校开始他的教育。那年圣诞节，他在位于特林的他的玛丽姨母（汉弗莱夫人·沃德夫人）的家“斯托克斯”里，写了一封信给他的老师努恩小姐，告诉她他收到了六件礼物，并且为了“我的大炮”感谢她。第二年，他同他的兄弟、堂表兄弟姐妹、姨母、姑母、叔叔、舅舅们去看在德鲁里巷演出的圣诞童话剧。乘马车到达的这一大家子人挤满了剧场的花楼。戏演了四个小时，丹·利诺和赫伯特·坎贝尔是出演主角的喜剧演员。这个场景在《滑稽的环舞》中写成了小说：

> 所有这些父母双方的亲戚小堂表兄弟姐妹、姨母、姑母、叔叔、舅舅们，达到几十人之多——他们每年都坐满了德鲁里巷剧场花楼里最好的几排座位。圆面包粘粘地从一只手传到另一只手，巧克力也在传递；大人们喝茶。童话剧在剧场明亮的拱顶下不断地演下去，一个壮观的场景接着另一个……演出的是丹·利诺，无与伦比的丹·利诺，此人现在已经去世，去世时是一个穷苦的约里克人，已经成了一堆像任何人的骸骨一样的枯骨。他记得，还有他的妈妈常常取笑他，有时候一直笑到眼泪从她的面颊流下来。她常常全心全意地去充分欣赏各种事物。

奥尔德斯和他的堂哥格尔瓦斯感到非常愉快，就此种下了为时长久的对音乐厅的热爱。

到 1900 年，朱利安已经在伊顿公学就读，由于这个原因，当他们站在自然史博物馆旁等待威尔士亲王为他们祖父的一尊塑像举行揭幕典礼时，被他母亲要求把他的大礼帽递给他 6 岁的弟弟承接呕吐物。当一位祖父被塑成石像或铜像时，即使一个只有 6 岁的人也会感到了不起，而赫胥黎家的任何人从来不被允许忘记这位伟大的先人的令人肃然起敬的先例。在 1985 年进行的一次采访中，朱利安的夫人朱丽叶特·赫胥黎提到压在赫胥黎家族的人头上的不惜一切代价取得成功、争取到奖金和奖学金（他们一般都能争取到），以及做到像"伟大的爷爷"那样的那种"负担"。朱利安所承受的压力是十分巨大的："朱利安为此感到痛苦。非常痛苦……有一位成为家族的一尊神祇的祖父（他们称他"爷爷"）确实是一件令人极为沮丧的事。这些孩子在这样一种气氛中成长：'要给爷爷争气——对！你一定要给爷爷争气。'"

老人于 1895 年 6 月与世长辞，这时奥尔德斯诞生还不到一年，但是他的影响从来就没有消失过。由于赫胥黎家族的高度智力成就，他们有时候被说成是一个历史悠久得令人生畏的智力贵族。事实上，这个世家是由托玛斯·亨利·赫胥黎创始的，他是一位外省储蓄银行经理的儿子，只受过两年正式教育。他是维多利亚时代的那种很厉害的自学成才者，最能够表示他的毅力的是我们读到的关于他在 19 世纪 20 年代乘坐"响尾蛇"号轮船时的描绘，当时他是一位助理外科医生，在他那狭窄、浸满水的房舱里写下了有细致的插图和说明的生物观察记录，这本记录经过许多挫折终于出版，并且引导他后来成功地成为 19 世纪的一位主要的科学家、辩论家和宣讲家。他孜孜不倦地用功，只靠着希望的支持，蟑螂把他用来借助一本意大利语词典自学阅读的但丁著作当作了美餐。这个关于勇气、坚韧和百折不挠的求知志向的例子，是遗留给他的后人的作用很大的遗产。奥尔德斯在 1932 年发表的赫胥黎纪念演说中对他表示称颂，用引人注目的词语赞扬他那"明晰得令人惊奇的"风格。赫胥黎——他颇不赞同如詹姆斯·乔伊斯等文学艺术家们所作的那种语言实验——一直喜欢用明白晓畅作为衡文的标准，尽管他本人是那样学问渊博，广征博引。“对他而言，真理比个人的成功更加重要，”他这样谈到他的祖父，“他依靠有力的明晰来让他的读者信服，而不是用宣传家的雄辩语言中那种耀目和刺激性的模棱两可的词语。”为了突出这一点，赫胥黎又说：“19 世纪文学的重大缺点之一……是它的无节制的文学性，他那语言的修饰和玩弄风格游戏的习惯。”托玛斯·亨利用“对于真实准确的热爱”对抗了这个倾向。

如果说，关于奥尔德斯·赫胥黎的中心问题之一，是他究竟基本上是一位文学艺术家，还是基本上是一位思想家、一位思想的宣传家，那么，他在这里确立的截然相反两种倾向的现象是极为有趣的，这种现象在他的整个事业中连续不断地操纵着他，在他的晚年著作，如在他去世那年出版的《文学和科学》中有所表露。不管是如同人们普遍所说的“赫胥黎家族的基因中”有某种东西有助于使这种闪闪发光的才能的凝聚定形化——也许这是社会生物学家所研究的一个问题——还是如我所倾向认为的，倒不如说这是经过先例和例证，某种关于应当发扬光大而不是减损这种特性的普遍期望所培育的自然产生的天赋的一种综合，赫胥黎家族的遗传是一个始终存在的事实，不过赫胥黎本人在他已经发表的著作或尚未发表的通信中很少说到这一点。但在此同时，青年时代的赫胥黎是一个对于 19 世纪的杰出人物进行攻击的人。有一次他对朱利安承认，他在牛津时避免去读这些人的作品：“我不知怎么在青年时代避开正常的课程，避开苦读那些维多利亚时代伟人的作品，避开老是被提醒这些人有多么伟大。”即使当他已经五十好几岁了，他仍然拒绝对这些人表示虔诚。他在加利福尼亚的朋友格蕾斯·哈布尔在她的日记中记录了一次有奥斯伯特和伊迪丝·西特威尔夫妇和赫胥黎参加的一个晚会，在晚会上，奥尔德斯奚落那些“古怪的维多利亚人，这些人变得越来越疏离和不自然。他们越来越像《爱丽丝漫游奇境记》里的人物。”《岛》中的麦克·菲尔世家或者《时光必有终止》中的普尔肖特一家人（“是绝对货真价实的好人，但是囿于对生存的宗旨和目的的顽固的无知”）代表了根源于维多利亚时代和爱德华时代的客厅的某种笨重的英国资产阶级的方正和的呆笨的得体，使得 20 世纪 20 年代的牛虻式的讽刺家——这些人从来没有完全沉浸在后来的“庄严举止”中——不费力气地把这些人作为嘲讽的对象。

1901 年，朱莉娅·赫胥黎从银行取出她本人和她丈夫的微薄的资本和贷款，在戈达尔明附近设立了一所名叫“修道院长之田”的女子学校。一家人放弃了莱尔厄姆，住到 2 英里之外位于 25 英亩土地中的修道院长之田。在此前一年，伦纳德·赫胥黎出版了一部他父亲的传记《托玛斯·赫胥黎的生活和书信》，这部书的成功使得他经过 15 年的教学生涯终于成为一位校长，同时作为埃尔德的史密斯出版社的审稿人兼文学顾问和《康希尔杂志》的助理编辑步入文学界。学校于 1902 年 1 月 23 日开学，招了 7 个学生：一个女寄宿生、五个走读生和 7 岁的奥尔德斯。学校的工作人员是朱莉娅·赫胥黎、一位英国小姐和一位法国的波内小姐。这所学校发展得很快，同样快的是一下子大家都知道了这是一个同当时流行的规范非常不一样的一所学校。它更自由、更文明，不那么像军营式的管制，吸引了一些如吉尔伯特·默里、莫里斯·休利特和柯南·道尔等极为知名的知识分子和作家的女儿们——毫无疑问，赫胥黎和阿诺德的大名是有说服力的。不过，一位学生，即作家伊妮德·巴格诺尔德，在她的自传中把这所学校描绘成“首先是一所文学学校，他们并不重视数学”，这倒有点儿让人吃惊。她回忆起她同女校长的第一次面谈：“一个小家子气的房间，依照威廉·莫里斯来看是摩登的——一位有着一个形状很美的小小头部的纤弱的女士。说她和蔼没错，但是远离和高于我的了解，她每次说话之前都好像在深思。”到 1903 年伊妮德·巴格诺尔德到达的时候，奥尔德斯已经转到了附近的一所预备学校希尔赛德，但是他仍然同女学生们一起吃星期日的午餐。人家对伊妮德说她应当努力与别人交谈，所以她轻松地问这个坐在那儿“一声不响，颇有病容，不可测知，怀有敌意”的男孩他今天干了些什么。没有回答。她感到窘迫起来，又问了一遍，声音稍微响了一些：“你今天干了些什么，奥尔德斯？”简短的回答是：“我第一次听见你说话。”40 年后，伊妮德·巴格诺尔德在埃塞尔·桑兹在切尔西举行的一次茶会上见到赫胥黎。“你当时非常使人害怕，奥尔德斯，”她这样提醒他。“他对我非常甜蜜地笑了一笑。”“我现在仍然使人害怕”。

朱莉娅·赫胥黎在傍晚用她那“银铃般的、平稳的声音”朗读书籍给女孩们听，按照朱利安的回忆，也读书给她自己的孩子们听，“先是儿歌和童话，后来是一点儿历史和诗歌”。她是“我们家庭生活的支点”，常常组织到萨里农村去野餐、猜字谜，还玩轮回纸牌戏什么的。伊妮德·巴格诺尔德写道，对于修道院长之田学校的学生们而言，朱莉娅·赫胥黎也是一个必不可少的支点：“赫胥黎夫人走了，学校的奇迹也没有了”。

1903 年秋天，奥尔德斯被从这个幸福的乐园送到一所令人不快、纪律森严的英国预备寄宿学校去读书。这所由吉德莱·鲁滨逊开办的希尔赛德学校距离不远，但是在头几年里情绪确实是很糟糕的。唯一的慰藉是他的堂哥格尔瓦斯·赫胥黎（此人后来与作家艾尔丝珀斯·格兰特结婚）。另一位朋友是演员约翰·吉尔古德爵士的弟弟刘易斯·吉尔古德。格尔瓦斯比奥尔德斯大三个月，留下了一幅关于他们长达 5 年之久的学生时代的恐怖生活的非常详尽的描绘。“我能记得起来的当我抵达希尔赛德学校时的情景，”格尔瓦斯在将近 70 年后写道，“是走进一间坐满男孩的大教室，在我堂弟奥尔德斯身边的一条木头长凳上坐下来，奥尔德斯也是新来的，在离家时泗泪滂沱地大哭了一场。”这所学校有大约 50 名 8 到 14 岁的学生，校长“年事已高，无疑已经过了精力最充沛的年纪”。教理科的老师杰瓦斯先生（“杰柯”）受到学生们无情的恶作剧，音乐老师麦金托什是“一个戴眼镜的小丑”，而来自戈达尔明的两位努恩小姐“恐怕是教图画课的”。舍监詹姆斯“大妈”

是“一个性情暴躁、受教育不多的老太婆，她爱说的口头禅是‘不许再无泥（原话如此），要不我就去汇报’”。恃强欺弱的事情屡见不鲜，放任发生，不去禁止。奥尔德斯和格尔瓦斯以及其他新来的学生被排成一队站在大教室的一端，受到用弹弓发出的硬小纸弹的雨点般的射击。然后问他们是“蘑菇”还是“梨子”（割过还是没有割过包皮），并且根据这一点叫他们相互打架，让高年级学生取乐。还逼着他们受到湿毛巾的夹道鞭打，被用拖鞋或头发刷子殴打，或者被用冷水浇在他们的床上。此外，没有阅读一本书的私密环境。幸亏大赫胥黎和小赫胥黎（奥尔德斯）的个子在他们的年龄算是高大的，而且两人团结在一起。每个星期末，他们穿戴着伊顿公学的硬衣领和黑色的伊顿公学小上装，被排成队伍，下山来到法恩科姆教堂，吃过一顿令人作呕的午餐之后，就被允许走回修道院长之田。“修道院长之田中家庭般的气氛是对于希尔赛德学校的一种极为愉快的变换，还有我们享用的上品的茶也是如此，”格尔瓦斯这样回忆道。然后是回到每个房间摆 12 张床的宿舍、每天早上的冷水澡和每周一次的热水澡。教学平淡乏味，只是死背硬记年份和背诵一些三流的诗歌。从来不鼓励男孩们自己去找书读或者自主学习。学校没有图书馆，也没有读书的地方或指定的读书时间。格尔瓦斯认为，《加沙的盲人》中的布尔斯特罗德学校就是明眼人很容易看破的希尔赛德学校，里面的学生人物就是他和奥尔德斯的那些同学们。像朱莉娅·赫胥黎这么一位富有创见的教育家怎么会送她自己的幼子去上那些野蛮的充满市侩味的课程是一个谜。不过，两年后情况开始变化了。1905 年秋季，一位新的校长吉米·道格拉斯到任，而且第一次来了一位名叫休·帕尔的真正的教师，“他真正地爱好鼓励发展青少年学生智能，尤其是在有关文学和艺术的任何方面”。他拒绝威吓或嘲弄他所照管的学生，“学校的整个气氛改变了”。举行了音乐会，演出了莎士比亚的剧本。据说奥尔德斯在《威尼斯商人》中扮演的安东尼奥一角使观众席上的老太太们感动得热泪盈眶。连伙食也改善了。受到休·帕尔——十年多一点之后他在第一次世界大战的战壕里丧生——劝他们读书和诗歌的鼓励，奥尔德斯和刘易斯·吉尔古德成了一份题为《多迪特》的文学杂志的共同编者，奥尔德斯投了一首题为《海马》的诗歌和一篇亲自插图的短篇小说。奥尔德斯和格尔瓦斯现在两人合用一间小屋，他们的娱乐之一是沿着窗户顶外的檐槽玩用火柴杆作桅，用纸作帆的小船。赫胥黎后来在《加沙的盲人》中把这种娱乐写成小说。

奥尔德斯小时候经常生病，脱了一些课，但是他似乎发展出一种不受到学校最坏的经历的影响的方式。在对他们的学生时代的一篇较早的，色彩明亮得多的叙述中，格尔瓦斯说奥尔德斯“拥有开启他自己的不可侵犯的内心堡垒的钥匙，他可以进入其内，逃离学校现实的折磨和苦难”。他很机智，参加同学们的逗笑，尽管“我们不知怎么地感到奥尔德斯与我们其他人走在一个不同的水平上”。还有去湖区和瑞士山区的度假，在那些年里，奥尔德斯进一步发展了他对自然景色和野花的喜爱。

许多年以后，在谈到教育的问题和他所发现的缺点——不仅是他所了解的爱德华时代的中产阶级高层的收费英语学校中，而且在整个教育制度中所发现的——的时候，赫胥黎写道：

> 回顾我自己的学生时代，我可以看到一种体制的巨大缺陷，这种体制除了瑞典式的操练和强迫踢足球之外对我的身体没有什么益处，除了奖惩、说教和鼓励士气的讲话之外对我的性格没有什么益处，除了上床前在风琴的伴奏之下间唱一支圣歌之外对我的灵魂没有什么益处。我像所有其它人一样，只发挥出我的潜力的一小部分。

在他关于视力缺陷的书《看见的艺术》(1943 年)，赫胥黎(顺便说，他一直坚决反对那种鼓励孩子们爱做什么就做什么，爱学什么就学什么的比较宽容的学校）抱怨说，孩子们常常“感到厌烦，有时感到害怕，因为他们不喜欢像关禁闭似地一连几小时坐着、阅读和听讲他们认为大都是些废话的东西，被迫完成他们感到不仅艰难而且毫无意义的那些任务。此外，竞争精神和害怕遭到责骂或嘲笑在许多孩子的头脑里产生一种长期性的焦虑，有害地影响了机体的每一部分，眼睛和与视力有关的脑部机能也不例外”。

奥尔德斯在希尔赛德学校一直待到 1908 年。他为人聪明，当时已经崭露头角，注定要步朱利安的后尘进入伊顿公学，有一个非常光明的学术生涯。然而，不久这个家庭就陷入了悲剧。

三、损　害

奥尔德斯在1908年9月抵达伊顿公学，他的身份是这个学校的90名学术精英“国王学者”之一，这些学生住在“学院”里，这是这所古老学校原来的核心，黑色的橡木长凳上深深地刻着几个世纪以来伊顿公学年轻学生姓名的起首字母。在赫胥黎最初从伊顿公学发出的一些信件中，体现出他在希尔赛德学校末期（那年夏季他是学校中的第一名）达到完善的那种早熟学生洋洋自得的诙谐腔调。“我注意到你说‘学期’，而不是‘半期’这个唯一和明显的词语”，他一本正经地训斥着只是一名拉格比公学学生的大赫胥黎，大赫胥黎不知道在伊顿公学是三个“半期”合成一个完整的学年的。奥尔德斯被带去参加低年级学生为高年级学生跑腿的仪式“荷马和维吉尔”，作为住在“学院”里的一名学生，被安置在低五等。赫胥黎在穿着方面一向华丽讲究，他马上告诉格尔瓦斯：“我穿着燕尾服、套着过时的领子，打着白领带，真是标致之极”。他还说，他只被鞭打过两次：“（1）有一次为了隐藏一封信而把气出在整个学院的人头上；（2）忘记把六年级的奶酪拿出大厅。”他接着说，刘易斯·吉尔古德越来越像一棵大头菜了。奥尔德斯给朱利安的信件写得聪明伶俐，有时候让人感觉到他是刻意在哥哥面前表现自己，朱利安这时在巴利奥尔学院读书，那年夏天，他弟弟亲眼目睹了他在牛津朗诵他那获奖的纽迪盖特诗歌大获成功的情景。

奥尔德斯似乎已经很好地安顿下来了，近11月底时，他等待朱利安和另一位哥哥特瑞夫来到伊顿公学观看在11月30日星期一圣安德鲁节举行的每年一度的对墙踢的足球游戏。他们俩没有来观看这个活动，因为朱莉娅·赫胥黎在生了很短的一段时期的疾病之后，快得可怕地在星期日暴死于一种无法动手术的癌症。她只是在此前4个月才被诊断出来，终年45岁。朱利安从牛津回到她的病床边："我永远也不会忘记她看上去有多么憔悴，"他在后来回忆道，"也不会忘记她发出的可怕叫声：'我为什么一定得死，死得这么早！'"她的姐妹汉弗莱·沃德夫人把玛格丽特和奥尔德斯——"可怜的小家伙"——带回她在赫特福特郡特灵的家"斯托克斯"。葬礼于次日在康普顿由肖像画家乔治·弗里德里克·瓦茨的夫人设计的瓦茨纪念礼拜堂举行。男孩们环顾这个小小的礼拜堂富丽的新艺术和凯尔特风格的装饰，一定会读到镌刻在整座墙壁上的镀金的铭文"但是好人的灵魂是在上帝的手里，他们的希望充满着不朽"。朱莉娅被安葬在离礼拜堂很近的一座坟墓里，坟上是一棵枝叶蓊郁的山毛榉树。后来伦纳德·赫胥黎与她葬在一起，此后的某一天，奥尔德斯和他妻子的骨灰也长眠在同一座坟墓里了，坟地现在人迹罕至，景色凄凉，没有什么关于其遗骸埋葬于此的这位著名作家的提示。举行朱莉娅·赫胥黎的葬礼那天，从学校里回来的女孩子们负责照料。前一天晚上，她们听了伦纳德·赫胥黎所写的表明他对亡妻的感情的一首诗，至少有一位女孩伊妮德·巴格诺尔德认为这首诗不符合她真正的精神。奥尔德斯啜泣不止，被琼·科利尔劝慰。朱利安描写他这位14岁的弟弟"痛苦但面无表情地"站立在坟墓旁边。汉弗莱·沃德夫人的女儿多萝西回忆道："这个伊顿公学的小孩非常易感、神情沮丧、面色苍白，深深地——但是一言不发地感受着痛苦。"奥尔德斯9岁的妹妹玛格丽特后来回忆起似乎预示着在修道院长之田的学校和居住的终结的这个事件的余震："我一下子失去了我的妈妈、我的家、我的学校，在乡下居住的日子和我的家庭教师。”负责管理工作的朱莉娅·赫胥黎的合伙人伯顿·布朗夫人挺身而出，接办这所学校——后来她的校长职务由她的女儿比阿特丽斯接任——但是对于伊妮德·巴格诺尔德这样的学生而言，学校的魔力已经消失了。对这位敏感的学生造成的损害——他在伊顿公学求学期间及紧接其后的时期内的三次强烈打击中的第一次打击——是显而易见的。在这样一个年龄，对于这样敏感的人，这样一次早年的事件，即发现脚下的土地并不总是稳固和靠得住的，可能有一种永久性的影响。在《灰色的卓越》(1941 年)中，赫胥黎写到另一位历史人物在 10 岁那年失去了父母之一：“在他心里留下的是一种挥之不去的空虚、无常，一切仅有的人生幸福朝不保夕的感觉——这种感觉平时处于潜伏状况，但却时时会浮出表面。”当后来赫胥黎在《加沙的盲人》(1936 年)写到安东尼·比维斯在校学习期因母亲去世而感到的孤立和悲伤时，格尔瓦斯认为，“他是在运用他自己的痛苦经验”。“我肯定这场毫无意义的灾难是他在 20 年代披在他自己身上和他的小说上面的保护性的玩世不恭外壳的主要原因，”朱利安这样判断说。一位后来的朋友丹尼斯·加博这样写道：“一直到他最后的日子，他始终对于家庭的感情纽带所留下的创伤表示怀疑。”在《奇妙的新世界》里也好，它的对应物《岛》中的“好的乌托邦”里也好，母亲身份的性质和家庭的作用都是一个重要的主题，一个受到赫胥黎对于在儿童时期经历的事件的复杂心情充实具体情况的主题。朱莉娅在病榻上给奥尔德斯写过一封信，这封信他在余生中一直保留在身边，在信中，朱莉娅嘱咐道：“别做太多的判断，而应该多爱一点。”朱莉娅·赫胥黎逝世立即产生的后果，是使得奥尔德斯再次被逐出萨里的田园牧歌式的世界。伦纳德在 1909 年 7 月搬到朱利安称为“远离我们热爱的萨里的，位于伦敦威斯本恩广场的一座阴暗的房屋”。奥尔德斯与朱利安同样不喜欢这座威斯本恩广场 27 号的“贝斯沃特屋”，往往在斯托克斯或者位于附近波尔切斯特坊的格尔瓦斯的父母——亨利·赫胥黎博士和索菲·赫胥黎——的家里度过假期。

但是在此同时，奥尔德斯仍然在伊顿公学求学，在“学院”的第一年为高年级学生跑腿，大体上如同他在希尔赛德学校时期所做的那样，避免了别人由于他举动与众不同而欺负他的任何企图。“从一开始，”上诉法院法官哈尔曼回忆说，“他就显然将成为一位优等的人。他对他的工作有一种轻松自在的贵族作派。”课程主要是拉丁文和希腊文（赫胥黎后来从牛津出来短期担任伊顿公学校长的期间，本人也教过这两门课，而英国文学一直到20世纪60年代才成为伊顿公学课程的一部分）。有一点点近代史和法语课，但是大部分精力放在古典文学上面。赫胥黎回忆道：“其实，伊顿公学的教育水平在当时是不同一般的……有几位非常优秀的教师……我们通常把每周整个星期二，夏天是早上7时到晚上10时30分，冬天是早上7时30分到晚上10时30分，用于做拉丁诗歌——老师给我们一篇丁尼生的作品，要我们改写成阿尔凯奥斯体或萨福体四行诗，如果再高级一点，就改写成希腊文的抑扬格诗歌——这是一种工程浩大的拼图游戏。”这些在他生命走向尽头时接受的一次采访中的温馨回忆应当与《阿多尼斯和字母表》(1956年)中的他的文章《词典中的涂鸦》的一种比较尖刻的观点对照着看，在那篇文章里，他把上面说的同一种练习描绘成“将三四十行英文诗歌翻译成拉丁文，或者在隆重的场合翻译成希腊文诗歌的使人精疲力尽和十分荒谬的工作。对于那些最成功地制作出模仿奥维德、贺拉斯或欧里庇德斯的作品的学生发给漂亮的奖品。我仍然保有一本用红色摩洛哥羊皮封面的马修·阿诺德的著作、一本半小牛皮封面的雪莱的著作，以证明我曾经在这些奇怪的努力方面本领高强。今天我已经写不出一首希腊文的抑扬格诗歌，甚至写不出一首拉丁文的六韵诗了，就像我不会飞一样。我对这种一度必不可少的技艺的全部回忆，是伴随着这种工作而来的强烈的厌烦无趣。”但是在此同时，赫胥黎认为，“一所进步的学校里的学生居住在愚人的天堂里”，其明显的原因就是：“作为对不是应当如此而是实际如此的生活的准备工作,希腊文语法和有系统的拉丁诗歌愚蠢行为的恐怖,是完全适当的”。在这类问题上赫胥黎一般是站在“进步”的一边的,然而他却坚定地认为,自我表现的权利“在教育领域中造成了巨大的祸害”。在伊顿公学,一名新的“国王学者”或“K. S.”,一开始总住在“学院”原来的隔间或小间里,而赫胥黎不久就升到有他自己的一个房间了,他就在这个房间里拼命读书。他就是劳拉·阿切拉·赫胥黎在她的回忆录《永恒的时刻》(1969 年)中所摘录的未写完的自传性小说里的人物“在书本知识方面比他的同龄人领先两年的聪明的男孩”。他还开始画画。这是他终生的乐趣,使人回想起他的祖父高超的制图员的技艺,不过赫胥黎却声称他出身于一个在审美方面受到压抑的家庭。“我是被以一种束缚、狭隘的罗斯金派的方式养大的,”他在《墨西哥湾以远》(1934 年)在一个段落中坦白说——他说的是情操高尚的英国布尔乔亚认为“用美学令人信服地将这种(对于牛津运动的)伦理——宗教的偏好合理化的罗斯金”——而且“对我的制约是如此严格,以至于一直到我至少 20 岁,受到一个比较新的流派的影响后,我才能察觉圣保罗大教堂最细微处的美”。他与伊顿公学唯美主义者一起阅读佩特和槐尔德的作品,但是他对于一般科学,特别是生物学有着热烈的兴趣。他的生物老师 M. H. 希尔在自己的花园里养着一只狐猴,而赫胥黎——他的宿舍辅导老师兼“班头儿”(班主任)是 A. W. 惠特华斯——认为希尔是学校里最好的老师之一。在《阿多尼斯和字母表》(1956 年)中有一篇文章,是他在热心鼓吹“非口头教育”,因而倾向于批评他自己的传统教育的时期写的,尽管如此,他在文章中欣然回忆起“我采集蝴蝶,并把它们的幼体放在我在学校里的小间窗台的玻璃瓶里”的情景。赫胥黎在当时的志向是成为一名医生而不是一名作家——不过他后来的朋友吉拉尔德·赫尔德说他的愿望是还想成为一名画家。

赫胥黎究竟是否能够获得一名开业医生所必需的素质——在病床

边的态度、专业举止等——所发生的事情不久就对这个问题给出了明确的答案。一方面，他在整个疾病缠身的一生，十分爱好那种极不正统、边缘的医学；但另一方面，他像他祖父一样，对医学的兴趣是科学性的，他祖父曾经承认，他被医学所吸引，并不是要以此为职业，而是为了研究"有生命的机器的机械原理"。

1911 年冬天一个星期天的下午（这件事前后的日期茫不可考，令人遗憾），亨利·赫胥黎医生从去乡下的一次出诊回来，决定去探望一下正在伊顿公学的复活节学期中的他那位早慧的 16 岁的侄子奥尔德斯。他发现这孩子的一只眼睛严重发炎，上面盖着一块很大的敷布，他立即把他的震惊告诉女舍监格特鲁德·沃德。这位妇女虽然身任女舍监，却并无医学素质，更多的是充当男孩们的代理母亲的角色，照顾他们的日常生活所需而已。她原以为奥尔德斯只是患了麦粒肿或所谓"火眼"。赫胥黎医生宣称他的情况要远为严重，并且说他要当场立即把他带到伦敦去请一位眼科专家诊治。通常提出的关于这次感染的解释是在操场上或者在军官训练队操练时因尘土而引起的（赫胥黎作为军官训练队的一名成员，必须在走向温莎宫的爱德华七世的葬礼行列的路边站岗，"用我的步枪枪托赶开闲散人等"）——由于生病和整个健康状况的下降而加剧了病情。他母亲在 1909 年末去世后的两年对于奥尔德斯来说很不愉快，他经常孤立无援，事事得自己想办法解决。在伊顿公学念书的男孩们的功课十分繁重，而伙食很可能不尽如人意，所有这些因素造成容易受到今天只要用一剂抗生素就能解决问题的感染的侵害。经过亨利·赫胥黎医生和其他人的治疗尝试后，感染的原因在 1911 年 12 月由著名外科医生欧内斯特·克拉克诊断为金黄色葡萄球菌感染。感染使得角膜严重发炎——这种情况被称为"点状角膜炎"——尽管在伦敦的热带医学研究所每周对他注射针药，但是炎症消退后在角膜上留下的混浊斑严重影响了这位少年的视力。他实际上失明了，这种状况至少保持了一年，可能长达 18 个月——肯定从 1911 年初到1912年中。时间的模糊与缺乏记录有关，但也是因为在病情严重阶段前后的半失明状态影响了他的读写能力。他在1911年写给他的表姐妹琼·科利尔的一封信中简短(虽然赫胥黎的文字一向简练，但是这封信是他写得最短的信)但语气相当强烈地说："原谅写字不好，我自己知道。"他1957年在美国接受的一次采访中回顾当时的时候说：

> 发生那事的时候我大约是16岁半，我得了角膜炎，一只眼睛大约十分之九失明，另一只眼睛受到相当严重的影响。将近两年我无法读任何书。我不得不离开学校，不得不请私人家教。我学习阅读盲文，甚至盲文乐谱，那是很难的。后来，差不多两年之后，我可以用一个度数非常高的放大镜读书了，借着它读完了大学。

赫胥黎这位求知欲极强的读书人、画家、喜爱探索自然世界的人，一下子发现所有这些乐趣都遭到了剥夺，代之以对他来说似乎同他当时沉浸于他的喜好之中的封闭生活有某种联系的一片黑暗。这是一场灾难，他始终认为这场灾难是他早年生活最重要的唯一具有决定意义的事件。在同一次采访中，他继续解释在他少年发展的一个关键时刻发生的这次失明事件使他远离了体育运动以及"与我的同龄人进行社会交往的许许多多种普通的渠道；它确实刺激了我想我的性格中所固有的一种倾向，一种离群索居，也许是沉思冥想的倾向，因此，从某种意义上说，这次事件确定了这些事实"。这次失明还意味着他不曾有过他的同龄人所共同体验过的另一次强烈的经历：参加第一次世界大战——"所以，可以毫无疑问地说，我的一生是它所造成的"。

赫胥黎在1943年写了一本题为《看见的艺术》的简短的书，在其中试图普及威廉·贝茨医生的理论。贝茨医生对常规的眼科学提出挑战，建议进行眼睛的锻炼，而不是简单地配眼镜。在这本书中，赫胥黎非常精确地描绘了他的状况：

我在16岁那年，得了非常严重的点状角膜炎，这场病(经过了18个月的接近失明，在其间我不得不依靠盲文读书，依靠一个引路人来走路)使得我一只眼睛只能分辨光线，另一只眼睛的视力只允许我在10英尺外发现斯涅伦图上的200英尺的字母。我之所以看不见，主要是由于角膜上有混浊斑；但是这种状况由于远视和散光而加剧了。

医学记录已经不复存在，但是，在向一位当代的眼科专家顾问出示了赫胥黎的记录后，他认为热带医学研究所注射的针药可能含有重金属、砷硼烷或其他硼烷、硼酸，或据认为具有抗菌活性的铋。当时的眼科医生喜欢使用的其他针药包括各种砷化合物、颠茄碱、毒扁豆碱、碘酊，以及可卡因的局部注射和软膏，但甚至可能是为了止痛而注射的。点状角膜炎被分为表层和深层两种，前者由感染引起，在角膜上留下小小的灰点。有一种角膜炎(裂隙炎)是由麻疹或先天性梅毒引起的，使得一连几个月在角膜上有混浊斑，而且通常留下相当严重的角膜创疤。这一点看上去与赫胥黎描述的情况非常相似。据报告说，他在学校里患过流行性腮腺炎，这种病的影响可能与麻疹相同。但是除了感染之外，几乎肯定在此以前赫胥黎的眼睛就有问题，而这场疾病使之雪上加霜。他患有远视症，需要在阅读时戴上高度数的眼镜，而远视可能引发弱视。赫胥黎青少年时代的照片是小心拍摄的，以避免显露出这一点，有些照片甚至修整过，但至少有一张照片显示出眼睛有明显的不正常之处。“一只眼睛像一个蓝色的污斑，”作家罗伯特·佩恩在1948年指出。弗吉尼亚·伍尔夫回忆道：“他的眼睛有一种无视力的样子，使我想起盲人的眼睛。”随着时间的过去，角膜创疤确实往往会变薄、混浊程度减轻，这就可以解释赫胥黎所声称的他在1939年发现了贝茨的方法之后视力明显改善的原因——不过对他的视力仍然存在矛盾的说法。值得注意的是，赫胥黎在上面的描述几乎是说他在16岁时眼睛完全瞎了，而视力的损害是不可能离开完全失明很远的。这是一个有必要在这本书里经常回顾的问题，因为视力的损害在他的一生中持久存在。有时候人们感到这个问题强调得过头。在另外一些时候，他的视力的损害可能比他在某一特点时刻所声称的要严重得多。有时候各种说法相互矛盾。简言之，需要经常提出克里斯多弗·伊雪伍德所提出的问题："他实际上能够看见多少东西？"

1931年赫胥黎听到让·科克多说克莱夫·贝尔的眼睛有问题后，写信给贝尔。他劝贝尔学习盲文："只是需要很短的时间——我想我只花了三到四个星期就能够以合理的流畅和速度阅读了——就产生了令人惊异的不同……一切东西都有补偿，我欣然记得黑暗中在床上把书和手舒服地放在被褥底下阅读盲文时的快感。"赫胥黎意识到现在已经不可能从事医学或科学事业，就转而想写作，据他对上面所述的采访者说，"这是我生活中的一件非常重要的事"。他一开始写"糟糕的诗歌"，后来甚至"写整部的小说，这部小说我从来没有读过，因为我看不见我写的东西"。这部用打字机写的8万词的小说现在已经佚失，但是赫胥黎在1961年的一次访谈中把它描绘成："关于一位年轻人和他与两位不同类型的女人的一部相当辛酸的小说。"赫胥黎通过盲文阅读了大量书籍（包括麦考莱的作品），还依靠触觉自学弹钢琴。他在这段时间表现出巨大的勇气，在一些方面使人想起他的祖父托玛斯·亨利·赫胥黎在成名之前坚持进行科学工作的那种在孤独中的决心。甚至当他在1912年间开始恢复一些视力时也是很艰苦的。"现在回顾起来，我对当年用一把小型的高度数放大镜阅读了那么多数量的书一直感到惊讶，"他在1957年这样说。他没有一丁点儿自怜自悯，投入了适应的任务。他超越了残疾，但他从来没有低估他一生中的这个经历。直到他去世为止，他的脑海中一直萦绕着头脑和肉体的关系，肉体是如何常常妨碍和制约头脑的——但是还有头脑必须发现与肉体的正确关系等问题。"离开生理判断的心理判断和道德判断是多么无意义呀！"

他在1933年对他的终身好友内奥米·米奇森如是说。“当然，我还在相当大的程度上取决于视力缺陷。点状角膜炎塑造了我，现在也在塑造我；而我反过来在过去和现在都利用了它。”他在收入《夜里的音乐》的一篇文章中写道：“人们利用他们的疾病的程度，至少相等于他们被疾病利用的程度。”例如，他的非凡强健的记忆力，几乎肯定是因为必须保留信息，尽量减少不断查阅书籍和资料来源的困难而形成的。几年之后，内奥米回忆起即使当他在她父母的家乡牛津上大学期间，视力开始复原时也利用盲文乐谱和演奏音乐的情景：“我记得最牢的是在钢琴上的他那长长的手以及他那半盲的脸朝乐谱伸过去的样子。我只是在听，但是他已经沉浸其中了。”

失明对于奥尔德斯的直接后果，是他在伊顿公学学习的日子结束了。在那些黑暗的日子里，他被在亲戚和朋友之间转来转去——住在斯托克斯的玛丽姨妈家、住在亨德海德的塞吕恩（朱莉娅的亲戚）家、住在牛津内奥米父母（霍尔丹夫妇）家、格尔瓦斯父母的家，后来情况有所改善时，被送到德国马尔堡去学习德语，以及在1913年4月到6月期间同他的哥哥特瑞夫能被安置在牛津。他由私人教师上课，其中的一位是历史学家乔治·克拉克爵士。克拉克1913年9月念大学住在贝斯沃特赫胥黎家的时候曾经教过他英国史。当奥尔德斯想要一本书的时候，克拉克就带他到附近怀特雷百货商店里的盲文借阅图书馆去。他还曾去伦敦大学听过几次W. P. 克尔做的讲座。快到1911年11月底的时候，向伊顿公学支付了导师费和4英镑以在整个夏天保留在学院的位置，让奥尔德斯可以随时回去的伦纳德·赫胥黎，这时接受了奥尔德斯不大可能返回伊顿公学的事实（尽管他仍然保留了在1912年5月申请空额的选择）。“他的视力在改善，”他在11月24日对财务主任说，“但是我看他没有什么希望从恢复学校的功课中获得足够的好处。这实在非常令人失望。”如果奥尔德斯的视力真的早在1911年11月就在“改善”的话，那么可能他实际失明的时期持续不到一年。赫胥黎本人就前后不一致，将失明的时期说成是从将近 2 年到 3 年之间的任何时期都有。他在 1929 年写给他的作品的德文译者赫伯特·赫尔利希卡的一些像电报那样极其简短的，未出版的按语中写道：“由于使得我在一段时间几乎失明的眼睛感染而中断了教育……我独身无依，凡事只好靠自己。”如果说到完全失明，则比较短的时期的说法可能更加准确些，但是下面的说法也是正确的，即在 1911、1912 和 1913 年的大部分时间里，赫胥黎的教育事实上“中断了”，一直到他（借助于一柄放大镜）通过牛津大学巴利奥尔学院的入学考试为止。

1912 年 2 月，伦纳德·赫胥黎在独身 3 年后再次结婚。他的新妻子罗莎琳德比他小 30 岁——甚至比朱利安和特瑞夫的年龄还要小——因此这种安排的困难是可以想像的。结婚的宣布看来十分突然，在罗莎琳德这方面说来，与这批年轻的知识分子子女一起生活的前景想必使她望而生畏。不过，她喜欢他们，并且很好地照顾奥尔德斯，允许他使用她祖父作为结婚礼物送给她的钢琴。“她确实作了努力，”西比尔·贝德福德说。不久，他在 5 月份去了德国，住在一位地质学家凯塞尔教授的家里，并且继续学习音乐。他回国后，与格尔瓦斯和刘易斯·吉尔古德度过了一部分夏天的时间。在圣诞节，尽管他视力有限，奥尔德斯随同他的舅舅约翰·科利尔以及三位好友的其余两位格尔瓦斯和刘易斯去瑞士的蒙大拿滑雪。1913 年 1 月，他与特瑞夫一同去南部丘陵草原步行旅行，春天和初夏则与特瑞夫一起待在牛津他在班布里路的住所里。5 月份，这哥儿俩和刘易斯·吉尔古德在内奥米·霍尔丹（后来的米奇森夫人，科学家 J. B. S. 霍尔丹的姐妹）的父母在牛津的家里排演内奥米写的一部戏。内奥米·米奇森把 1913 年的夏天描绘成“一个草莓和醋栗的夏天……我们老是在切尔威尔用野餐，生火把锅子里的水烧滚；我们一直在笑、吵架……”后来，奥尔德斯住在他们家的时候，劝霍尔丹夫人说，内奥米的教育要求允许她阅读到那时仍然被禁的一些书，如《汤姆·琼斯》和《包法利夫人》等。他还向她介绍音乐和艺术:"他关于所有艺术的知识多得令人吃惊,而且很认真地对待它们,他那种对待的方式在我们多少有些反艺术的牛津家庭里对我产生了巨大的鼓舞。"这位即将进入牛津大学的19岁的青年——个子颀长、早慧、有学问,鄙视他的阶级的关于"令人震惊的"艺术的布尔乔亚的准则,喜爱寻欢作乐但又有坚定的内在道德感——就是刚刚脱离蛹壳的20年华的赫胥黎。

1913年夏天,就在他去格列诺布尔之前发生了一件事,西比尔·贝德福德以她那种特有的敏感和得体描绘了这个事件,她的叙事来自与格尔瓦斯的谈话——这是唯一可能的来源。那年夏天,奥尔德斯在威斯特本恩坊他父亲的家中发现没有别的人。他决定出去散步,散步时搭识了一位姑娘,他猜想这姑娘是一位放假晚上出来的打工女孩。他把女孩带回家,在沙发上同她发生了关系,后来他告诉格尔瓦斯说,他对那女孩的大胆作风和迫切程度感到惊讶——那个时代那个阶级的青年男子认为这些都是男子的特权。这一次是赫胥黎性的启蒙,而由于西比尔·贝德福德所称的他"极其容易对漂亮的女人动情",确保了这是他非常活跃的性生涯的开端。

7月份,奥尔德斯待在格列诺布尔学习法语——他后来一直能够不费力气地说法语和用法语写作。他像他的叔公马修·阿诺德一样,参观了大查尔特勒修会的修道院。他在拉特隆希向他父亲报告了"像新铸的硬币那样闪亮的蝴蝶"——他的视力显然恢复功能了,而他对于自然之美的敏锐注意没有减少。他在回国时,9月份在约克郡他的两位好朋友那儿小住了几天,然后来到牛津。

奥尔德斯与之一起度过那年夏天的前半期间的特瑞夫这时23岁,正在巴利奥尔学院的最后一学期念书。他似乎是赫胥黎三兄弟中最可爱和有魅力的一位。他在《加沙的盲人》(1936年)中被小说化成为布赖恩·福克斯,此人有同样的口吃和一丝不苟的道德心:"'可是如果你不……不坚……持你的原……原则……'他迟疑着……'嗯,你在哪儿呀?'他绝望地最后说道。"在这段叙事稍前的时候,1914 年 8 月当奥尔德斯在牛津读完第一年之后他所发生的事情,是继他母亲逝世和他本人失明之后对他的第三次重大打击,这三件事情构成了无疑的损害。这些事件在他早年的作品中注入了比原本可能有的更多的辛酸(不过如果无视他那种自行其是的智力、他在文学先例中的沉浸、他的较广的政治和社会意识、他对历史上深刻的敏感等等所起的作用,就未免过于宿命论了)。特瑞夫是一个使人烦恼的人,这使得他工作过度,搞得精疲力尽,结果他那年夏天在古典人文学科大考试中只得了第二名。赫胥黎家的人生来就是应该考第一名的。特瑞夫继续在牛津又读了一年研究生课程,但是他那种过敏的个性,在他内心中祖辈遗传下来的高远理想与一名青年正常的情色感之间的迷乱,在当他爱上了一位根据他的家庭所遵奉的上层中产阶级的信条认为是不"适当的"年轻女人时,使他达到了一个严重的关头。这个女人姓甚名谁,从来就没有查明过,但是朱利安说她是在他们家中工作的"一个漂亮而聪明的"年轻女仆。特瑞夫私底下试图通过带她去看戏、听音乐会、听讲座来对她进行教育,但是他们两人都意识到他们的恋爱是注定要完结的。她最后辞职不干了。特瑞夫知道这种私情的无望,又受到他整个处境的折磨——他也没有通过文官考试——陷入了严重的精神崩溃。使他的祖父深感苦恼而且后来困扰他哥哥朱利安一生的"黑色忧郁"(虽然没有危害到性情比较平和的奥尔德斯)发作了。根据专家的建议,他被送到萨里雷盖特的一个名叫"隐庐"的疗养院去,这所疗养院在一年前曾经接待过朱利安。尽管有指示要求他身边一定要有人照看,但是 1914 年 8 月 15 日星期六早晨,特瑞夫出发去丘陵草原散步。当他没有回来,就报告了警方,开始了一场搜查。8 天之后,在 8 月 23 日星期日,在附近的树林里发现了特瑞夫。他吊死在一棵树上。他的衣袋里藏着那女仆的一封信,整个事件的解释只能由那个客厅女仆萨拉来做了。一家人——特别是像曾把特瑞夫当作"整个家庭之轮的轮毂"的玛格丽特以及奥尔德斯这样的年轻家庭成员——因为亲人的故去和拖了这么久才找到尸体这样糟糕的情况而悲痛欲绝。奥尔德斯写信给格尔瓦斯说：

> 这件事反映出来的犬儒主义的态度——除了他的去世带来的纯粹悲痛之外——更增添了痛苦。使特瑞夫走向死亡的正是他的最高尚、最好的品质——他的理想——在此同时，有千千万万人用一种犬儒主义的、非理想主义的生命观来遮掩他们在同样的命运面前表现出来的软弱。特瑞夫并不强大，但是他有勇气怀着理想来正视生活——而他的理想对他说来是过于沉重了。

朱利安后来写道：“特瑞夫的自杀是可能发生的最可怕的事情之一。他聪明、漂亮、爱好运动，尤其喜爱登山，写得一手好诗，而且人缘很好。”

这个事件本来会对奥尔德斯在牛津大学攻读的整个中段时期投下阴影。但是当他在1913年秋季升入巴利奥尔学院时，他的视力多少恢复了，他以他所拥有的全部精力和热情投入了战前短促的兴奋和智力发现的时刻之中。

四、牛　津

奥尔德斯于1913年10月抵达巴利奥尔学院，迎接米迦勒节学期开学。“瞧吧，我在我房间里的一个小小的凹室里安顿下来了，近处看得见巴利奥尔礼拜堂，还看得见一片比平时要蓝的天空，”他在10月12日星期天这样兴高采烈地向父亲报告。在最初几天，人们老是分不清这两个赫胥黎——格尔瓦斯和他本人。另一个不方便之处是房间坐落在礼拜堂对面，如他对他年轻的朋友杰莉·达兰尼所透露的：“星期天唱圣歌的人的噪音弄得人很不开心。”很显然，礼拜堂也好，“让人十分心烦的”唱圣歌的人的“讨厌的声音”也好，都不会引起那个发明“不可知论”这词语的人的这位孙子的好感。赫胥黎到达的第一天，还不得不面对一些考试，这使得他略感沮丧，但是他主要的焦虑是他上次会见杰莉的时候表现得“非常呆笨和脾气粗暴”，他又加了一句“也许我一直是这样，我不知道”。赫胥黎早年与女人的和相会——从他年轻时的通信中的道歉和解释来看——看来是倾向于不善交际和后悔失礼。毫无疑问，这位青年通常的情绪无常和自我关心也是起作用的因素。赫胥黎知道，如果在追求女人方面要确保成功，他就必须克服天生不愿参加一些比较吵吵嚷嚷的形式的社会生活的个性。其后一个月，在霍尔丹家参加了一次舞会后，他决定改进他的舞蹈技巧，“不然每个人都受罪”。

然而，在赫胥黎进入牛津大学的最初几个月里，他最关心的到不是他在舞场上的举动，而是他的智力表现。尽管他的视力仍然不好——一只眼睛几乎看不见，另一只眼睛的视力十分有限——但是他全心投入了读书。他后来告诉一位采访者说，他对自己的阅读能力感到惊异，他在巴利奥尔学院借助一柄放大镜，有时一天要读8小时的书。他喜爱博德利派的作品以及有机会埋头苦读原著。他去听沃尔特·罗利的讲座——他的导师是三一学院的R.J.E.提迪——并且阅读乔叟、盎格鲁撒克逊文学和一些希腊哲学家的作品。他发现屈莱顿和他同时代人的作品“非常令人振奋”，而后者的讽刺诗《押沙龙和阿奇托费尔》(1681年)连同它产生的反响使他读得全神贯注，他还发现博德利的作品是富有创意的讽刺作品中“最引人入胜的”。“看见所有这些古书使人有一种奇异的新感觉，”他告诉他的父亲，“因为一个人不知怎的总是把过去的时代看成是由一、二位著名人物写出了大约十部经典作品，此外就没有什么了，而实际上同现在比起来，当时的蹩脚作品如果不是更多，也是同样的满坑满谷。”赫胥黎毕其一生是一位热切寻找最佳作品和“经典作品”的人，很早就养成一种不情愿把他的时间和视力浪费在蹩脚作品上的心情。阅读他从牛津发出的这批最初的信件所得出的感觉是他正在愉快地探索构成他后来的文章中轻松自在地旁征博引的基础的英国文学传统。英国文学在牛津大学仍然是一个比较新的学科，而赫胥黎是这个新学科的第一拨受益人之一。对他的大学同学而言，赫胥黎尽管有残疾，似乎远远地走在他们前面，读过这么多东西——例如现代法国诗歌等。他很快成为巴利奥尔学院的文学知识分子群的中心，正如格尔瓦斯后来所解释的那样：

> 所有一年级的学生都在学院里有房间，奥尔德斯的“坐处”很快成为组成我们这个圈子的一年级同龄人的聚会之所……奥尔德

不久，在牛津大学的第一年里，赫胥黎和格尔瓦斯开始访问霍尔丹教授夫妇位于班布里路上的家切尔威尔了，那里对于他们儿子杰克（“JBS”）和女儿内奥米的朋友总是敞开着大门。内奥米认为，《旋律与对位》里的爱德华·坦特芒特爵爷的灵感可能来自她的父亲。切尔威尔的那种文明、活跃的气氛对于大学时代的烦心事儿，是一种愉快的调剂，这些烦心事包括奥尔德斯在 1914 年 2 月完成的“愚蠢到极点的”第一次文学士考试以及《圣经》考试，后者是他在那年 12 月份第二次考才通过的。他仍然爱好读书，只是 18 世纪的那些诗歌小家才使他感到厌烦：“孜孜矻矻地研究充斥在所有这些诗歌中的‘雅言’和‘纯正思想’，真是一件令人烦闷的工作，”他这样向他的父亲抱怨。夏季他在位于萨默塞特郡卡里城堡的霍布豪斯家的寓所海兹朋庐小住期间，形成了想写一首诗去争取纽迪盖特奖金的想法——他的伯祖和他的哥哥朱利安都曾经获得过这笔奖金——据他所知，这首诗是要以格拉斯顿伯里［*萨默塞特郡的一个城市——译者注*］为主题的。他后来写成了这首诗，可是诗中的玩世不恭的调子以及把皇帝写成“身上带着朴实的乡村气味的亲切的威廉”，让审稿人感到受不了。在暑期，他同他的朋友们与内奥米和她的朋友们为伍，藉以调剂清一色男子学院中的修道院式的气氛，而据格尔瓦斯说，当时的男校并不同女校举行什么联谊活动。

在 1914 年暑期，离开宣战仅仅几个星期之前，在通向切尔河的霍尔丹家的长形花园里上演着戏剧。一出戏是内奥米写的，内容是“关于在模糊的玛雅文化气氛下的一个想像中的安第斯山中的国家萨乌内斯-拜洛斯”。另一出戏由吉尔伯特·默里翻译的阿里斯托芬的《蛙》的片段所组成。奥尔德斯和格尔瓦斯在其中都扮演角色，前者饰演沙隆，后者则演他的奴隶。埃伦·特里的外甥刘易斯·吉尔古德同时扮演狄奥尼修斯和担任舞台监督。内奥米后来回忆起，那年的夏末和战争的爆发（特瑞夫自杀前的那些日子）“对我和许多其他人来说，是旧时生活的结束，也是我们即将体验到的个人忧患丧乱的开端”。那个学期末，奥尔德斯探访了住在苏格兰的亲戚，然后回到在威斯特本恩坊的他父亲家，从那里寄给杰莉·达兰尼一本曾经属于特瑞夫的书。“因为他的书都在这里，”奥尔德斯告诉她，“他的全部痕迹都留在我们房间的特性里，依然如新——有时候很难相信他并不是刚刚走开，会在一两天内回来，再过旧时的生活——在傍晚捧着书，含着烟斗坐在炉火前面。”

1914 年 10 月，奥尔德斯回到了一个不同的牛津，这回不再住在学院里，而是借住在切尔威尔的霍尔丹家里。“战时的牛津仍然保持了一定程度的快乐气氛，”内奥米写道，“但是学院里的人渐渐走空了。”她跳舞时，奥尔德斯弹着钢琴，并且“问我恋爱时有怎样的感受”。他试图在杰莉身上找到这个问题的答案。那年夏天，他在伦敦同她短暂地见过面，他向她承认，“我不善于表达自己的感情——然而我心里有”。他说他将尝试“硬凑出”几首诗，在下一次同她见面时给她看，“但是我提醒你，我不是一个诗人——也许除了以某种学究似的冒昧方式写上几句之外，会使得见解高明的人尤其感到烦厌。”他又说，“我这个人注定要写某种具有讽刺和哲学倾向——但是相当引人入胜的——长篇著作——但在诗歌方面只能存疑。”朱利安和奥尔德斯两人都折服于杰莉的魅力，朱利安还记得杰莉在巴利奥尔学院星期天傍晚的音乐会上演奏的情景：“她当时只有 16 岁，是一位可爱的姑娘，头发从背上垂下来，”朱利安这样回忆道。在新的学期中，奥尔德斯继续写信给她，一封写于一个星期二的深夜里，信是这样开始的：

你现在应当到巴利奥尔学院来看看——这里太奇怪了。里面只有大约 60 名本科生，整个前院都住满了士兵：一共有 250 名，每个房间住 4 人或 5 人——在我原来的房间里住了许多人：我只希望他们别毁坏我的画儿，别弄损我的书 ……我现在大部分时间都花在阅读我的功课所要求的极为没劲的东西上面——盎格鲁萨克逊文，我的一千年前的祖先的语言——你难以想像它有多么难，而且大部分都枯燥得要死……壁炉架上的那个讨厌的钟滴滴答答地走进了星期三的凌晨，而我开始写的时候还是星期二呀。又老了一天！多么令人不快啊。我极度渴望永远年轻。我可以看出来的年纪大的唯一优点，是一个人的想法开始确定下来：一个人的思想变得有条不紊，而不是像年轻时那样是在不断变化中的一大团混乱的东西。可是我认为人要变老，使得这一点并不值得。

我极度渴望永远年轻。奥尔德斯当时已经感受了这么多的痛苦。他的朋友们开始上战场打仗。制造了这场战争的老人们不值得尊敬。(虽然他对战争的第一反应是通常的爱国主义的。)有朝一日，他将写一本书，讲一个希望永远年轻的人，而这个人如同斯威夫特的《格列佛游记》里的斯特鲁尔德巴格人一样，发现永远活下去会是一件多么可怕的事。然而他当时还年轻、热情，而某种他的朋友们看重的他所拥有的坦率精神——恰恰是局外人可能认为的一种自以为是的傲慢态度的反面——在这封信里十分明显(这是从未发表过的几百封信件中的一封)。比起空荡荡的巴利奥尔学院来，切尔威尔要可爱得多，然而奥尔德斯指向了杰莉。“在那些日子里，一个人留下来的朋友这么少，每个人都去打仗了，留下来的人要比从前宝贵得多。”他对于杰莉所剖白的心曲要比在写给他的父亲或朱利安(写给朱利安的信总是似乎有点儿刻意向他那位兄长卖弄)的欢快谐谑的信件里的来得多。他显然感到寂寞，承认道：“一个人在半夜里总是感到不是滋味，极度忧郁，十分难受、感伤，而且厌烦。”

像友谊一样，文学也是必要的安慰之一，当时他发现了波德莱尔：“法国诗歌是个好东西——我曾经尝试自己写几首，但是正如你可以想见的，成效不大。”不过他意识到了自己的孤立，希望为战争做些事，也许以某种非战斗人员的身份干些事情。然而看起来同样的原因——他的视力缺陷——一开始就排除了这两种可能性。格尔瓦斯认为，1914年比起他当初由于双目失明而不得不离开伊顿公学来，在许多方面都是一个更加沉重的打击，因为他现在所要中断的友谊比与少年时代的同学好友所建立的友谊要深刻得多。“我一直感到，对于奥尔德斯说来，这第二次分离一定是比第一次分离甚至更加沉重的打击，”他写道。“奥尔德斯那年10月份所返回的是一个孤凄、空旷的巴利奥尔学院，游荡他的朋友们的幽灵。”这两位年轻人的关系一直非常密切，而现在格尔瓦斯——这位小赫胥黎的哥哥大赫胥黎——穿上了军装，除了那年圣诞节在帕丁顿车站上的一次邂逅（还有1915年6月他病假期间两人短暂地见了一次面，但格尔瓦斯似乎已经忘记了这次见面）之外，要到战争结束才能见到他的堂弟。当时格尔瓦斯正在前往格林斯比去加入向佛兰德省开发的部队的路上。他俩买了一些圣诞节的用品，然后奥尔德斯在国王十字车站送别了他。“我清楚记得，他那熟悉的身影出现在那种捉摸不定的期望的时刻，是多么令人感到踏实；知道不管命运给我安排了什么前程，他的友谊将永远随着我，是多么深刻地令人感到宽慰。”

到1915年初，奥尔德斯在切尔威尔的生活已经很好地安顿下来了，他住在教室隔壁的大房间里，在其中弹奏钢琴，不断地读书。他与霍尔丹家的人和从战争还没有爆发时起就滞留在牛津的一位讲法语的人依维特·夏普兰一起上法语会话课。奥尔德斯这时在阅读像利德盖特和奥克莱夫这样的中世纪作家的作品，他发现这几位是一些“可怕的人”。他的历史想像力只是由17世纪及其后的作家才真正地重新点燃起来的——尽管他喜爱乔叟。他成为沃尔特·罗利的散文社的秘书，不过这些散文大部分是读给美国的本科生听的，因为包括格尔瓦斯和杰克·霍尔丹在内的他的大部分伙伴好友都已经前往赫胥黎所悲观地预言将会成为的那场“三年战争”中去了。看来他和“半条命”学监厄克哈德是“仅有的可能苟活的牛津的两个人”。他把他那首关于格拉斯顿伯里的诗寄给朱利安审阅，把它说成是一次“现实主义的实验”。他还说，他现在的座右铭是“在艺术和信函中，在一切地方都实行现实主义，只除了在生活中”。他得啃完中世纪的奇迹戏剧、哈代的“浮夸的”《君主们》，更不用提“处于一群痛苦的年轻妇女中的盎格鲁萨克逊课程的安静生活”了。他从牛津发出的这些信函中有一种自负的大学生的调子，还有许多自信而幼稚的判语：“除了莎士比亚最优秀的著作之外——所有的伊丽莎白时代的悲剧都是情节剧”。然而也有比较深思熟虑的看法，从中透出赫胥黎基本的体面精神。他在 4 月份对伦纳德·赫胥黎说：“对于外国人的这种强取豪夺真该死——这是暴民的法律”。他认为，政府对于外国人采取“压制行为”只是为了抚慰民主的舆论：“很快我们就将落到写《仇恨颂》的地步了。”赫胥黎讨厌英国的仇外情绪，但是在那个时刻显然盛行着这种情绪。他转向阅读法国诗歌，尤其是像马拉美这样的“现代人”，“他说出来的话从来不是他的意思，他的句法极为特别，他印出来的著作除了句号之外没有任何标点符号”。虽然赫胥黎一向是一位直话直说的作家，没有什么兴致以他自己的语言去做文学实验，但是却终身是马拉美的一位崇拜者。他还在普鲁斯特的《追忆如水流年》在 1913 年开始问世时就阅读了这本书。然而文学的发现无法遮蔽战争的现实。吉青纳的部队正在调动，“所以我将有多得多的朋友开往前线——我不喜欢这样—— 一个人年轻的时候，朋友比任何东西都来得重要，”他这样告诉杰莉。

在整个 1915 年的炎夏，以及从苏格兰阿吉尔科内尔渡口的度假地，奥尔德斯不断写信给杰莉。他 6 月份从“热而闷”的牛津，以他最好的大学生的方式告诉她：“当我所有的朋友都死去，我将成为一名隐士，住在一个山洞里——也许你会偶尔来看我，通过我的大门的铁杆送面包给我吃。那将是一种美好的生活！”这时他走路有些一瘸一拐，因为他眼睛近视，走路时碰翻了霍尔丹教授的一名助手（奥尔德斯向此人学到了不少科学知识）留在实验室外面一碗硝酸。他离开牛津，打算在 9

月份回来攻读关于“从复辟时期到革命时期讽刺的发展”的主题的斯坦霍普奖金。他告诉他的父亲，原材料在饱蠹楼——“厚厚的一部下流的匿名作者的著作”。在这些写给他那爱德华时代的父亲的信中再次有了一种轻松、率性的语调，显示出他俩之间的关系可能并不像格尔瓦斯等一些人所坚持认为的那样紧张。科内尔渡口的假期他过得十分愉快。他对杰莉说，苏格兰优美的风景和静谧“都有助于将朋友们正在被杀死的想法缓和成为一种平静的听天由命的悲哀”。然而赫胥黎并不到此为止，而是开始向杰莉表现出他的思想的一个新的方面。我们第一次看到开始了另一位赫胥黎，一位将寻找他最终在《永久的哲学》(1946 年)中所探索那种广大、普遍的真理的，倾向于统一的知识分子：

> 当一个人处在这个美丽的国度时，他强烈地感觉到，他是一颗拥抱一切的宏大灵魂的一部分……看上去，世界上善与恶的量似乎大致相等。我认为，最终得胜的很可能是善——尽管不做出坚持不懈的巨大的努力未必会有这个结局……不过我并不是一个悲观的人，我认为情况是会变好的。我认为我们应当努力将所有的杂乱局面变成一条单一的原则，它将是一种绝对——但是目前它只是潜在地存在，处于我们只能非常模糊地猜想出来的原始状态之中。

那些责备赫胥黎在 20 世纪 30 年代中期之后从一位玩世不恭的讽刺家转向成为一位理想主义者、知识分子和追求道德者的人忽视了这样一个事实，这就是他的思想一直以某种方式倾向于有机的统一，试图在表象的世界里寻找出本质的意义。他很快对杰莉宣布：“我已经扯得太远了！”

然而这段话却具有标示性。在这封信的末尾，是他刚写的一首法文的十四行诗，题为《夏夜有感》。

在一个月后已经回到了伦敦的时候，他恢复了率性的态度，此时正在逢他21岁的生日，他可以这样告诉杰莉：“哎，我今天21岁了——长大了——这是对我的青年时代感伤一番的多好的机会啊！”

在对他的青年时代检视一番的时候，他可能回忆起他写过几篇小说、几首英文和法文的诗歌，还翻译了几篇东西。他的诗歌明显受到他在当时正在着迷地阅读的法国象征主义诗人——马拉美、兰波、拉福格、波德莱尔——等人的影响；尽管在我们今天看起来，这些诗歌有些矫揉造作，充满了文学效应，但是它们帮助了他在牛津的扬名。他发表的第一首诗是1915年刊登在《牛津诗歌》年刊上的《小镇思乡》。这首诗总的风格和语气在开头的两行可以看出来：“窸窣的裙裾声，幽幽的广藿香味/纤弱的处女讨论着济慈。”赫胥黎写给朱利安的对拉福格的评论让人能了解一些他当时对于诗歌的看法：“他很有趣、给人快乐，而且极为年轻，而这是最重要的”。不过他同时宣称要写“一首浩大的教导性的诗歌”——这是一个与拉福格的诗歌相当格格不入的计划。此外，他还描述了一首关于“鼹鼠”的习性的小诗（这首诗后来发表在1916年2月《帕拉蒂评论》的第一期上），并且对他那首争取纽迪盖特奖金的诗歌被牛津的评委否决表示遗憾——其实那些评委们决定那一年不向任何人颁发奖金。牛津的诗歌教授赫伯特·沃伦爵士说“有一首拜伦式的作品；我们都很欣赏，但是我们不知道它是不是有意写得严肃的”。赫胥黎开玩笑地向朱利安抗议说：“这首诗确确实实是认真的，这一点好像还不够明显似的！”他赞扬约翰·多恩的话语是富有特点的：“极度的理智性，极度的激情，隐藏而有节制，极度的悲哀。”福尔克-格勒维尔也具有“极度的理智性”——赫胥黎所想望的一种东西——《旋律与对位》的卷首引语正是来自此人的著作。爱好明晰和光感的赫胥黎已经意识到，正是这种理智性可能使得福尔克-格勒维尔这样的一位诗人“默默无闻”。

1915年10月，赫胥黎回到牛津最后一年就学。内奥米患了猩红热，所以不可能住到切尔威尔去。赫胥黎搬回巴利奥尔学院，思念起他往昔的朋友的伤亡人数时，是一种深切动人的体验。他试图把他的感觉告诉杰莉：

> 战争比以往任何时候给我印象最深的是，友谊、爱，不管你喜欢称之为什么，是唯一的现实。当一个人年轻时，当他的思想长期处于变化和混乱状况的时候，它似乎是唯一稳定可靠的东西。它简直是我们可以达到的最高形式的真理。你从来不认识我的母亲——我但愿你认识她，因为她是一位非常出色的女人：特瑞夫同她十分相像。我刚才一直在读她在去世之前写给我的信。她的信的最后几个字是"不要老是批评别人，要'多爱一些'"——我现在越来越了解这个忠告是多么明智。这是对我自己的颇为自满和自私缺点的提醒，也是一种全部的人生观。

赫胥黎再一次对一位他所亲近的人吐露心曲，表露出与20年代所流行的，把他描述成一位无情、无道德标准，只求惊世骇俗的作家的形象截然相反的柔情和深刻的道德感。就在写了这些话之后的几个星期，他对戴·赫·劳伦斯的作品《虹》被禁表示不满——"受到压制的永远是那些严肃的著作"。从这样的看法可以寻绎出他拒绝在智力价值观的问题上作出妥协，为了维护那些袒露自己的道德观的人而拒绝趋应风气的端绪。

在巴利奥尔学院住下来之后的几星期内，赫胥黎将收到请他进入一个这类观点会自动受到赞同的世界的邀请。牛津郡嘉辛顿庄园1915年11月29日来宾签到簿的登记显示出赫胥黎的名字与菲利普·赫塞尔汀和其他人签在一起。那是他第一次的到来，也是一个新的、更广泛的朋友圈子的起点，这个圈子包括已经或者正在世界上留下他们的印迹的小说家、诗人、画家、哲学家。对于此刻已经是一位渴望成就的作家——虽然对于他想当一名诗人还是一名小说尚无明确的定见，而只是对他的雄心确定无疑——的年轻人来说，这是一个特别令人兴奋的社会环境。他用双手抓住了这个环境给予他的种种机会。

五、嘉 辛 顿

牛津郡嘉辛顿庄园是20世纪初期英国文学艺术生活的一个传奇式的地方，从1915年到1927年，这里是菲利普·莫雷尔和奥托莱恩·莫雷尔夫人的宅邸。奥托莱恩是第六代波特兰公爵的异母姐妹，而菲利普是兰开夏郡彭莱的自由党议员。以当时的标准来衡量，他们并不太富裕，但是由奥托莱恩主持的文化界人士的活动却确凿无疑的是沙龙式而不是阁楼式的。关于嘉辛顿已经有人写了很多——也许是太多的——东西了。它遗下的名声往往同布卢姆斯伯里文学团体的名声一起消长沉浮，后者向它提供了许多人物和轶事。尽管如此，还是值得征引一下大卫·嘉尼特的看法，嘉尼特是那些前来享受奥托莱恩的款待而又不丧失他们的批评能力的人的代表。（事实上，一个女人如此盛情款待却得到这么不客气的回报实在让人颇为同情；除了赫胥黎在《克鲁姆庄园》中将她漫画化之外，她还是劳伦斯的《恋爱中的女人》中的赫米奥纳，奥斯伯特·西特韦尔的《三重赋格曲》（1921年）中的塞图阿杰西玛·戈德莱夫人，还出现在吉尔伯特·坎农的《狮子狗与孔雀》（1921年）中。）“尽管她决不是一位艺术家，”嘉尼特说，“她却是个与众不同的人物，凭着意志和力量做到脱离了她那种教养的人的常规，而又不失去她在社交界中的地位……在精神方面，她的最好的品质是慷慨；她最不

以理解的）愤怒所产生的裂痕感到沮丧（当然，小说里写到的那座宅邸在建筑上同嘉辛顿没有任何相似之处）。

她本人这样回忆起她对赫胥黎1915年11月首次来访的印象：

> 来了一位非常瘦削、个子很高的纤弱男青年，长着一张很漂亮的严肃的脸，穿着灯芯绒的外衣、短马裤和长袜（他是从牛津骑自行车过来的）。他的视力很差，使得他弯下腰，以便贴近地看东西。他话语不多，态度冷淡，当他在下午坐着的时候，我觉得他感到厌烦，因为那个星期天正好没有什么旁人。

她的反应典型地代表了许多人对于赫胥黎的观感。他的沉默寡言——西比尔·贝德福德说“他十分害羞”——可以让人感到不安，尤其是当这种沉默突然被某种睿智的看法或出乎意料之外的侃侃而谈所打破的时候。聪敏的人常常不被人信任，而赫胥黎看不清别人，个子高得不像话，忍受不了愚蠢的闲聊，必定常常被人认为态度冷淡。李顿·斯特雷奇——人们可能认为他在文雅的嘲笑的游戏方面引赫胥黎为知音——向奥托莱恩夫人抱怨说他“太牛津派”和“轻浮”了。凯瑟琳·曼斯菲尔德认为他单纯天真，在他背后嘲笑他，用他在谈话时出了名的口头语“难以置信”开玩笑。一些年以后，赫胥黎在一次访谈中提到布卢姆斯伯里派的时候说，尽管他在罗杰·弗赖伊那里受到了美学教育，但“从某种意义上来说，这是一个相当局限的天地，不过是一个非常睿智的世界”。从人类同情心的角度来看，它的一个局限性是喜欢讲刻薄的闲话。

第一次午餐的另一位见证人的年轻美貌的瑞士家庭教师朱丽叶特·巴约，她——经过与莫雷尔夫妇在牛津站的头等候车室里的一次面谈之后——被委任照管他俩的取名为朱莉安的女儿。在她的回忆录《鹅掌楸叶子》（1986年）中，朱丽叶特追忆起那位聪明的年轻人（后来

她嫁给了他的哥哥朱利安)从他的自行车上跳下来的情景:

> 他的六英尺二的身躯(实际上他的身高是六英尺四英寸半)由于他身体的瘦削和稍微的弯腰曲背而显得甚至更加颀长。他那张浓密的褐色头发下的宽阔的脸,脸色苍白,长着丰满的嘴唇和蓝色的眼睛,眼中有一种内审的神色,后来我们知道他的一只眼睛完全失明,另一只眼睛也没有充分的视力……在这第一次,他大部分时间保持沉默,但是,当他开口讲话的时候,他的声音的圆润音色和他说话的品位令人惊讶。他那张不寻常的英俊的脸,毫不忸怩的态度,以及难以捉摸的凝视(最好是用法语 *un regard intérieur* 来表示),略显超然的安详神态——不是羞涩,而是有自制力,再加上他那奇怪的名字奥尔德斯,给人留下了难忘的印象。

在那以后不久,朱丽叶特带着朱利安到这位聪明的年轻人在巴利奥尔学院的房间里喝茶——后来在另一次,这里也招待过奥托莱恩本人,她发现奥尔德斯和他那些唯美主义的大学同学"如此温柔和女孩子气,动作和声音斯文而矫揉造作,显得颇为高雅"。朱丽叶特回忆道:"他用味道很好的柠檬茶和烤饼招待我们,说着没有缺点的法语,还背诵刘易斯·卡罗尔的作品、《蓬头彼得》、《麦克斯和莫利兹》,总之是营养了他的童年的他所有的喜爱的片断。他半开玩笑半严肃地用一种特别殷勤的态度对待我们"。

与劳伦斯的会见是在 1915 年 12 月 10 日。根据奥托莱恩夫人的建议,劳伦斯在 12 月 7 日写信给赫胥黎,邀请他到自己位于汉普斯台德健康谷拜伦别墅的寓所来作客。"奥托莱恩·莫雷尔夫人写信给我说,我们俩应该相互认识",劳伦斯解释道。劳伦斯当时正打算前往佛罗里达建立一个圈子——如赫胥黎对朱利安所说的"某种一致同意主义者的群体"。赫胥黎一直生动地记得汉普斯泰德的那个"冬天的下午”。“还没有喝完茶，他问我是不是想加入这个圈子，虽然我是个理智谨慎的青年，一点儿也不倾向于热情外露，虽然劳伦斯的那种我的教养所不习惯的真诚使我吃惊和感到尴尬，但是我说我想加入”。赫胥黎描写这次会见的用语——提到他的教养所产生的不同的期望——暗示了这位大脑紧张型的理性的人同这位热情洋溢、受本能驱使的反科学的小说家之间的不寻常的关系的性质。按说是不会建立这种关系的，可是他们却建立了。在他们第一次会面之后，劳伦斯写信给奥托莱恩夫人说：“我十分喜欢赫胥黎。他将到佛罗里达来”。但是这项方案从来没有实现过——事实上也不可能实现，因为赫胥黎还得在牛津读两个学期才能毕业，而要在战时出国去作这样一次冒险怎么说也是很困难的。奥托莱恩对于她所策划的这次会见一直感到关切。“我认为，他对于劳伦斯的那种摈除一切开场白的迅捷而直截了当的做法——对他进行检视，事实上将他置于他的 X 光之下——感到窘困，十分被动，也许是吓坏了。”她还担心赫胥黎并不是这样一种乌托邦式的实验的合适候选人。“我感到凭着奥尔德斯那种过分注意小节的沉默寡言的态度，他那脆弱也许是过分知识分子气的性格，要是去那儿的话会有多么痛苦。”然而，赫胥黎却要她放心。“你是无法不被他打动的，”他告诉她，再次表露出由于他自己的出身和教育，对于这颗十分异常、赤裸裸地暴露自己的灵魂缺乏应对能力而感到难为情：

在他的真诚和严肃中有着某种几乎令人惊恐的东西——某种使人感到自己是最可耻的半瓶醋、刻薄鬼、饭桶以及诸如此类的人的东西。虽然我认为他是不对的。他所谴责为只是浅薄作风和文学上的浮夸的一切——而他的真诚的力量使得别人一时会赞同他——所有这些都是远远不止现实生活的一种排泄物副产品的东西。所有这些都再次回到那天我们所谈到的问题中来，即智力使情感更加丰富的问题。劳伦斯也是这样：我倾向于认为他发现相当乏味知识分子的细微礼节不能够丰富生活。

劳伦斯身上具有在红色厅聚会的像斯特雷奇那样的布卢姆斯伯里“刻薄鬼”们所没有的真诚和热情，赫胥黎受到这种真诚和热情的打动，不太愿意断然否认这位怀疑论知识分子的至高无上的地位。他在与劳伦斯交往的整个过程中，始终继续拒绝否认这一点，是使得他俩的关系具有特殊的痛快感的原因——这在作为他所编辑的劳伦斯书信集的导言的那篇论述劳伦斯的文章的曲折文笔中可以看出来。不过那是后话。此刻，他最后对奥托莱恩说：“但是我认为，他那关于世界正在处于一个毁灭性的，已过旺盛期的阶段的理论中有很多可取的内容。”

在新的1916年里，赫胥黎到嘉辛顿去得更加频繁了。在智力方面，这地方对他是再相宜也没有了：这里充满文明、机智和大胆的气氛。此外，同画家和像艺术评论家罗杰·弗赖伊那样的人过从对于他的美学教育起了形成性的作用。虽然嘉辛顿的一些客人是和平主义者和拒服兵役者(菲利普·莫雷尔曾在下议院发言反对战争)，但是赫胥黎在这个阶段尚不属于这个群体，1916年初，他前往征兵办公室报名——由于他的视力不好而无望入伍。一月份一个星期四的上午，他来到一位少校面前，宣誓或“被见证”服役，但是这位少校只看了一眼正在眨巴眼睛的诗人就拒绝再继续履行手续了，“还说与一名几乎肯定不合适的人演这么一出滑稽戏是一件最最愚蠢的事情”。一名医生给赫胥黎作了检查，宣称他“完全不适合——1级A类”，于是他被送回牛津大学。他在新的学期的最初几天不是在战壕里度过的，而是在闷热的饱蠹楼图书馆里，为了获得斯坦霍普奖金而拼命用功。赫胥黎在1916年的专题是密尔顿，他被迫将密尔顿的作品同“一顿令人作呕的盎格鲁萨克逊大餐”一起吞下去。在学校的功课之余，他就到嘉辛顿去，在那里赫胥黎终于见到了“那个奇怪的人李顿·斯特雷奇……一个蓄着长发和胡须的人，样子很像个俄国人，非常有意思”。他把在嘉辛顿周末聚会上讲的“笑话和无害的作弄人的玩笑”讲给内奥米·霍尔丹听。2月份，他参加了在牛津登记办公室举行的她同迪克·米奇森的婚礼。“很遗憾这不是一次基督教会的婚礼，”他对她说，“我本来可以当一名非常出色的侍从的。”内奥米回忆道：“在杀戮的夹缝里，我们是一些有自己的欢乐和问题，有尴尬处境和重要事情的青少年，我们傻笑，瞥视着弥漫周遭的美和兴奋气氛。”当时还有电影，这同爵士音乐一样，是赫胥黎非常感兴趣的另一项美国的进口物——尽管在其后十年中，他的口气变得大为不同了。赫胥黎看了改编成电影的《简·爱》，看完这部影片后，他说他希望观看《一个国家的诞生》，“据说这部影片标志着电影艺术的一个颇新的纪元”。

在这段时期，赫胥黎过着社交越来越频繁的生活，在万灵堂用餐，与牛津大学几乎所有最重要和有意思的人物同进午餐，并且开始以一位作家而知名。社会主义协会即将出版新的《帕拉蒂评论》杂志，赫胥黎四处拉人以三英镑六先令的价格订阅六期这份杂志。他希望当时在得克萨斯州从事教职的朱利安帮他在美国征求订户。《民族》杂志的H. W. 马辛厄姆看到《帕拉蒂评论》杂志第一期上载有赫胥黎的诗《鼹鼠》，于是请他向自己投寄一些诗稿。然而，并非一切都是光耀和尽情的自我陶醉。2月份的一天，赫胥黎前去牛津法庭旁听审理针对征兵的上诉，对于冷酷无情的做法和所造成的冤屈感到震惊。他写给他父亲的关于这次经历的报告表明了赫胥黎人性的一面，对于“小官僚的胡作非为和大规模地把人骗去当兵的企图”，以及对于拒服兵役者的粗暴对待感到愤怒。虽然这些法庭“不像在伦敦那样令人作呕地对人呼来喝去”，但是赫胥黎仍然感到，“这些法庭远远没有依照法令和普通的好意给予他们有权得到的尊重待遇”。他最后说：“这一切极大地降低了民众对于战争的同情。”他还对像《每日快报》这样的大众媒体通过给外国人取绰号和煽动起粗鲁情感所表现出来的仇外情绪感到震惊。“大动感情的仇恨‘蜜月’已经延续得够长的了，”他对他父亲说，“现在应该是我们静下心来理性地相互思考的时候了。"他还同情圣约翰学院的一名本科生 J. A. 考夫曼的案件。考夫曼是一个德国犹太人,给自己取了一个英国姓"凯"。他以出于良心反对战争和自己是一名国际社会主义者为理由申请豁免服兵役,但却受到法庭成员的训斥。赫胥黎对于公共问题在道德上的交火以及他基本上出于人道主义的立场正在成长之中。他仍然想为战争做一些工作(尽管他同时对战争在平民生活中造成的反响,公民自由受到侵蚀,以及军国主义引起"英国文明的崩溃"的威胁表示反感)。一个可能性是为一个政府部门工作。整个冬天他一直在思忖要不要志愿报名去国防部的外国报刊部工作,但正如他向朱利安所解释的,每天 12 至 14 小时的工作是"远非我的视力所能忍受这种紧张的"。战争越是拖下去,他越是憎恶战争。他对他哥哥说:"一开始,我是很愿意去参战的;但是现在(看见了所有这些结果),如果我能够,我想我会是一个拒服兵役者,或者接近是。可是我一想到英国今后会变成怎样——几乎难以居住——我就会不寒而栗。"

当然,在此同时有嘉辛顿,这是一个庇护所和正在为之战斗的文明的化身。"莫雷尔家是我所知道的最愉快的家庭之一:那儿一直有饶有趣味的人和有益的谈话:我常常从牛津到那儿去拜访他们。"还不仅仅是莫雷尔夫妇。"那天,我在那儿见到了温和可亲的芭芭拉·海尔斯——她蓄着短发,戴着金耳环,非常有趣,像个吉卜赛人似的。"可是,赫胥黎并没有让芭芭拉·海尔斯的魅力遮盖住杰莉·达兰尼的风采。她一直是一位非常特殊的红颜知己,在他生活的这个阶段,对她所倾吐心曲的知心程度超过了任何其他人。复活节他短暂地去了一次斯托克斯,接下来同在科茨沃兹出版的《帕拉蒂评论》的业务经理汤米·厄普一起步行去契平-坎姆登和雪山度假,5 月份,赫胥黎回到牛津大学准备他的期终考试。他是如此的用功,他对杰莉说,"以至于我感到我仅仅因为厌烦而几乎可能在晚上用枪打死自己"。为了缓和这种厌烦的情绪，他养成了在晚间独自长距离散步的习惯，“沿着河边走几英里又几英里路，直到我的心绪比较好一点为止。即使一个人想感到抑郁，经过在风中和月光下走上一小时之后，你也无法感到了。于是，我像一只乌鸦般唱起来——交响乐、法国的老歌什么的——去想那些美好的事情，回来后心情相当愉快——今天晚上我做了一些功课：可是现在已经晚了，尽管喝了浓咖啡，但是我快睡着了。”在同一个月写的另一封信里，他告诉杰莉，有时候“一个人因为战争这个吸血鬼将这个世界的生命和灵魂消耗殆尽而感到绝望”。他已经开始考虑他在期终考试以后的未来了。他可能去美国探望朱利安——他当然一定已经变了。“但是我自己同两年以前就有这么多的不同。我想这是一个人生活中的一个阶段，这时人非常迅速地从一个发展阶段进入另一个发展阶段。在许多方面朱利安同我很相像：但是在某些点非常不同。”他也告诉杰莉奥托莱恩·莫雷尔有多么好：“我在她的住宅里感到彻底的‘自在’，处于一种比在几乎任何地方都要相宜的气氛之中。”当然比在威斯特本恩坊 27 号他父亲家里要相宜得多。

对于赫胥黎来说，最明显的职业将是教书，最好是在牛津大学，但是他父亲建议试试在一家公学里找一个临时的职位，赫胥黎同意这个意见，认为是明智的，“尽管我不会打算永久性地在这个位子上干”。但是首先必须克服公学的种种障碍，他对伦纳德说，障碍之一就是“比我干过的任何活儿都要疲累。不仅是精神上的压力很大，而且在身体方面对于眼睛的压力——甚至使用一架打字机——非常之大：我跌跌撞撞地从书面作业中站起身来，感到如同患了一场急性流行性感冒之后浑身伤痕累累。”然而，到了 6 月中旬，这一切都结束了。那年夏天，他的第一个学术方面的好消息是获得了斯坦霍普散文奖，这笔奖金给了他 20 英镑可以花在他的心爱的作家——如乔叟、多恩、博蒙特和弗莱彻等——的一些最好的现代学术版本上（虽然他对朱利安说他情愿拿现钱）。

然而寻找职业的压力仍然迫在眉睫。6月底，他离开了牛津大学这个“潮湿的瘴气之地”，前往伦敦考察可行的“逃避贫民习艺所的方法”。牛津大学聘用委员会说，它将把他的详细材料散发给各位校长，但是他却决定自己前往伊顿公学求职。如同他开玩笑地向朱利安列出的选择那样，这将是“(a) 在我们伟大的现代报刊中散布谎言，(b) 在我们伟大的现代公学中散布谎言”。两者中他比较喜欢后者，“掺杂一些轻微的新闻工作症的发作”。他的第一部诗集的即将出版尽管比其他一切都重要，但对他找个谋生的饭碗却无多大的意义。在这方面，7月2日到达的，关于他是仅有的两位英语得第一的人之一——他与来自索默维尔的一位姑娘M. D. 奈文一起分享这个荣誉——的消息也没有什么意义。他非常高兴地在星期日的报纸的一份名单里读到“我的姓名的最精彩的版本，即 ALDORES HUXLEY——这是最荣耀的西班牙文”。

几乎在同时，赫胥黎被雷普顿学校校长杰弗里·菲希尔——后来的坎特伯雷大主教——聘任一个临时的职位。他的前任——虽然这一点实际上并没有申明——遭到了解雇，赫胥黎发现他必须教低四年级的拉丁文和其他年级的英语和历史。虽然这只是一个救急措施，只持续到夏季学期末，但对他来说，似乎是非常委屈地使用了他这个才华横溢的第一名的知识。他刚去过伊顿公学，希望在那儿找到一个职位，但是同样的问题会发生——当时在公学里并不教授英国文学，所以他将不得不教授古典作品。他还去拉格比学校面试过，他在那儿担心这所学校“一贯不守规矩、行为暴虐”因而并不适合像他这么个近视的唯美主义者。反过来学校也担心“我的视力不好，管不住那些男孩们”。他向奥托莱恩夫人吹嘘说：“不少于6位校长恳求我考虑他们下学期的聘请。”当然，他更喜欢在大学里任职，他想了解 W. P. 克尔是否知道伦敦大学或者别的地方有一个职位。他正在经历着人们所熟知的从大学本科生充满智力乐趣和其他乐趣的生活转到职业世界的残酷现实的粗暴过渡期。“从牛津大学出来到别处让人感到难舍难分：这个地方已经像一栋老房那样成为个人的一部分了，”他对他的老校长吉德雷·鲁宾逊（显然此时对他在预科时期恃强欺弱的行为已经不记恨了）如是说。而且待在离开人气旺盛、气氛活跃的嘉辛顿和牛津大学——他在去雷普顿学校之前的一个星期曾最后一次去牛津体验了那种气氛——很远的宿舍里非常寂寞。接着，他带上“牛津大学长得最漂亮的本科生（女的）”去一家剧院，发现他与她待在同一所房子里，“像小孩那样”同她和他们的朋友们一起猜动作字谜，并且睡在一个干草堆上，身上盖着一块防水油布。

在雷普顿学校，有一位他在牛津大学就认识的男教师同事，名叫维克托·戈兰兹，但是没有什么其他同伴了。他向所有的朋友们大写其信件，他告诉弗兰西斯·彼得森说，男教师们都是“卡列班”*[莎士比亚剧本《暴风雨》中的丑八怪——译者注]*，整个体验都“糟透了”，并且要他从大学合作社买二盎司烟草寄给他；他对诗人罗伯特·尼科尔斯说，“冒充拥有知识实在非常有趣”；而在写在从学校练习本上撕下的一张纸上的一封信中，他告诉杰莉：“要是想得出办法，我想我是不会成为一位男教师的。”他恳求她写信给他，因为“收到信件是愉快的，我感到相当寂寞，有时候十分忧闷，在这儿一个人也不认识”。他竭尽全力应付不断传来的关于阵亡的报告，在他写给杰莉的信中，多少预示了战后在他和他的朋友之间发展起来的那种情绪：

> 我们的朋友中间已经有相当多的人在我们的攻势中阵亡了，我恐怕在攻势结束前还得死更多的人。我对这件事的感觉是，一个人不能做的事情就是回顾过去。当然，人们在死后继续生存的一个方式是活在他们所归属的社交圈里，特别是在他们的朋友中间。回顾过去是对信托给我们的生活的一种背叛：一个人必须朝

前走。记住他们的最好的方式不是沉浸在过去之中,而是着眼于未来。

他在去雷普顿学校之前没有去探望奥托莱恩,因为他的自行车——"我可怜的驽骍难得"——的机械坏了,他写信对她讲述了雷普顿学校里的社交喜剧:他在到达那所学校后曾经与之一起喝茶的校长菲希尔("一个精神饱满的人"),一起喝茶的一批挑选出来的"当地的女士们——都绝对是一些滑稽戏里的角色类型——那些时而昂首表示轻蔑、时而大肆扫荡,把东西吃个精光,时而问'伦敦是不是住满了人啊'的红鼻子老处女们……哎,那些老的男教师们!他们自豪地说在这儿已经呆了40年了:有一位患有在无论什么场合都会睡着的毛病,另一位是嗜酒狂,又一位毫无疑问被魔鬼附了身,还有一位仅有的古典文学知识是《伊利亚特》第15卷,除此之外他什么也不教——事实上他除了这点东西之外没有能力教任何东西:此人从克里米亚战争的时候起一直呆到了现在"。这就是将重新出现在赫胥黎早期小说中的世界——还有对它的批评观点。

到那年夏天,他将回到嘉辛顿去。就在那儿发生了一件事情,他在离开雷普顿学校之前的7月2日将这件事情向朱利安报告:"我终于发现了一位可爱的比利时人:奇迹永远不会停止发生。"这是他的一生最重要的发现之一。

六、玛 丽 亚

这位奥尔德斯将在1916年夏末秋初的某一天跪在嘉辛顿草地的一条小地毯上求婚的"无与伦比的"玛丽亚·尼斯，于1898年9月出生于比利时佛兰德省的城镇库尔特雷的凡·登·皮尔布姆林荫大道边一栋殷实的布尔乔亚宅邸里。她的父亲诺尔伯特·尼斯拥有一家制衣工厂，其妻子玛格丽特·巴尔图斯——她的兄弟乔治·巴尔图斯是一位画家，并在格拉斯哥大学担任美术教授——生了四个女儿，玛丽亚居长——玛丽亚的小名叫娅娅，这是她小时候第一次想称呼自己的名字时的叫法，不过后来她的爱称是意大利语"科科拉"，意思是"小浆果"。玛丽亚出生后不久，全家迁到了根特和布鲁日之间的运河边的一个小村庄贝勒姆，在那儿，诺尔伯特——凭借一笔可观的继承资本——开设了另一家制衣工厂，但这家工厂最后是倒闭了。玛丽亚小时候的骨骼结构十分脆弱——如她姐姐苏珊在一本未出版的家庭回忆录中所写的：*comme un oiseau*（像一只鸟那样）——而且脊柱有点弯曲，因而她被送到在圣特隆的祖母家去居住，以便可以接受住在列日的一位著名医师的治疗。玛格丽特·尼斯是一名虔诚的天主教徒，她以圣母玛丽亚的名字给女儿取教名，是为了还她在生育第一个女儿时没有完成的心愿，即完成许下的前往蒙塔古圣龛的三次朝圣旅行的最后一次。玛丽亚在列日的一个修道院里受到圣心修士会修女的教育，但她的笔迹始终非常难以辨认——据她说，这是因为教她书法的修女榜样不好，这位修女患有关节炎，因此她的手扭曲残疾。玛丽亚上芭蕾舞和骑马的课程，是个聪慧、用功的女孩。玛丽亚与她的三位姐妹让娜、苏珊和罗斯在贝勒姆所享受的这种幸福的特权生活——用苏珊的话说，是：*dans un petit paradis*（住在一个小小的天堂里）——由于第一次世界大战的爆发而破灭了。苏珊的 *compagne plate et poetique des Flandres*（平静而富有诗意的佛兰德田野）即将化为战争的沙场。

玛格丽特和她的女儿们逃往英国，在一个美丽的晴朗日子到达奥斯坦德，准备前往位于伦敦格罗斯夫诺广场，由库尔特雷一位朋友的姐妹开设的一个膳宿公寓。玛格丽特持有写给乔治·巴尔图斯舅舅在伦敦的朋友们的介绍信，其中的一位，即他曾在伦敦会见过的奥托莱恩·莫雷尔夫人，邀请她住下来。苏珊·尼斯在她的回忆录中很不客气地提到奥托莱恩。这位长着一双蓝色的大眼睛的极其美貌的 16 岁的姑娘——她热情、聪慧、因为被迫离开她在比利时的殷实的布尔乔亚家园而有一点神经过敏和迷茫——完全被奥托莱恩所压倒和刺激得极度不安——用苏珊的话说，是 *subjugeéet follement eprise*（感到被征服和极度激动）。苏珊不是唯一关心奥托莱恩对待这位天真的年轻姑娘的方式的人。戴·赫·劳伦斯对于 1915 年 4 月在嘉辛顿发生的一个事故大动肝火。这个事故的细节并不清楚，但是似乎玛丽亚由于被排除在某种活动之外，或是觉得受到了怠慢，也可能是对于她即将被送到别处而感到焦虑（据苏珊说，她事实上在画家罗杰·弗赖伊的家里住过一段时光），吞下了某种洗涤液。连夜请来一位医生，她的命保住了，但是很可能给她的内部器官造成了永久性的损伤。她本来稍微有点儿胖，但是打那时候起，她一直瘦得像根芦柴棒——尽管人们会怀疑，根据情况看，诊断她患有神经性厌食症——当时还不是一种公认的病症，而且从来没有人提起过这种病同玛丽亚有什么瓜葛——也许说得过去。劳伦斯感到愤怒的是，据他认为，奥托莱恩竟然让她对于弄权的爱好主宰她同玛丽亚的关系。“我们对于玛丽亚的事感到震惊：这实在太可怕了，”他于 1915 年 4 月 23 日写信给奥托莱恩。“我不清楚你是否真的比我一开始对你的看法更坏。我认为你不由自主地要给人家来点儿折磨。”他说，似乎她“以一种强烈的、旧时发展起来的意志把这个姑娘包裹在这个意志中，这样她就生活在你的意志的主宰之下……所以当她说是因为她不能忍受被留下来而服了毒，这是千真万确的。同时她还感到迷茫和混乱……你干吗一定要这么多地使用你的意志，为什么你就不能听任自然，不老是要想抓权、想打听一切，想主宰一切。”接着，似乎意识到自己过于神气十足，劳伦斯承认：“我自己也非常像这个样子。”他认为，问题的症结部分在于阶级地位，在于奥托莱恩通过她的教育养成的主宰一切的贵族式习惯：“我想这是教养的问题”。劳伦斯和玛丽亚从此一直深深地相互喜欢。

奥托莱恩本人在她的日记上讲出她那个角度的玛丽亚的故事，尽管她对于服毒事故保持沉默；她还写到玛丽亚对她的爱，并且在一则最终是片面和给人错误印象的叙述中更多地把她作为一个令人烦恼的问题来看待。她写到，玛丽亚来到嘉辛顿的时候“比一个小孩子大不了多少，她的头发梳成长卷状，粗壮的腿套着姜黄色的高帮鞋和长袜”，但是她不久就长成“一位娇美的年轻女郎”。她说：“很难劝诱玛丽亚从事任何工作，我很不高兴地感到，我现在要对他的福利负责的这位姑娘正在无所事事地过日子。”正是由于这个原因，奥托莱恩决定去剑桥大学纽恩厄姆学院那些不情愿的领导那儿软磨硬缠，要他们接受玛丽亚读本科课程，认为这样能完成她的教育，迫使她同别的女孩来往（剑桥大学的报告单表明确实有所来往，因为玛丽亚一清早和她的同伴们打曲棍球），并且使她可以稍微自立一点，不太多地依靠“阿姨”。奥托莱恩从一开始便把玛丽亚的教育问题接过手来，在玛丽亚还没有来到嘉辛顿之前，大概在伦敦她家里住了一段时间之后，于 1914 年 12 月写给她的最早的信件里，用很多的话感谢她的女主人（仍然是用法语写的），并且说，在她正在写信的房屋里有一个图书馆："我肯定我将按照你对我说的话去做：读书、读书，再读书（*beaucoup beaucoup lire*）。"玛丽亚还上过一些芭蕾舞课（包括由尼琴斯基教的几堂课），但是她纤弱的体格不允许她把芭蕾舞当作一种事业来从事。她在1915年秋季开始在纽恩厄姆学院学习，居住在佩尔楼里。在玛丽亚从剑桥大学写给奥托莱恩的第一批信件（这些信件以前从未发表过）中，令人感动地传达了一位年轻姑娘的情感的变化无常和一时的渴望和迷惑。她当时还在努力攻读第二语言英语，但是却勇敢地初步认识了詹姆士·穆勒的《逻辑》，并且向苏珊报告说，作业"非常难，尤其是逻辑"，但尽管如此，剑桥大学仍然是"十分愉快和令人振奋的"。写给奥托莱恩的信件的调子却不同。玛丽亚很明显被这位比她年长的妇女的气势所压倒，害怕做错事，说错话，急于遵从她的指导。她在这些早期的信件里称她为"最亲爱的阿姨"，表明了她俩关系的保护因素。"我真的知道我是一个愚蠢的人，可是我想我不会一直愚蠢下去，因为我将尽量听您的话，"他在从纽恩厄姆学院写的一封信中这样脱口说道。她在另一封信中承认，"我做了一件尴尬的事——[伯特兰·]罗素先生要我代他向斯蒂芬小姐[弗吉尼亚·斯蒂芬，后来的伍尔夫夫人]问好，我十分肯定是向弗莱彻小姐问好，直到我真的向她问好……看起来我做了一件多么糟糕的事，我感到我应该向有些人道歉。"然而，伴随青少年时代的笨拙举止和手足无措的，也有其他比较强烈的情感："我无法忍受要这么长久才能回到你的身边……这儿的生活非常糟糕……我是如此寂寞，只想和你在一起，因为我这么爱你。我对你的爱[比]我以为有的要多得多，我必须再次和你在一起，我这么需要你——最亲爱的，最亲爱的奥托莱恩。"

玛丽亚对奥托莱恩的热爱，在同奥尔德斯见面之后的整个1915年和1916年一直延续着，在她俩后来的信件中偶尔会谈论到奥尔德斯。赫胥黎的家人和朋友们从来没有承认过玛丽亚有双性倾向（不过她的姐妹们完全了解这一点），直到最近不久，一位比利时作者斯坦·劳里森斯写了一本书，其中显然声称赫胥黎的婚姻是一种基于利害关系的婚姻(如果这个报道属实，那实在是对事实的一种荒谬的解读)，在对这种流言作出反应时，西比尔·贝德福德对一家伦敦报纸说："玛丽亚是有双性倾向的，在她与奥尔德斯的婚姻存续期间，确实同其他人有过短期的激情关系……他们是一些不惧怕试验的高级人士。"赫胥黎的儿子马修在同我的谈话中，对于大卫·金·邓纳威在《赫胥黎在好莱坞》(1989年)一书里对他母亲的性倾向的暗示表示迷惑不解。赫胥黎第二任的妻子劳拉·赫胥黎对我说，她根本不知道玛丽亚是不是有双性倾向。玛丽亚本人在30年前公布的一封写给爱德华·萨克维尔-威斯特的信中描述了对奥托莱恩的爱："尽管青年时代的爱有各种痛苦，但那是我最伟大的爱……我深深地爱她，而且被许多想法所缠绕，"她在1938年闻知奥托莱恩去世的消息后如是写道。也许下面这封信——这是18岁的玛丽亚在1917年1月24日写的，那时她已经爱上奥尔德斯，但她当时身在佛罗伦萨，与他分隔两地——以其赤裸裸的情感和激情的宣称，可以最终判定这场强烈的恋爱，以及与当时正在开始绽放的，对于奥尔德斯同样的挚诚的爱情的同时存在：

> 我的爱，没有你就不是生活，没有你是不可能的——什么也没有，没有，我渴望和你在一起，永远永远爱你——因为你知道我爱你——爱得这么多，我要更多、更多，彻底地献给你——因为没有你我就不存在——我对你的爱是如此深刻——它是一切……我是阴暗的，充满了渴望，那就是你——除了你我不在乎任何东西……此刻一切是黑暗可怖的，因为你不在这儿给我的视野全部的光明……我要你，这些夜晚是永恒和黑暗的——每天我梦见人们想把你从我的身边带走……你，永远是你，我想永远地吻你……我想抚摸你……我的爱，爱—— 一切献给你。
>
> 玛丽亚

关于玛丽亚遇见奥尔德斯一年多前在嘉辛顿的情况的第一份记录下来的概述，是由家庭教师朱丽叶特·巴约，即后来朱利安的夫人所提供的。在朱丽叶特看来，玛丽亚比她自己更加善于处世，尽管玛丽亚受到常规的佛兰德天主教的教养，但是比她自己更加愿意接受嘉辛顿/布卢姆斯伯里文学团体的个人自由的道德观，而朱丽叶特还没有完全抛弃她的瑞士加尔文教派的世界观。1915 年 5 月朱丽叶特第一次来到庄园的时候，被人带领穿过红厅，她在那儿看到奥托莱恩穿着一件画家的罩袍。一位比较年轻的姑娘正蹲在一架梯子上，在嵌板的凹槽里画着细细的金线。那人就是玛丽亚："她个子小，长得相当丰满，但是可爱得言语无法表达，有一对蓝绿色的大眼睛，同戴在她长长的手指上的一枚埃及圣甲虫宝石戒指十分相配，她的侧影十分纤弱，鼻子略有一些鹰钩状，丰满的嘴唇下面有一个小小的朝前突出的下巴。她的头发被菲利普·莫雷尔剪得很短(这种式样刚开始在斯莱德的学生中流行)，像一顶深色的头盔那样扣住她的头。她有身体已经成熟的儿童的一种脆弱和无助的神色。"对玛丽亚的描写数量不少，都强调了她的丰满和高雅的美，如西比尔·贝德福德所说的，她那"娴静的拉丁情欲之美"。玛丽·赫金森认为，她的魅力中有一种"波斯"气质："她眼睛的形状几乎像个杏仁，非常之美，她的表情慵懒，她的本性天真、肉感、不复杂，她的心温暖和忠诚，她的头发是深色的。她一直似乎搽着好闻的香水、香油，撩人情欲。"西比尔·贝德福德在她自传性的小说《线锯》(1989 年)中，描写"她那张年轻的埃尔·格雷科笔下的圣徒的脸"，而伊迪丝·西特韦尔注意到，她"美丽的眼睛就像一头暹罗猫的眼睛"。安妮塔·卢斯见到她的时候要晚得多，把她看成"一位可爱的浅黑型的姑娘，身高不超过 5 英尺，有着波浪形的头发，尖尖的椭圆形的脸，以及蓝绿色的大眼睛"。

然而使得玛丽亚异乎寻常的——而且说明她为何在她丈夫的传记中占据突出地位的——是她在赫胥黎整个一生中所扮演的角色，这个角色将在下面的书页中予以一而再、再而三的强调。她向他献出了全部的身心——有一次甚至宣布："我死在奥尔德斯前头是不对的。"因为他视力差，她无休无止地读东西给他听，即便阅读的材料使她厌烦得无法相信也是如此。她驾车带他在整个欧洲和美国行驶了好几千英里的路——在旅馆的登记本上将她的职业填写成"司机"。她把他写的书用打字机打出来，并担任他的秘书兼管家，她摒挡那些可能打断他的写作的来访者。她向他提供情节，以及他并不总是了解的人的内心活动。"她是他视听人类世界所发生的种种事情的眼睛和耳朵，"西比尔·贝德福德在《线锯》中写道，"对于他写的书，她会解释能够派用处的任何琐碎的事情。"她秉性聪慧，很有文化，可是还对更加广阔的未知天地感兴趣。安妮塔·卢斯说，"她过着一种纯属幻想的生活。她研究手相术，相信星象，甚至相信好莱坞林荫大道边用水晶球占卜的人。"

安妮塔·卢斯回忆说，"她那种不同常规的反应始终使得奥尔德斯感到有趣和惊奇。"

这就是赫胥黎在1916年7月2日遇见的那位"可爱的比利时人"（不过他在夏季学期末曾经对杰莉报告说，他在最近的一次聚会中无法同奥托莱恩说话，因为"喝茶时有几个令人厌恶的比利时人在场，没完没了地在谈论她们自己——可能是玛丽亚的母亲和她的女儿们"）。1916年他到嘉辛顿去的次数大为增加，似乎他已经成为这个家庭的一个长期的部分了。8月份，他终于摆脱了在雷普顿学校的临时职位，就真的成为如此了。他询问菲利普·莫雷尔他可不可以来到农场里工作，于是从8月份直到1917年4月，他长期居住在嘉辛顿，与从前的拒服兵役者，赫胥黎取绰号叫"恰比罗"的吉拉尔德·肖夫一起在土地上劳动。奥托莱恩回忆道："我们两人都非常喜欢他，很高兴他来我们这儿，并且给了他一个漂亮、安静的房间。"赫胥黎本人感到这是对他"空洞的存在……一种当我眺望我的未来前景时奇特地回荡着的空洞"的愉快的调剂。奥托莱恩的照相簿里收藏的两张照片表明了赫胥黎在这个嘉辛顿时期的两个侧面。在第一张照片中，他深深陷坐在一张有侧翼的安乐椅中，他的鼻子埋在一本拿得贴近他的眼睛的书里。在第二张照片中，他身上是翻晒干草的人的打扮——很可能是到嘉辛顿庄园来过的打扮得不可能再入时的翻晒干草人了。赫胥黎一向是一位穿着潇洒时髦的人。“他穿着干草色的骑马裤和浅色的长袜，上身穿着深褐色的灯心绒上装，看上去心不在焉，但是浪漫和漂亮到了可笑的地步，”朱丽叶特如是回忆道。在一个完全依靠木头做燃料的房子里劈柴是一种有用的活动，而他全身投入了锯断倒下来的树木，把它们用楔子劈开的工作。他在农场上干的活儿不重，可他干得很开心——追赶逃走的猪，或者从水潭中救起黑公猪——可是他在经历了雷普顿学校的精神沙漠之后，最最使他开心的是处在一个有激励作用的群体之中。

他在8月份到达嘉辛顿后几天，告诉弗朗西丝·彼得森说，他是如何把大部分夜间花在“同智慧的人谈话”上，并且同“一位蓄着短发，穿着紫色睡衣裤的爱好艺术的年轻姑娘”——这是多萝西·卡林顿——一起露天睡在屋顶上——清晨被在屋顶上鸣叫的孔雀叫醒。他已经发现了他将在整个一生中继续发现的东西—— 一个由智慧的人们组成的小小的然而高雅的圈子，这些人激发了他，反过来又被他所激发。“我在那儿有个朋友的小天地，”他告诉朱利安说，“说到底，友谊是使得生命极值得活的唯一的东西。”朋友是必不可少的：“没有他们，我感到彻底地束手无策，十分痛苦。”他舍不得离开这里到“修道院长之田”去同他已经四个月没有见到的，在那里度夏的他的父亲和继母一起待上几个星期——因为同他们俩过日子一定会十分“令人厌烦”。但是这次与嘉辛顿的小别——他将于9月底前后回来——却使他在伦敦结识了一些人，如E. S. P. 海恩斯这位“英国争取离婚自由的最积极的战斗者”，他同此人一起共进午餐三个小时，吃着龙虾，“一边大量地灌夏布利酒，一边用洪亮的声音大谈自由、性和匈奴人的堕落”。但是，他的未来怎么办这个现实问题一直在困扰着他。“我不知道我该找个什么职业，”他对弗朗西丝抱怨说，“我甚至不能在小酒店门口吹单簧管。”写作是他最想做的事，他的第一册诗集《燃烧的车轮》即将问世——不过拿到校样的兴奋却被《民族》刚做的一件蠢事——即发表了他的三首诗，署的却是他父亲的名字——所冲淡。他告诉朱利安说，现在他阅读校样的时候，这本诗集："一本50页的小书"使得他"衷心地感到懊丧"，也许这些诗中只有四首写得还可以。他的雄心壮志不止是出版一部很快被人遗忘的薄薄的诗集。"而我们要的是会写散文的人……年轻人除了新闻和诗歌以外，没有人写别的东西。真是个悲惨的事实。"

赫胥黎意识到他正处于他一生中的一个紧要关头。学术世界正在迅速地渐去渐远。他在牛津时的导师告诉他，他没有希望在牛津谋得一个职位。没有任何明显的事业在向他招手。他不能靠写诗歌来谋生，而他也还没有以小说成名。暂且唯一的前景是帮助一位法国贵族的年迈的爱尔兰遗孀——他称这位未查实其姓名的女人为"男爵夫人"——编纂回忆录。1916年9月初，赫胥黎用一种有意的说大话和夸张的口吻——这是他写信给他哥哥时经常采取的口吻——概述了这个情况：

> 唉，牛津的生活完结了。我头戴优秀学业成绩的人造玫瑰花，辉煌地陶醉在年轻人的自负中，摇摇晃晃地走进了……不是哲学家们的，而是猿猴、狼和猪的宴后酒会……关在书斋中的学者生活已经一去不复返了……我认为，让具有高尚和独立精神的人过这种生活，它就是一种最充实、最好的生活，不过如果让一群普通的牛一般的知识分子来过这种生活，它就是一种最拖泥带水的、最痛苦的生活。我愿意永远过学习的生活。我渴望知识，包括理论和经验的知识。如果将渺小的东西与伟大的东西相比，我认为我倒很像无可比拟的约翰·多恩。

他从"修道院长之田"写信给奥托莱恩说："我从来没有感到对我的

命运掌握不足。”尽管其后七、八个月他将在嘉辛顿过得十分愉快(他开玩笑地提出为奥托莱恩写一首题为《嘉辛顿的愉悦》的模拟奥古斯都的诗歌,其中引用了一联典范的对句),但是他知道这只是一个插曲而已,而一名贫穷的诗人最可能的归宿就是当个中学教师。在此同时,他在阅读(可能借助一柄放大镜,然而阅读得如饥似渴):《战争与和平》(“最伟大的书籍”)、《危险的关系》(“非常出色”)、孟德斯鸠的《波斯人信扎》、但丁的《地狱篇》(“有困难,而且是个逐字翻译本”)、爱伦·坡的诗歌,以及奥托莱恩借给他的司汤达的《巴尔马修道院》。他以一种可以从中略微瞥见他当时的美学原则的字句告诉她,后一部书的写作方法节制得恰到好处:“作者没有对事件进行浪漫的渲染、没有浓墨重彩的场面,没有编造证据。事实只是以它们本身的动力和分量演进:是隐喻的混合。它们是自身发光的,光从内部照射出来,而不是由作者所点亮的。”

9 月份,赫胥黎的第一部书出版了。“《泰晤士报》对我的书的评论使我感到有趣——唐突无礼,可是很有意思,”他在刊出对于《燃烧的车轮》的第一篇评论时这样告诉他的父亲。这本薄薄的 51 页的小书由巴西尔·布莱克威尔出版社出版,收入“冒险家”系列,书的护封上将之称为“一套尚未成名的青年诗人的系列。”与赫胥黎同属这个系列的其他诗人们,如弗兰克·贝茨、谢拉尔德·凡恩斯和 S. 里德-海曼等命中注定要继续享有这个地位,也许是因为布莱克威尔出版社的营销声调颇为冷淡。“本丛书的宗旨是去除对于青年诗人的著作无偿付能力的指责,”总序一开始这样说。这本书中的一则出版社的广告引用了《观察家报》的话,大致的意思是:“这套丛书的印刷装订十分漂亮。字体、纸张和书页的形状都很精致,诗歌的排印非常好地考虑到了页边的空白。”而《观察家报》对于被这么悦目地印制这些空白之间的诗歌本身的实际优点是什么却保持沉默。

这部诗集的第一首诗,是赫胥黎已经在《民族》杂志上刊载过的诗

《鼹鼠》。像诗集里的大部分诗一样，这首诗的用词稍嫌老式，多用“诗歌的”语言，读后的印象是作者的文学技巧极为老练，但是缺乏引人注目的诗歌独创性。诗歌的韵律合乎规矩，有多行押韵。虽然赫胥黎同他的朋友艾略特一样爱好法国象征派诗人的作品，并且在《散步》一诗中贡献出他自己的具体而微的《荒原》，但是他并不热心于写不受格律限制的自由诗。然而，这些诗是关于感知和想像的一刹那的严肃的诗歌。它们的语汇丰富而深奥——“nympholept”（着魔时的狂热）、“amphisbaena”（两头蛇）—— 其中还有听起来颇为宝贵的对“竞技场的肮脏倾轧”无法忍受的表示，以及这首诗的题目：《发现理想的缺乏》。偶尔会出现一个引人注意的形象：在一首诗里，诗人通过“掘成地道的拱门”，看到“灯光照亮的蒸汽中的马的/栗色微光”。还有几首爱情诗，包括《十四行诗》，其中有下列诗句：“灵魂被淹没在心的不断跳动中/坠入和纠缠在女人的头发里”；以及《感伤的夏天》，其中写道：“你的声音穿过我的记忆，听起来很近/而回答的手指轻擦着我的手指。”

正是在 1916 年的这个夏天，奥尔德斯跪在嘉辛顿草地的一条小地毯上向玛丽亚求婚，送给她一枚圣甲虫宝石戒指，但是对于这件事一定一直保密，因为在他写给家人和朋友的任何信件中都没有提起过（在已出版的书信中直到 12 月份才初次提及她的姓名，当时她只不过是一份玩字谜的人的名单中的一个名字而已）。奥托莱恩很可能知道在她的领地里发生的一切事情，意识到了他们的关系，而在玛丽亚这一方面，这个关系则发展得比较晚（她接受了画家多萝西·布莱特的忠告，后者鼓励她同他谈下去）。这段恋爱受到了很长时期的阻断，从 1916 年末一直到 1919 年 4 月，在这段时间内彼此都没有见到对方，因为玛丽亚出国去了。玛丽亚在纽恩厄姆学校读了一年书，接着突然在 1916 年 10 月，奥托莱恩收到一封纽恩厄姆学校校长写来的信，告诉她玛丽亚“已经潜逃，到伦敦的一个不明的地点去了”。奥托莱恩为此责怪布莱特以及她对挑动人们造权威的反的爱好——在这件事上面就是奥托莱恩的权威。然而奥托莱恩在她的回忆录中没有提到她于10月16日收到的玛丽亚从纽恩厄姆写来的信，这封信告诉她，她因为学习成绩不好而被勒令停学："我从来没有想到过——也就是说——被勒令停学……我不能再为生活做准备了，而是应当立即开始生活，到国外去……布莱特和我谈过这个问题……我肯定我能够找到一项工作，可以赚足够的钱在伦敦租一个房间……我还必须认真地开始我的写作了。你不认为这是唯一能够做的——而且是最好的事情吗？你不生我的气吧。你知道我已经尽了最大的努力了。"奥托莱恩显然对布莱特的介入感到恼火（其中是否还有一些性妒忌方面的因素呢？）把她看成是引导玛丽亚走向歧路。这封信令人感兴趣的地方还在于提到了玛丽亚在写作方面的雄心，这种雄心其后再也没有显示过。

奥托莱恩担心玛丽亚独自一个人住在伦敦不是个好主意，试图劝说布莱特将她带到"方舟"去，亦即布莱特、卡林顿和其他人居住的一所位于戈尔街的房子。而布莱特却在一位名叫鲍里斯·安瑞普的朋友的帮助下，为玛丽亚在印度办事处安排了一份工作；安瑞普是俄国政府驻英国的军事秘书，其本人是一位雕塑家兼画家。奥托莱恩了解，奥尔德斯也对玛丽亚感到十分关切："我发现奥尔德斯也同我一样感到关切，他已经多少爱上了她。10月份他写信给我，谈到他自己对这个相当荒唐然而迷人的人儿玛丽亚发展了某种小狗似的爱恋"[听起来像是奥尔德斯的用词，但是这封信已经丢失了]。赫胥黎安排了同玛丽亚在"离开霍尔博恩不远的一家充满了神色认真的女人——我肯定这些人都是博物馆里的讲师们——的小小的面包咖啡店里"用午餐。鲍里斯·安瑞普显然被认为是非常不适宜将一位天真的年轻姑娘托付给他的人。在这所相当拥挤的咖啡馆里，当赫胥黎开始同玛丽亚"开始（用一个人在公开场合讨论那些比较敏感和棘手的生活主题时不知怎的常常使用的那种爱好纠缠的人的清晰的银铃般声音）研究玛丽亚会不会受到安瑞普的勾引时”，使得那些认真的女学者们大为吃惊。不过，现在这个可能性并不大，因为据认为玛丽亚已经变得“明白事理得多了”。同时她感到“非常高兴”，但是，如果说这种高兴是因为同奥尔德斯在一起才会有的，那么现在因为她的母亲已经决定将全家迁居佛罗伦萨并且召唤玛丽亚与他们团圆而使这种高兴受到了威胁。

在1916年的整个秋天，奥尔德斯尽量经常地往返于嘉辛顿和伦敦，以便可以见到玛丽亚，而当时玛丽亚则依靠教法语度日。他俩的爱情就在1916年的这最后几个月中萌发，但是这场爱情即将面临一番严峻的考验，因为他从1916年12月到1919年4月将不能再见到玛丽亚了。他在这段时期的社交生活常常使他忙得头昏脑涨。玛丽亚本人在意大利找到了新的朋友和体验。他们两人都很年轻，爱好寻欢作乐。他俩本来是很容易会逐渐疏远的，可是他们的爱情经住了别离的考验，持续下来了。当时赫胥黎不知道他会同玛丽亚分别多久。他在1917年元旦将这个坏消息告诉了刘易斯·吉尔古德：“我亲爱的刘易斯，最坏的事并没有失去发生的机会。它很少会失去这种机会的。可怜的玛丽亚即将被无情地硬拽到佛罗伦萨她那位恐怖的母亲身边去了……总而言之这件事非常痛苦……我发现即将到来的别离已经令人伤心落泪了，而毫无疑问，这件事情将变得更糟。再说，要别离多久呢？让人感到痛苦的正是这种遥遥无期。”赫胥黎有一种预感——无疑部分是根源于战争这个现实——认为他将等候许多时间才能与玛丽亚重逢。这封信表明他对她的感情有多么深，然而对于最了解他的私生活的他的这位最密切的男性朋友之一刘易斯·吉尔古德，他暗示了一种始终存在的惶惑的心情。他开玩笑地请吉尔古德思考几个有关生活的命题，最先的两个命题是：“女人的不可理解以及她们不同于一个人所预期的任何东西。爱情是否必然会有激情的问题，或者说它就像农牧之神毫无关联、不负责任地绕着神殿跳跃那样”。多年之后，玛丽亚在写给她的儿子马修的一封信里，透露了她当时对于嘉辛顿和奥尔德斯的一些感受：

> 我这么个害怕那些嘉辛顿的男人（以及女人）的人，我这么个见到英国人就感到压抑得无地自容和惧怕的人，为什么让奥尔德斯接近我呢……？为什么啊，因为当时虽然我没有爱上他，尽管他已经爱上了我，但是我们可以看到所有的内在可能性，这些可能性都是真正的事实。这么说吧，尽管人家对他说了种种的话，他能够感知而不是看到，我是一个坚定不渝的人，而我可以感知到，我会在我们的余生中完全致力于为了他服务。事实上，我们之间的关系是命中注定的。

下面，我们会更加详细地考察玛丽亚对于与奥尔德斯结婚的感受。但是，在这里值得注意的不仅是玛丽亚对于嘉辛顿的成熟思考以及回顾起来对它的感情突变，而是所透露出来的消息，即一开始，赫胥黎这一方爱情的热烈程度要超过她那一方。这也是奥托莱恩的看法。在1916年的最后几个星期中，当她从因一次疾病而前往疗养的哈罗盖特归来时，她曾经与赫胥黎有过一次关于玛丽亚和她的未来的她称之为“长而热切的谈话”。“我发现他爱她爱得很热烈，”她写道，“不过当然当时他不可能考虑与她结婚。他当时还什么钱都没有挣，而她还年轻到谈婚论嫁有点荒谬的程度——可是我怀疑他对她的感情究竟有多么深或多么认真。”她说上一年的夏天，他曾经非常爱过卡林顿。“但是卡林顿有许多追求者，她从一位飘到另一位，然而玛丽亚却静静地坐着，默不作声，乐于接纳，她那苍白的白玉兰色脸蛋和美丽的黑眼睛带着一种哀婉动人的神色凝视着。她在想些什么呢？这就是吸引奥尔德斯的磁石。”同时，奥托莱恩不肯定玛丽亚是否爱上了奥尔德斯，“并且我怀疑他们两个人是否相配”。看来奥托莱恩认为，玛丽亚是“外国人”这个事实是一个问题，她感到玛丽亚“不了解英国的方式和传统”。朱丽叶特——她本人也有这种无端的贵族式种族主义看法——后来指责奥托莱恩不了解玛丽亚和她那流离失所的感觉。许多年之后，玛丽亚向朱丽叶特透露，她在嘉辛顿，因为“奥托莱恩取笑她长得胖，同时她彻底缺乏钱”而常常感到“深深的不开心”。有一次，玛丽亚从里士满一路步行到她在伦敦的住宿地，因为她没有买火车票的钱。

然而赫胥黎却没有英国上层中产阶级的仇外情绪。他的担忧仅仅是玛丽亚可能不是真正爱他。在1917年的头几个月中，她显然在意大利过得很快乐，对写信给他的事漫不经心，这时这种怀疑使得当时在嘉辛顿与马克·葛特勒比邻居住的赫胥黎感到非常悲苦和忧郁，葛特勒那时“常常告诉我们他被奥尔德斯弄得半夜没法睡觉，奥尔德斯不穿衣服坐在自己的床上，一双长腿竖起来顶住下巴，口中喃喃地思索和冥想着爱情这个宏大的问题”。奥托莱恩说她曾经与奥尔德斯一起呆了几个小时，同他谈论玛丽亚来安慰他。朱丽叶特也回忆起有一个傍晚发现她自己单独和他在一起，凝视着炉中的柴火：“奥尔德斯凝视着炉火，突然将他的心情、分离的恶劣心绪和感到前途未卜的痛苦一下子倾诉出来。”当时，她注意到，“奥尔德斯在那个地方呆呆地走来走去，一声不响，一付走投无路的样子。”

在此同时，有一件事使得他感到安慰，这就是他的那本薄薄的书使他受到了注意——泰晤士报文学增刊的编辑请他用一张明信片寄来关于他希望评论些什么书籍的一些建议，而晨邮报在一则对于1916年牛津年度诗集的评论中，把他挑选出来加以表扬。然而事实仍然是赫胥黎还没有工作，他错过了军需部的一个办事员的职位，显然遭到了伊顿公学的拒绝，剩下的唯一的可能是在他父亲曾经教过的查特豪斯公学里谋一个职位。他就这样在感到前途茫茫一片黑暗的心情中结束了1916年。

而玛丽亚走了。他要过两年半才能与她重逢。

七、东奔西窜

玛丽亚与她的家人在10月份去佛罗伦萨以后，奥尔德斯在1916年余下的日子里继续呆在嘉辛顿，“像卡列班那样砍木头”。在秋季，他向正在哈罗盖特休养的奥托莱恩寄送一批定期的报告，这中间有他的读书报告(康拉德的《机会》和《战争与和平》，他认为后者应当写得“长得多，像《大英百科全书》一样，这样就可以一辈子每天继续读一点了”)，以及对于他的所有朋友都结了婚的哀叹。“在最近三天里，”他在10月份抗议说，“特别信使似乎每小时都来一次，向我宣布几乎我的所有的朋友，我曾经爱过的所有的女人订婚的消息……不过，一切都因我那条漂亮之极的马裤而略有弥补。我感到我像穿着鲜蓝色马裤，刚刚到达莫斯科的罗斯托夫一样。”尽管赫胥黎努力想做出轻快开心的样子，但是他的地位正在变得岌岌可危。他的文学志向和希望赚到足够的钱能同玛丽亚结婚的心愿与一种砍木头和阅读俄国小说的生活是格格不入的。诚然，他当时努力想在他的写作事业上有所作为，正在规划一部以17世纪为背景的小说，但是他发现要实施这项规划很难。“我没有足够的技巧一口气构思出若干人物和他们之间的关系，”他承认道。对于一心成为小说家的他来说，心理学有同样的困难：“我越是想理解人们的心理，它对我越是变得神秘……尤其是女人……我感到她们……她们中的大多数……似乎太完全不可解释。”

所有这些使奥托莱恩感到很有趣，他寄给她的诗也是如此，这些诗都表达了他在异性面前相似的犹豫和困惑。她用另一个她的朋友喜爱用的动物的比喻告诉奥尔德斯，说他“好像一头长颈鹿俯视着我们这些可怜的芸芸众生，并且欣赏着我们虚掷光阴的渺小生活的图景”。为了寻找工作，赫胥黎前往牛津，拜访了沃尔特·罗利教授、罗伯特·尼科尔·史密斯和他以前的导师R. J. E. 蒂迪——“这所英国学校里的三位最重要的头面人物”——然而他们并没有给他什么安慰。罗利告诉他在大学里谋到职位的可能性不大，一是因为战时经济的紧缩，二是因为大量年轻女生涌入这所英国学校，使得比较年长的男子似乎更加适宜担任导师。罗利建议他还是去写评论。“我的父亲同斯特雷奇院士的交情，足以在这个方面施加一点儿要他任用熟人的压力，”赫胥黎对奥托莱恩说。但是他对于书籍评论这一行并无什么敬意：“评论的艺术看起来把一个公式加以变化而已，‘这本书一方面很好，而在另一方面和同时不好。’”尽管如此，这次牛津之行还的有所收获，这就是见到了刘易斯·吉尔古德和老朋友们，“我们喝完了两瓶勃艮第葡萄酒，一边愉快地妙语横生。”这一次，赫胥黎发了大量的妙论，他在伦敦之行中还去了费兹罗维亚，并且见识了埃菲尔餐馆里高级的放浪不羁的艺术家生活。他就是在这里遇见了埃文·摩根（特莱德加子爵，《克鲁姆庄园》中伊沃尔·隆巴德的原型）、康斯坦斯·斯图亚特·理查森夫人、艾丽斯·特里、南西·寇纳德，以及用奥托莱恩的话来说，“那位他真的很喜欢的身材高挑、长相漂亮，慷慨无私、放浪不羁的玛丽·比尔博姆”。赫胥黎非常着迷于这种性格自由的女性。他有一次——以意味深长的话语——把一位牛津的朋友弗兰西丝·彼得森描写成“一个聪敏和有趣的人儿，她最伟大的天赋就是一种惊人的轻松的不负责任，这使得她完全脱离了平凡的日常生活的束缚”。他在1917年年初向弗兰西丝·彼得森承认：“这些天，我快成为一个三等悲剧——喜剧演员了。”多萝西·卡林登是另一个吸引他的人。她为1917年圣诞节贺卡画了一幅“非常好的约拿坐在鲸鱼的肾脏上的图画”，画出了赫胥黎的诗歌《约拿》的意境。这首诗印造了50册，但是他缺乏资金，不能将卡林登的图画也收入进去。

因此，1917年伊始，赫胥黎面对着两项他早就认定是无法逃避的选择：是当个写评论的雇佣文人呢，还是当一个学校教师。战争确保了他可以推迟认真考虑这个问题，因为从4月份开始，有了一个在空军委员会的办公室职位。当时玛丽亚身处佛罗伦萨。她在2月份告诉奥托莱恩说：“我希望你能够让奥尔德斯整装来到世界的这个部分——因为在这里可以同友人在一起，一起享受所有的东西——我非常喜欢奥……想想看，如果这个傻男孩不去美国，而是捏造出一个理由来这儿，那会有多开心——那样太好了，他会爱我的。”赫胥黎——无疑受到了朱利安的先例的影响——当时正在不很认真地考虑是否在他同牛津的那些头面人物令人失望的会见之后去美国工作。看来有一所美国的学校向他提供了一项工作，而他也作过一点取得必要的签证的努力，但是最后这件事却泡了汤。赫胥黎和玛丽亚相互写的情书——放在一个经过他俩所有的一同旅行仍然保留下来的洋铁皮箱子里——已在1961年席卷赫胥黎在好莱坞的住宅的大火中化为灰烬。在1917年和1918年他俩分离的这段日子里一定会有许多这类信件的。

玛丽亚在6月份离开佛罗伦萨，与康斯坦莎·达·法索拉一起前往位于托斯卡海岸的马尔米要塞（这个地方在下面将会更加详细地加以描绘），因为康斯坦莎的佛罗伦萨家族在要塞拥有一座别墅。康斯坦莎当时23岁，已经与路易吉诺·弗兰切蒂订婚，“他并不爱她……她知道她不会幸福……我能告诉她什么呢……就像一个人奔向他已经看到的一个深渊，可还是朝着深渊奔去。”玛丽亚也有时间来思考她自己的婚姻究竟是否可取。她在从要塞写给奥托莱恩的一封宣称她喜爱这位比她年长的女人的信里，详细地报告她与这位美丽的康斯坦莎夏日牧歌，但是——在这番爱意绵绵的忙乱中——也腾出了时间谈论奥尔德斯。尼斯夫人曾经企图阻止去要塞之旅，但是“现在他们在家里已经对此习惯了，我们生活得如同除了我们两人以外没有别人存在一样。”这两位年轻女人享用着这座别墅，乘着帆船出去，开心地在一起游泳，对其他游泳者所戴的束缚性的游泳帽嗤之以鼻。“在白天，当我们去到一定的远处的时候，我们俩就不穿衣服游泳——太美妙了。”玛丽亚在信中附上两张显示她本人和康斯坦莎裸体坐在别墅场地的石墙上的照片。在此同时，可怜的奥尔德斯正每天风尘仆仆地从位于汉普斯泰德布莱克内尔花园16号他父亲的家赶到海滨去干枯燥的办公室工作，因为玛丽亚从意大利写给他的信少了而心烦意乱。“我每天一直希望有一封玛丽亚的信——可是什么也没有。这使我实在烦闷得要命，”他这样对奥托莱恩抱怨说。玛丽亚——在附寄那两个海中仙女的照片的同一封信里——回答道，她最近从奥尔德斯那儿收到的那封信“一点儿也不好，牢骚满腹而且有责备之意(原文如此)。他真是个怪人——可是他一直寄给我精彩的诗——只是他这么——我不知道说什么才好——也许仅仅是因为累了。”这些“精彩的诗”大约包括他当时正在为第二年夏天在布莱克威尔出版社出版准备的第二本诗集《青春的战败》(1918年)的内容。包含22首十四行诗的同名系列通过一位忧虑不安的青年的口问道：“或者说她的基座不是/他的欲望所能触及……?”，“而从早到晚，她的身影更频繁地萦回在他的脑际，/这么无情，如同一件旧日的悔恨”，“一个岛状点，深不可测的鸿沟隔开了/其他的生命，旧日的欢乐”。在一首诗《冬季的梦》里，诗人写道：“我孤独一身，梦想着她来吻我。”这些年轻人的担忧也许是有道理的——如果按照字面意义来理解一封写给奥托莱恩的有点儿卖弄风情的信的话。看起来这封信透露了玛丽亚收到了在农业部担任打字员的另一位男性爱慕者的一封书信。收到这封书信给她以一种激动不已的感觉。“我不知道奥尔德斯会怎么想？因为我似乎感到他从来不是很了解。当然，我写给他不少长信，朋友的信件。我猜他把这些信给你看了——他来意大利我将很开心，可是他一定得是一位朋友。我对他的态度没有不好吧？奥尔德斯是那种不能惹的人中间的一位——反正不能由我去惹他——我不能变得虚荣。”所有这些使奥托莱恩感到担忧，看来她警告过玛丽亚关于玩弄奥尔德斯的感情的事情，因而促使玛丽亚立即感到后悔，并且保证“更加认真……但是我对奥尔德斯很了解——我非常关心他——现在更甚——我想我真的一直是这样——只是有时候我谁也不关心——而且无法忍受他——别让我感到不好过，阿姨，因为我对他的感情是真实和强烈的。”稍过一会儿，玛丽亚用了更加强调的口吻：“他真的很优秀——而且这么聪明绝顶。我有的时候就坐下来思考他为什么和怎样因为真正爱我而做到了关心我。你不确定这一点吗？你得说你确定的。说到底，我是这么愚蠢、无知——而且这么年轻——可是我爱他——而且爱得这么深——我想这是因为远离了给我这种感情的人们的缘故——虽然我一直知道我不值得让人们为我动一根小指头——尽管他们确实动了。”

然而，奥尔德斯在伦敦并不是完全处于悲苦之中，他发现了自己的一些消遣娱乐活动。他的社交生活日益兴盛，交往的圈子在迅速扩大。他在这年早些时候被人介绍给《新政治家和民族》的文学编辑 J. C. 斯夸尔，因此也在为这本杂志撰写评论文章。他为托玛斯·沃德的《英国诗人》(1918 年)写了三篇分别关于约翰·戴维森、厄尼斯特·道森和理查德·米德尔顿的介绍性文章。但是这些工作没有一项足以使他可以倚此谋生，于是绝望之余，他于 3 月 31 日在《泰晤士报》的个人栏中刊登了一则广告，写道：“年轻男子，22 岁(被拒)，公学及牛津学历，一级荣誉毕业，希望从事文学、秘书或其他工作。”他得到了许多工作机会，但是竟然被朋友撺掇，打算接受海军部海军法司的一项每星期干 54 小时，工资 2 英镑的枯燥的职位。正好当时在航空委员会有了一个略微好些的职位，他在这个职位上从 1917 年 4 月工作到了 7 月份。在达达尼尔战役这个“愚蠢行为”之后，赫胥黎得出结论认为，“想到一条条生命仅仅因为政客们的愚行而被虚掷不是一件愉快的事情”，但是他仍然感到有必要做一些战争方面的工作。早在2月份，他曾经在食品署试工作过一段时间，他向奥托莱恩抱怨说：“这里一切都是糖，糖……到处都是糖。”最后，他做好了告别嘉辛顿庄园的准备。他在有该部水印标志的大页书写纸上（显然他并没有工作过量）撰写了一封致莫雷尔夫妇的极其雄辩的感谢信，把他在他们家里的小住描绘成“我一生中最快乐的时间”。他继续写道，在这个时期内，“我一直感觉到我本人最好的和最有成果的发展”。他说他向他们俩学到了这么多的东西，“以至于我感到我将永远无法计算出你们所给予我的全部东西的总量……而我恐怕我什么也没有能够回报你们，除非一种非常深刻的热爱也能在对于你们的激励的，几乎是创造性的礼物的回报中算上一丁点儿分量的话。”然而后来，奥托莱恩在赫胥黎的第一部小说《克鲁姆庄园》中并没有看到什么“深刻的热爱”，而是对她本人的残酷的漫画化，鉴于后来的这个裂痕，在这次感谢之情的迸发背后的情感的力量就显得更加引人注目了。他在写关于嘉辛顿的叙述的时候，没有遗漏提到他正是在莫雷尔夫妇的宅第里遇到了玛丽亚，而且从她那儿得到了“一种巨大和强烈的感情方面的自我发现”。他对于玛丽亚的深沉感情还在另一次场合得到了证实，这就是他告诉奥托莱恩有一个晚上“由于玛丽亚写来的一封信引起的兴奋”，他一夜没有睡觉。

离开嘉辛顿，到达位于海滨的航空委员会549室的他的书桌旁，处理“从木材到化学品，从电灯电线等所有的事务”，而将大多数这类事务丢进“某种垃圾箱之类让它们去等候”，这标志着赫胥黎终于进入了认真工作的世界。虽然他这时还没有完全依赖他的笔谋生，但是他从此再也没有获得他在嘉辛顿所享受的那种贵族式悠闲了。难怪他的谢忱的表达是如此地出自内心。在这个阶段，他居住在位于布莱克内尔花园的他父亲家里“一个俯瞰着花园的非常怡人的房间里”，而办公室的工作尽管平庸，他却以还不错的精力投入了首都的社交生活。一直与鲁珀特·布鲁克有恋爱关系的凯瑟琳（“凯”）·科克斯在一个晚上曾经同他一起看了一场戏，看完戏之后，他有过“一场非常愉快的推心置腹的交谈……谈到了一般的事情，特别谈到了布卢姆斯伯里文学流派的谬见.”他同卡林顿和包括弗吉尼亚·伍尔夫在内的朋友们一起吃饭，伍尔夫后来向范尼莎·贝尔报告了她在1917年4月同赫胥黎初次会见的情形，把他描绘成“一个极为异常的，眼睛里有斑点的年轻人……他靠凯在一个政府部门谋了一个职位。我提醒这样会对他的心灵产生些什么影响；可是，他把时间花在翻译法国诗歌上。”在这段时期，赫胥黎正沉浸在拉福格的作品中，而过了几个星期，则同T. S.艾略特在他的伦敦的公寓房屋里一起用餐：“从全面考虑，艾略特的状况是好的，他给我看了他最近写的诗歌[这是他写《普鲁弗洛克和其他的观察》的那一年]——确实非常怪：他正在实验一种新的类型，哲学猥亵诗，同拉福格颇有些相像……非常好：有些用英文写，有的则是用博学得惊人的法文写的。”在这次博学的谈话之后，这两位诗人搬到了奥米加——布卢姆斯伯里派的艺术家们的画室和工作室，在夜晚，赫胥黎在那里同另一位他仅仅称之为“闪光的美人”的年轻女人交谈。与玛丽亚的信件使人感到的那种悲苦愁闷的生活形成对照的是，赫胥黎事实上已经被吸进一种不同寻常的社交旋涡之中。在六月份，也就是玛丽亚同康斯坦莎在要塞一起度过的那个月里，他以忙得喘不过气来的口吻向奥托莱恩报告说：

> 这是什么样的生活啊！我一直在不停地东奔西窜。星期天，我帮助处长将一位精神不正常的客人送到本地的精神病院里去。我现在经常同埃文[莫根]在萨伏伊饭店吃饭；同[米德尔顿]默里在A. B. C.吃饭。埃文已经成为我的生活中的一个相当重要的方面了：他老是打电话给我，来拜访我，请我吃饭等等。我想我喜欢

他，相当喜欢，尽管他是个被十分可怕地宠坏了的孩子。接着我窜到米尔斯先生那儿，然后又飞到普特尼同一位我不认识的对我的作品崇拜的人呆了一个夜晚。接下去我又匆忙赶去会见另一个人——《轮》的女编辑伊迪丝·西特威尔小姐，她热忱地迫切要求我向她那糟糕的出版物投稿，《轮》的同仁们很把自己当一回事：我从来就认为这是不可能的！我坐在伊索拉·贝拉饭店里，天真地将可笑的西特威尔的恭维照单全收，这时卡林顿和芭芭拉［海尔斯?］冲进来，问我借了半个克朗，然后又旋风般地冲出去……这是什么样的生活啊！接着是同弗农·李呆了一个晚上，每人都想在对方健谈的空隙中插进几句话。接着又是去艾略特家，在那儿我头一次遇见艾夫人，而且看出来艾略特与她之间几乎完全是一种性的关系：从他看她的样子就可以发现这一点——她简直就是挑逗的化身——犹如阿那多尔·法朗士笔下的一个人物，这是一件多么奇怪的事啊。这种东奔西窜仅仅是一种狂热，一种麻醉剂，令人兴奋而容易忘却。这种情况如果终止我将很高兴。

至少有一位骑在这部旋转木马上面的人——伊迪丝·西特威尔——对问题有一点不同的看法。在她的自传里，伊迪丝·西特威尔回忆起在“一个梦一般的六月份的黄金日子里”，在苏荷区的弗里斯街边的伊索拉·贝拉饭店里吃的那顿饭，并且把赫胥黎描写成她在伦敦的第一批朋友之一。他俩将于许多年之后在美国重逢，而她将对于那个残酷的恶谥“可笑的”感到震惊。她在回忆起第一次世界大战（所有这些欢乐的严峻的背景）期间处于盛年的赫胥黎时，描绘他“个子极高……有丰满的嘴唇和一副相当成熟、洪亮但一点儿也不高的嗓子。他的头发是花园花床中的泥土的那种活泼的褐色。作为一位年轻人，他虽然总是很友好，但是他的沉默似乎延续好几英里，扑灭生命，发生时就如一把烛剪剪熄一支蜡烛那样。另一方面，（当没有人打断他的时候，）他是我所知道的最有才艺的谈话家之一，他对于每一件想得到的题目的滔滔不绝的话是一种令人拍案叫绝的才华，有时是一种经过周密考虑的荒谬的漂亮如花的令人惊奇的变奏。”这个时期的另一位文学界的朋友是凯瑟琳·曼斯菲尔德，她在赫胥黎写给奥托莱恩报告之外也写了一份，告诉她他来拜访过了，“在半小时内带来了比我在几个月里听到的还要多的新闻。目前他似乎在社交方面大获成功，至少他每个晚上都会遇到难以置信的事情。他说起伊索拉·贝拉饭店来，好像那儿是个爱情和重大冒险的集合地……我感到我为了奥尔德斯而心绪不宁，好像他是伦敦的邮件似的。简直对于每个人都有一段话。”他还参有由玛丽·赫金森——此人在其后的几十年里将在他的私人生活中扮演一个重要的角色——举办的一次聚会，但是承认他在社交方面遭到了一些失败。他无法同西格菲尔德·萨松和罗伯特·格雷夫斯合得来。这使得他感到困惑，于是他试图向奥托莱恩解释自己：“那种脱离接触又不知道如何去接触的感觉最让人感到困惑。我恐怕我相当不善于去接近别人——我想这是一种懒惰和傲慢的习惯的结果。”

在 7 月底，航空委员会的工作结束了，在此同时，他在伦敦的逗留也到了头。用来纪念这个终止的是“在埃文家的一次最肆意的开怀畅饮—— 一个至少有 25 个人参加的生日庆祝会，每个出席的人最终都喝得酩酊大醉。”玛丽·比尔博姆和尼娜·汉姆奈特都吸引奥尔德斯的注意。他对朱丽叶特说，埃文“在激发起我沉思的懒散方面是非常有益于健康的。”然而同时，经过所有这些社交活动、畅饮和出席聚会之后：“再次回到书籍中是一种乐趣”。他在离开伦敦之前，同卡林顿在伊索拉·贝拉饭店吃了一顿饭，为了半夜里两三点钟在他们的朋友米尔斯的招待会上陷入“情节剧式的忧郁”而向她道歉（如同他对于他的那些年轻女性朋友们所经常做的那样）。他对她说他将就求职的事情去拜访伊顿公学的校长，而且对即将解脱办事员的工作的前景感到高兴。离开伦敦之后，他去牛津住在霍尔丹家里，在那儿，另一位“美丽多才的人儿”伊维特·查普兰即将给他上意大利语课——“这样我希望不流什么眼泪地学习意大利语”。在此同时，玛丽亚的信件中的口气显得沮丧，因为她父亲的工厂在最近的一次攻势中被毁掉了。她的家族的财富在战后始终未能恢复。

1917年夏季，在牛津做事，居住在霍尔丹和彼得森的家里的间隙中，赫胥黎一直在写一点东西。他向约翰·默里交出一本诗集，但是得到的答复是“等待、润色等等。说真的，那些长辈们是多么难以对付啊。”他现在计划编写一本“大一点儿的书，其中包括散文诗，有几首已经被艾略特接受，刊登在《利己主义者》上面”。他这时还向《轮》投稿。他帮朱利安嘲笑西特威尔夫妇，把他们俩称为“挪动屁股的人……一个比一个大，一个比一个白”。虽然他承认喜欢伊迪丝，但是他摆出屈尊俯就的样子，把他们描绘成“亲爱的实心人，他们突然发现了才智，开始感到陶醉了”。

在此同时，同伊顿公学校长的面谈获得了成功。赫胥黎感到相当突然的是，他9月份发现自己在这所学校里安顿下来了。从伦敦到这里的距离使得他那种狂乱的社交生活的节奏放缓了，但是这样对他的写作只会有好处。他像青年作家总是感觉到的那样，感到时钟在滴滴答答地走着。“尽量保持年轻是一个人的职责，”他对杰莉·达兰尼如是说。想出版作品的迫切心情变得越来越强烈。然而公学教师的生涯究竟是一种帮助还是一种妨碍呢？

八、伊　　顿

赫胥黎在1917年9月18日抵达伊顿公学，在称为“老克利斯多弗”的寄宿舍里住宿，这个寄宿舍迄今还在被学院使用，原先是一家客栈。他过了一个星期的新生活之后，把自己描绘成：“孤独地栖息在我的高高的房间里，一边临着在秋阳下金光闪闪的礼拜堂南边的扶壁，另一边正好俯瞰着屹立在山上显得巍峨巨大的[温莎]城堡的屋顶。”他到这里就任他的新职位不是没有一点担忧的，他很快把这种忧虑告诉了刘易斯·吉尔古德。他写信给他朋友说，当一名教师有它愉快的方面，但是还有“枯燥的一面”。尽管如此，学生们证明是一些“非常好的人”，他们对待他的态度“全面的考虑，是极好的……尽管我希望我能够更加透彻地了解他们。”可以说他已经触及了这个问题。学童们一向都急于尝试一下他可以不受惩罚的淘气，而一位眼睛那么明显地近视的老师是一件不能无视的好礼物。据说在赫胥黎上课时学生背着老师玩牌，毫无疑问有许多次是逃脱了他的注意，也有学生通过点名时让别人回答自己的名字这种简单的方法来逃学，因为“钩鼻子”看不清楚回答点名的学生是谁。在《滑稽的环舞》(1923年)开头的几页中，“牛津学士小西奥多尔·耿布利尔”坐在学校礼拜堂的北边的橡木座椅上，转着讽刺的念头，正体现了赫胥黎对于英国公学生活的态度。这位新的教师同一位名叫贝文的牧师共用一间寄宿舍，这位牧师嗜好吃分量很多的饭餐，绝对不是这位睿智的年轻人适当的智力方面的同伴。“有时候我感到无法忍耐的孤独，”赫胥黎向吉尔古德承认，因为那些教师们虽然和气，却“如此遥远，如此格格不入”。真相是明摆着的：“总的说来我相当愉快，但是我已经得出结论认为上帝并不要我做任何常规的工作。”这使人想起了《滑稽的环舞》：“工作，耿布利尔想，工作。上帝呀，他多么强烈地憎恨工作啊！”赫胥黎当时正在慢慢地、跌跌撞撞地回到实际中来，也许他在思考，他是不是真的像人们使得他以为的那样聪明。他向他的知己的老朋友杰莉剖露心曲：“我只是一个稍微聪明点儿的傻瓜，从很小的时候起就受到‘玩腻了’的教育：因为在英国，一个人如果不感到‘玩腻了’，不玩世不恭，就不能算高雅！”赫胥黎身处英国上层社会培训他们的年青一代的中心，亲眼目睹了对于精神方面的东西装得漠不关心的那种贵族派头：“而经过数年之后到了那个年龄，这种装腔作势就变得几乎是自然的了。这是一种特有的国民习惯。”这是一个赫胥黎将毕生努力反对的国民习惯。

“经过长期的沉默”，他终于听到了玛丽亚的消息，他得知她已经回到了佛罗伦萨，打算在大学里学习德语。“我多么希望能够继续我的教育，而不是将我所知道的授给别人，而别人根本就不想要，”他感叹道。“当一个人想学习的时候却去教别人，是一件荒唐的事。”问题之一是，伊顿公学实际上并不教英国文学——这是赫胥黎曾经获得光芒四射的第一名的学科——因此他只好教古典作品。英国文学被认为是一种应当附带获得的成就；而正如刚才所指出的，事实上直到 20 世纪 60 年代，英国文学才成为伊顿公学正式课程的一部分。赫胥黎从前的一些学生如斯蒂芬·伦西曼爵士等，在回顾过去的时候对他多有好言。“我想，当时我在伊顿公学上二年级，当时听说这位出色的年轻作家要来教我们。我们这些公学的学生是一些智力方面的小势利鬼，我们感到非常得意……这个名字已经有了一种魅力。”伦西曼记得，那些男学生们并不是像他们可能会做到那样行为恶劣、残酷——简单的原因就是赫胥黎看来并不怎么感觉到他们的行为。伦西曼回忆起这位新老师给他们的体貌的印象:“那又高又瘦的个子,有一张比我们大多数老师都年轻得多的脸,然而这张脸不知怎的好像没有年龄,通常躲在无穷地改变着花样的眼镜后面;他的眼睛几乎看不见东西,却又具有几乎让人感到不舒服的观察力。他站在那儿,有一种殉道者的神气,而同时又是不同一般的杰出。”伦西曼认为,赫胥黎不是“狭义上的一位好教师”——这个断语赫胥黎本人也是会同意的——但是他是“一位广义上的教育者。他让我们瞥见了在对于事物进行摆脱羁绊的理性探索之后所发现的极乐。”大家感到他的口音有点儿矫揉造作,“但是不久我们有些人试图模仿它了。”而用这个口音说出的话是发人深省的。那些比较聪明的男孩抓住他们所遇到的新的、深奥的词汇,以及赫胥黎作出的运用精确词语和确切定义的榜样。赫胥黎写东西从来不使用模糊、含糊的词语,即使当他选择阐述那些无法估量的抽象事物时也是这样。很明显,他认识到他在完成手头的任务方面有着实际困难,曾经作过一些努力,试图填补他的高度理性主义与青少年学生的需求之间的差距。他向奥托莱恩说得好:“我发现我不是块天生的教育孩子们的料;或者不如说,我发现我的全部现有的知识,都属于一个错误的种类:迂远、模糊、事实与评价和看法之间无法解开地缠结在一起;我现在要着手将它们列成表格,进行简缩。”

赫胥黎的一些最喜欢的学生在他的房间里上额外的文学课,他兴高采烈地报告说:“我发现戴维·塞西尔勋爵真是一位年轻的诗人,这是一位15岁上下,很可爱的身体脆弱的男孩,有相当出色的才华。”数十年后,塞西尔回忆起赫胥黎在衣着方面是如何与那些保守的一般人大异其趣的:“我记得看到他与一个穿着一身古板的素色华呢服装的名叫贝文的牧师走向阿契斯,他的衣服是一种雅致的鸽灰色,他头戴一顶黑色的阔边帽,脖子上围着一条平滑的火红色的绸领巾,与他那白皙的脸色和他留得比当时一般人要长得多的卷曲的深色头发成为鲜明的对照。”赫胥黎喜欢拿贝文开涮—— 一位喜欢他的习惯饭餐的“粗壮、古板的牧师”:“我们经常穿得笔挺吃饭,穿着我们的黑色外衣坐在一起促膝谈心,伺候我们的是我们的并非无足轻重的闺房仆人。”他还以耿布利尔的眼光取笑“这个可笑的地方……一个有着不调和的人物的真正噩梦似的修道院”的仪式,这种仪式仍然同他小时候在学校里所忍受的那种仪式一模一样:“从我当年在这儿的时候起已经过了这么多年;但是一切都还是老样子,厌烦的、心怀不满的孩子们靠着长期习惯的机械技能完成适当的姿势,牧师通过他的耳咽管吟诵着祷文……一切都完全一样,只除了以极其可怕的仿 17 世纪的语言表达的关于战争的祷文……一切都是这么熟悉,然而再次看到这个情景,让人诧异之余感到震惊:在这个所谓的 20 世纪难道真的会这样吗?”

赫胥黎定期躲到伦敦去,同他的那些年轻的女朋友一起吃饭,要不就上艾略特或者伯特兰·罗素的住处去和他们交谈。10 月的一个傍晚,他发现这一对悲观的人对着即将熄灭的炉火在作哲学思考。罗素评述把整个人类消灭掉会有多大好处。“我告诉他说他是议院里的一道小小的阳光;我们都感到好过多了。”弗吉尼亚·伍尔夫在设在希尔家的曼萨德画廊里的,由罗杰·弗赖伊管理的“艺术新运动代表作品展览会”中认出了赫胥黎:“奥尔德斯·赫胥黎在那儿——高而瘦得不得了,一只眼睛呈暗白色。一位好青年。我们在画廊里走来走去,谈论他的姑母汉弗莱·沃德夫人。”他甚至在 11 月设法去了一次嘉辛顿庄园,在那儿伍尔夫再次看到他与布莱特和埃文·摩根(“一个小小的红色的荒唐人物”)在一起,玩弄着象牙和绿色大理石做的大圆盘——嘉辛顿庄园里的跳棋盘。艾略特对于赫胥黎的诗歌的影响是相当大的——尽管艾略特说他不喜欢赫胥黎的诗,并且后来劝他集中精力写散文。他俩的趣味相仿,而且艾略特一点一滴的美学观点正在进入赫胥黎对于诗歌的评述。后来,赫胥黎不同意艾略特的批评,因为他发现这些批评的论式不能令人信服。赫胥黎在向他父亲报告布莱克威尔出版社将出版他的第二部诗集的消息时说："我发现我对诗歌里那些仅仅是个人的东西越来越不满意。"然而，发表出来的《青春的战败》却载有许多个人的东西。他阅读新的《牛津神秘诗歌集》，得出结论认为其中收入了"许多废话"。他在对刚出版的年度《牛津诗集》中收入的他自己的作品——马拉美的《农牧神的午后》的译文——进行自嘲时说："我回顾我青年时代的作品时，就好像年迈的斯威夫特一样，我唯一能够叫喊出来的是：'我当年是怎样一位天才啊！'"

赫胥黎在1917年的最后一次远行，是去参加在社会女赞助人西碧尔·科尔法克斯的家里举行的一次诗歌朗诵会。他带着一种复杂的心情前往参加，同时出席的有艾略特、罗伯特·格雷夫斯、西格菲尔德·萨松、罗伯特·尼科尔斯和西特威尔夫妇。这次诗歌朗诵会是作为支持慈善事业的，出席的有"最优秀的人中间的一大群高贵的听众"，由埃德蒙·高斯主持。全部事宜由罗伯特·罗斯舞台经管，这使得赫胥黎感到十分可怕："艾略特和我是仅有的还有一点尊严的人。"这次活动最精彩的部分是其后在西特威尔夫妇——赫胥黎仍然管他们叫"挪动屁股的人"——的家里用餐。他同玛丽·赫金森、蒙塔古·谢尔曼以及比利时社会主义者埃米尔·范德维尔德的夫人拉拉·范德维尔德在一起感到颇不自然。然后他冒寒连夜离开，乘火车回到了在伊顿公学的"小窝"。在那段时间赫胥黎的睡眠非常不好，这也许是由于他的教学任务紧张，但是非常可能的是他的健康从来就不是很好——弗吉尼亚·伍尔夫注意到了他苍白的脸色。"我处于一种连续不断的筋疲力尽的状态，"他在12月份抱怨道，"在过去的两个月里，除了有时离开伊顿公学的时候，我从来没有在任何方面感到身体好或者有活力。"他刚刚第三次被军队医疗部门所拒绝，正在对在已付全部费用的情况下到年长妇女埃文·摩根那儿去一次的可能性发生兴趣，以便同她商议到国外去旅行6个月的事情，那样将是避开伦敦冬天的雾的一个有益健康的变化。这件事没有任何结果，因为即使他有医疗证明书，但要弄到一份战时护照也是会有问题的。特雷德加尔夫人对于埃文放荡的生活方式感到担心，并且如同赫胥黎所说的那样认为“我的正派的中年性情可以略微充当埃文旋转不停的习惯的刹车。”特雷德加尔夫人的担忧是不无道理的。第二天，赫胥黎在一位名叫麦克伊沃伊的画家的画室里。在那儿，画家“忽冷忽热地试图以一位有红色头发的非常可爱的小模特儿画一幅裸体习作……埃文与这位模特儿变得越来越亲热。”后来他与埃文与卡林顿一起用午餐：“我们三个人乘着一部出租马车，旋风似地走遍了伦敦。”尽管他有这么活跃的社交生活，但是他并没有忘记玛丽亚。就在圣诞节之前，奥尔德斯收到了玛丽亚写来的一封喜气洋洋的信，这封信暗示了“再次见到她的可能性”。在第二年整个一年中，她的信不断地向他寄来，这使他大为振奋(不过他并不知道玛丽亚写给奥托莱恩的，描写她和康斯坦莎在佛罗伦萨法索拉家的别墅同路易吉诺·弗兰切蒂调情的信件。玛丽亚在其中的一封信中写道：“我对你有如此深切的渴望和愿望，自从我在那天遇到一位搽了同你的一样的香水的妇女，这种渴望和愿望变得更其深切，那种芳香勾起了无尽的思绪和过去的东西，”在另一封信里，她附上她自己写的一首法文诗，她在诗里写道，香水“勾起了我对您永久的眷恋”)。

在伊顿公学里，新的1918年由于赫胥黎非常热切地投身其中的一项新的方案而变得活跃起来。一位年轻的贵族学生德·拉·沃尔在上一年11月里曾经把赫胥黎介绍给工党政治家乔治·兰斯伯利，赫胥黎发现此人“极有意思，非常宽容，不像那么多的工党党员那样口出怨言”。在沃尔的鼓励下，赫胥黎协助发起了伊顿政治协会，对于在“革命性最小的大本营里”引起一点辩论的前景感到兴致盎然。作为这场温和、“显然高尚”的颠覆的手段的青年德·拉·沃尔侯爵——“一位狂热的社会主义者”——的泼辣言词，对赫胥黎具有相当的吸引力。协会的成立大会于1917年12月8日举行，发言者有牛津主教威廉·坦普尔和乔治·兰斯伯利，在于1918年3月出版的，售价1先令的第一期《伊顿评论》上对此事有报道。这一期评论中有霍尔丹勋爵和乔治·伯纳·萧的文章，还有戴维·塞西尔的两首诗（他还评论了最近出版的乔治时代诗歌集，注意到“这场战争所引起像许多蘑菇一般滋生的无数年轻诗人”）。匿名的社论即便不是赫胥黎本人的手笔，也带有受到赫胥黎影响的明显迹象。它透露了是雷普顿——赫胥黎1917年在那里短期教过一段时间的课——向《评论》的出版物《公学看世界》提供了启发。这些篇文章一开始写道：“战争促进了早熟。19岁的男孩被作为一名成熟的士兵投入了世界，”肯定了让年轻人接触政治是合理的，然而它的真正目的却是“劝说人们思考”。人们可以听见赫胥黎在说：“没有一样东西比思考更加乏味了，再也没有一样无论老幼，人人都在拼命回避的东西了。他们什么都愿意干，就是不愿意思考……”还有一篇关于乔治·兰斯伯利在成立大会上的发言的报道，他在发言中说：“他与伊顿公学的唯一联系，是他居住在离开位于海克尼·维克的伊顿机构只有几分钟路程的地方……接下去他提醒协会成员他们在教育和抚养方面的优势，以及他们巨大的特权——没有一样是绝大多数男孩所拥有的。”萧借此机会嘲笑伊顿公学的校服，“这种使得驾车穿过温莎宫变得十分开心的企鹅校服”。《评论》一共出了6期，一直出到赫胥黎离开伊顿公学后一年即1921年。1918年6月16日，有一期报道说，一位工人教育协会的曼斯布里奇先生呼吁他的听众“对于有关工人阶级的所有事情多感兴趣一点”。他提出“例证说明许许多多[劳动人民]对于教育的热望”。“一边巡察一边背诵希腊古典文学的警察；首先还有那位向经济学教授挥动他的木腿的守门人，提出了许多可资思考的材料。”伊顿公学进步的精英们有时会忘记自己，如第4期指出：“一个无知和迷信的时代相信教皇一贯正确；现在我们相信人民一贯正确。”

不知是因为转向政治协会还是因为什么其他原因，赫胥黎的健康和精神在新的一年里大有起色。工作“不那么令人厌恶”了，他开始饶有兴致地帮助个别男生校改文章。“时间以这样的速率飕飕地飞过去，以至于一个人除了忽明忽暗的飞快的日夜交替之外，几乎注意不到其他任何东西——这在战时真是一件好事。”去伦敦的短途旅行继续着。他在西特威尔夫妇的家里度周末，会见了阿瑟·魏利和许多其他文学界的人物。他与奥斯伯特·西特威尔一起访问了旋涡派画家阿特金森的画室：“阿特金森与我相处得非常之好，在午餐时边喝香槟酒，边谈论时代精神和时代的巨大思想潮流问题——没什么意义，然而让人印象极深。”5月间，他观看私人收藏的戈蒂叶-布热塞斯卡的绘画：“我觉得它们太可爱了”，在赏画时，他见到了先锋派文学家和画家群中的“几乎每一个人”：“西特威尔夫妇的荣耀的朋友们，高贵的诗人大军，包括格雷夫斯和戴维斯以及艾略特，还有玛丽·赫金森、马克·葛特勒和阿特金森”。第二天，他前往位于苏荷区的埃菲尔铁塔饭店（这里是包括埃兹拉·庞德在内的意象主义诗人们常来的地方），在那里见到了吉拉尔德和特瑞夫根德·夏夫。庞德也该去参观戈蒂叶-布热塞斯卡的画展的，但赫胥黎没有提到他，表明了赫胥黎对于先锋派的胃口的局限性。他涉足于进步文人的圈子，并且通过他与艾略特的友谊（艾略特与庞德不同，他在嘉辛顿的世界和埃菲尔铁塔诗人的世界之间流动自如），了解到英国诗歌和散文的新的现代主义潮流。最初，他很景慕乔伊斯的《尤利西斯》，早在1918年6月就读到了这部书，当时他告诉朱利安说：“在相当现代的著作中，我品尝着詹姆士·乔伊斯的才华横溢的《尤利西斯》；诚然，它略微有点儿排泄物的气味，但并不因此而糟糕。”这两位作家其后将在巴黎相逢，然而相互的景慕却没有开花发展。当时赫胥黎正在向J. C. 斯奎尔主编的《伦敦信使》投稿，这份报纸对于先锋派和文学实验抱着好斗的敌视态度——把它们称为“噱头”。这份报纸还严厉抨击赫胥黎投稿的另外两份期刊《轮》和查曼·拉尔主编的季刊《科特利》。事实上，赫胥黎同艾略特、理查德·奥尔丁顿、温德厄姆·刘易斯一起，是《科特利》的编委会成员，并且与在巴黎的一些达达派的主要倡导者有亲身交往。他的虚心使得他去探索这个工作，然而他的自然的同情却不在极端先锋派这一边。此外，他本人的诗歌实践与当时伦敦的主导运动意象主义的原则是不一致的。由庞德在《意象主义者勿做的几件事》中拟订的纲领（“担心抽象词语……不使用不表露某些东西的多余的词、形容词，等等”）肯定不是写《青春的战败》的诗人所遵守的原则。赫胥黎将继续认为自己是个“有高度文化修养的人”。20 世纪初，在英国文化中出现了一条断层裂缝，一个世纪后，这条裂缝困扰着英国文化；而赫胥黎所站立的地方，是在这条裂缝的创造、甘冒风险的那一边的。意象主义者弗兰克·斯图亚特·弗林特指责斯奎尔，说他“褊狭”、“没有文化”，并且在 1917 年初说：“我们在政治上最开明的报纸竟然是我们在文学上最反动的报纸，这真是一个奇怪的现象。”

在苏荷观看了私人画展和与会见了文学界人士之后，赫胥黎继续去“就在河的上游”的弗兰克·舒斯特家参加一个聚会，当时诗人罗伯特·尼科尔斯就住在那里。埃尼德·巴格诺尔德和许多其他人都出席了聚会，这使得这位公学教师醒悟到这也是一种生活方式，一种文学上成功者的生活方式：“谈话始终涉及到出版的册数、从出版商那儿拿到的稿费、写得出色的评论。”弗吉尼亚·伍尔夫注意到他在伦敦的 17 俱乐部。“有一个房间非常拥挤和安静；在另一个房间的尽头，奥尔德斯·赫胥黎同一位穿着灰色天鹅绒衣服的年轻女人[卡林顿？内奥米·米奇森？杰莉·达兰尼？朱丽叶特·巴约？玛丽·赫金森？多萝西·布莱特？弗朗西丝·彼得森？凯瑟琳·曼斯菲尔德？]在进行着一场应当是私下的谈话。奥说话的样子不慌不忙，颇有花花公子的派头……我想他们是在谈论埃文·摩根和她的风流韵事。”

似乎在 1918 年间，赫胥黎不能不注意到他四处寻欢作乐（同他的专业职责毫不相干）与严肃写作自律之间可能存在的不相容性。他在 5 月间告诉杰莉，他正在“忙着很快地成为一名典型的学校教师……在此同时写点儿东西——还算不错。这几乎就是一切了。”更加说明问题的是，他在暑假期间向奥托莱恩承认："社交生活的忙乱和浅薄常常使我感到心烦——尽管我在参加的时候感到喜欢。然而，我发现我在根本上过于热切、世界观过于布尔乔亚化，以至于无法全心投入其中：似乎是把很大的精神代价浪费在纯粹的愚蠢行为上面，除了非常少的时间以外一点也不值得。"这种醒悟并没有阻止他在感到寂寞时写给像卡林顿这样的老朋友如他所说的有意"引起报复的"信件。玛丽亚对他所参加的圈子也感到关注。她在夏天再次回到要塞之后，与奥托莱恩（她一直收到奥尔德斯写来的报告情况的信件）有书信往来，她俩在信中表达了一种共同的担心，即他可能如玛丽亚所说的那样，将自己"完全交给了那些疯疯癫癫的人"。玛丽亚对奥尔德斯说——而他对她的这个指责的答复相当生硬——他应当避免被"英国的英国味儿所吃掉和吞噬，被这种纠缠抓得太紧……而应当使自己精神饱满地去接触整个世界、新的人和渴望"。玛丽亚强调地重申"我全心爱他"，她从来就不喜欢布卢姆斯伯里文学团体和它的尖刻的玩世不恭的态度，但是现在似乎认为它还十分褊狭保守，认为赫胥黎应当与更好的人为伍。她还敏锐地注意到时间的飞逝。她告诉奥托莱恩说，她第一次到嘉辛顿的时候就是她的妹妹苏珊现在达到的年龄"而我现在已经 20 岁了——是芭芭拉[·海尔斯]和卡林顿当年的年龄——真是一场噩梦啊"。奥尔德斯本人对杰莉说——除了"即将出版的第二本讨厌透顶的小书之外"，他的生活包括"把大部分的时间浪费掉，并且在想，在可怕的捉摸不定的未来不知道会发生一些什么事情"。奥尔德斯和玛丽亚相互需要对方。然而他俩在此后的 12 个月里却没有结婚。

那本"讨厌透顶的小书"是赫胥黎写的第二本书——他后来一共写了 50 多本书——而这是又一部诗集。《青春的战败》与他的第一本诗集一样，是由专卖牛津书籍的布莱克威尔出版社出版的，收入名为"新手"的一个系列中，这个名称是为了将其同收入他的上一部诗集《燃烧的车轮》的"冒险家：尚未成名的青年诗人系列"相区别。赫胥黎现在前进到了被收入“由经过证明的手笔写出来的诗歌系列”里的新手的地位，诗集硬面精装，售价 3 先令。与诗集名同题的诗歌包括 22 首十四行诗，探索了青年学习经验的教益（“因为爱就是对于倏忽即逝的事物的/可怜而寂寞的生活的无尽不满”）以及准备面对现实（“真理的诞生/不是在某个虚空的天堂：它的美产生于/物质大地的亲爱的胸膛”）等主题。这是一些萦绕着倏忽即逝和不可捉摸的感觉和对他的恋爱对象的深切的矛盾情绪的诗歌。“我把一切给了你；我会不会给得更多，”诗人在一处地方宣布。在另一处地方，他却受到肉欲和“令人作呕的欲望的心跳”的折磨。尽管有“他对她高尚的爱”，他却怀着一种混乱，有时是含有敌意的感情：“仇恨变成了/对她的强烈的肉欲，比仇恨还要残酷”。尽管赫胥黎从正式来说遵循艾略特的“客观性”的信条，但是人们感觉到在这些诗歌里存在的他要多于在《普鲁弗洛克》里存在的艾略特。然而，要看出下列诗句的所指含义是需要超人的洞察力的：“赤裸裸的你在南海海岸上晒着太阳/……在亲吻你最近的情人时你会感到快乐”。在形式上，这些诗偶尔会跌入老式的诗歌语言中，但是它们更多地显示出赫胥黎浸沉其中的现代法国诗人作品的积极影响。他曾经告诉朱丽叶特他骑着自行车到温莎森林去，坐在橡树下，“仔细阅读法国浪漫主义诗人作品”的事情。马拉美和兰博的作品是有很好的译本的。一切由于他自我解嘲式的幽默而不至于陷入某种十足的书本气中。例如，在《生活的理论》中，他写道：“可是考虑书籍之类的我/在斗争的面前化为软弱无力的灰烬，/而女人们使我害怕到瘫痪。”在另一首诗中他提出：“我是一架有着鸣啭的琴弦的竖琴/这是一件优雅的乐器，但已转易过无数的手。”他是不是害怕他的诗歌过于脱胎于他人的作品，过于依赖其文学样本呢？有一位匿名作者在《泰晤士报文学增刊》上发表文章，认为他“所装备的诗人的语汇的完善程度要超过他所装备的诗人的灵感”，也许这话有些道理。这位评论家原来就是弗吉尼亚·伍尔夫。

有着鸣啭的琴弦的竖琴和批阅学生的文章并没有将结婚的前景推得稍微近一点儿。赫胥黎的家庭对玛丽亚似乎一直犹豫不决，暗示她的性格有点三心二意，或者说性情过于浪漫。奥尔德斯发现他必须在朱利安面前为她辩护。他承认她具有（“骇人听闻的表达方式”）——“最高程度的艺术气质”，以及“唯美主义是个危险的东西”。他正在鼓励她把心思放在“某种确定的智力消遣上面”，并且争辩说，考虑到她年轻（她那时 19 岁），她已经干得非常好了。“我只希望同她在一起，因为我认为我在她的成长过程中可以有所帮助。”这到很像她对他的看法。还不止如此，她将“帮助我走出这些天来似乎一直在无望地在其中打滚的这种令人不快到了奇怪程度的捉摸不定的泥沼”。在等待与玛丽亚结合的期间，他继续写着后来构成他的诗集《丽达》的诗歌和一个剧本。赫胥黎认为写剧本是通向幸运的道路的看法盖源出于此，而这错觉在他的余生一直伴随着他。他告诉朱利安说，剧本是“唯一可以赚大钱的文学散文，而我决心使写作挣钱”。这个剧本由于“毫无戏剧性，”最终写成了一篇短篇小说（“后来生活得很幸福”），但是赫胥黎却产生了如何可以通过减少对现实主义的依赖和增加场景的办法使得戏剧找到前途的有趣想法。可惜的是，他没有将这些见解身体力行，在实践上是一位非常因袭常规的剧作家，对于他那个时代的戏剧创新全然不感兴趣。他开始写作更多的短篇小说，同时开始转向写散文。他后来一直惋惜没有能够把他的诗歌写作坚持下去，但是艾略特认为他的才华是在散文方面的看法几乎肯定是正确的。

这些个人和文学的探索是在战争的背景下进行的，而赫胥黎对于战争后果的看法是悲观的：“我对于这一切所产生的后果，不可避免的美国对世界的主宰感到害怕……我们都将被殖民化；欧洲将不再是欧洲。”“照亮普遍的黑暗的”少数几种娱乐之一是“俄罗斯的芭蕾舞，这是纯粹的美，如同对于另一个世界的一瞥”。他是在 9 月份去看演出的一大群人中间的一位——“几乎每一个伦敦人都在那儿”——后来他遇到安德烈·纪德:“他看上去像是一头有法语的布卢姆斯伯里派人士的声音、举止和教育的大狒狒”。当德国投降的消息传来的时候,他正同西特威尔夫妇坐在圆形大剧场里观看《山鲁佐德》的首夜演出。他们都去埃菲尔铁塔参加了庆祝。在这个时期,人们对音乐和艺术的兴趣发展得很快,他与弗赖伊一起呆了一段时间,后者教了他这么多关于艺术的知识,其后他赞扬弗赖伊,说他“这么容易接受新的思想,对于事物有这么大的兴趣,这么厌恶旧的东西——这真是太好了”。这些赞扬的话语是意味深长的。尽管如此,正是因为他感到自己在艺术方面的知识不足(不仅仅是希望找到一项目更能赚钱的工作以便攒钱结婚),才使得他谢绝了弗赖伊请他编辑《勃林顿杂志》的提议。朱利安提出去《曼彻斯特卫报》工作的这样一种非常微弱的可能性。“我实在比什么都迫切希望的是,能有一年除了写东西以外什么都不做……我无法在这里一直处于精神烦乱的情况下好好写作,再说,我一直是太累了。”现在他一心想的就是写作:“我从来没有感到我是在履行一种真正的道德行为,除了我在写作的时候。在写作时,而且只有在这个时候,才不是在浪费时间。”然而钱这个结婚的先决条件并不想离开他。“有时候它萦绕在我的脑海里,这就是可怕的地方。”

随着1918年的结束,停战协议签了字,奥尔德斯能够想的只是与玛丽亚重逢。似乎有一点可能在圣诞节时同她在巴黎相遇:“再次见到她将是一件异乎寻常和难以相信的事情。经过了两年之后,好像很难相信她有一种实体的存在,或者这辈子能够再次见到她。我想尽可能早地结婚,开始某种合理的生活:我只希望这些该死的物质方面的困难不会使这个愿望化为了泡影。”在这一件事上,他的这个机会落了空,因为尼斯一家改而选择去那不勒斯。他也想到了意大利可能是一个可以靠低廉的费用生活和写作的地方。然而他要达到再次见到玛丽亚和结婚的目的还有三个月。现在,他担任公学教师的日子已经屈指可数了。

九、结　婚

赫胥黎在1919年初回到伊顿公学，去上将成为他最后的“半学年”的课，决心奋力在写作生涯方面取得一个新的开始，以及结婚。他在嘉辛顿度过了圣诞节，而“经过伦敦的高度忙乱之后，……”伊顿公学“在某种程度上是一种解脱。安静而有规律——我发现这一些对于做工作是必不可少的。”在外面的大世界里，诺思克利夫的报纸和《泰晤士报》的大声的爱国言词在大张旗鼓地庆祝和平。赫胥黎像当时许多的英国进步知识分子一样，尽管由于屠杀的终止而感到宽慰，但并非欢欣得忘乎所以。在11月底，他敦促布莱特“投票选举工党，我们唯一的希望”，但处于主导地位的是他私人的时间表。“我感到全人类的前景在某种程度上黯淡而阴沉，”他对朱利安这样说。他再次前往牛津大学去看看是否能够谋到一个教席，但是罗利这一次的态度甚至比上一次更加令人泄气，只是提出有模糊的可能介绍他去一家外地的大学工作。美国再次作为一种选择的可能性出现，它的新增加的吸引力是“它是不会爆发革命的唯一地点”。赫胥黎一心一意致力于营造一个写作的空间，不希望自己被卷入政治动乱和革命之中，因为它们干扰“头脑的自由运用——而说到底，这种自由是世界上值得拥有的唯一的东西，而能够适当运用头脑的人是仅有的一些值得最低限度的尊敬的人”。他坦白地申明了他的目标:“我想做的事情是结婚和坐下来写作。”朱丽叶特——她在3月份嫁给了朱利安——回忆起那个学期开始时奥尔德斯在汉普斯泰德布莱克内尔花园他父亲的家里,“拼命地寻找一个合适的工作,以便使他能够与玛丽亚结婚。他很少说话——深深地沉浸在他那些奇怪的抽象思维之中,看上去不可接近的样子。”他当时正在阅读司汤达、福楼拜的作品,没有多少当代的作品,并且在写一篇很长的短篇小说《理查·格利诺趣史》,这篇东西是他后来在1920年出版的第一部散文著作《遗忘的故事》中的第一篇。他同时还在写诗集《丽达》。1月份,他将一份第一部分的稿子寄给布莱特,“供你阅读,并且从中选出猥亵的篇章以便插图”,他在其前已经把他自己画的裸体画寄给她过了——这些画确实显示出了真正的绘画才能。他用开玩笑的口吻将朱利安订婚的消息告诉奥托莱恩:“这件事使我很笑了一场,但是我希望效果会很好:赫胥黎家族把嘉辛顿当成了怎样一把干净扫帚啊——只除了布莱特以外,可是谁会扫她呢?她需要一只40马力的真空吸尘器才行。”奥尔德斯在3月29日举行的朱利安的婚礼上担任伴郎,朱丽叶特还记得他穿着他最考究的衣服,把他们的行李拿到帕丁顿去。火车开动了,“幕布在空荡荡的舞台上垂下来,只有奥尔德斯,极其孤独、绝望、麻木和迷茫。”

然而在4月份,赫胥黎时来运转了。经过有意无意地考虑是否要接受巴黎大学的薪金很低的讲师职位之后,他突然接到在约翰·米德尔顿·默里编辑的报纸《雅典娜神庙》的编辑部任职的邀请。他向伊顿公学提交了辞职通知。他估计自己结婚后每年需要500英镑,再加上写各种评论和文学性的报刊文章所得的100英镑。他(相当不安地)请他的父亲伦纳德·赫胥黎在从“修道院长之田”的收入中拿出一点钱给他,还说:“我希望我将做一些不辜负您给我的一切的事情。”道路畅通了,复活节一到,他飞速穿过比利时,二年零三个月来第一次去看望玛丽亚。他从圣特隆德写信给他的父亲,报告他如何突然沉浸到一种与嘉辛顿以及他所习惯的落拓不羁的艺术家圈子截然相反的感觉迟钝的布尔乔亚环境之中，说那是一种“相当奇怪的非英国式的生活。巴尔扎克笔下的一个安静的外省城市，在那儿什么事情也没有发生，那儿有点头脸的每一个人是其他每一个人的亲友。”他还果断地加上一句：“我想他们对我的外貌感到相当放心。”赫胥黎已经隐约感到，“丈母娘”——玛丽亚的母亲玛格丽特·尼斯——可能会变得要求颇为严格，可是他后来对于这个与他自己的家庭截然不同的家庭表现出相当程度的兴趣。也许告诉他父亲的最引人注目的看法是这句简单的宣告：“我非常高兴”。

突然之间，一切运转得非常迅速起来，停顿状态打破了。然而在 7 月 10 日结婚之前，有各种各样的实际和感情方面的事情需要解决。在玛丽亚这一方面，这些事情见之于她在那年年初从位于圣特隆德大广场 9 号的她父母家里写给奥托莱恩的一封感情深切的长信中，这封信反映了玛丽亚异常敏锐的道德感，以及她决定嫁给奥尔德斯的复杂原因。她在一开始透露，她的双亲在战后已经“彻底倾家荡产”，由于做生意失败（奥尔德斯一直以为她结婚至少会带一点钱过来），她问奥托莱恩这位唯一“能够客观地与我谈话……的人”，“如果我毫不惧怕地接受贫困，然而让他背上一个他必须养活的妻子的负担是不是一件公平和公正的事情呢？因为我宁可抛弃一切，而不愿拴住他的手脚或者成为一个负担”。她爱着奥尔德斯。她要他。但是她不能忍受她可能成为他发挥才华的道路上的障碍的想法。多年之后，她的妹妹苏珊回忆起玛丽亚童年时代的一个故事，当时她正与她的母亲一起沿着布鲁日——根特运河散步。玛丽亚瞥见纤路上有一个驳船船夫的全家老老少少一起拉着一根纤绳，她拉着母亲的手，庄严地保证说：“以后，我会拉你的船的。”这位在修道院受教育的女孩幼时的孝心在她成熟之后变成一种奉献、“牺牲”的道德观。玛丽亚接着说：“我宁可做任何事情，也不愿意迫使奥尔德斯为了我的缘故放弃他自己的一些时间和游历来赚钱。”必须采取一些行动——“等下去可把我急死了……更加急的是他无法再继续等我。”她想自己找个工作，以使他得到解脱，因为“我对工作有这么大的信心和信念，我渴望以工作来帮助他。”还是说她应当接受看来是朱利安给她的忠告，忘掉他？“如果说这是我全部幸福的依靠，那么，同奥尔德斯的幸福比起来，这算不得什么，因为整个的创造工作将依靠他，依靠他的一生……这一点很少有东西能够使之改变，而我不愿成为这很少的东西的原因。”玛丽亚恳求奥托莱恩“如果有必要的话要残酷。”她告诉奥托莱恩说，她曾经写信给奥尔德斯，告诉他说他尽可自由地抛弃这场婚姻。然而显然这并不是她真正希望发生的事。“我简直无法忍受生活，”玛丽亚抗议说。她想前去看望奥尔德斯和奥托莱恩，把事情好好地谈一下，但是她的家庭不愿意将他们稀缺的资金用于允许她作此旅行上面。“你必须知道在这两年的时间内，我对于奥的爱增长了多少——我的生命在多大的程度上只是他的生命的一部分，我所做的一切是如何只考虑到我们将在一起的时候——为了适合他——为了能够帮助他——而现在有了把我从他的身边拉开的威胁——阿姨啊，我十分十分地依靠你帮助我。”那些辩称赫胥黎的婚姻只是一种基于利害关系的婚姻的人必须对这封信作出解释。继写这封信的几个月之后又有另外一封信，当时危机已经过去，婚礼已经定于在这个月举办。玛丽亚的疑虑还没有完全平息。玛丽亚希望奥托莱恩不因为她结婚在即而有一种情感上无所适从的感觉（“你永远也不会知道你一直对于我有多么重要，远远地高于其他任何人”），并且吐露她“充满了恐惧——以及我在将他的生命同我的生命结合起来之时所承担的责任——还有——你别以为我的想法很愚蠢，因为它使我感到十分痛苦：我非常害怕过了一段时间之后他会不由自主地爱上另一位聪明而美丽的女人——因为他不会知道我真是一文不值的——直到那时为止。而我相信我将永远爱他，这对他来说会更糟…… 他为什么会爱上我，我无法理解这一点，但是我更不能理解的是，经过两年之后为什么他仍然爱我——你认为他了解我吗？他确实一直对于其他人有非常深刻的洞察力，这使我感到震惊。”

许多年之后，玛丽亚在写给她儿子马修的一封信中问道：“为什么啊，为什么奥尔德斯在许许多多更漂亮、更机智、更富有等等的年轻女人中间选择了我？他究竟为什么经过与他自己的世界里的更加漂亮和有趣的女人们过从了漫长的两年之后回过来抓住了我啊？他通过我写的信可是一直知道他永远无法教我写诗或记住我所读过的书里的内容，或者他十分重视的拼写或其他东西的呀。”“他自己的世界里的人”这个词语暗示了玛丽亚有一种被看成是一个圈外人的感觉，她对这个主题加以扩展：“为什么我这个对嘉辛顿的男人（和女人）感到害怕的人，我这个在英国人面前感到无地自容和被他们吓坏的人，为什么我让奥尔德斯接近我呀……？”她所给出的答案是“因为，尽管当时我并没有爱上奥尔德斯，尽管他爱上了我，但我们能够看到所有的内在可能性，它们都是真正的事实。这么说吧，他可以感觉到而不是看到，不管人家对他说些什么话，我是一个坚定的人，而我可以感觉到，我将在我们的余生完全献身于对他的服务。事实上，我们是命里注定的一对。”因此，尽管有各种不可避免的风风雨雨，“我们仍然坚持下来了。对于任何人来说，没有什么东西是永远完美的。因此奥尔德斯必须忍耐我，而我必须忍耐他，或者说我们必须忍耐这个大写的生活让所有其他人遇到的那样让我们遇到的各种困难。我们为什么能够挺过来，是因为在我们的心底，我们的心理敏感性能够更深地理解。”玛丽亚告诉马修说，也许他永远无法理解“一个拿走英语艺术世界的大奖——而且保留这个大奖——而且在只有20岁，除了失败之外没有任何学历的时候——的骤然崛起的小难民的极其艰难的处境。我从来也没有落到过他们那种恶意和性的水平，但是这不意味着我曾经上升到他们的智力和聪慧的高度。”这番自白的背景是玛丽亚将A. L. 基泽尔曼写的一本关于“E”疗法小册子寄给马修，她认为正是这种“疗法”帮助了她和奥尔德斯忍耐，因为它是“比我们自己更加强、更加好的东西”。

在这场异常的婚姻中的一个最后的因素，是玛丽亚的双性倾向——这个事实化了很长的时间才由她的朋友们完全宣布出来。奥尔德斯在同她结婚之前对这一点知道多少呢？这件事是如何影响他作出同她结婚的决定的？这看来都是一些无法回答的问题。那些可能知道答案的人——他们曾比较自由地谈论奥尔德斯同别的女人的各种情缘——绝对谢绝谈论玛丽亚的私生活。我们所有的只是长达35年的长期、幸福的婚姻的证据——尽管玛丽亚上面的话暗示存在着正常的婚姻紧张关系。

尽管她写给奥托莱恩的信的调子十分严肃，但是玛丽亚在这些信里还是嘲笑了不切实际的奥尔德斯“对于家具和诸如此类的东西的担心”。奥尔德斯在6月份一直忙着布置将作为他们的新房的位于西北区3汉普斯台德山花园18号的一套小型的公寓房屋——里面还有奥托莱恩送的一只狮子狗和一只小猫。奥尔德斯先是在他的姨母汉弗莱·沃德夫人家里住了一段很短的时期，在那里劝说她“为了有益于她的灵魂”而阅读普鲁斯特的作品；6月份中旬，他从姨母家搬出来布置自己的公寓房屋。然后，他动身前往比利时举行婚礼。“我的日子过得很紧张，购物呀、油漆家具等等”，他告诉他的继母。不过，他忙的并不全是家务，因为他仍然找出时间与他的文学界的朋友们过从。凯瑟琳·曼斯菲尔德曾向弗吉尼亚·伍尔夫报告过她与朋友们的一场以18世纪为话题的谈话。这场谈话由于赫胥黎的来到而被打断，他“躺在沙发上，把他的头埋在紫色的枕头里，并且哼哼地抱怨斯莫莱特粗糙文体的‘可-怕-质-量’”。但是这只是一项热火朝天的工作方案中的一支插曲而已。他请来了布莱特把小小的起居室里的木制品漆成“一种美丽的鸽灰色”。他的堂姐妹玛乔丽(曾经拯救了他的眼睛的亨利·赫胥黎的女儿)前来糊壁纸，还有希尔商店送来的订购物品，以及一条新的地毯。他还购买了“一件非常好的热水器——是一根小棒子，把它接到电源上，插进水里：5 分钟就能烧开 1 品脱的水——刮脸什么的非常顶用，还可以烧一些简单的东西，像鸡蛋、茶等，比一台酒精炉要快得多。”这个小装置很好地集中体现了赫胥黎婚后最初几个月里的家庭生活的简朴节俭。当他们结婚后最终于 7 月份搬进这套小公寓房屋里时，玛丽亚对于这位忙着油漆和锯木做搁架的自己动手专家奥尔德斯的新形象感到有趣：“我怎么也没有想到他竟然如此善于动手。”

玛丽亚的父亲这时在患病，所以出席在贝勒姆城市酒店举行的婚礼的唯一至亲是玛丽亚的母亲玛格丽特·尼斯。赫胥黎家没有人出席，事实上，伦纳德·赫胥黎还从来没有见到过他儿子的新娘，只除了看到一张快照之外，他认为照片上的她“漂亮得不得了……非常聪明，带着富于变化的那种艺术气质”。当奥托莱恩上一次在朱丽叶特的婚礼上遇到伦纳德·赫胥黎时，她曾经说：“你会认为我在嘉辛顿和开了个婚姻介绍所。”玛丽亚曾在 6 月份写过一封信给他，刻意仔细地说：“我已经做好了准备敬爱您，并且希望您发现我是奥尔德斯的好妻子和您的好女儿。”这对夫妇抓紧时间回到伦敦定居下来。书刊评论和文章开始源源不断地从赫胥黎的笔下流注出来。从 1919 年 11 月起，他为 J. C. 斯奎尔主编的新杂志《伦敦信使》撰写书评，但是当他在 4 月份去《雅典娜神庙》编辑部任职之后，就不再为前者写稿了。许多年之后，当他教诲自己的儿子必须认识到工作的世界必然枯燥这个事实时，赫胥黎回忆起“在《雅典娜神庙》上为很糟的书写‘短记’的傻事的沉重负担。”4 月份，他又成为《威斯敏斯特报》的戏剧评论员，他以此身份观看了许许多多戏剧。他与康斯特布尔签订了一项 50 英镑的合同，为一个名叫“19 世纪的创造人”的系列写一本关于巴尔扎克的书，在 1920 年末前交稿——这件任务成了套在他脖子上的一块大石头，始终没有完成。“想到我不得不读完巴尔扎克的全部作品，我简直吓坏了！”他工作十分繁忙，然而这是文学工作，与他的兴趣相合：“这是一种排得满满的生活，但是我喜欢这个工作，而《雅典娜神庙》纯粹致力于文学事业，同当前的可怕世界离得如此遥远，令人欣喜，因此在某种意义上，这是一种悠闲的工作。”过去两年里经常有的孤独和沮丧的感觉被新生活的兴奋感驱散了，但是玛丽亚在写给朱利安的一封信里暗示，尽管这套公寓房屋“可爱而舒适”，尽管她在想不知道是否可以多搞一个房间“以便确保我们可以终身住在这儿”，但是，未来的浪迹四海的生活方式正在开始表现出它那不确定的轮廓：“我当然渴望去意大利——还有西班牙，以及所有那些有趣的地点。”她对于在意大利两年间的回忆，以及她与法索拉一家一起度过的轻松的文明生活，正在同煤气炉火和煎蛋锅，以及伦敦北部的淅沥不尽的雨进行着竞争。

赫胥黎仍然在试图想办法逃避让他得以糊口，然而相当不利于写他第一部书的文学苦工。1919 年 10 月，他曾告诉奥托莱恩·莫雷尔，他正在计划参加于 10 月 22 日举行的万灵团契会员资格的考试，然而此后再也没有关于这次“极小中极小的机会”的消息了。1920 年初，他曾经在巴黎度过一次短暂的假期，在那里他住在曾在比利时会见过的年轻作家兼诗人德里欧·拉·罗歇尔的家里，罗歇尔成了两位赫胥黎先生的好朋友，但是后来使赫胥黎感到震惊的是，他竟然在二战中同纳粹勾结起来。他还会见了“若干有趣的人”，并且“在立体派文学家堆里度过了一段赏心的时间”，他告诉他以前在伊顿公学的学生爱德华·萨克维尔-威斯特说，他在巴黎观看的梅德兰诺马戏团是“远胜于其他马戏团的世界上最好的马戏团”。然而达达主义者很快就使他感到腻烦：“我个人不喜欢他们的理论或他们的实践。他们的讽刺是健康的，但是我认为毁灭文学毫无道理。”尽管伦敦和巴黎的艺术界令人振奋，但是出现了两件无法逃避的事实。第一件是必须认真地写作——“如果你知道乡下任何地方有一间慈善事业的村舍或小房子，请告诉我：因为我必须找到一间，”他向爱德华·萨克维尔-威斯特如是恳求——第二件是玛丽亚怀上了孩子。她在 4 月中旬去了一家小型私人医院。“看到她仍然是这么一位尚未成熟的孩子，却已经有个小孩要生出来，真是一件奇怪的事”,奥托莱恩·莫雷尔在她的日记中这么写道。马修在4月19日呱呱坠地,玛丽亚总算“安全而顺利地经受了风暴”。赫胥黎告诉阿诺德·贝内特:“这些大自然的作品确实使得艺术作品黯然逊色。”

1月份,赫胥黎的第一部虚构作品《遗忘的故事》由查托与温多斯公司出版。查托的审稿人弗兰克·斯温纳顿当即认识到赫胥黎作品的质量,而这家公司就成了在赫胥黎余生出版其作品的英国出版社。这部书由6篇短篇小说和一个剧本组成。这些短篇小说由于它们的典雅文笔、讽刺的锋芒的大胆而立即引人注目——读者们读到第12页,已经遇到了女人发嗲、梅毒、同性恋和自我鞭打。这些小说中写到许多性厌恶的情况——它们反映了赫胥黎本人对于文学生活的偏颇观点。《理查·格利诺趣史》的同名主人公是一位严肃的知识分子,靠装扮出一位女小说家谋生。这件事的成功意味着“受穷的恐惧不再萦绕着他;不必成为一名工资奴隶,为了他肚子的需求而牺牲他的智力”——这也是奥尔德斯·赫胥黎本人的想望。更加令人不安的是,书里有一种对于普通人类的吹毛求疵的厌恶。格利诺对格拉斯哥扫了一眼:“居然有这么众多、这么清一色面目可憎的人,这可能吗?这些人个子矮小、畸形、面色灰黄,似乎是有意地长得丑陋之极。他们说的话无法听懂。”小说中还提到“一个犹太家庭,他们急于通过爱国主义表现来摆脱一种可悲的声名”。在对理查·格利诺的描绘中包含着赫胥黎本人的许多品质:他的唯理智论、他在感情方面的节制、他认为家庭机能失调而且往往十分荒唐的看法。“从小时候起,狄克就苦于有对于感情的强烈内心反应。恐惧和羞怯容易使他感到非常难受……”在政治上,“理智迫使他信仰民主、国际主义、革命;道德要求让被压迫的人们获得正义。然而道德也好,理智也好,都无法使他在与民主分子或者革命者相处时感到乐趣,或者使他感到被压迫者个人不那么令人厌恶一点儿。”当狄克在一个农场里干体力活儿,就像赫胥黎在嘉辛顿庄园砍树木的时候,他与一起干活的人产生了一个问题:“狄克渴望同他们友好。他的主要问题是他不知道说什么话才好。”在另一篇小说《后来生活得很幸福》中，一位在牛津的外国人观察他的同学们的“滑稽的公学传统和对于世界惊人的无知”。作为讽刺家的赫胥黎的面貌正在开始浮现出来：对于英国上层中产阶级生活的清醒解剖者(如上面的引文所述，工人阶级不属于赫胥黎的研究领域)。老一代的人、牧师、体制的代表等，都被赫胥黎取作嘲笑的对象。赫胥黎笔下一位人物盖伊·兰本在摸索着某种积极的前景：“究竟什么才是对的？我曾经想把一生用在写作和思考上，力图创造一些美的东西，或者发现一些真的东西。然而说到底，如果一个人能够活下去，他是否应当放弃其他的一切，而致力于使这个可憎的兽巢似的世界变得稍微可以居住呢?”这篇小说在骨子里是对于脑力劳动生涯的一则批判：在最后，是耽于声色口腹之乐的普通人得到了姑娘。在另一篇小说《书店》里，一个人物评论说：“这种新闻业……或者不如称之为这种鬼混的每日发病业，是我们时代的大害。”在又一篇小说《卢利之死》里，另一个人物宣称：“人类把这个世界变成了地狱。”弗吉尼亚·伍尔夫在《泰晤士报文学增刊》上发表的另一篇题为《机敏和青年》的匿名评论中，承认这些小说“都是机敏、有趣和写得很好的”，但是提出了更多的要求：即他应当写得稍微积极一点，不要攻击那些轻易就能找到的对象：“我们想奉劝赫胥黎先生别去弄社会讽刺，从他的书页中删除‘难以置信地’一词，去写他所喜欢的有趣的事物。”由于纽约出版商乔治·多兰接受了弗兰克·斯温纳顿关于购买美国版权的建议，《遗忘的故事》在美国获得了非常热情的反响。赫伯特·戈尔曼在《新共和》发表文章，将赫胥黎与麦克斯·比尔博姆相比，得出结论认为：“他是当今英国写得最好的散文作家之一。”赫胥黎很快地从一名次要的诗人和写作很杂的评论员跃进到一名赢得相当热烈的赞扬的作家了。

他受到了广泛的注意，在1920年6月，迈克尔·萨德莱尔总结了这个奇迹：“有这么一位青年，还在读大学本科时，他的作品就受到人们认真的评论，而在一、二年之后的现在，他因出了一本初版书价值甚高而体验着无可置疑的激动快乐，而书商们正在竞相采购他的大版本纸面书……迄今为止，除了一系列的否定之外，赫胥黎并没有获得什么成就，然而得到肯定的这一点点东西足以保证在三十年之后，他理所应当的地位将是一名重要和真正的艺术家。他的作品现在已经是他那一代人中最使人爱读的了。”萨德莱尔得出结论认为：目前有“几个赫胥黎——词语的工匠、写垃圾作品的业余者、耽于幻想的丑角、褴褛时代的愤世嫉俗者，吹毛求疵的感觉论者。就我来说，我只相信最后的一种，认为这才是真正的赫胥黎，其余则是开玩笑，艺术鉴赏力，最重要的则是自我意识。”除了这种热情、明智和有洞察力的赞扬，一位青年作家还能有什么更多的奢求呢？答案当然是，有了通过寻找更多的时间写作来达到这种受欢迎的许诺的机会，而赫胥黎当时已经有了一位妻子和一个新生婴儿，他的收入还太少，使他无法停笔不写文学新闻报道而集中心思专写小说。在他的耳际响着这种赞扬的同时，他在担任《雅典娜神庙》的编辑职位和《威斯敏斯特报》的戏剧评论员之外，增加了一个第三职业。他每天在切尼巷由阿隆德尔主办的切尔西图书俱乐部工作几个小时。

在凯瑟琳·曼斯菲尔德写的一封信里，可以略微瞥见担任文学记者工作的赫胥黎在1920年5月的生活。她瞥见他在《雅典娜神庙》的办公室里“像一支蜡烛那样地摇晃着，下一次开门就会熄灭”。弗吉尼亚·伍尔夫的日记中记录了对那个办公室的另外一次访问。她注意到他还拿出一部新的诗集《丽达》，并且尖刻地提出一个关于这位年轻的文学明星的问题：“公众也会将他捧为泰斗吗？”这部诗集收入了一首经常被人们引用的诗《第五位哲学家之歌》，这首诗在当时很可能被人们认为是相当“令人震惊”的：“千百亿的精子/都是活生生的：/在它们的洪流之外只有一位可怜的诺亚/敢于希望生存/而在那百万稍逊的中间/可能有机会成为/莎士比亚，另一位牛顿，新的邓恩/然而那一位就是我。”赫胥黎买了一辆自行车，以便用于经常跑伦敦的文学界，这件事确认了他“在体力上得不到休息，而在头脑方面则是连续地、不断改变地活跃着”。从汉普斯泰德穿过两个公园到切尔西的来回路程是 10 英里。“我们现在已经相当好地定居下来了，”他告诉他的父亲说。尽管家里地方狭小，经济收益微薄，但是有了一个女佣来照看他们“渐渐大起来，胖起来”的孩子马修。他坚持认为，写一部轰动的舞台剧将会使他摆脱这种忙乱的工作日程，他告诉伦纳德：“除了一次商业上的成功以外，没有什么别的东西能够使人摆脱这种极度的忙乱。我将继续写剧本，直到我能够让一部剧本上演，取得成功为止。这是唯一要做的事情。”

《遗忘的故事》在美国得到的热烈反应也许鼓励了赫胥黎在美国寻找一位新的关系：作家兼评论家亨·路·门肯。1 月份，他写信给门肯，表示对他的第一个系列《偏见集》的赞扬，并且宣称：“我只希望在这个国家里有更多一些人能够写出同样好的东西，以及必要时在批评方面同样摧枯拉朽的东西。”门肯的大无畏的犀利风格以及他对人民党议程的毫不容忍的态度很得到赫胥黎的欣赏，而反过来这位批评家对于《遗忘的故事》这份礼物作出了热情的反应。赫胥黎开始向他的杂志《时髦人物》大量投稿，其中包括已经在英国的《科特利》和《艺术和文坛》上发表过的作品。他在一封信里告诉门肯说：“我的炉架上还煨着一些短篇小说，我想等它们完全煮熟和完成之后寄给你。”当门肯对赫胥黎的一篇小说里的用词表示异议的时候，他回答说：“可是你了解那些专门收集淫词秽语的人的心理——我为你送给我那个迷人的词而祝福你。”赫胥黎早期作品的特点是坦然不顾那些收集淫词秽语的人的禁忌。反过来，赫胥黎自告奋勇地向门肯提出要说服他在《雅典娜神庙》的老板米德尔顿·默里采用他写的一篇关于美国文学状况的文章，以此来帮助他，并且说：“这里的情况相当糟糕，但是我猜想他们对你的问题还没有怎么断然决定。”赫胥黎表示希望门肯将在访问英国的时候允许他“作出安排，在本地的那帮子人中显示一下本事”。在这些信件中有某种赫胥黎写给他的哥哥朱利安的信件里的口气——急于卖弄的口气——而在这些信里有时采取的形式是对于门肯的雄浑风格的近于滑稽的模仿。当赫胥黎表现出不那么牵强的本色时，显得比较有说服力。

1920 年 5 月，赫胥黎的第三本诗集《丽达》出版了。同题的诗是以流畅的押韵对句所写的，再次用了一种相当老派的词语和句法：“丽达，我们尘世族类中最美的人”。这首诗的目标是要写成叙事诗式的，但是并没有完全摆脱文学模仿作品的感觉。米德尔顿·默里本人把这首诗称为“用诗歌的附属零件玩的一套戏法”。他的朋友艾略特此时正在致力于写作《荒原》，他对于赫胥黎的诗歌的冷漠态度（“我无法对他的诗歌表现出任何热情”）实际上并不令人惊讶。这些诗歌的主题同早先出版的诗集相似：“情欲的愚笨的迫切性”、“爱的痛苦和愚蠢”等等。诗人在《第五位哲学家之歌》中写道，“而我，也是一半的理性”，好像他意识到这是一首需要改变它的思考与想象之间的比例的诗歌。《星期日泰晤士报》对于这首诗厌恶美感的态度（也许是从像拉福格或于伊斯芒斯这样的法国榜样那儿贩卖来的）表示十分反感：“大部分这些抒情诗都极为丑陋，是决心用来惊世骇俗的，这令人非常不快。”一则重要的相反的意见来自《诗歌评论》和诗歌书店的创建人哈罗德·门罗。赫胥黎此前一直同他保持通信，提出诗歌发表，而门罗比任何其他人都要多地看出了赫胥黎的诗人气质。“奥尔德斯·赫胥黎属于年青一代的当代诗人中最有前途之列，”他在一本新书《一些当代诗人》（1920 年）中写道。“他具有机敏的智力，罕见的想像力，对语言的掌握，微妙的穿透力，讽刺和风格；而他的风格的进展从一开始就是很迅速的。”

赫胥黎现在受到了注意，而保守的英国舆论开始推动它的大炮了。7 月 20 日，《每日快报》发表了一则对于“精神病学校”的抨击，嘲笑西特威尔夫妇的诗歌和“奥尔德斯·赫胥黎的聪明的莫名其妙的话”。赫胥黎告诉他的父亲说，他对于这种攻击“略感恼火”，正在准备进行强烈抗议，不过他一定是有了更恰当的想法，因为这场争论就这样让它自行熄灭了。说真的，他的精力需要花在写作上面，于是，他短暂地探望了一次家人(他曾经要他那无神论的父亲放心，说让孩子受洗的“问题是不存在的”)，去了嘉辛顿一次，在那儿会见了艾略特、马克·葛特勒和其他人，之后就决定切断他同切尔西图书俱乐部(这时有了一个新的业主)之间的联系。在嘉辛顿的时候，他对菲利普·莫雷尔说到想在那儿建造一所木屋，可以让他在里面安静地生活和写作，但是这个想法没有进一步采取行动。10 月份，他辞去了在《雅典娜神庙》的职务，接受了《房屋与花园》杂志的一个薪酬略高的职位。这份杂志由“办《时尚》的人”(孔代·纳斯特)出版，无论在广告还是发行方面，都立即取得了成功，而赫胥黎趁出版人心情愉快之际，建议由他编辑一份称为《贵族》的他自己的杂志。“我现在认识到唯一能够办下去的报刊是带有照片的：别的都没有希望赚钱。”第一期《贵族》——英国版的《时尚》——于 1919 年 12 月问世，赫胥黎为这份杂志以及孔代·纳斯特的其他许多出版物写稿，尽管许多稿子是不具名的。他善于写广告稿，并且学会了一些他日后在《奇妙的新世界》的诫劝诗句中加以模仿的技术。他后来回忆起写关于室内装潢、时尚和美化的稿子的事。他在 1930 年对一位采访者说：“我从前为《房屋与花园》写很高明的文章，都是些关于焚化炉和怎样往天花板上涂灰泥的事儿！”赫胥黎从他位于 EC4 的办公室写信给他的朋友玛丽·赫金森：“你是否允许我们派个人来拍摄你那用杜飞派的装饰图案做套子的椅子和沙发？同时，如果你允许的话，他可能会拍一些房间的内景，以便用作‘室内佳构’的样板。”

赫胥黎本来会写出许多这类关于伦敦的时尚室内布置的介绍，然而他抱有其他的雄心，所以这桩差事干了不到六个月。在他的非新闻报刊性质的活动中，有在 12 月份与 T. S. 艾略特一起在讲演厅的一次讲话，用艾略特的话来说，场合是“一个妇女俱乐部诗歌组的一次晚宴”。演说的人事先都被分配了题目，使艾略特感到大吃一惊的是，他的题目被另外一个人窃走了。赫胥黎似乎开始了一篇很长的演说，使他有机会得以预先临时想出一些话来说说，但是就在这个时刻，奥尔德斯一下扑倒在桌子上：“房间的门关着，空气不流通，奥尔德斯又不明智地开始抽一根巨大的雪茄”。三个男人把他抬出房间，而要求艾略特——这是他平生第一次做晚餐后的演说——来填补空白，真是一场“火的洗礼”。

12月，赫胥黎退掉了在汉普斯泰德的公寓房屋，把玛丽亚和马修送到比利时去过冬，他自己则住到布卢姆斯伯里丽晶广场的朋友家里。这时，离开他去意大利——以及走上没有结果的某种程度的毕生自愿流放之路——只有几个月了。

十、意 大 利

在 1921 年的头几个月里，赫胥黎住进了老朋友汤姆·厄普和拉塞尔·格林的寓所，他们俩在布卢姆斯伯里丽晶广场 21 号有一套公寓房屋。合用这套公寓的另一位房客是南非作家罗伊·坎贝尔，此人在他的自传《照到黑马的光》(1952 年)中回忆了这件事情。坎贝尔记录了“这位一切苦难的伟大圣雄奥尔德斯·赫胥黎”来到时被安置在这套公寓里。他对于他缺乏粗犷的、户外生活的男子气概——这是坎贝尔的显著的标记——进行嘲弄：“作为一名做实际工作的动物学家和植物学家……我同这位书呆子在一起时感到不安，他斜着眼睛，扬扬得意地卖弄着他关于蝲蛄是如何交配的知识(是用它们的第三对腿交配的)，可是从来不会抓到过或煮熟过一只，更不用说驯服一匹马、扳倒一头公牛并在它的身上打烙印、剥取鲸鱼的皮，或者杀死、分割、熏制或者烧煮任何东西。”诚然，很难想像要赫胥黎来驯服一匹烈马，更不用说剥取鲸鱼的皮了，但是反正在伦敦 WC1 区也很少会出现这样的机会。对于坎贝尔来说，“赫胥黎对于他是其主要的预言者之一的科学文明一直感到迷茫和惶惑不解，如同一头非洲的野生长颈鹿突然被人扔到皮卡迪利广场或百老汇时会出现的情况一样。”坎贝尔还记得，格林和赫胥黎在用打字机写东西的时候经常被公寓房屋楼上教跳舞的声音所打扰。这只能加强了赫胥黎要找一个合适的写作环境的决心。

这时，他正在忙于润色他以“奥托利克斯”的假名在过去的9、10月里为《雅典娜神庙》的“旁注”的专栏每周写的篇幅为1 200个词的文章。赫胥黎写信给“发现了”他的查托公司的弗兰克·斯温纳顿，询问这家公司是否有兴趣在春天出版一本集子：“它们是文学性的，而且比较旁征博引，但是并没有学究气，因为我知道得不多，无法有信心地使出教授们的招数！”这些就是后来组成《在边缘上》(1923年)文集的那些文章。他在3月份即将去意大利之前写信给门肯抱怨说：他除了“每日的新闻写作”——评论、文学方面的文章，以及为“最近在这里立足的一个称为《房屋与花园》的美国菌类生长物做的最荒谬的卖文工作(幸亏稿费尚丰)”之外，没有写过什么正经的东西。谢天谢地，这件工作已经做到了头，他目前正在“破釜沉舟，准备在一周内动身前往意大利，在那里看上去钱比这里宽裕四倍，在那里……仍然可以花相当低廉的费用生活。在今后几个月里，我将在那里写一些自己喜欢的东西，并且看看是否我能让这个过程生财。如果行，很好；如果不行，那么我将回到这里搞新闻写作。”赫胥黎向门肯提到劳伦斯，取笑他所谓的精神分析和精神分析对他的写作的影响，和最近出版的《恋爱中的女人》以及这本书对“我的一位老朋友”奥托莱恩·莫雷尔的残酷描绘。再过几个月，赫胥黎本人也将对这位老朋友做同样的事，尽管他一直申明自己是无辜的。“对于一位曾经做过这样极其好的事情的人来说，这是一件多么奇怪的事啊，”他这样评论劳伦斯写的书。很显然，赫胥黎早年对于劳伦斯的热情已经冷却下来了。但是，随着这个十年逐渐过去，这种热情将以与以前同样热烈的程度重新点燃起来。赫胥黎力图模仿他的老师，告诉门肯说：“克拉顿·布罗克先生现在以用自动写作的方法在《泰晤士报文学增刊》写说教的论文而闻名；他一动不动地坐着，他的笔以每小时1800个词的速度呕吐出他的脑子的排泄物。结果是：布罗克获得一大笔薪金以及不断提高的知名度和尊敬。”赫胥黎被这时的生活方式搞得精疲力尽，告诉玛丽·赫金森说：“我发现我不得不纯粹为了自卫而采取一种厌世者的态度——因为我根本花不起时间来会见别人。”与那些文思流畅的卖文者不同，“我需要花一周7天里的7天来做我不得不做的事情”。尽管如此，他约她在午餐时间见面，作为这个工作的“一次短短的假日”。到了3月底，他被过度的工作和试图在间歇时间里写一些有报酬的文章的压力搞垮了，患起了重病——事实上，他病得如此厉害，以至于伦敦人寿协会根据他当时的情况拒绝接受为他保险。“做一个估计活不到平均寿命的人是一件荒唐而相当丢脸的事，”他这样告诉他的父亲。

然而，在3月底，他终于动身前往意大利。他在佛罗伦萨的蒙蒂奇的圣玛格丽塔街的米努奇别墅与玛丽亚和马修重逢。康斯坦莎的父母法索拉夫妇居住在同一条街15号一个称为蒙蒂奇城堡的别墅里——这座别墅今天仍然矗立在那里，只不过已经分割成几家人家，从那里眺望下方的城市即坐落在小山上的圣米尼亚托景色幽美，通过橄榄树丛能瞥见多莫山的山顶——如同赫胥黎相当不寻常地对他父亲所描绘的，这里“有某种像从野猪山眺望牛津的效果”（我本人在两处都站立过，可以大致上看出他的说法是有道理的）。后来赫胥黎夫妇自己从1923年到1925年蒙蒂奇城堡居住过。在当时，他们在布置得“不知怎么有点可怕的”4号房屋里租借了三个房间，租金是每月150里拉。战后意大利的通货膨胀率十分高，但是赫胥黎夫妇认为他们可以承受到每月2000里拉的生活费用。面包是配给的，4号房屋没有电，所以他们依靠油灯和蜡烛照明。尽管如此，这里还是一个宜人的地方，处于在城市边界之外仅几米，有一条有轨电车的线路，每20分钟一班，从山脚下开到城中心。一开始，赫胥黎除了吃、睡之外什么事也不干，这对他产生了很大的好处。除了所有的新闻写作和专业性上剧场看戏之外，赫胥黎还翻译了雷米·德·古尔蒙的小说《处女的心》，这时由纽约的一家出版社发行。所以他感到疲累是不足为奇的。然而事实证明，佛罗伦萨不是他的休息之地。城市总是使得他精疲力尽,而且天气变得非常热,刮了很长一段时期潮闷的热风。事实证明,当地的英国人群体——“一群腐朽的观念褊狭的知识分子”——令人厌烦,而对于赫胥黎相当苛求的趣味而言,佛罗伦萨的艺术“有太多的三四百年前的东西。建筑方面有太多的哥特式风格,画廊里有太多的原始艺术。”结果是决定去马尔米要塞,毫无疑问,这是出于法索拉夫妇的建议。他与玛丽亚和马修在 1921 年 5 月到 9 月的整个夏天在那里定居下来。他在离开佛罗伦萨之前,写信给他的新的美国代理人 J. B. 品克,希望后者能够帮助在美国发表他的东西。他给品克一份“我与他们关系很友好的”英国编辑的名单,名单中包括在《康希尔》杂志工作的他的父亲、《信使》的 J. C. 斯奎尔,以及奥斯汀·哈里森。在美国,他在作品已经在《世纪》和《时髦人物》上发表过了。

马尔米要塞——这是个玛丽亚已经熟悉的地方——位于托斯卡纳海岸,在比萨以北大约 20 英里,在维亚雷奇奥的南边,“这里是当年雪莱被海浪卷走的海岸,在出产大理石的卡拉拉山的山脚。当时是一个美得令人难以置信的地方。”今天,这里是热闹的游览胜地,它的平坦的海边沙滩——劳伦斯说这里使他想起斯凯格尼斯——在夏季挤满了游泳者,点缀着颜色鲜明的海滩小屋。虽然当 1921 年 5 月底赫胥黎到达那儿的时候还没有像现代这么发展,但是当代的照片表明在海滩上有许多家庭呆在白色帆布做的遮阳伞的荫蔽之下。现在纯粹用于娱乐目的的小栈桥码头当年用于将通过一条铁路线运输过来的大块大理石装载到等候在那里的船舶上。赫胥黎被那些用于拉曳大理石板的“长着长角和忧郁的黑色眼睛的大白牛”深深地吸引住了。赫胥黎正是在这里从 6 月到 8 月的夏季月份里写下了他那部英国味儿特足的小说《克鲁姆庄园》的。他写信给查托公司的弗兰克·斯温纳顿:“这是个好地方:门对地中海的游泳场,背靠着完全由卡拉拉山大理石构成的大山。本地人靠雕刻墓碑上的天使谋生,然后把千千万万个雕像出口到美国去。"在这三个月里，他确立了一种非常有规律的日常生活——只除了在7月中旬一次眼炎的复发——他的父亲这样描写他的生活：

> 这里每天的活动简单不变。上午工作到12点钟或者12点半，然后洗个澡，然后吃午饭，然后休息到4点钟；接下来是喝茶和再做一点工作，到大约5点半或6点钟，这时出去散步到吃晚饭的时分；然后读书或工作到睡觉……所有的饭餐都是在室外吃的，穿着衬衫、法兰绒裤子和一双凉鞋，长时间呆在水里而不着凉。简言之，"如果能够解决佣人的问题就万事大吉了"。

整个夏天，赫胥黎呆在法索拉家的别墅对面一条离海滩有一段距离的林木蓊郁的莫林街的29号，每天工作五、六个小时，写着他这时称之为"我的皮科克式的小说"——它的灵感来自托玛斯·拉夫·皮科克(1785—1866年)的简短、机智的"概念小说"，皮科克的才智焕发的散文和轻松的讽刺口吻是青年赫胥黎最好的榜样。到7月中旬，已经取得良好的进展，这时，他写信给身在伦敦的斯温纳顿，提出一个书名：《克鲁姆庄园》，"令人愉快地没有意义，只除了情节发生的皮科克式的宅院[皮科克的小说总是把背景设在一个乡下庄园中，把人物在那里集合起来，以便通过他们谈话的进展表现出来]……我希望你理解，这本书将写得相当短，因为皮科克式的小说不是一种可以写得很长的形式。大约5万字，我想就可以写完了。我可以预见一本以相当令人愉快的形式写的小书——也许用'克鲁姆黄色'的装订作为对于书名的暗示[这个建议被查托公司接受了]。"7月28日，亦即开始动笔后仅仅2个月，赫胥黎寄出了第一批3万字，并且答应另外2万字将在10天或两周后寄出。他的打字机，"我的生活的唯一支柱和宽慰"在修改的阶段坏了——第一批草稿似乎花了大约8个星期——而赫胥黎担心有手写增补的初稿会难以辨认。

到了8月底，这本书已经写好了，其报酬是去了一次罗马，在那里他遇见了奥托莱恩和菲利普·莫雷尔。奥托莱恩声称他们之所以来到的这里，是因为玛丽亚想找一个电影明星的工作（芭蕾舞女演员和小说家在过去都已经尝试过而且放弃了）。赫胥黎爱上了罗马，告诉门肯说，这里"真是我应当度过晚年，而且如果可能的话，是度过我的余生很大一部分时间的地方。我发现，建筑、雕塑和绘画给予我与音乐同样多的乐趣。"他向门肯承认，他之所以写《克鲁姆庄园》，是因为"我缺乏勇气和耐心来写出8万字的现实主义作品。看来生命太短，不足以那样做。"他询问门肯是否认识哪位美国的编辑"*ramollite*[痴呆]到会给我大笔的钱让我写文章——我想他们把这类文章称为语词的图画——关于意大利、艺术，以及诸如此类的东西的?"他解释说他将很快回到英国处理汉普斯台德公寓房屋的租约问题，可能不得不住下来："这要看我是不是弄到任何现金，而不必靠写新闻文章去赚来。"他对他父亲说了同样的意思："我被重新投入新闻写作的念头吓坏了；2年来我一直处于持久疲乏的状态中，如果我有办法，我不想回到这种状态之中。"他估计他可以靠300英镑在意大利生活，相比之下，在英国生活则需要750或800英镑，而这笔钱可以来自现有的稿费，另外加上《克鲁姆庄园》、短篇小说稿费和转租汉普斯台德公寓房屋的收入100英镑。在意大利生活的唯一缺点似乎是政治形势——他们刚刚目睹了一批700名托斯拉纳的法西斯主义者游行示威反对左派，其间有好几个人丧生——"一个可怕而异常的事件"。后来就是因为法西斯主义的兴起，最终在这个十年之末迫使赫胥黎离开了意大利。

在心醉神迷地观光了罗马以后（甚至他口袋里的钱被扒手偷走以后这种心情也丝毫不减），赫胥黎回到了要塞，打算根据从西特威尔夫妇在蒙特古福尼的巨大城堡中的体验得到的启发（"在这里有皮科克式小说所必需的资料——屋子里充满了古怪的事物"）写一本"大型的皮科克式的小说”。颇为遗憾的是这个想法没有进一步加以实现。“我要给现实主义放一点儿假,”他告诉朱利安。“这些对于中产阶级家庭的描写实在是令人厌烦得无法用言语形容。必须努力写得可以阅读。”报纸上刊登的一件具体可见的现实主义事件,即哈罗德·格林伍德案件,吸引了他的注意,此人在被控毒害他的妻子一案中在卡马尔森被宣告无罪开释。这个案件成了一篇题为《乔康达夫人的微笑》的短篇小说的灵感,靠着品克帮忙,这篇小说刚刚在《英格兰评论》上发表。不过,赫胥黎所想要的是有机会享受一下生活,去旅行,去探索,而不是这种拼命想立住脚跟,应付生活费用,工作所得仅够糊口的严酷的作家生活。孩子来得太早了,所以他不得不继续挣钱,但是,如他向朱利安所解释的那样:“我现在比任何一切都要想望的是能有一、二年的安静日子,只用于看看各个地方,各种东西和人:事实上,是用于生活。当一个人没有一定的活力和体力,要同时生活和工作几乎是不可能的。至少,我发现是这样的。对于我来说,生活和工作永远是非此即彼的选择。客观情况要求我几乎连续不断地工作,而我无法把足够的生活挤进去。”然而,其后的两年并没有这种喘息的机会。孔代·纳斯特向他提出每年给他 750 英镑,这笔钱足够让他回到伦敦。如他向他父亲所解释的那样:“英国的不利之处是工作太多,多余的时间或精力太少。意大利的缺点是没有图书馆,以及缺乏消息灵通和高智力的社交圈子。”为孔代·纳斯特打工一直打到 1923 年 5 月,在帕丁顿的威斯特本恩坊 155 号有一套公寓房屋,他将在那里一直住到 1922 年年底。浪迹四方者的生活被圈禁起来了。

赫胥黎夫妇于 1921 年 11 月回到伦敦处理出版《克鲁姆庄园》的事情。这是个引人注目的初次露面,确定了这位 27 岁的青年在当代文学名人世界中的崇高地位。这部书的几个方面值得提出加以注意。在这本典型的年轻人小说里对斯科根的描述表明,赫胥黎既意识到他本人的地位,也意识到他正在跨入的文学环境——不过多少带有点儿担心和没有把握之感:“主人公小珀西在运动方面从来就不擅长,但是他一直很聪明。他在通常的公学和通常的大学毕了业,来到伦敦,生活在艺术家的圈子里。他被忧郁的思想压弯了腰;他把整个宇宙的重量扛在自己肩上。他写了一本才华横溢的小说;他以细致的笔触涉及了男女关系,而在书末销声匿迹,进入了光辉的未来。”斯科根的问题:“你们年轻人为什么要继续写那些像少男少女和艺术家的心理那样完全无趣的东西呢?”也一定是赫胥黎一直问他自己的一个问题。他的全部事业是企图挫败对于英国小说的传统的期望,但是迄今为止他所提出的唯一解决办法是写得聪明机智。例如在斯科根对于理性国家的设想中有对于未来的方向,即《奇妙新世界》的暗示,并且有证据表明,赫胥黎不是没有自知之明的。由丹尼斯偶然发现的詹妮的笔记本里载有一则赫胥黎可能选择来用在他自己身上的描绘:“他喜欢把自己想像成为一个无情的活体解剖者,一直探测他自己灵魂的搏动的内里。”在整个20世纪20年代和30年代问世的小说都将载有这种对于赫胥黎所了解的生活和阶层的十分无情的活体解剖。

对于《克鲁姆庄园》的评论立即确认了这部小说的轻松活泼——它确实是赫胥黎的作品中写得最为聪明机智的——而正如《泰晤士报文学增刊》的一位匿名评论员所说的那样,事实上“赫胥黎先生笔下的人物是以一种极为生气勃勃的气势描述的”。人们对于这部书的学究气和因此而来的诱导性有所保留(“他几乎是要我们相信对于人类的适当研究是书籍”),但是威廉斯·埃里斯夫人在《旁观者》上发表的意见(她俏皮地把这部书说成是“一本立体主义的皮科克式作品”),即说这部作品是“令人快乐的”,是普遍的看法。纽约的《民族》杂志感到赫胥黎“生活在一个与戴·赫·劳伦斯和詹姆士·乔伊斯不同的世界里”——换言之,他是在一种传统的内部工作,而不是试图革这个传统的命。雷蒙德·莫蒂默尔在《日晷》上著文表示担心这本“极端俏皮的”书过分着意于对传统观念进行攻击和写得有趣,以至于无法找到时间写得严肃。

他还作出了一则远为中肯的批评，可以适用赫胥黎的整个写作小说的生涯："我怀疑他是否根本是一位短篇小说的作家。他不关心集中力量挖掘。"F·斯科特·菲茨杰拉德直截了当地说："我发现赫胥黎是继比尔博姆之后目前用英文写作的人中最机智的人。"

然而，那些更加深入了解赫胥黎和他的环境的人开始注意到这部分书的另一个方面：他对于从生活中撷取的肖像的过于令人不快的描绘。除了在书的开头几页中遇到的那个"迷恋于词语之美的"骑自行车的青年文人之外，哪一个形象又能不是一种嘲弄式的自画像呢？詹妮不是很像多萝西·布莱特吗？艾伏尔·隆巴德像不像埃文·摩根？玛丽·布雷斯葛德尔像不像多萝西·卡林顿？冈波尔德像不像马克·葛特勒？斯科根像不像伯特兰·罗素（还带有门肯或诺尔曼·道格拉斯的影子）？而最令人担心的是，主持克鲁姆庄园的普丽西拉·温布什夫人难道不是过于明显地像嘉辛顿庄园的奥托莱恩·莫雷尔（这种同一性并不因为克鲁姆庄园在建筑上不像嘉辛顿庄园而有所减少）？"当我在书里读到关于嘉辛顿庄园生活的描写，一切都被歪曲、漫画化和嘲弄了，我感到极度的震惊，"奥托莱恩宣称。"在书里的庄园场景和在现实生活中如此机智和聪慧的庄园劳动者的说话，都被写得平板、做作，被彻底剥夺了它们敏锐的智慧。书中有从我们的教区长的布道书中成页成页引用的话，都受到了取笑和被当作嘲弄的对象。书中收入了奥尔德斯与马克·葛特勒和伯提·罗素进行的长时间的谈话，但是这些谈话被调换了位置，并且用轻蔑和奚落的方式加以处理，而肖像被令人悲痛和残酷地歪曲描绘了。可怜的阿斯奎斯被描写成为一位下台的总理，一个体弱无力，在草地上摇摇晃晃追着任何漂亮姑娘的老头儿。这使我充满了惊愕。"她感到赫胥黎利用了她向他提供的会见这些人物一切机会，"不仅他本人做出了不诚实的行为，而且还将我牵涉进入他自己的不诚实行为之中。"她立即写信把这些意见告诉他。他写了一封很长和表示感情受到伤害的回信，声称使他感到惊讶得发呆的是，居然有人“认为我的这场小小的木偶戏表演是对一个真正环境的描绘……我本来应当把场景放在中国——那样就没有人会怀疑这是一场木偶戏表演了……对于极为年轻时代的我本人的漫画化描述是唯一的对于一个真人的处理；其余都是傀儡而已。”他声称他既不想描述真人，也没有这样做的能力，“因为我不是一名现实主义者，对于描绘真正的在世的人没有多大兴趣……这些人物仅仅是一些声音……他们是傀儡，没有一切感情，事实上没有活人的大部分属性……一场长期保有的友谊居然由于把一场傀儡喜剧的场景[他现在开始稍微承认了一点儿]放在部分可以认出是真实的环境中而经历一番可能破裂的危机，这太荒唐了——而且同时在一定程度上是令人苦恼和痛苦的……对于我来说，这次事件是对于我的书中说的一番话的另一个证明：我们都是命中注定只有在无穷远处才能汇合的平行直线。真正的理解是不可能的。”奥托莱恩认为这个回答“不真诚到了奇怪的程度”——事实上几乎肯定如此——他们俩之间的关系产生了破裂，直到许多年之后才愈合。到第二年夏天，当这时居住在嘉辛顿庄园弗吉尼亚·伍尔夫走进“她那塞满漂亮的黄色书籍的有镀金柱子的小小的绿色书房”里安慰奥托莱恩的时候，后者对于这件事仍然感到刺痛，声称她“现在对幻想的破灭感到漠然”，引用了奥尔德斯的信件以及其中对于“无足轻重的傀儡”居然毁灭了他们的友谊所表示的遗憾。“可是无足轻重的傀儡确实毁灭了友谊，”伍尔夫写道。

赫胥黎与其他的傀儡保持了良好关系，他从意大利归来之后，很快地重新进入了伦敦的高尚社交圈子，就在1921年圣诞节前夕发生的一个事件可以证明这一点。当时赫胥黎同包括伯纳斯勋爵、西特威尔一家三口、威廉·沃尔顿、奥古斯汀·里弗斯和《旁观者》的文学编辑艾伦·波特在内的，自称为“英格兰诗人”的代表的一群人一起，在萨伏伊向女高音歌手露易莎·台特拉齐尼敬献一个用月桂叶做的桂冠。西特威尔凭着他们的宣传天分，确保了让报刊的摄影记者和文字记者在场。

弗吉尼亚·伍尔夫的日记表明，他在这个时期前后与克莱夫·贝尔、玛丽·赫金森、梅纳尔德·凯恩斯和她本人共进晚餐。赫胥黎确实没有因为他的恶意讽刺而受到人们的躲避。

十一、纠　　葛

赫胥黎1922年1月份开始他在《时尚》杂志的新的办公室工作，但是到了5月份，他写信给诺尔曼·道格拉斯："我在一种相当长期的厌烦状态之中不断地消耗，我对工作的厌恶不断地变成一种疯狂的情绪。"他已经对门肯说过，一旦他负担得起，他将"再次迁到某个生活费用低廉的拉丁国家，"以低廉的费用生活和写作。而当时他居住在威斯特本恩坊的公寓房屋里——三个大房间，包括那对夫妇油漆成柠檬黄色的一间书房，以及一个黑色甲虫为虐的地下室。1922年，玛丽亚请她19岁的妹妹苏珊来同他们一起居住。按照一种相当奇特的安排，苏珊与奥尔德斯共用一个房间，中间用一扇屏风隔开，在夜里他们会透过屏风相互谈话。苏珊有时陪同他去听音乐会，这时要求他写一张通知；她发现他是一位非常吸引人的伙伴，侃侃地谈着音乐、艺术和文学，从来没有一丝居高临下的态度，从来也不使她感到自己的理解力低下。她注意到他喜欢"非常淳朴的人们"，如白天来家干活的琼斯太太。当奥尔德斯和苏珊去听音乐会时，玛丽亚往往上床睡觉——她睡在另一个房间里，而保姆贝拉则同马修("宝宝")睡在第三个房间里。当奥尔德斯和苏珊回家时，所有三个人都躲到设在那个很冷的大房间里的玛丽亚的床上，相互读书给别人听。赫胥黎的视力仍然十分差，当他自告奋勇提出——他总是这样提出来的——送客人一段路的时候，玛丽亚就变得非常紧张。他的眼睛是如此近视，以至于他不止一次发现自己拥抱一直坐在玛丽亚的房间里的苏珊，以为她就是自己的太太（“而且这件事并没有使他感到不愉快”）。所有这些完全是清白无邪的，而苏珊从她独特亲密的有利角度来观察，玛丽亚——她一直用玛丽亚在意大利获得的绰号“科科拉”或“小浆果”来称呼她，而且奥尔德斯也经常使用这些绰号——与奥尔德斯生活得非常和谐。苏珊后来回忆起奥尔德斯多么喜爱一只暹罗猫，在写作时允许这只猫爬到他的肩膀上。在威斯特本恩坊经常为西特威尔夫妇、内奥米·洛伊德-史密斯、杰克和玛丽·赫金森、马克·葛特勒，以及像 J. N. 萨利文和汤姆·厄普这些奥尔德斯的老朋友们举行晚宴。在只有他们一家人在家的晚上，奥尔德斯和玛丽亚会摇紧留声机的发条放音乐，一起跳舞。跳探戈或者狐步舞，而宝宝则抱住苏珊称之为“奥尔德斯的一条长腿”。他告诉苏珊说《克鲁姆庄园》的稿费有这么多，使他能够很快放弃评论和新闻写作，专心从事于文学写作了。

奥尔德斯打从秋天从意大利回来之后，一直在同他的出版商们讨论一本新的书（以及谈论关于福楼拜的《三故事》的一个译本的问题，他谢绝了这件事，理由是“翻译出一本它理所应当有的质量的译本所花的时间几乎同撰写一本原创的书相同”）。《尘世之圈》于 5 月份出版。其中载有《乔康达夫人的微笑》，这是关于毒害他的妻子的一个男人（此人还写了一本题为《疾病对于文明的影响》的书）的赫胥黎最为著名的短篇小说。赫胥黎对于人类的腐朽和衰弱的病态兴趣在他许多的早期作品中表现得十分明显，尽管这些东西部分是传统的讽刺家们最关心的问题，但是这些作品还表露出活体解剖者的某种冷酷态度。他的嫂嫂朱丽叶特·赫胥黎是在赫胥黎早期作品中发现某种使人反感的东西的许多人中间的一个典型：“每当我阅读奥尔德斯的一部分新作，我都有一种担心的感觉，因为有时候他把人物剥露到一个痛苦的表层。人们感到他几乎十分刻薄恶毒……在这些早期作品中有一种恶意报复性的东西。”如同往常一样，赫胥黎一定知道这种指责。正如《梯洛岑宴会》——事实上是这本集子中写得最好的小说——中的一个人物所说：“他自己的年轻和聪明又有何用？他突然看到自己是一个摇着拨浪鼓恐吓鸟儿的小男孩——不断格格地发出他那种烦嚣的聪明……”赫胥黎最有名的崇拜者之一麦克斯·比尔博姆著文赞扬这本书。一位甚至更加令人惊讶的人是马赛尔·普鲁斯特，他在1921年的《追忆逝水年华》的第一卷《所多玛和蛾摩拉》中提到：“杰出的赫胥黎（他的孙子事实上在英国文学界占据了一个举足轻重的地位）……”赫胥黎从来不曾理解普鲁斯特怎么会形成这么一种关于他当时确实并不自认为有的崇高地位的看法（这些话甚至是在出版《克鲁姆庄园》之前写的）。赫胥黎感谢比尔博姆对他的评论，并且答应如果像他所希望的那样，在第二年乘火车去要塞路过的时候到拉巴罗去访问他。他希望《克鲁姆庄园》的美国的成功将使得他能够“到意大利去一段相当长的时间，写另一部规模更加宏大，质感稍微坚实一点的作品”。7月份，他再次向他父亲抱怨新闻写作对于“有才智的写作”和“一个人为了写作而必需有的安静思考”的侵害。5月底，玛丽亚和宝宝动身前往意大利，6月份，奥尔德斯取道巴黎和萨尔茨堡，在威尼斯和帕多亚同他们会面，然后在要塞定居下来准备过8月份和9月份。接下来，他回到伦敦，让威廉·罗森斯坦为他画一张肖像，和聆听保罗·瓦莱里在科尔法克斯夫人的客厅里作的讲座，根据弗吉尼亚·伍尔夫的说法，他是对“一房间的羽毛和白手套”在演讲，她与李顿·斯特雷奇坐在一起，这两个人对“戴着鞋罩，穿着灰色长裤的……奥尔德斯……非常不喜欢”。在接下去的一个月，她同他以及克莱夫·贝尔和玛丽·赫金森一起吃饭，发现奥尔德斯“非常高、虚胖，脸部胖胖的，苍白，头发非常长，穿着淡黄色的短袜”，而且扮演着“讲故事的人；见过世面的年轻文人的角色”。

在收入《尘世之圈》中的一篇小说中，梯洛岑在他的讲话中评论说：

“一位艺术家的生活是艰难的……生活要求他连续不断地花费精神。”这则对于莎士比亚著名的十四行诗(“在耻辱的荒原中花费精神”)的共鸣引起人们注意到赫胥黎当时的生活的另一个侧面。对于身为作家的他的压力不仅来自在孔代·纳斯特位于 EC4 的罗尔斯大楼的房子里的枯燥的每日办公室工作,以及来自他开始为《威斯敏斯特报》撰写的戏剧评论和音乐评论,还来自他的精力在其他方面的耗费。西比尔·贝德福德在她所写的奥尔德斯·赫胥黎的传记中,坦白地陈述了赫胥黎的婚姻是如何没有通常的忠诚观念的:“玛丽亚采取了我该称之为贵族式的性的观念。”她鼓励他的风流韵事,帮助他追寻这些韵事,而且似乎还可能——通过她本人对于美貌妇女的吸引力——充当把她们之中的一这些人介绍给奥尔德斯的角色。“玛丽亚认为他喜欢这种调剂,需要这种变化和把他的心思从工作上挪开。这种调剂加起来非常少,不是很短就是在许多年里断断续续的。奥尔德斯从来就没有陷进去一点点。”玛丽亚似乎还承担起西比尔·贝德福德称之为这些韵事的“后勤工作”的职责,因为奥尔德斯不愿把时间浪费在谈情说爱的复杂过程上面。“她以微妙的方式准备好条件,一种氛围,事实上在谈情说爱中担任替身。”将这个现象与朱利安同样对于一种“开放的婚姻”的追求加以对比,情况十分清楚,令人痛苦。朱丽叶特对于朱利安的不忠实行为是深感痛苦的。西比尔·贝德福德在赫胥黎去世后不久不能够说,而在其后说得同样坦白的是:“玛丽亚具有双性倾向,在她与奥尔德斯的婚姻存续期间,确实与其他人有过一系列短期的激情关系。但我们谈的是一种或者两种关系……他们是一些不惧怕试验的高级人士。”西比尔·贝德福德认为,只有与玛丽亚的关系以及与南西·寇纳尔德的那种强烈、不幸和单相思的关系才是认真的。

然而还有第三种关系,亦即同玛丽·赫金森这位作家、弗吉尼亚·伍尔夫的朋友以及广为宣传的克莱夫·贝尔的情妇(此人在西比尔·贝德福德写她的传记时尚在人世)的关系,也许应该增添到这份名单里去。描述这种关系的信件——在以前这种关系从来没有被描述过——目前藏在得克萨斯州奥斯汀的哈里·兰塞姆人文研究中心里。还有玛丽亚写给玛丽·赫金森的信件,这些信件表明了在将近 1922 年末的某个时候,也就是恰恰在此前的传记作品强调南西·寇纳尔德在奥尔德斯的生活中的主宰地位的同一时间开始的这种三方关系的复杂性。要摆脱这种纠葛不是一件容易的事,但是就玛丽·赫金森而言,玛丽亚和奥尔德斯所写的信件(玛丽的回信一封都不存在了)

所提供的证据是不容置疑的。就南西·寇纳尔德而言,则完全是其他人的回忆。没有一纸半页的文件证据。据猜想,赫胥黎夫妇之所以在 1923 年 7 月突然动身前往意大利,是玛丽亚认识到这一回事情已经做得太过分的结果。然而事实上同玛丽·赫金森的关系似乎是与南西·寇纳的一段情相重叠的——如果我们假设后者开始于 1922 年初秋,一直延续到 1923 年 7 月的话。前者的延续肯定远远超过这个日期。当然,说两段恋情可能同时进行是完全说得通的,但是至少这种情况是复杂的。可以争辩说这样的探究是色情或唐突的,也许确实如此。然而这些恋情的蛛丝马迹可以在赫胥黎的小说中找到。仅仅为了这个原因,它们是与问题有关的。赫胥黎对于人类性行为的观点是复杂的。虽然赫胥黎对于男人同性恋不抱同情的态度(尽管他有许多同性恋的密友,如吉拉尔德·赫尔德、爱德华·萨克维尔-威斯特、克里斯多弗·伊雪伍德等),因此按照当前的标准来说是不完全"正确"的,但是他确实从青年时代起就没有在性的方面的抑制。"不正确的性行为,"他在一篇文章《夜晚的音乐》中写道,"在某些当代社会里相当于在信仰时代的欧洲天主教社会和早期新教社会里发表异端见解。"在他的小说《许多个夏天之后》普罗普特先生问他自己:"怎样的性行为才是正常的? ……在我们可以说存在一种正常的视力或消化的意义上,没有一个类型的人类性行为可以称为是正常的……各种不同的性行为不能用参照某种绝对自然准则的方式加以判断。它们只能以每个个人的终极目的和从每个特例所观察到的结果为参照来加以判断。”然而，在1937年写给J. B. 普里斯特莱的讨论一本J. D. 恩温所著的题为《性与文化》的书的信件里，他认为“在社会能量与节制的程度之间确实存在着一种相互关联性”。换言之，他似乎一直在走向对于滥交行为的——在不管是《奇妙新世界》还是《岛》这些他的想像世界中表现得十分突出的那种行为——持一种批判态度。他不止一次提到对于性活动中的“异化”的体验——例如在《岛》中的“性行为的彼岸世界”的“异化狂乱”。尽管赫胥黎并没有受到什么英国清教主义和循规蹈矩思想，以及认为对于自己对象的忠实乃是婚姻的一个必要组成部分的看法的约束性影响，但是他对于彻底的性自由的必要性似乎仍然抱着一些保留态度——特别是在——如同在他的那些乌托邦小说中——性与生育或任何其他社会后果完全分离的情况下。

1922年12月初，赫胥黎从位于霍尔邦的《时尚》杂志的办公室写信给玛丽·赫金森，这一时期他一直同她和她的丈夫杰克在晚宴上经常见面。玛丽·赫金森的姓名在有关布卢姆斯伯里的全部卷帙浩繁的回忆录中可以零零落落地发现——大多数是关于她同克莱夫·贝尔的私情——但是也有关于她同像弗吉尼亚·伍尔夫等别人之间的纠葛，后者似乎很欣赏同她之间的复杂关系。伍尔夫于1920年在她的日记中写道：“她可能有那种感情冲动、充满深情，相当不幸地调和的天性，在我看来，她有趣、永远大胆地冒险、卤莽地缠绕不休，然后再次碰壁；志大气高；过分挑剔、虚荣等等，但是受到对于克莱夫的一种热爱的驱使，我想这种爱是真诚的。”伍尔夫在处于其他心境的时候，巧妙地暗示玛丽有点儿凶猛和爱玩弄手腕，“她爱好打扮，像一头猛兽那样猎取，不管是什么东西——一件珠宝、一个玩具……她是一个诡计多端的家伙，玛丽。”然而戴·赫·劳伦斯在1929年同赫胥黎一起住在巴黎时告诉她的丈夫圣约翰·赫金森说：“玛丽是世界上仅存的真正听男人讲话的少数女人之一——没有男人能这样做——这是相当令人振奋的。”她是一位作家——写过一本书，恰当地题名为《难以捉摸的碎片》(1927年)——而且她像赫胥黎一样向《雅典娜神庙》和《时尚》杂志投稿——她在后一本杂志上发表的文章是用波莉·弗林德斯的化名写的。文章写得轻佻，有一种刻意卖弄风骚的腔调(“我们女人据说是轻浮的……确实我们没有用处……”等等)，并且点缀了法国诗歌和(过于频繁的)普鲁斯特的作品的引文。整本书中最为有力的段落是她对于迪亚加列夫的赞扬，称赞他以俄罗斯芭蕾舞令人激动的现代主义粉碎了英国市侩主义的防御墙。她在书中提到由普通人民大众所掀起的“民主的沉闷之雾”表明她对于布卢姆斯伯里派势利的一面并不陌生。尽管她有与克莱夫·贝尔的声名狼藉的私情，但是玛丽还有双性倾向的一面(面对着布卢姆斯伯里派中那些成双作对的人之间错综复杂的关系——而我们论述的这一关系即将变得更加错综复杂——诸如“双性倾向”、“女子同性恋”、“同性恋”等标签似乎十分拙劣，不知怎的不足以用于完成这项任务)。她可能同维塔·萨克维尔-威斯特也有一腿。她让自己受到奥尔德斯的求爱，是因为她心目中的对象乃是玛丽亚：“在两个赫胥黎——玛丽亚和奥尔德斯——中，我爱的是玛丽亚。奥尔德斯文雅、清高、多情，有时甚至热烈，但是吸引我，使我迷恋的是玛丽亚。我一直想像她‘像一个波斯人’。她的眼睛的形状像杏仁，非常美丽，她的表情慵懒，她的天性天真无邪、肉感、不复杂，她的心温暖而忠实。她头发的颜色是深的。她一直似乎搽着好闻的香水，油膏，妖娆生情。”

如这封1922年12月4日写的第一封信所以表明的，赫胥黎曾受到这位厉害的女海妖的恫吓：“上星期五我过得多么开心呀：我过去在你的面前一直羞怯和紧张得要命。为什么会这样，我不知道——除非是你那难以探测的安详神态使我忐忑不安。你究竟是什么样的啊?”从1922年年底起，玛丽的信源源而来，于是这两个人至少在这十年余下的时间内有了瓜葛，渐渐玛丽亚也参与进来，成为一种体现了布卢姆斯伯里派流行的性自由观念的三角关系。赫胥黎在12月中旬短期去了一次布鲁塞尔之后的回家途中，用铅笔写给玛丽另一张字条，上端写着"于火车上"，他在其中问道："玛丽，我几时才能再次见到你呢？可以早一点吗？……每次想到你，我的心就有点儿乱——依然像往常那样不可思议，你的安详神态不知怎的依然有一点儿魔力。"这段瓜葛发展得并不完全顺利，这从他俩一次会见以后的一星期从帕丁顿发出的一份电报可以清楚看出来，在这次会见中，赫胥黎的笨拙行为显然把那个傍晚弄得很不愉快："今日早起，恳求你原谅相当冒犯的愚蠢行为，并请求有机会不重复之。"现存的他的另外一封写给玛丽的信再一次似乎表明这种关系有一个拖延和崎岖不平的开端。

与此同时，赫胥黎正在制订他的从新闻写作中解脱出来的规划。查托公司的弗兰克·斯温纳顿后来写道，这些年的新闻写作的训练实际上在两个方面证明是有益的：一是它给予赫胥黎在直接与广大受众交流的艺术方面的训练，他后来在他的文章和非虚构作品中予以非常有效地利用；二是它通过给予一位具有潜在的远离倾向的知识分子一种真正的工作世界的尝试，帮助他清除了一些死角。这个说法几乎肯定是正确的，然而迫使他走向一种新的生活方式的压力——职业和个人的压力——正在不可抗拒地集结起来。新闻写作开始使他感到厌恶，因为他开始看到这种新的大众通讯机关是如何为了谋取利润而牺牲质量的。赫胥黎对于这种潮流的进行谴责的强烈程度，使得有些人把他看成不是仇恨将蹩脚艺术硬塞给公众的人，而是仇恨那些不管愿意不愿意地成为这种蹩脚艺术的消费者的人。这是他的叔祖马修·赫胥黎在上一世纪中叶所引起的一场争论的再现。这些批评家们认为他有"蔑视大众社会"的罪状。他们会引证他于 1922 年末对门肯说的一番话："报刊以及现在的无线电话正在以散布黑暗、庸俗、第十五流的货色、愚蠢、思想上的惰性、假话和混乱、浪费精力等方法来制造奇迹：我们可以立即看到效果。民众同那种从事无论何种智力职业的人之间的鸿沟在不断扩大。再过 20 年，一位科学界人士或一位严肃艺术家将需要一名译员才能同一位电影院老板或者他的观众进行谈话了。”在这里，赫胥黎不寻常的色彩鲜明的语言可能反映了他本人在这段时期所感到的心智方面的沮丧，或者他希望与门肯本人雄浑的表达模式一争高下。

1923 年 1 月，赫胥黎夫妇再次把家从威斯特本恩坊迁到王子花园 44 号 SW7，这是位于肯辛顿区的一个令人满意得多的住址。1 月 8 日，赫胥黎与他的出版商们签订了一项重大的协议。作为保证让他得到每年 500 英镑的收入的交换，他将每年交付两部新的小说作品，其中的一部是一本长篇小说。他将保留他的美国版权，而且协议强烈地暗示了这项三年期的合同满期后进行续订的前景。这看上去像一项经济上的保障，终于使得他可以将他的精力集中在“有才智的写作”上了。然而，正如查托公司的一张内部便条在进行商定合同的会见之前所说的那样：“他一年能写出多少作品呢？”确实如此。事实上赫胥黎是不是以一种无情的苦役替换另一种苦役呢？今天的作家是没有人会提出这样的合同的，尽管在当时这一类合同并非闻所未闻。其后的三年中，有清楚的证据证明一年要赶写出两部书的压力造成了损害，即使对于一位已经完善了遵守最后限期的技巧的作家来说也是如此。此外，虽然他解除了每天必须写报刊文章的压力——“四月份以后，我将能够写我想写的东西了，”他对苏珊说——但是对他那感情上动荡汹涌的私生活的压力很快就填补了这个空白。第一批打印稿的交稿限期是 7 月份。“对于我的这种发烧没有特定的奎宁可以医治，”他在签订合同前的三天告诉玛丽说，“也许，只有工作；我想玩——不是玩游戏，而是想弹奏一种新的乐曲，一种与莫扎特有关系的曲子……我吻你的手，因为我不可以吻你的嘴。”这种关系还处于一个非常早的时期，毫无秘密可言。他邀请她和杰克来一个称为“和谐之洞”的俱乐部来观看他写的一部戏《幸福家庭》的演出（这部戏载于《遗忘的故事》），如果不能来的话，她是否能够同他一起去听一场音乐会，“只是为了表明两个人怎样可以轻松而深刻地相互了解……”他要玛丽亚打个电话给玛丽以确认这个安排。

玛丽亚还注意到了奥尔德斯生活中的另一个女人——南西·寇纳尔德。如上面所指出的，这是一种非常难以确定的关系。没有任何信件或字条。没有人知道这种关系何时开始，何时结束（很可能是从1922年末到1923年5月或6月，不过在此之前他们可能在埃菲尔铁塔见过面），唯一的资料来源是口头的。要不是在诸如《滑稽的环舞》（1923年）等小说里的强有力的证据，人们甚至会倾向于否定这种关系的存在：在《滑稽的环舞》中，南西·寇纳尔德被变成了虚构的人物：一位有紧迫感的社交界名人迈拉·维维亚什，由于她年轻的情人在战争中去世而身心俱废，如同南西·寇纳尔德哀悼她的年轻情人彼得·布劳顿——艾德莱一样——他的姓名刻在伊顿公学的战争纪念碑上面。无论用哪个尺度衡量，南西·寇纳尔德——她的形象在塞西尔·比顿1930年拍摄的照片里被令人难忘地摄取了——都是一个不同凡响的人。她是船运公司老板巴奇·寇纳尔德爵士的女儿（这就是说，如果她事实上不是乔治·穆尔与（埃默拉尔德·）寇纳尔德夫人所生的话），意志坚强，自信力很强，并且用哈罗德·艾克顿的话来说，“给了20年代一半的诗人和小说家以灵感。他们把她看成是这个时代的蒙娜·丽莎……她身材纤细到了轻盈若仙的地步……她的姿态优雅的小小的头部似乎是用水晶雕成的，而眼睛则是用绿玉所做，这种水晶似的质地使得有些人以为她是个彻底冷漠的人。然而她对于不公平的现象表示出强烈的感情……［尤其是对于非洲裔的美国人］”。大卫·嘉尼特认为：“她的身材非常纤细，皮肤白得像漂白过的杏仁，有一双从未见到过的最蓝的眼睛和非常美丽的头发。她是一个绝妙的人物。她生活在其中的世界是富人和聪明人的世界，而我们之间的鸿沟似乎是无法沟通的……她永远确信她看到的东西就是真相，不存在任何怀疑的余地。”玛丽·赫金森的看法是：“我肯定她的性格必须被描绘成极为纷乱和激烈的，容易强烈地发怒、强烈地义愤、强烈地热情奔放。”艾丽斯·特里回忆起“她迈着轻巧的舞步穿过伦敦的街道。”诗人威廉·卡洛斯·威廉斯将她称为“那位高高的长钉似的金发女人”，而雷蒙德·莫蒂默尔注意到了“她的体格中的纤弱和钢铁的混合……我相信，她在一生中从来没有被任何东西所吓倒。”

弗吉尼亚·伍尔夫看到了一位“有一双受惊的诚实眼睛的小小的焦急不安的饶舌女人，以及挂在她身上的所有的绿色石头”。简而言之，她是一位引人注目、有强烈的感情和激情的叛逆者。用艾伦·哈泼的话来说：“对于南西是不存在一条中间道路的。”她是不是那种想爱上奥尔德斯·赫胥黎的女人呢？

玛丽亚同西比尔·贝德福德谈起过这件事情——贝德福德以重要的细节描绘了这件事和南西。他们的关系的强烈的程度与奥尔德斯其他任何的私情不一样，之所以没有希望，是因为南西对奥尔德斯不感兴趣，而更喜欢不那么敏感，不那么“大脑紧张型”，而具有更加恣肆的阳刚气概的男人。这种被拒绝的求爱和受挫的欲望所产生的一些痛苦体现的《旋律与对位》(1928年)中的沃尔特和露西的身上。南西·寇纳尔德的快节奏的生活和性的魅力，她的“形象”，是他对她迷恋的根源，事实证明，玛丽亚认为这种迷恋是太过分了，尽管她容忍性的方面的多样化，但是她不喜欢南西·寇纳尔德之流的人的价值观和态度，并且为奥尔德斯感到担忧。他们在1923年4月曾经去佛罗伦萨度过一次短假(在5月初取道巴黎回家)，在去迭普的轮渡上被弗吉尼亚·伍尔夫看到了，她赶紧躲开他们的视线，怕她那身落拓的高层波希米亚派的打扮在赫胥黎习惯的标准式装束面前显得尴尬：“我无法认为穿得与《时尚》杂志的插图惟妙惟肖是对的；而我敢说，他们是从相反的角度来看待我们的”，她这样告诉范妮莎·贝尔。赫胥黎一向是一位穿得非常时髦的人，喜欢在伦敦做时髦服装的裁缝那儿定做手工制造的套装，而玛丽亚经常打扮得极为漂亮。她的儿子和我开玩笑说，他走路时通常不得不落后他母亲好几码，因为害怕减损她无论穿什么衣服所显示出来的特别优雅的身段。西比尔·贝德福德认为："南西和奥尔德斯有过一段短暂的情缘，南西出于爱、恼怒而让步了；过了几天抛弃了他。"他的健康受到了损伤。他从来就不是一个夜猫子或酒客，他在南西和她的那帮子人经常去的那种烟雾腾腾的夜总会里的淹留对他有毁灭性的影响。有一次，他在她的窗户外面来来回回踱了整整一个夜晚。事情到了一个严重的关头——西比尔·贝德福德对于玛丽亚直接告诉她的话的记载是我们所拥有的（以及永远是仅有的）最重要的证据——在一个夜晚，当奥尔德斯很晚回到王子花园，玛丽亚同他正面对质，而且向他发出最后通牒。他们将在次日动身去意大利。她开始打点行李，而他在她周围转来转去。到射出第一线黎明的阳光时，她完成了任务。她将没有打入行李的所有其他东西都扔到窗户外面，于是他们离家去维多利亚乘船转火车去欧洲大陆。这是他俩在英国住了至少十年之久的时期的结束。那年夏天，奥尔德斯将在要塞拼命写他的合同要求他写，以及他的需求迫使他写的小说：《滑稽的环舞》。

十二、厌　　恶

“当我们回顾 20 年代，”乔治·奥威尔在 1940 年写道，“最奇怪的事情莫过于欧洲的每一个重要事件都没有引起英国知识分子的注意。”他指出，如赫胥黎等战后的作家有一种“悲观的看法”，并且得出结论认为，“他们能够‘看穿’他们的先辈们为之奋斗的大部分东西。他们所有人都暂时对于‘进步’这个观念抱敌视的态度；他们感到进步不仅没有发生，而且不应该发生。”结果是“对于眼下的紧急问题不予任何注意”。在此几年以前，弗兰克·斯温纳顿也曾经在他直接认识赫胥黎的基础上（奥威尔并不认识赫胥黎）表达过类似的观点。斯温纳顿把这些作家的作品看成是“不满情绪甚至绝望情绪的直接产物，而看到这四年里的屠杀的深思的年轻人被这些作品所吸引……他们都感到这世界是一个反叛的地方，一个毫无希望的地方……他们都处于对他们被投入的这个世界感到忧伤和不满的状况。这是一个乱七八糟的世界……空气中充满了批判和詈骂。”尤其是赫胥黎，在他 20 世纪 20 年代的早期作品中，“似乎没有希望，因此也就没有哲学，没有任何东西，只除了对于万物皆空的恐惧”。斯温纳顿（后来证明他有先见之明）认为，赫胥黎是会从他的困境中找出一条路的，但是奥威尔对于这个十年的断语大致上是正确的。赫胥黎关心个人的目的甚于关心公共的手段——以性的轮舞为象征。他的20世纪20年代的故事是一个将英国国内政治以外的大部分世界删除的故事(当然他作过许多旅行)。不时烦扰他的意大利法西斯分子倾向于被看成一种滑稽剧的小丑而不是一种邪恶意识形态的冲锋队。说到底,他呆在意大利的主要原因是为了写小说,别无其他。

“我的大部分时间都被写小说占据了,”他告诉门肯。“我订下合同每年要生产出一定数量的小说。我发现这比杂七杂八的新闻写作更加有趣和有利可图。写小说还使得我能够在这儿生活:比起伦敦来,我更喜欢这儿,总的说来,使人愉快的(原文是“pleasiveness”)前景弥补了这些地区的人的邪恶。”早些时候,他曾经对他的老朋友诗人罗伯特·尼科尔斯(顺便说一句,此人也一度拜倒在南西·寇纳尔德的石榴裙下,为她写过一大堆十四行诗)说过类似的意思。他对尼科尔斯说,这次“相当匆忙的”有名的离去是由于玛丽亚的健康状况以及希望逃避“伦敦可憎的烦嚣”。7月初,他俩在锡耶纳小憩,观看了帕里欧古迹,为逃开苦役而感到欣喜。“我现在几乎完全抛开了经常性的新闻写作,”他告诉尼科尔斯,不过他说他仍然将为美国的《浮华世界》杂志写些零碎的文章。他俩打算“多少长期性地”在意大利定居下来,“——只要跟我们的任何安排是长期性的话”,并且已经就他们已经熟悉的佛罗伦萨的蒙蒂奇城堡签订了一项租约。“我将在那里定居下来,为查托出版社(原文如此)制造出一年一本的两本小说以及我能搞出来的任何其他东西。我想生活应当是惬意的,一个人的钱差不多顶伦敦的钱两倍用。我将每年回到文明社会几个月,看看发生些什么事情。”

所发生的一件事情是在5月份出版了一本随笔集《在边缘上》。这是赫胥黎的第一部随笔的结集——这是他十分擅长的一种文体——其中并且收入了他先前在《雅典娜神庙》、《威斯敏斯特报》、《伦敦信使》和《浮华世界》(纽约)以“奥托利克斯”的假名发表过的所有的文章。这些文章妙趣横生,互不相干。在一篇纪念雪莱百年诞辰的文章里(这篇文章使得他可以用文字描绘一番要塞一带的托斯卡尼海岸)，他嘲笑了英国人古板守旧的纪念死者的方式，并且建议这个沉闷的体制向意大利人学习学习："在我们这片昏暗的国土上，我们习惯于给予虚构的价值太多的崇敬；我们崇拜看不见的东西，而当我们享受现实生活时，我们却拘囿于想像出来的障碍。我们太多地考虑过去、玄学、传统、理想的未来、礼仪和良好的形式；太少考虑生活和闪闪发光的嘈杂的一刻。"这部文集还提出了在此后的年月里予以详述的一些典型的赫胥黎式主题——如对于我们现在称之为"休闲社会"的评论。"像每一个见识和感情正常的人一样，我厌恶工作，"他在一篇文章中说，这种话如果在今天发表出来，会使得拼命往上爬的青年专业人员们感到毛骨悚然。他攻击从好莱坞产出的"陈腐的废料"和"废话的温水澡"，并争辩说报刊的存在仅仅是为了提供"消遣"而不是思想。甚至运动如今也成为一种代理的经验，供观看而不供参与。这是十年后写成的《奇妙的新世界》里的一些观念的参照构架。"以这种方式自我毒害，文明看来似乎会轻易地衰落到一种早老的状况。"赫胥黎同情工业无产阶级，他们被迫完成报酬菲薄的生产线任务，然后在他们的休闲时间内，文化工业则塞给他们"像我们的工作一样机械得千篇一律和苛求的，没有什么灵智和主动精神的消遣娱乐。"赫胥黎希望普通男女能有机会获得如他本人这样受到高深教养的人们所享受到的精神激励以及想像自由和智力自由。这是一个一度能使得他获得左派的积极同情的论点。而在今天，这个论点却使他被视为一名"精英主义者"。

集子中的许多随笔写得非常轻松(不过偶尔只是让人误以为轻松罢了)，但是，有些文章开始显示出对于责成他使用的那种浅薄琐细笔调的初步不满。在一篇关于李顿·斯特雷奇(也许是由于某种竞争感的缘故，此人对赫胥黎持有一种有保留的看法)的有力文章里，他指出："人们无法想像斯特雷奇先生能够写好陀思妥耶夫斯基或者其他任何伟大的灵魂探索者。"斯特雷奇则把赫胥黎形容成"一棵海草"。然而赫胥黎也赞扬爱德华·李尔，他认为，此人的废话不啻是“对于人类‘精神自由’的一种肯定”而他的作品则是“一位渊博的社会哲学家”的著作。那些打油诗里的“他们”体现了“天才或畸人与他的同类之间的永久斗争”。人们在这些随笔里看到了详细阐述的赫胥黎的观点，即为艺术而艺术是一条死胡同，写作除了作者以此形式自娱之外，还应当表达出某些东西，必须有内容和一种道德基础。他在关于本·琼生的文章中论述道：“他的伟大是品格的伟大。”最后，在阅读这些随笔时，不能不让人油然慨叹当前的随笔形式实际上已经风光不再。如今一位青年作家得到的只是被编辑狠狠笔削得言词简短的书评，或者昙花一现的报纸专栏文章，以作为这种比较自由、絮絮而谈的形式的替代物。

赫胥黎夫妇去意大利的第一站是马尔米要塞和法索拉别墅。在一封从要塞写给品克的信件中，赫胥黎再次宣称：“我太太的健康使得我们无论如何必须大部分时间在意大利这儿安顿下来。”尽管玛丽亚显然比较喜欢住在她喜爱的意大利，尽管在这段时间她略为消瘦而且“体重太轻”，但是他们为何离开伦敦的真正原因却无法说出来。“自从我来到意大利之后，”他告诉尼科尔斯，“我一直忙得要命地为着我的生计打着这架机器——一本书必须在8月初之前写出来，可是我才开始在纸上写了不到10个词。”从肯辛顿维多利亚路65号这个地址写给玛丽·赫金森的一系列信件（由于南西·寇纳尔德远离身边，这个关系得以自由发展了）似乎表明赫胥黎必定在7月下半月回到了英国，无疑是回去处理他们在6月份突然离开的善后事项的。这些信件表明，赫胥黎仍然处于急切和热忱的求爱者的心情之中（“破灭的期望的痛苦：失望的人对于造成和毁灭美丽希望的人的强忍、不幸的愤怒。”）。他用红墨水——他当时手头只有这种墨水——写信给她，开玩笑说：“这可不是我的心的血啊，玛丽”，接着便对他将再次离开表示遗憾。她没有回答，于是他在第二天再度写信：“我根本不想再受折磨了……我想大笑、交流愉快的情感、想法和亲吻。而在此同时，你总只不过是在墙角消逝的沙沙的裙裾声：你是走廊上的一阵香气，是谨慎的掩门。可以想像，在某一个晚上……你可能会感到原应在今天给我一个回答的。”他恳求她给他一个答复，跟他到佛罗伦萨去：“在意大利的景色中有这么多的小径。”赫胥黎夫妇似乎在1923年10月份又一次去了伦敦，因为他俩出现在由伯尔纳斯勋爵组织的另一次逗笑活动的参与者中间。这次他们两人——同西特威尔夫妇、威廉·沃尔顿、哈罗德和维塔·尼科尔森，以及伊瓦·摩根一起——在罗纳尔德·费尔班克曾经莽撞地对之批评了一通的一个伯尔纳斯勋爵所拥有的普赛克灵女的石膏翻模上签了名，签完名之后，这个石膏翻模被装入一辆出租车，由伯尔纳斯的管家送到费尔班克家里。赫胥黎同伯尔纳斯和西特威尔夫妇——他们根本不是真正的“布卢姆斯伯里派”的人——的交往，表明他的交游圈子有多么宽广，并且提醒人们：尽管他与嘉辛顿的关系十分密切，但他在某种程度上是偏离斯特雷奇们和伍尔夫们的布卢姆斯伯里派主流的。“布卢姆斯伯里派”这一词语过去一向表示处理私人友谊和性伦理的某种方式以及一种美学观点，尽管如此，在这里的使用只是为了方便而已。而赫胥黎本人就是以这种方式使用这个词语的。

9月初，《滑稽的环舞》完成了——10万字，写了两个月——赫胥黎夫妇先是在8月份去了一趟比利时，然后去了米兰，在那里买了他们第一辆汽车——一辆四个座位的雪铁龙车，然后把家搬到了位于佛罗伦萨蒙蒂奇圣玛格丽塔街的“蒙蒂奇城堡”。这套有6个卧房的居处又冷又难看——他俩在选择丑陋的房子方面倒是颇有天才的——“但是地段好极了”。从西南朝向的平台和塔楼上的一个房间眺望下面的城市，景色很好。同女房东为了一架坏水泵的争吵被写进了《那些不结果实的叶子》(1925年)中。赫胥黎夫妇对于侨居在佛罗伦萨的英国人并无兴趣，只同诺尔曼·道格拉斯和一些偶尔路过的人见面。解决了“佣人问题”之后，马修和贝拉从要塞来到这儿，男孩兴致极高地与农民的孩子们在太阳底下玩耍，骑骡子，以及在一个大缸里养青蛙。生活看来熙熙而乐，远处唯一的阴影是在圣诞节前收到康斯特布尔公司的一封信，询问他那部本来应当不迟于 1920 年 12 月交稿的关于巴尔扎克的书进展得如何了（毫无进展）。“我们还将乐意知道何时可以得到手稿，”出版商坚定地问道。

11 月份，赫胥黎第二部长篇小说《滑稽的环舞》出版了。这部书比以前写的“皮科克式”的作品要长得多，内容也充实得多么，可是它的神韵气势同样充满冷嘲热讽。事实上，对于美国来说，冷嘲热讽得未免过了头，它在美国的出版商多伦发现这本书被书刊检查人汇报给纽约的地方检察官办公室。乔治·多伦在他的自传中透露，地方检察官本人对这部书十分欣赏，认为它“引人入胜，富于艺术性”，但是他担心“这本书的某些部分可能被错误解释成为色情作品”。达成了一项妥协，根据这项妥协，多伦保证在出版这本书的时候，不强调“色情的方面”，也不提及这本书曾被威胁没收的事，用以作为一条促销策略。如今过了 80 年，很难看出这本书中有什么地方可以被认为是色情的。然而在英国，赫胥黎家族却掀起了风波。像奥托莱恩·莫雷尔夫人一样，他们认为他们看到了相似之处，并且对他们所看到的东西表示不满。这本书一开头所描述的令人难忘的场景：“牛津文学士小西奥多·耿布里尔”坐在非常显然以伊顿的小教堂作为范本的大厅里的橡木座位上，是对于传统宗教的一种轻松的嘲讽，体现在英国国教牧师在“展翅的黄铜鹰”前面拖长了声音说教，也使人察见赫胥黎对于他在伊顿公学时期的看法。耿布里尔的父亲，“一位最严格的老派反教权主义人士”，其口吻听上去酷似伦纳德·赫胥黎，而在耿布里尔的幼年时期就去世的他的母亲相当无疑地是以朱莉娅·赫胥黎作为原型的。耿布里尔对于他正在做的事情和一般而言对于工作的讨厌也让人感到非常熟悉，而他申请专利的充气裤子后裆发明的滑稽生意反映了他急于从单调的苦工中迅速获得经济上的解放的愿望。

像同赫胥黎过从的大部分人一样，《滑稽的环舞》中的人物是一些对于工商业世界一无所知的唯美主义者和文学类型。耿布里尔访问一位信奉列宁主义的裁缝，此人将对于政治自由的追求斥为“整个历史上没有比这些更大的骗局”，这也提醒我们：对于工人阶级人物的描绘从来就不是赫胥黎的强项。这是一本非常令人解颐的书，其中的讽刺往往十分俏皮，如一位文学新闻工作者将专利小服装斥为“太威尔斯派了”。赫胥黎试图打造一种适宜的风格——快速，在某些地方有些紊乱和印象主义式——来表现出聪明的年轻人的躁动不安，这些人中间特别引人注目的是像南西·寇纳尔德那样抱着对于她在战争中失去的情人的绝望记忆——“她那焦虑不安的心灵永远疲倦地辗转其上的临终床铺”——的迈拉·维维希。书中有对于艺术界的讽刺——莱比亚特强烈的认真劲儿(有人认为这个角色是温德厄姆·刘易斯的写照)，以及那位“拥有渊博的艺术知识以及对一切美的东西的真诚厌恶”的艺术评论家马拉德先生。还有对于贴上假胡子创造一个“完人”而对他顶礼崇拜的讥刺，对于现代广告的嘲讽，以及针对他赫胥黎本人的自嘲：“我有没有对自己说谎？我有没有扮演和装成一个伟人，以说服自己认为我就是这样的一个人？”然而在这本书的核心，暴露出来赫胥黎与南西·寇纳尔德狂热的情感纠葛的创伤。“‘我对你做了什么事？’维维希夫人问道，她那淡蓝色的眼睛张得老大。”耿布里尔回答说：“只是毁掉了我的生活。”在第21章，耿布里尔和迈拉去伦敦转了一圈，看到了“当代生活中最为兽性和愚蠢的东西”，在这次旅行中，皮卡迪利广场的灯光“暂时给人一种欢欣的幻象……就像是最后的共同出行一样。”

> 耿布里尔和维维希夫人把手肘靠在窗槛上，举目眺望。河水像时间一样，一点也不坚定地流淌着，好像是从世界侧边的一个伤口里流出来的那样。他俩很长时间默不作声。他们眺望着，一言不发，望着时间之流，望着星星，望着奇迹般地悬挂在月光里的人类象征……“明天，”耿布里尔终于若有所思地开了口。“明天，”维

维希夫人打断了他，“将同今天一样糟糕。”

但是使得伦纳德·赫胥黎怒火冲天的乃是对于耿布里尔的母亲去世的场景的描绘，他指责儿子是“在你母亲的坟头研究植物”。赫胥黎对他父亲的答复是非常严肃、坚定和冷淡的。他决心不作任何让步：“我只想指出，这是一本由我可以称之为战争世代的人的一员写给他那一类的其他人看的书；它的意图是反映出——当然是荒诞地然而却是忠实地反映出——一个暴力破坏了上一代的几乎全部标准、习俗和价值观的时代的生活和看法。”赫胥黎强调说，他声称所具有的乃是这本书的“新颖的艺术手法”，因为“在这本书中，通常相互分开的全部类别——悲剧、戏剧、荒诞、现实等——都可以说用一种化学的方式结合成为一个单一体，它的陌生性质使得它乍一看显得相当令人反感。”这是对于赫胥黎关于艺术创新的观点的一个重要的透视点（这种观点在其后产生了《旋律与对位》中的音乐类比和《加沙的盲人》中的错位的时间规划）。赫胥黎作品的评论家们有时指责他作出“无机的”结构创新，这种创新只是将各种因素移来移去，而不是以更有想像力的革命性方式产生新的东西。这个说法是有一些道理的（例如《加沙的盲人》里的倒叙和迅速推进只是剪刀加糨糊，谈不上什么质量。）然而不管怎么说，至少他正视问题，寻求着解决表现“一个暴力破坏了上一代的几乎全部标准、习俗和价值观的时代”的问题的正式办法。英国的保守派们确实体会到了这一点。他们立即积极行动起来，表现于詹姆士·道格拉斯在《星期日快报》上发表的一篇文章。他的评论文章题为《猥亵和渎神》，他宣称：“奥尔德斯·赫胥黎先生毫无疑问是一位像恶魔似的聪明的年轻人……这是一本机智的小说，但是它的机智迫使读者掩住他的鼻子”（发表在《泰晤士报文学增刊》上的一篇语气较为温和的书评已经得出结论认为，赫胥黎事实上已经“正视了他的厌恶”，很可能从这一点继续前进；然而，《星期日快报》不会就这么轻易地放过他）。“第十六章，”道格拉斯气急败坏地写道，“以其令人作呕的恐怖而言，几乎是尤利西斯式的。”道格拉斯担心模仿者会大量产生，举起了他的手：“如果《滑稽的环舞》不受到严厉批评、示众出丑而逃脱，那么对于英国小说的影响将是灾难性的。”他号召英国公众唾弃这部肮脏的作品：“伟大的诗人干净得如同东风……赫胥黎先生是一只绿头苍蝇。”

然而，赫胥黎——他一直声称不读关于他的作品的评论文章——并不知道有这种攻击，而是继续在佛罗伦萨扎实工作，准备他的下一部小说集，即在《小墨西哥人》上发表过的短篇小说，这部小说于 1924 年出版。“这里的生活过得非常平静，我设法完成了大量工作，同时还读了一定数量的书，”他告诉他的父亲。他还说他羡慕巴尔扎克的有名的产量。“我发现写作 8 个小时是我的最大极限。”尽管他能够在写给朱利安的一封谈现代国家领导的观念的信里相当轻佻地谈论墨索里尼（“再有一点儿纯粹理性他就会是哲学家国王。”），但是，法西斯势力在意大利的增强，意味着到那时为止还证明是比他在伦敦所享受的生活要舒服得多的生活方式只能再维持不到 18 个月了。

十三、佛罗伦萨

1923年到1924年的冬天是“自从但丁时代以来意大利最糟糕的日子”，赫胥黎这样对查托和温都斯公司的新人查尔斯·普兰蒂斯说，查托和温都斯公司是他将与之发展一段很长和有创造性的交往的出版商，还包括普兰蒂斯在查托出版社的合伙人哈罗德·雷蒙德，以及后来的伊恩·帕森斯。赫胥黎同查托出版社有着一种独特的关系，这家出版社出版了所有他写的的书（从今天的出版标准来看，这像是一个奇迹），而反过来，出版社得益于他的名声和他那不平常的合作精神。他是一位最容易打交道的作者。随着新年的到来，他决定整顿一下他的文学创作所，他告诉普兰蒂斯，他已经放弃了一部规划好的长篇小说，因为这需要更多的时间，以及他将向他提出愿意签署一份有关将题为《小墨西哥人的短蜡烛》的短篇小说集子的合同——“我让你作出选择”。（万一前面这个书名用于以后的一本集子的话。）他提出立即交出一些手稿，“以便开始排字”，其余的稿子过4个星期交，这表明了随着这份合同的签署，赫胥黎被拴上的那种“福特式的”生产线。他向埃瑞克·品克——此人为赫胥黎起了某种现代文学代理人的作用，但他实际上只是想帮助美国杂志弄点材料登登而已——讨教如何摆脱在他“非常年轻、非常愚蠢和贫穷的时候”签订的，关于巴尔扎克的倒霉合同。康斯特布尔公司的迈克尔·塞德利尔提出了一些让步——写另一部文学传记、一套对话——但是到了最后，经过许多次讨论，品克利用了他的影响撤销了这份合同。这让他大大地松了一口气，因为赫胥黎"忙得要命"，并且已经深深失去了对巴尔扎克的喜爱，把他看成只是"某种庞然大物的电影脚本作者"而已（赫胥黎本人后来也成了这一类人）。他最后在 2 月份将《小墨西哥人》的手稿完成，交给了查托出版社。立刻，《那些不结果实的叶子》的底盘又被推上了生产线。不过这是在他开始考虑开汽车游览突尼斯以及一般穿过北非，在脑子里酝酿一部书作为其成果之后的事。赫胥黎夫妇已经开始对驾车出游产生巨大兴趣——由已经成为一位驾驶专家的玛丽亚开车，因为凭着奥尔德斯的视力，由他来开车是不可思议的。3 月份，他俩登上白雪皑皑的亚平宁山脉，开车穿越意大利北部，这是这一年几次驾车出游的第一次。然后，玛丽亚驶往比利时，去探望嫁给一位荷兰画家乔普·尼科拉斯的她的姐妹苏珊。这两口子 4 月份在佛罗伦萨赫胥黎夫妇的家庭里度过了他们的一部分蜜月。

在写作这部新的小说时，赫胥黎的兴趣仍然在于力图逃避现实主义的专制统治。"我对于仅仅讲一个故事这种事情的兴趣越来越淡。我发觉非常难以理解像贝内特这样的人的心态，他能够坐下来，讲述出关于克勒肯威尔的生活的庞大的现实主义故事（他最近的作品《莱西曼台阶》就是这样）……唯一真正和持久令人兴趣盎然的东西是对待生活的各种态度以及人类与世界的关系。"正是由于这个原因，拜伦的百年纪念使他感到索然无味。赫胥黎认为，这位诗人缺乏实质内容："我越来越发觉我只能阅读言之有物的诗人的作品，而不是那些凭空制造美的作品。"这就是赫胥黎美学观点的核心。日复一日，他越来越专注于"对待生活的各种态度以及人类与世界的关系"，并且寻求依其功能选择，主要作为思想载体的各种形式——如随笔、历史传记、评论集等。他经常鲜明地表示这个观点。"从职业上来说，我是一个有时候写写长篇小说和传记的随笔作者，”30年后，他这样告诉《纽约先驱论坛报》，“是一个没有系统的思考者，我的书是一系列的努力，试图发现和发展各种艺术方式，通过特殊表现一般，通过具体表现抽象，在特别案例、地方化的场景、个人的历险内表现出广泛的历史性和深刻的超感觉和神秘性。”沉浸于知识分子对于抽象概念的迷恋，赫胥黎在这类文句中似乎否认虚构想像的能力和创造力。

5月份，《小墨西哥人》的6篇小说问世了，“非常漂亮，装帧是诗人会称为‘英格兰的血红色’，我想它一定会引起兴趣的”。这本书提供了另一个机会，让人从赫胥黎的实践看出与小说家想像力的智力战争。读着这些小说，我们常常感到作者的评论和一般性结论太多，而放手让叙事创造性地奔流则做得太少。但并不是说，这些思考都是索然无趣的。在小说《斯宾塞叔叔》中，持怀疑态度、自由思考的赫胥黎式的叙述人醒悟到“物质主义哲学，那个时候每一位自以为聪明的年轻人奉为正统思想的粗枝大叶、缺乏思考的怀疑论”的局限，从而意识到：“一位信奉科学的人现在可以——事实上几乎必须——也是一位神秘主义者。”这是表明后期赫胥黎的出现，以及战后初期的愤怒青年怀疑论者的缓慢隐退的第一个初步信号。还值得注意的是，这些小说中只有一篇是以英国为背景的。迄今为止，赫胥黎对于英国生活的睿智讽刺全部是在托斯卡尼写的。而现在，意大利本国、比利时和法国以其本身的理由进入了他的作品。在《青年阿基米得》中，有一段抒情的写景文章，描写的一定是从蒙蒂奇城堡看出去的景色：“目光穿过从我们的峰顶下面蜿蜒流向阿尔诺的最近的支流河谷，眺望在其悬崖绝壁上屹立着带有高塔的圣米尼亚托教堂的深色的低处山麓，看得到轻盈地安装在砖石拱肋上的巨大拱顶，方形的钟楼，圣克罗齐尖塔，以及天篷遮盖着的圣母塔，清晰而辉煌地高耸在迷宫似的房屋群上方，宛若用宝石雕刻出来的小小珍宝。”

6月份，赫胥黎改编的弗兰西斯·谢立丹的戏剧《发现》出版了，并且确定将在伦敦的300人俱乐部上演，由奈杰尔戏剧市场担任演出人。赫胥黎在一篇风格劲健、机智的导言中解释道，在改编这部作品以适合在现代舞台演出的过程中，“我尽最大努力设想我就是谢立丹夫人，以她方式思考，抓住她的措词特征。但是我担心我没有做到完全成功。”尽管有这个假设，他很可能取得了成功。这篇导言是赫胥黎试写的第二篇导言。在佛罗伦萨的百忙之暇，他曾经为普兰蒂斯赶写出一篇序言，经过商议之后，他承认那篇东西写得“相当过于急就而欠思考了”。这是一种轻描淡写的说法，因为那是一份关于自由写作人的卑下信条的相当坦白直露和漫不经心的表述(我们有时候可以有这种想法，但是予以传播则是不智的)。这篇拼凑起来的导言承认，在“文学新闻工作者的艰辛事业”的历程中，赫胥黎常常被要求急就写一些“有关我所知甚少或者根本一无所知的题目的文章”。一开始，他被人发现搞这种欺骗行为时感到神经紧张，但是后来：“我发现在伦敦图书馆读一小时的书，就足以向我提供只有博学之士才可能知道的关于任何主题的令人信服的小小事实；我掌握了将这些片断的知识以一种专家式随意轻松的态度加以阐述的艺术，而且完全令人信服。”他得出结论认为，新闻工作“不是年轻人最好的智力训练的形式”，这句话使人想起他去世前不久向洛杉矶的一群学新闻的学生所讲的话：“这是一个非常好的可进入的领域，如果你确保你从那儿退出的话。”赫胥黎接着作了另一次坦白，其后这句坦白的话重复过好几次，这就是他对他所写的书毫无兴趣：“在一份手稿的末尾写上‘完’应该相当于把它烧掉，而当一本书出版的时候，对于作者来说，好像它已经被毁掉一样。”这是因为他不希望“允许对过去心态的回忆干扰目前的思想”以及继续前进。

毫无疑问，查托出版社劝说一位作家别去要求公众对于作者声称他不感兴趣的一部书发生兴趣，是很明智的。在这段时间，查托出版社还在处理《滑稽的环舞》所引起的继续不断的后果。卫道者们受到《星期日快报》的提醒，正在进军讨伐。伦敦的大主教以他伦敦促进公共道德理事会主席的身份，已经要求出版社公司要么撤掉这本书，要么删除某些章节，因为这些章节现在的形式，有害于“妇女和女童……而妇女和女童构成了小说读者中如此大的一部分”。查托出版社客气地回答说它不会那样干，指出这是一部“只有知识界人士感兴趣的”书，从它的销售情况就可以明显看出，因此，对于“您所提到的妇女和女童这个广大的类别”（她们想来不构成“知识界人士”的一部分）并不构成威胁。赫胥黎本人写道：“至于那些道德家们——他们未免太晚了一点儿，可不是吗？这部魔鬼作品已经写出来了。”赫胥黎打算去要塞度过 7 月和 8 月，在那儿完成《那些不结果实的叶子》，他在动身前往要塞前面不久，将他在写完这部小说之后的计划告诉普兰蒂斯：“一部怪异的历史小说，这部小说的零碎胚芽已经在我的脑海里翻腾好几年了。它应当在大约 18 个月或者两年时间内写出来[他的下一部长篇小说实际结果是 1928 年出版的《旋律与对位》。”赫胥黎答应，1925 年的合同义务将以春季交出一本短篇小说集子和秋季交出一部“具有温和的侦探趣味的轻松长篇小说”来履行。他从法索拉别墅的要塞报告说，长篇小说的进展情况不好：“在此同时，我的这部该死的书仍然在我的手中……我费了许多力气使这个东西成型，整段整段地写了又重写，直到它们具备适当的形式和比例为止。我情愿现在把一切都推倒从头再来，重新整理和润色。然而没有时间。”不过，看到穷凶极恶的詹姆士·道格拉斯以对《小墨西哥人》的赞扬公开认错令他感到欣慰。“这人真是个冒着泡沫的泔脚桶！”

赫胥黎夫妇将马修留在法索拉别墅，动身再次前往阿尔卑斯山区时，《那些不结果实的叶子》还没有写完，他是在途中萨伏省的一个叫做昂勃留的地方完成这部小说的。然后他俩继续驱车前往巴黎，在刘易斯·吉尔古德那儿住了两三夜，这时玛丽亚已经确立了一位出色的女驾驶人员的地位：“她以高度的精力和技能驾驶着我们的小小的雪铁龙车，以最神气十足的方式穿越阿尔卑斯山和法国。”他俩从巴黎渡海到伦敦，住在一位老朋友雷切尔·罗素借给他们的，位于切尔西国王路258号的房屋里。他们来到伦敦的目的之一是使得赫胥黎能够到一些像样的图书馆查阅资料——这是在意大利无法办到的事情。他找了诸如T.S.艾略特和奥斯伯特·西特韦尔等朋友，他们告诉他一些小道消息。赫胥黎的表兄弟，汉弗莱·沃德夫人的儿子阿诺德·沃德，曾在圣詹姆士俱乐部醉醺醺地宣称，赫胥黎写了《滑稽的环舞》，是给祖宗抹黑。赫胥黎夫妇还会见了玛丽·赫金森，她提出请他们在她位于汉默史密斯上莫尔的家里耽搁，但是她后来对玛丽亚抱怨说，奥尔德斯对她有一种压抑的影响——也许是他那茫然出神地献殷勤所造成的。他写信给玛丽亚表示道歉，诉苦说他是一位不成功的情人，但仍然是一位有希望的情人，在附言中加上了一句"只要你到意大利来。"然后，赫胥黎"车队"——那辆雪铁龙车的性能很好，但是他俩看上了一辆新的兰西亚车"据说它具有今年获得大奖的阿尔法·罗密欧车的全部品质。"——继续开往荷兰和比利时、巴黎、法国中部和南部，最后在10月初回到佛罗伦萨。就像赫胥黎的写作计划常常一宣布就取消那样，他的住处也总是住不长久的。回到佛罗伦萨以后，他试图说服罗伯特·尼科尔斯在意大利居住，因为这里费用这么低廉："我用在伦敦只能捉襟见肘地维持生活的同样费用，住在一所很大的房子里，雇了2名仆人和1名保姆，有一辆小车，旅行次数很多，除此之外还有钱攒下。我还变得健康得多，体重也增加了。"他向好几位朋友报告了他的良好健康和精神状况。他完全打算在意大利居留下来——但不是住在佛罗伦萨，因为这里有"可怕"的英国侨民——而且只是当需要让马修受教育时才回到英国——伦敦或牛津（当时马修4岁）。在此同时，他"不停地忙着"写作，相当满意《那些不结果实的叶子》的进展。"它的主题是一切东西被一种令人绝望的怀疑论所销蚀，然后怀疑论又被神秘主义所销蚀。"普兰蒂斯也感到满意。"这本书看来写得不错，"赫胥黎告诉他。"我以为，人物塑造得比《滑稽的环舞》好；那本书中只是含蓄提到的东西在这本书里要写得鲜明得多。”赫胥黎还告诉普兰蒂斯他正在写一部随笔集：“中心主题将是旅行：可是我有意将它作为各种精心撰作的严肃著作的由头。至于书名，我想《途中》或《在路边》，或者让人想起《边缘》的诸如此类的书名，会隐约表明这部书的性质。”不过，实质上这是精心撰作的严肃著作。

将近11月底，玛丽亚从佛罗伦萨写信给玛丽·赫金森，她与后者一直在经常通信的。她对于蒙蒂奇城堡的喜爱比奥尔德斯淡薄得多，在整个上一年写的信里总抱怨这座房屋的丑陋和它的装修，以及川流不息的来访者（“我从中得不到什么乐趣；把我变成了一个出租车司机——到车站接他们……把这些人连同他们的行李接回来”），其中不少人她并不喜欢。来访者中有乘坐爵爷锃亮的罗尔斯——罗伊斯豪华车前来的科尔法克斯夫人和伯纳斯爵爷，加上身穿剪裁得十分漂亮、缀有珍宝的服装的埃文·摩根——“一位死而复生的18世纪人物”——这三位有贵族头衔的人士。对他们来说，J. W. 萨利文是一位惹人喜爱得多的人物，充满着严肃的思想和有趣的谈吐。然而尽管第二年的冬天十分寒冷，这所房屋优美外观使得她谈论想把它买下来了。玛丽亚1924年11月20日所写的信件，透露出赫胥黎——赫金森的关系比到那时为止所呈现出来的还要来得错综复杂。在一处遮遮掩掩地提到“牛津的床”（他们9月份在英国期间有没有去过牛津?），以及“猜不透我俩何时何地将会面的那些小时”，接下去写道：“亲爱的玛丽，我是多么经常想起我们神秘的越轨行为以及我俩在你的房间里的最后一夜呀，甜蜜的回忆，很少，但是细节却是无穷的……”信里提到了奥尔德斯。“他知道我在写信向你表示忠诚的爱意，并且想得到允许亲吻你的手，希望你为了发现他的性格并不是轻浮和顽皮的而早就原谅他。”以奥尔德斯追求玛丽开始的一件纠葛现在显然成了三个人之间的复杂关系。奥尔德斯与玛丽亚从来没有停止过相互爱恋。玛丽亚与玛丽相爱。奥尔德斯以一种没有得到回报的强烈程度爱慕——或者说想要得到——玛丽。

赫胥黎夫妇在蒙蒂奇城堡享受了一个寒冷的圣诞节——奥尔德斯为康斯坦扎的女儿加布里埃拉·法索拉写了一则非常短的儿童故事，题为《诺阿》，用他自己的水彩颜料为它画了插图——里面有各种动物登上方舟和一头大象被卡住的图景，画得非常迷人。他俩在佛罗伦萨的日子还有 6 个月。

1925 年 1 月，赫胥黎写完了《途中》，《那些不结果实的叶子》一书出版了。这本书第一年售出了 8 千册——这表明赫胥黎正在成为一位有一定声望的小说家，至少在具有鉴别力的读者群中是如此。与前面出版的两部小说一样，这部小说也意在讽刺，如果说有什么特点的话，那就是语言更加劲健、灵动。其中继续体现了皮科克的影响，然而也许还有一点罗纳尔德·费尔班克和诺尔曼·道格拉斯的东西。他对于从生活中撷取人物加以刻画一事显然并不改悔，小说中很早就出现的莉莲·奥尔德温克尔夫人——“那种身材硕大、漂亮、老派主人式的女人之一”——再一次看上去酷似奥托莱恩·莫雷尔夫人。同样毫不留情的光芒射到了所有的人物，引起关于赫胥黎本人的社交圈人物的各种问题。然而，尽管他具有自由思想的现代派作风，但他的思想和道德观是由一种维多利亚式的崇高伦理观念传统所形成的。不管我们可以看到他所声称的他个人生活中的性自由是什么，看似矛盾的是，在这些人物所跳的滑稽环舞中，有一种——在人们可能不禁要称之为老派的意义上——深刻的道德观。而且思想总是与情节同样重要。人物总是在说一些有趣的话题，进行有趣的争辩。在一位不那么老练的小说家也许会以对于海外英国人的简单描写开场的地方，赫胥黎在这部小说里却立即把我们的注意力集中到英国人亲意大利心理的性质上。奥尔德温克尔夫人被残酷地论断为具有“在受到遮蔽的环境中太平地成长起来——或者说也许根本没有成长的——一代人的思想和感觉”。

然而，嘲讽的并不仅仅是生活舒适的市民阶层。老一代自鸣得意的“进步分子”也感觉到了刺痛。作者让卡丹先生的口里说出来：“我是抱着 19 世纪物质主义的简单信仰成长起来的。”他的良心因一种产生了“为我们的工人建造了数目相当过剩的贴白瓷砖的厕所”的慈善行为而得到了安慰。以卡拉米这个人物为代表的年青一代像赫胥黎一样，生活在一个“由一种一切都是极为临时和短暂的……一切都是令人无限振奋的感觉”的主宰下的时代里。在小说家玛丽·瑟利普劳的自我评说中，也许有一点赫胥黎的影子：“他们喜爱我的书，是因为他们这些书写得很聪明和出人意料，而且相当充满悖论和冷嘲，还有以文雅的方式表现出来的残忍。他们没有看到这所有的一切是多么的严肃。他们没有看到内在的悲剧和温柔。‘你看，’她解释说，‘我正在试图做一些新的事情——一种所有类型的东西的化合物。轻松和悲剧及可爱，机智、幻想、现实主义，以及讽刺和感情，全都综合在一起。’”赫胥黎同与此相匹敌的关于艺术和社会责任的主张——在这个阶段仅仅是以艺术需要一些内容的说法显出来——之间的争斗——正在不断扩大。弗兰西斯·切里弗认为：“我很好地学会了写作的艺术，这就是不用繁琐的话说任何东西的艺术。”他还说，为艺术而艺术的信条是“最后和最愚蠢的偶像”。赫胥黎以一种几乎是原后现代主义的自省方式，同他自己就写作的性质进行着长期不断的辩论。

然而在这部小说里主要的厌恶对象，用切里弗的话说，是“文明生活的恐怖和肮脏”，这种恐怖和肮脏是由于“人类缺乏理性——由于他们没有达到完全的和智人的人性”。切里弗在《兔子范西亚的报纸》中所做的工作，与赫胥黎在《房子与花园》中的劳作具有相当明显的相似性。在切里弗草拟出来用于解答他究竟为何在一间办公室里工作的问题的一系列问题和回答中有这样的话：“是为了犹太股票经纪人可以用他们的越野车来交换阿姆斯特朗-西德尔莱车”。在迄今写成的每一部小说中（以及在私人通信中），都有类似的提到犹太人的地方，这些话总的看来，也许并不像他的朋友 T. S. 艾略特的明显得多的反犹主义议论那样有害，尽管如此，也令人不安。通常的解释是，这是赫胥黎在其中成长起来的英国上层中产阶级环境的一个不假思索的特点。但是他不应该是不假思索的，而是具有“智人的人性”的。小说的另一个主题——这基本上是一系列讽刺性的生动场面——是当代文化的状况。当时，“highbrow(有高度文化修养的)”一词十分流行，而这个词用在赫胥黎确实是当之无愧的。他同弗兰西斯·切里弗一样，意识到“生活在每天早晨《每日邮报》的销量达到200万份的一个时代”——以及人们越来越受到媒体和政客的操纵的时代里。“从个人说，我对于你的极其卫生和铺垫得十分舒服的乌托邦一直抱着极大的怀疑，”卡丹先生在一处说；切里弗所说的“在每个人都富裕、受教育和悠闲的乌托邦式的国家里，每个人都将感到厌倦”回应了这个观点。这是将一直贯穿到《奇妙新世界》的争论线。在这部书里，赫胥黎对于他反对什么是清楚的，但对于他拥护什么却并不肯定。他一直在探求解答这个永久的问题：那么我们应当如何生活？在这部书的结束部分，他看来第一次迟疑不决地走向承认人类经验中的神秘因素。卡拉米推测说：“也许如果你花费足够长的时间，而你的头脑是合适的那种头脑，也许你真正会以某种奇怪的方式，越过普通生活的局限的。于是你看到一切似乎是真实的东西事实上完全是幻象——事实上是 *maya*，即空幻境界。在它的后面，你瞥见了一眼现实。”那些后来当偶像破坏者赫胥黎变成了敏感的人道主义者赫胥黎时抱怨的人，也许读给他的著作读得不够仔细。他的自由思想和解脱常规羁绊的本身，就意味着他一直在探索。又是卡拉米说的话：“需要一定的智力和想像力，才能理解我们生活的这个时代的异常的怪诞和神秘性。”

评论界对这部小说的赞许似乎表明，在赫胥黎身上挂上了他这一代人的发言人的牌子之后，评论家们反而依靠他来将这一代人引导出战后的幻想破灭的状况。不过，道路将通向何方仍然不清楚，但是他在私下吐露了自己的想法。他对喜欢《那些不结果实的叶子》一书的内奥米·米奇森承认，关于伦理的书他读得不多，“如果仅仅因为我感到极为明显的是，伦理是超验性的，任何希望将其合理化的企图都毫无希望”。他告诉她，他在完成这部书之后的心情，是感到“空洞、浅薄和言不及义。我花了如此巨大的力气来摆脱它；愚蠢之处就在这里。在智力的空虚中瞎忙一阵……我但愿我能够有能力做到暂停一段时间写作。”罗伯特·尼科尔斯提出了一些批评，并且建议他去读歌德的著作，而到那时为止，赫胥黎还没有读过歌德的著作。“但是对我来说，”他告诉尼科尔斯，“最要紧的问题与其说是思想问题，还不如果说是伦理和感情的问题。基本的问题是爱与谦卑，两者是同一回事……现在的人类比过去更加孤独；一切权威都没有了；部落已经消失，每一位神志有点清醒的人都单独存在着……有朝一日，我也许会发现某种答案。然后我可能写一部好书，或者无论如何一部成熟的书，而不是一部怪异、深奥空洞的书，像最近写的这东西，事实上像所有那些正在兴旺的东西那样。”是否赫胥黎达到了讽刺的最大限度，感到需要焕发出一种更有滋养性、更加积极的创造力，而不是在“智力的空虚”中描绘出来的这类闪烁的图案？由于那份不容变更的合同，暂停写作以便发展出一个新的方向是不大可能的事。虽然他获邀去美国作巡回讲座，但是他表示不去，不过他向牛津提出了卡恩旅行研究金的申请——他认为他没有希望得到这项研究金，如果得到的话，将要访问墨西哥和果阿的耶稣会传教团去参观建筑。他的阅读范围开始扩展到关于特异状况和机能的书籍。他询问朱利安是否认为传心术或“无眼视力”有些道理。他还阅读劳伦斯的《袋鼠》，而对于自从嘉辛顿时期以来他没有看到过的一位作家仍然举棋不定：“一位多么出类拔萃的人啊——这么个奇才，但在应当有见解、均衡感、自我批评的地方却有这么多脱漏！”他对于自然的描写救了他：“在对于最重要和有重大意义的东西从不失误的把握方面，从未有过任何有这样生动的美和真，这样充满艺术性的东西。”

在3月份和4月份，赫胥黎夫妇出发前往突尼斯旅行，这次旅行在

《途中》有描写。他们回到了一个“被英国鸡奸者和中年女同性恋者殖民的”佛罗伦萨，意识到他们想要作一次实质性稍多一些的旅行，其中涉及将马修送到住在比利时圣特隆德的外婆那儿。这时，赫胥黎的大部分写作是用一台打字机打出来的，但是他对玛丽·赫金森说，它“实在不适合用来写亲密的私信”。他向她承认：“我没有想像力……从个人说，我这么长久，这么单一地生活在一个私人的文学-知识分子世界里，已变得麻木不仁，发现要走出去，接触其他的生活形式——在许多方面比我自己的生活形式要令人满意得多的各种生活形式——真是困难之极。”对于一位有时被人说成傲慢的作家而言，在这个生活时期的赫胥黎看上去有异乎寻常的自知之明和自我批评精神。在动身取道比利时前往伦敦之前不久，一群法西斯分子闯进蒙蒂奇城堡，表面上说是要搜寻某人，即一位批评政府的佛罗伦萨大学教授盖塔诺·萨尔维米尼，其实赫胥黎夫妇根本不认识此人，他们训了警察一通，并且威胁这些人说要向英国大使报告。这是一个令人不安的事件，“就算不是悲剧性的也是滑稽的”。

在伦敦，除了其他各种事务之外，赫胥黎再次与玛丽·赫金森联系。他试图在他的俱乐部雅典娜神庙里干一些工作，然而：“玛丽，你的一些芳香依然萦绕着我；当我走动时，我突然闻到几丝这种香味——于是我推敲确切字眼的时刻就中断了。”他想到克莱夫·贝尔享受着她的好意就心烦意乱，承认有妒忌感，“也许他正在得益于他所引发的，理当属于我的爱意、热情和柔情……晚安，但是并不太安，玛丽”。一个月之后，就在他们即将动身作长途旅行之前，玛丽亚从比利时写信给玛丽：“奥尔德斯刚刚爬到我的床上，他身上你的气味仍然这么强烈，使人头晕眼花。”他们在圣特隆德的短暂停留过得并不愉快，玛丽亚的爷爷脾气很坏，俨然是“默不作声吃下去的阴郁早餐”的一家之主，而她的奶奶是一个“暴君”，欺凌每一个人，对玛丽亚的妈妈简直“横行霸道”。离开那儿成了一种解脱。赫胥黎夫妇终于将马修丢下，在 9 月 15 日从热那亚扬帆出航，踏上为期 11 个月的去印度、东南亚和美国的旅程。“鉴于一个人从事一项不把他拴住的职业，我感到这个人应当尽量多地看看这个星球，”他这样向他的父亲宣称。

十四、航　　行

赫胥黎夫妇扬帆出航之际，正是一本新书出版的时候。副题为“一位旅行者的手记和随笔”的《途中》，第一篇文章是1月份曾在《浮华世界》发表过的《为什么不呆在家里?》。这是一篇赫胥黎现在可以应命写出的那种文章的一个典型例子：以轻松的文笔讲严肃的事情，机智、嬉笑怒骂，能够表达一种有价值的观点而不超出书中大部分文章所刊登的杂志的读者的容忍限度。在指出“大多数旅游者是一种脸色阴郁的部族。我曾在一个丧礼上见到过比圣马克广场上要开朗得多的脸”之后，他继续表明，人们旅游是出于势利感，“因为最优秀的人这样做”。他承认，“就我而言，坦白说旅行是一种恶习”，一位对于赫胥黎的旅游作品冷漠的读者可能倾向于同意这个见解，因为他即将着手写的那本关于旅行的书《谐谑的彼拉多》，虽然充满着他那特有的、激励性的精心之作，但是在涉猎其他文化时并不总是非常深刻的。早些时候在夏季，他曾对诺尔曼·道格拉斯说，他看到突尼斯阿拉伯人采摘和包装椰枣时感到眩晕欲呕：“当一个人看到过这些家伙在他们本土的污秽中的样子，他体会到一种多么了不起的欧洲味啊……据我看来，再过50年，欧洲是无法不被这些怪物荡平的。”他后来失口说出一句话，可以被理解为把爪哇土著描绘成“当地的红毛猩猩”(尽管在同一个场合，他对于马来亚的英国殖民社会的评论也同样不留情面)。另一方面,他在出发之前宣称,他的意图是想测试一下他那非常英国式的假设,即印度人没有治理自己的能力。他小心地宣布:"我将饶有兴趣地看到,更贴近的认识会给人带来什么样的结论。"

在《途中》,他透露出一点有关他自己的情况——"我不喜欢大型宴会、社交晚会……我在大型集会中并不出众……我不带上充足的眼镜从来不出门……我喜欢乡村,爱领略幽独清趣……我像喜爱外部世界那样喜爱内心世界……如果我可以再次诞生,我将希望成为一名科学工作者等等。"书里的他从容闲适、魅力无穷、博闻强记,但是渊博的学识随意而出,以小品随笔的方式开玩笑地说一些似非而是的话,对于艺术的进步和先锋派的声明采取置疑的态度,并且对当代的通俗文化不以为然。在《荷兰我见》一文中,他嘲讽启蒙运动自鸣得意的理性主义,现代头脑中已经不再有的它那"高尚而感人的梦想、值得赞扬的陶醉":"我们知道了,除了我们自己发明出来的东西之外,任何东西都不是简单和理性的;上帝不是以欧几里得也不是以黎曼的方式思考的;科学什么也没有'解释';我们愈是知道得多,世界就愈是变得奇妙,而周围的黑暗也变得愈深……甚至在20世纪,人类的行为也与阿尔蒂米拉洞穴和格拉斯东伯利湖上居所里的人的行为一模一样。"在另一篇关于旅途应当带些什么书籍的机智怡人的文章里,赫胥黎谈到他最奇怪的癖好之一,即对大英百科全书的情有独钟。"我从来没有离家一天而不带上一卷的,"他承认说。"这是书中之书。翻着这部书的书页,检读着由于按字母顺序编排而偶然编集在一起的,有关种类繁多得不可思议的事实的叙述,我沉迷在我的精神恶习中得其所哉。"伯特兰·罗素开玩笑说,只要你知道赫胥黎当时在阅读大英百科全书的哪个字母部分,就可以预言他的话题将是什么。赫胥黎甚至为了在旅途中携带这部书而专门制作了一只提箱。这件事表现出赫胥黎的一个特定方面——一位神魂颠倒的收集事实而不是观点的人,一位秉承赫胥黎家族传统的科学探求者。其后，当他在美国居住的时候，他要他的出版商安排订阅《自然》杂志。但他没有提出要订阅《泰晤士报文学增刊》的相应请求。他后来对于文学闲谈和聊天没有什么兴趣，因此人们很可能会发现他不是在阅读一部当代长篇小说或诗集，就是在阅读一本有关科学、政治或社会的书。一年年过去，他的“文学味儿”越来越少。他在动身之前，一直在阅读伯特的《现代科学的基础》一书，注意到，科学以它“武断的假设”，“相当无缘无故地……不断推定，凡是无法以数理方式处理的世界上所有的方面都是虚幻的。”尽管赫胥黎热忱地相信科学，但是他从来不让科学成为一种偶像或者被崇拜的东西，并且总是深切意识到它的局限性。

赫胥黎夫妇从那不勒斯乘坐“热那亚”轮出发，向玛丽·赫金森寄送了一张印着那不勒斯国立博物馆里的裸体爱神的搞笑告别明信片，爱神大理石做的屁股显现出“李顿的眼睛里看到的景象……这是我们对欧洲最后的一瞥”。一天之前，玛丽亚写信给玛丽：“我是如此热切希望你在这儿，以至于我几乎盼望你来，并且强烈地思念你的嘴唇和眼睛，感到我的嘴在寻找你的嘴。”动身前的一天，赫胥黎写信给玛丽：“我一直在想念你，玛丽，和你每一件美妙的器官……你娇美妖娆……你的身体浑圆纤长，如同一条白蛇，你的头发梳成一条辫子，这是多么美妙地反常的一位未成年人的 détournement de mineure（未成年人的勾引，赫胥黎在其后写给玛丽的一封信里曾再次使用这个词语，并且用雌雄同体和两性人的概念来开玩笑）啊！”他指出，房间里有三张床，她应当占据一张——“自然憎恶真空地带”。在他俩整个 10 个月的航程中，赫胥黎夫妇似乎都生活在一种对于玛丽的持久性欲状态之中，他们三人之间的通信坦白、公开，而且热烈。关于这次航程的叙述，是用这些和别的信件，以及出版的旅行日记《谐谑的彼拉多》（1926 年）中的材料编织起来的。

赫胥黎在这本书里的语调，是一位感到一种倦怠的乐趣的理性东方人的语调——他后来同加利福尼亚大亨们的交往，在他1920年代中期的态度里没有任何地方预示出来。他认为“东方智慧”并不什么样，不过也抱着好奇心，希望对他所看到的每一件东西作理性的分析。他还与那些轻浮的同船欧洲旅客保持距离，一意只是想“过得快乐”——这是个他不断在整个20年代的10年里予以嘲弄的当时挥之不去的想法。“明天早晨我们同东方接触，”他在10月1日告诉玛丽说。“我想这大约很有趣。”他们看到印度的第一眼是孟买，他对于那儿的建筑的看法是“令人震惊”，而在主要的旅馆泰姬陵的书摊上，他注意到有他自己的一部小说。人家把赫胥黎夫妇作为贵宾介绍给新当选的全印代表大会主席萨罗吉妮·奈杜夫人，赫胥黎对奈杜夫人的智力和风采极为赞赏。他们还会见了当地的知识分子“他们中大多数人是体弱身小的人，非常文雅，看上去营养不良……如果这些人是典型的话，无怪乎受到英国人的统治。”

离开孟买以后，赫胥黎夫妇乘了两天两夜的火车去拉合尔，在那儿住在一位牛津时代的老朋友查曼·拉尔的家里，拉尔是一位青年律师兼政客，娶了一个英国女人为妻——“非常上等的婆罗门”——然后再乘火车前往拉瓦尔品第，从那儿再到斯里纳加尔，住在拉尔所拥有的一座建筑在高架上的凉爽的带游廊的平房里，能眺望到郁郁青山上秀拔的白杨树，不过赫胥黎看了那里著名的莫卧儿时代的花园感到很失望。他当时正在读一部印度史和EDW－EVA版的大英百科全书。出发前，赫胥黎做好了将一些文章通过报业辛迪加在多家报刊同时刊登的安排，并且应《泰晤士报》之邀写一批文章。他在斯里纳加尔住了一个月，开始用打字机打稿件，除了被一只大黄蜂在腿上叮了一口之外，倒也没有什么更大的灾难。玛丽写信告诉他说，她翻出他结婚前在1918年写的一封情人节的信。在他的回信中，他非常清楚地意识到他和她在英国所过的那种放荡的特权生活与他的克什米尔邻居们所过的生活之间的鸿沟：“他们使人认识到，我们经常涉足的高度文化修养人士和提倡不道德主义人士的社交圈是多么怪异和遥远到过分的程度……我们像火星人那样在他们中间走动。”到12月中旬，他回到拉合尔，在那儿，他曾经自诩的关于让印度自治的开明思想显然正在起作用。他对他所遇到的一般的英帝国主义分子感到厌恶——“愚蠢、没有文化、缺乏教养，彻头彻尾的无赖”——甚至在那些比较体面的代表们面前，他也不得不向刘易斯·吉尔古德承认，他了解印度人的民族主义愿望。“我们实在不该在这儿。没有任何疑问的是，我们正在不断地把这个国家变得越来越贫困。”他在克什米尔观察到“小型和非常腐败的专制主义”，以及“更吸引人的是对于英国人和受过教育的印度人之间的关系的研究……残酷行为、羞辱、浮夸的装腔作势者、势利鬼……普鲁斯特应当在这里住上几年才好。”

赫胥黎夫妇旅行了阿格拉、斋浦尔、坎布尔、白沙瓦、阿姆利则、贝拿勒斯、勒克瑙、德里和加尔各答等地。阿姆利则引起他思考世界已经改变，一场人道主义运动已经发起，不能再容忍侵犯人权的现象：“在除了当前阶段以外的世界历史的任何其他时期，戴尔和墨索里尼都会看上去像正常的人。”在斋浦尔，人家给他一头大象让他骑（这位戴着软木遮阳帽，穿着背心，摆动两条穿长裤的长腿的高个子英国人——他在这次旅程中拍摄的一张照片上就是这个形象——必定是一个颇有风趣的景象）。在坎布尔，他目睹了甘地和尼赫鲁在全印代表大会上。甘地是“赤裸的肩膀上盖着一块披巾，围着腰布的矮小的人；剃着光头、长着大耳朵，样子很像狐狸的瘦小的人”。在私人通信中，赫胥黎甚至用更加粗鲁的语言描绘甘地：“半裸着，扮成圣者，由一位崇拜他的年轻英国妇女（斯莱德小姐）随侍，把他的眼镜递给她，整理他的腰布等——这是个长着一张狐狸似的掌柜的脸，看上去最令人反感的人。”赫胥黎对印度教的“精神性”并不完全有好感，把它称之为“印度的主要的祸根，她的全部不幸的根源”。他接着说：“稍微少一点精神性，印度人现在就会自由了——摆脱外国的主宰和他们本身的偏见和传统的暴虐统治。”同样，指控西方物质主义是错误的："我们还不够物质主义；麻烦就在这儿。我们对于我们这个奇妙的世界发生的兴趣还不够……另一个世界——玄学和宗教的世界——永远不可能像这个世界那样有趣……"很难想像写下这些话语的人会是《永久的哲学》(1945 年)的作者。在圣诞节，他从孟买写信给玛丽："中年悄悄地飞速走来。唯一的补救办法是趁事物还存在之际，多多地、强烈地和多种多样地生活。"她送给他一本日记作为礼物，而他回答道："但愿在这些蓝色的册页上记上许多与你的约会，而在这些约会之后，也许将有如同司汤达在他的日记中所记录的某些小小的象形文字和神秘符号……那些对于长期的愉悦和微妙、复杂的感情的速记式和无法辨认的记录。"赫胥黎夫妇寄给她一条用产自德里的印花黑色麦斯林纱做的透明裤子，这件衣物在他们三人在此后的相互通信中经常提供了讲俏皮话的机会。

在新年里，赫胥黎夫妇——尤其是玛丽亚——因为得到报告说马修的肺部有毛病而颇为担心。他们开始作出安排，在回家途中去瑞士或者去意大利安贝佐省科蒂纳的山里。人家曾经请赫胥黎考虑过他们回去自会发生些什么事。一件试图与吉尔古德合写一部电影剧本的打算落了空，另一件与罗伯特·尼科尔斯的合作也是如此。基本的问题在于他不愿意在一家电影制片厂合作办事："靠犹太人给钱，靠'艺术导演'，靠有弯曲头发和牙齿的小娘儿们。"但是这时，他们急于继续赶路，想看到缅甸、新加坡以及马来群岛的各个岛屿——"我感到那里一定有比康拉德所看到更加多的东西，"，他从他们刚刚观察过一次日食的贝拿勒斯写信告诉普鲁斯特作品的译者西德尼·施夫说。他"作为一名热爱自由和改变的人、一名讨厌一成不变和现成的戒律的人、一名相信个人的人，以及一名在涉及群体、社区和人群等无论何种场合时的怀疑者"，对于印度的最后心愿是，随着英国人放弃了他们的控制，普通的印度人能从社区生活的拘囿中解放出来，"发展他本人的才智"。

短暂地穿越了缅甸之后，赫胥黎夫妇沿着伊洛瓦底江继续前进。

在情人节(亲爱的玛丽,这是我写给你的第一封信——那是在一条非常不同的江河边写的[可能是1918年在伊顿公学的泰晤士河畔写是]——的一周年纪念日),奥尔德斯从伊洛瓦底江畔写信向玛丽报告说,仰光的那些大金塔是"一种西德威尔的天堂"。他又说,"我们的旅伴们是些愚蠢的人。一对年龄相差甚大的认真的同性恋女士算是最有智识的了。"向玛丽详细报告了(这一回是玛丽亚报告的)奥尔德斯兴趣的新转移。在船上有一位居住在巴黎的名叫亨利埃塔·萨伐-戈依乌的罗马尼亚贵族开始引起奥尔德斯的兴趣。"我指出她吸引人的地方,建议他去碰碰运气……奇怪的是,奥竟然老是被自我张扬、举止招摇的女人所吸引——这个女人其实不算坏——不过很蠢。我想,迷住他这个这么缄默和敏感的人的乃是极端……她的嘴、腿和手难看之极,其余部分丰满而且非常漂亮——像一只虽然熟透但是很难咬一口的果子——28岁……不是我这种类型……但是看来这一回他能够管他自己的事情——可怜的奥尔德斯——当然我应当妒忌,而不是发现他可怜而更加爱他——然而他和别的男人不同——你是否认为他非常不同——纤弱而敏感。我现在写信给你的时候,他正在她的房间里,是我让他们一起在那儿的——恹恹欲睡——刚吃过晚饭——而晚饭前他们是这么的神魂颠倒……他们听不见锣声……或者感到任何饥饿。我真希望他会成功。"这是我们所掌握的有关西比尔·贝德福德所描写的玛丽亚鼓励赫胥黎的风流韵事的习惯的唯一第一手证据。奥尔德斯给了玛丽他的关于同这位公主调情的版本:"她曾经是汤姆[T. S. 艾略特]青年时代的妖媚公主——相当专横,但是有理想;是个会说大道理的逗男人的主儿。"这位妖媚公主的魅力还不至于包围一切到了他无法作出他们回家的计划的程度:"所以,5月份去巴黎,在你的秘密房子接待我们吧——这话听起来太浪漫了……我多么盼望这个日子呀,玛丽。"这位公主作出安排,等他们在马来亚小住之后在香港与他们再次会合,以便与他们同船去加利福尼亚。5月5日的《旧金山记事报》刊载了一幅赫胥黎夫妇与公主的合影，标题是："他们在环球旅行中登陆加利福尼亚"。照片中的两位妇女裹在毛皮大衣里，头戴钟形女帽。赫胥黎手持手杖、身穿风衣，威仪十足。玛丽亚在剪报上用潦草的笔迹写着："公主。"

三月初，赫胥黎夫妇在中国新年欢庆的最后一天到达槟榔屿。他又一次以在他的旅行札记中不时出现的与欧洲的对比认定："槟榔屿有某种西西里的风味。"他们在饭桌上注意到这个时代所特有的拼命大吃大喝——"道德家的全部怒火都发泄在其他罪孽上，尤其是在淫行上"——之后，他们继续前往新加坡，在那里颇为显赫地住在总督吉尔马德夫妇的寓所里。"只有当一个人开始在大英帝国的周围漫步时，才会意识到它是怎样一件惊人的东西，"他从新加坡写信告诉玛丽说："英国人在到处打网球，上午 8 时 30 分喝麦片粥，6 时在舒服的总会里饮威士忌酒，甚至在丛林中也衣冠楚楚地用餐，并且招待当地的红毛猩猩。"接着，他俩很快地去了一次爪哇、菲律宾南部，然后前往马尼拉，去赶驶往旧金山的一条班轮(在香港停靠，届时公主将重新回到船上来)。从新加坡又发出了一封致玛丽的热气腾腾的信："在我的记忆中，你是像亚当那样裸体生活着，只有你的头发……如同女学生那样在脑后扎起……你为什么不在这里赤身裸体地躺在蚊帐里等等，等等。"当他到达爪哇，只能"对于这惊人的，完全无法置信的美丽景色发出赞叹"。他在登岸后几小时之内，受到 14 位记者的采访，这使得他得出结论认为："我觉得，文人被罩上一种十分不相称的重要和显赫人物的荣辉……艺术已经填补了公认的宗教衰微之后所留下的真空。"这个说法让人想起阿诺德关于诗歌将取代宗教的著名预言。赫胥黎夫妇游览了巴达维亚、加罗埃特、比顿卓格、沙捞越、纳闽岛、古达、山打根，并在三宝颜转乘一艘开往马尼拉，将取道香港前往旧金山的船。这艘船在上海稍事停留，他在那里注意到"中国文明的活力"，其后又在日本停靠，但是他似乎并不喜欢那里。他俩在 5 月 5 日抵达旧金山。更多的记者等候在码头上，询问赫胥黎关于他不在的时候风起云涌的大罢工的看法。“我把我的偏见告诉了他们，那是费边社和温和的劳工派的看法，”他写道。赫胥黎作为一位牛津的社会主义者（霍尔丹夫妇的密友和大学合作社社员），一位自由思想者和暴露真相的人，不大可能在这个问题上采取右翼立场，但是记者们回去，将他的话歪曲成对老板们的赞同。赫胥黎对此感到恼火：“这么一首对资本主义和鲍德温先生的赞歌！”他抱怨道：“记者们抬举我了。”

在马来亚时，赫胥黎在船上的图书馆里发现了一本对于这位于未来的《奇妙的新世界》的作者来说十分重要的书籍：亨利·福特的《我的生活和工作》。从某种意义上来说，他对于总的美国文明以及具体而言对于好莱坞的看法，是可以想见的1926年的一位英国上层中产阶级文人的看法。他对爵士时代喧嚣的物质主义以及好莱坞的产品嗤之以鼻（尽管他早先曾经试图对美国辛迪加化的“金色诱惑”作为回应，并且曾经尝试写作电影剧本）。影响他采取有些这类态度的导师H.L.门肯，是赫胥黎抵达美国之后首先要接触的人。赫胥黎从停泊在旧金山的“克利夫兰总统号”轮船上写出的信中告诉门肯：“我正在从东方……通过后门进入美国，我曾经在东方花了几个月时间，以便凭实际体验使我自己确信，所有那些声称光明来自东方之类的谬论是真正的一派胡言。”赫胥黎迫切盼望终于会见到他心目中的英雄，并且向他建议说他应当把他最新的一卷即第四卷《偏见集》在唱片上录制下来：“我们现代世界上的大多数人所受的教育，还够不上理解他们在书上所读到的东西。但是如果一件事用口头说出来，他们就能够理解。”赫胥黎后来预言，书籍终将以录音的形式发行，预测了录音书籍的现象，而他对于录音的热情是不难理解的。他本人的大量阅读是以口头方式吸收的——由玛丽亚读给他听——因此他比大多数人更加乐意鼓吹非印刷的出版方式。

离开旧金山之后，赫胥黎夫妇继续前往洛杉矶——此行给了奥尔德斯一个机会再次痛斥“寻欢作乐”的罪孽。他指出，“在这个城市里，思想被可怕的享乐所阻止，谈话是闻所未闻的。”旅程的下一阶段是芝加哥，赫胥黎在驶往芝加哥的火车上写信给罗伯特·尼科尔斯说：“好莱坞完全是一个最不能居住的地方；它让你根本没有逃脱的机会。”连同他早一些时候对于东方哲学的否定来看，考虑到他的生活道路实际将走的方向，这是他在一周之内所作的第二次拙劣的预言。不过总的说来，赫胥黎对于他自己的生活和他那个世纪的生活所走的道路，是具有非凡的先见之明的。然而在写信给玛丽时，他对于美国的看法要乐观得多。他在第一个星期末尾向她宣布：“我们已经在美国 5 天了，已经看到它的两个最非凡的自然现象——大峡谷和查理·卓别林。两者都非常出色，尤其是查理，他的谈话像马克·格特勒发挥得最好时那样，但比他更好，更精彩。这位最最令人陶醉的人。”他们把下午花费在行走在海滩上“一群群戴着精致漂亮的橡皮潜水脚掌的人中间，这些人穿着如此紧身的泳装，以至于每个‘爱神峰’和‘极乐谷’的轮廓都清楚地显露出来。”不用说，这些橡皮脚掌是“相当没有灵魂的”，而好莱坞“十分难以置信……如此喧闹的喜剧、怪异、活力、庸俗”。玛丽亚却并不如此动心。“没有任何东西可以诱使我在这个国家里居住，即使钱也不能，”她向玛丽袒露心曲道。

玛丽亚还胜利地宣布：“公主的垮台指日可待了……现在我们在美国发现所有的小姑娘都如此厚颜无耻地展露出她们的魅力所在，使得她失去了她大部分吸引人的地方。”然而，她曾在他俩的车厢分隔间里逗留了半个夜晚，至少使玛丽亚想起在这种情形下她所喜欢同在的伴侣：“我们两人多么思念你啊。”玛丽亚对于他们的计划有更多的好消息。他们将在 6 月份回到英国，“我希望你会认为我非常非常好心，因为奥尔德斯将直接回到英国，尽管如果我希望的话，他当然将来到比利时……这么多的白天夜晚我只能想像，可我想到你就很高兴。”不过，他们三个人都意识到必须对这种异常的三角关系保守秘密。玛丽亚敦促玛丽和奥尔德斯要非常小心，她劝告说："我希望你们两人的理智将使得你们能捍卫一个保守得如此之好的秘密，我们所有未来的会见和旅程是否轻松愉快都靠它了。"玛丽亚的计划是玛丽将在普利茅斯的码头上会见他们，使她能够与玛丽哪怕是短暂的一晤，然后继续前往比利时与马修团圆。奥尔德斯和玛丽将避开任何等候在那儿的记者，以赫胥黎先生和夫人的身份前往伦敦。"你将在任何其他人与他有任何纠葛之前得到一个相当新鲜和快乐的他。"但是玛丽不能让任何人知道这项计划，以防奥尔德斯被"他的家族中的一些麻烦的人"看到。

当制订所有这些计划之际，赫胥黎夫妇身在纽约，而他们很高兴被投入了纽约的文学界。门肯是对于赫胥黎头等重要的人，他俩同进午餐，进行了唯一的一次会面。门肯（玛丽亚认为他"非常有趣，看上去像贝洛克，或者像一个跑街推销员或农夫"）是一位喜爱金发女郎的绅士，玛丽亚立即不喜欢他带着的那个"庸俗、难看的"橡皮脚掌，而"他爱慕地向 A 做着媚眼。我看她是找不出什么借口的，但是 A 的意思好像是她很可能已经上床了。我想对于一些人来说这些已经够了。"赫胥黎夫妇会见了其他几位"难以形容的名人"，以及"一位颇似荡妇型的真正迷人的女人，她即将到英国来，你必须见见她，不过我衷心希望你切勿让她对你做超过送送秋波的事。此人就是埃莉诺·怀利。"甚至在抵达纽约之前，赫胥黎夫妇就已经主动写了一封表示仰慕的信给《绅士喜爱金发女郎》（1925 年）的作者安妮塔·卢斯。他告诉她说，他"读了这本书后感到狂喜"，并且刚刚欣赏过这部书改编的戏。我们可以想像赫胥黎被这本书所吸引的样子，该书的一开始就是女主角——她的绅士朋友刚刚告诉她，如果她把所有的想法都写下来，就可以编成一部书——说："这几乎要使我笑起来，因为编出来的将是整整一排百科全书式的书。我是说，我似乎所有时间都在进行实际思考。"卢斯同赫胥黎在纽约她的公寓里会面，一起用茶。"我第一次见到奥尔德斯，"她后来回忆道，"立即被他的形体之美所打动；他在身高方面是一位巨人，他的身躯是他那优美的头部的和谐支柱;他的头部如同布莱克绘出的天使。”安妮塔·卢斯认为玛丽亚是“一位可爱的浅黑型的女人……有她独特的举止,正如奥尔德斯有他独特的举止一样。”奥尔德斯在后来写给朱利安的一封信里,把安妮塔·卢斯形容成“令人陶醉。让人想把她当一个宠物那样养起来。她是好莱坞的老前辈了,7岁那年就开始为电影写作。而今她,我想大约28岁左右吧[实际上她是35岁,比赫胥黎大一岁],她感到她已经可以问心无愧地退休了……”就这样,在几个星期的时间内,赫胥黎会见了将成为他于1930年代末开始在好莱坞过从的那个小小的朋友圈子中的两个人——卓别林和卢斯。

纽约的令人晕眩的生活终于使得玛丽亚爱上了美国:“我欣赏这里的每一分钟……奥尔德斯在书上亲笔签名签到手抽筋。”记者们问她奥尔德斯是不是一位浪漫的爱人——“我无法回答这个问题。”玛丽也从奥尔德斯那里得到了报告:“你难以想像一个人在美国有多么出名。简直可怕。我渴望回到自己的国家去。我不喜欢做个预言一切的人。”他为他做的一次无线电讲座竟然有4 300万听众而感到惊讶。他现在一心做会见玛丽的安排。他从纽约的培尔蒙大饭店向她发出指示,要她在伦敦找一间单身汉住的小公寓房——“一个房间就够了,只要是一间卧室。我盼望无穷的乐趣。”玛丽亚在信上草草写了一则附言,请求玛丽试试找个房间:“他希望他将不断需要它,我来的时候也肯定需要……吻你,抚摸你……玛丽亚。”

赫胥黎从芝加哥发出了对美国的断言:“在美国所发生的事情是对于各种价值观的重新评估,是对于既定的标准(朝着坏的方向的)的彻底改变……这种对于价值观标准的伪造,在我们现代的世界上,是民主的一种产物,而在美国走得最远。”他已经在爪哇注意到,好莱坞“在棕色、黑色和黄色人种的世界里传播了关于我们的文明的歪曲到荒诞不经程度的叙述。”他对于“极端和最通俗形式的关于民主的假设就是,一切人都是平等的,而我和你是一个样”这种美国人的信念并无什么热情。他在波士顿发现他的一部书只是被放在柜台下出售,“好像它是威士忌一样”,因而注意到清教主义和享乐主义在美国奇怪地共存着。他略微捉摸到一点美国在1920年代的粗野能量,在《谐谑的彼拉多》的结尾处,动人地阐发了他对于宽容的自由主义信念,并且承认,他在归去时,“因为得到许多体验而更丰富,因为许多信念的破灭而更贫乏。”

他乘坐的“卑尔根兰”轮在普利茅斯停靠之前,船上发生了最后一件的奇遇。在一个夜晚,奥尔德斯和玛丽亚发现有人在他们的房舱中而被惊醒。玛丽亚“像一条虫子那样赤身裸体地”从床上一跃而起,对着闯入者尖叫。叫来了管事,后来发现一切只是一场误会,作家兼探险家多萝西·米尔斯夫人把他们的房舱当成了自己的。玛丽亚受到了很大的惊吓,感到这次事件——看起来它留下的创伤远远超过它基本上的滑稽性质——表露了他俩认识到他们的内心都存在着恐惧。她试图向玛丽解释说,奥尔德斯并不认为他俩的共同恐惧是一件小事,因为他知道,“他因恐惧而发抖是由于憎恶恐惧——并且可能因恐惧而发疯。”

6月5日,“卑尔根兰”轮在普利茅斯靠泊,本来说好玛丽将在码头上等候着与他们两人拥抱,并将奥尔德斯护送到他们的秘密临时寓所去。结果她无法前来,而代之以发来一份电报,告知如何找到那间单身公寓房。与马修阔别了11个月之后——她在印度时非常担心他的健康状况,以至于想立即回家去——玛丽亚直接去了比利时。尽管这一时期奥尔德斯的言词表明了对他6岁的儿子的慈爱和关心,然而他感到更急迫的是要立即回到伦敦去(玛丽将在伦敦等着他),而将与孩子的重逢推迟到了8月份。

十五、科 蒂 纳

赫胥黎在伦敦度过了6月份，玛丽亚则打算在7月份赶到伦敦同他会合。6月6日，玛丽亚在前往位于圣特隆德她祖父母家的途中写信给玛丽，祝贺她发现了一套公寓房："你多么聪明啊……它在哪儿？好不好？你从那儿写信给我好吗？我给了奥尔德斯一张转交给你的小条子——敦促你小心点。不过我想你是会小心的……"两星期后，玛丽亚在圣特隆德回忆起她在去年8月份开始航行前与玛丽的会见："我从来没有见到你那样可爱，玛丽，昨天夜里我闭着眼睛，带着强烈难忍的爱意，忆起你新的美姿……我可以到伦敦来……我应该来吗？……再见了，我的宝贝玛丽，愿你幸福、狂野、快乐，别忘了我是怎样吻你的……你为什么不写信给我？难道奥尔德斯占据了你的全部心思吗？"没有证据表明玛丽亚确实来到了伦敦，很可能她就待在圣特隆德。奥尔德斯则忙着与他那些文学界的朋友恢复联系，从他的俱乐部作出安排，并且比如说在6月底与圣约翰、玛丽·赫金森和弗吉尼亚·伍尔夫一起吃饭。7月份，他去了嘉辛顿，这使得玛丽亚感到不快："考虑到菲利浦有这么些关于我的不愉快的话要说"。罗伯特·布里奇斯在伦敦，他手头有吉拉尔德·曼利·霍普金斯的手稿，已经做好了安排在1918年出版，其后布里奇斯去世后在1930年又出了第二版。弗吉尼亚·伍尔夫坐在草地上审阅稿子，“像一只大蚱蜢似的奥尔德斯则坐在近旁的一张椅子上”。

几天之后，赫胥黎从东昂斯洛马厩街 4 号这个地址写信给玛丽。正式的说法是，他在朱利安那儿暂住几天之后，搬到了位于汉普斯台德伊顿大道 69 号北庐他姑母埃塞尔·科利尔的家里居住——当时姑夫约翰绘制了奥尔德斯的肖像，并于 1927 年在皇家学院展览馆展出，因此这个地址可能是单身公寓房的地址。他说他将在与奥斯伯特[西特韦尔?]吃完饭之后等她。“玛丽，这地方出没着你那无形然而芳香的魅影。我拥抱它，但无法餍足。明天我能不能不仅仅抚摸着一个游离于躯壳之外的回忆呢?”几天后，他邀请她共进午餐：“一次杂乱无章的，也许还是在床上用的午餐。”他在纽约会见过的一位作家埃莉诺·怀利来到伦敦，奥尔德斯帮她安排了一次与伍尔夫夫妇一起在他们位于塔维斯托克广场的家里举行的晚餐。弗吉尼亚·伍尔夫对于怀利“那个贫瘠的沙漠”没有什么好印象，并且想不通为什么她会使得“弗兰西斯·比雷尔、奥尔德斯·赫胥黎拜倒在她的脚下，而她并不比一根瞪着眼呆望的光秃秃的五月柱好到哪里去?”他还试图在伦敦或巴黎安排一次同安妮塔·卢斯和她丈夫的会面。就在 1926 年这年的夏季期间，与玛丽的关系开始出现了不确定的迹象。在 7 月份第三个周末他似乎身在剑桥，安排好同她在那儿见面，“但是并不是最后一次，玛丽……我无法忍受这些字眼的发音……就让它不确定吧；让它有重复的可能性吧。然而无论怎样，我们将在一起吃饭。”也许赫胥黎的重新出场向她提醒了维持这种关系的困难(玛丽亚的谨慎还记忆犹新)，以及对于它同克莱夫·贝尔的关系的后果——在整个期间这个关系一直维持着。看起来她当时试图告诉他有必要停止这种关系了。

此前一个月赫胥黎抵达纽约的日子，正逢他最新的短篇小说集《二三其德》在大西洋两岸同时出版。他与查托公司签订的合同已经于 1 月份满期。他已经多少完成了这份合同——只不过出了两部而不是三部长篇小说，而用随笔集和游记来填补不足。查托公司提议签订一份新的三年期合同，赫胥黎于6月7日，即他从美国回来的第二天（这也许是他急于回到伦敦的真正的原因）签署了这份合同。合同强调每年应该至少有一本是一部长篇小说，但是结果在1925年的《那些不结果实的叶子》与1932年的《奇妙新世界》之间，只是在1928年出版了一部《旋律与对位》，不过赫胥黎的随笔和游记却写得非常勤快。构成他收入的基础，在此基础上积累起自由作家的上层建筑的年度预支款从500英镑提高到650英镑——相当于今天的五位数薪金。

《二三其德》在出版后的第二个月立即印制了第二版，其中载有四篇短篇小说，以用作书名的那一篇——这篇小说本来可以算一部长篇小说，但是长度不够——占据了该书的大部分篇幅。这又是一篇作者议论长而情节短的小说，随笔性有余而戏剧性不足，它的主题是代沟、无尽无止的人类虚荣，以及年轻人想寻求正确的生活方式的奋斗。书中很早就出现了一位颇具劳伦斯色彩的人物金厄姆（“有一部剪得很短的胡子，比他头发的颜色还要红”），痛斥现代生活的无聊，以及年轻人拒绝放远眼光，考虑一下寻欢作乐以外的事情：“这是战争造成的……是该停止的时候了，应该做一些事情了。难道你没有看出来你不能继续这样下去吗？你看不出来吗？”叙述故事的人与“喜欢在感情中——在他自己的和别人的感情中——挣扎”的金厄姆恰成对照，是一个不动感情的人。在他的自我谴责——“我总是心太软，不够冷酷”——中，难道没有知识分子赫胥黎面对着像劳伦斯那样激情洋溢，大发议论的人时的一点影子吗？格蕾丝对于当代艺术和音乐这座“时髦的奥林帕斯山”的发现，以及她对于“精神世界上一切最漂亮、最新出的东西”的热烈追求，表明了赫胥黎对于他通常与之为伍的时髦美学家们的蔑视。他揭露道德方面同样的潮流。叙述人进入了一个在艺术家画室里举行的聚会，听到一个年轻人在说：“我们绝对现代派，确实如此。就我而言，任何人都可以要我的妻子。我不在乎。她是自由的。我也是自由的。这就是我之所谓现代派。”赫胥黎作品的读者们——他们当然对于他的私人生活一无所知——会理解成他是在谴责这样的态度，牢固地守住多少是因袭式道德的高地。

这本新书的一位读者是当时身在麦克斯门的年迈的托玛斯·哈代，弗吉尼亚·伍尔夫在7月份造访了哈代。哈代夫人问她是否认识奥尔德斯·赫胥黎。她和她的丈夫一直在阅读着这本新书，并且发觉他“非常聪明”，虽然每篇小说究竟讲些什么他们读过就忘记了（要回忆起赫胥黎小说的情节确实是一件难事）。“他们如今把什么都改变了，”哈代说。“我们过去认为有一个开端，一个中央部分，一个结尾。我们信奉亚里士多德的理论。而现在，这些小说中的一篇可能是《半个节日》写到一个女人走出房间就结束了。”哈代格格地笑起来。“但是他不再阅读长篇小说了，”伍尔夫最后说。

8月6日星期五，赫胥黎动身前往圣特隆德去把马修从外公外婆那儿领回来。为了孩子的健康起见，他们已经决定到意大利白云石地区安贝佐省科蒂纳去居住。赫胥黎随身携带了“大约二英担重的唱片”，并且在从加莱驶往布鲁塞尔途中的某处，在火车上开始写一封给玛丽的信，回顾他俩最近几个星期来抓空子进行的风流韵事：“几个短暂的小时，但是在此期间，我们废止了时间和空间，与对方自由分享着天堂和永恒，恣意无羁的心醉神迷；还有，我们一边抚摸着身体，一边像神灵和启示神祇那样在相互的头脑里走动。壮丽和神奇的时刻啊。”而在这些心醉神迷（这些言词如果出现在《二三其德》中，肯定会遭到讽刺）时刻的间歇中，也有他俩在一起的比较安详的时刻：“一个人生活在这么多的层面上，而且在每一个层面上都十分愉快；每个人都有像伍尔沃斯百货大厦那么多的楼层，乘着精神的升降器毫不费力、难以察觉地在各个楼层之间上上下下。”随着火车轧轧地穿过荷比等国，他给她送去“充满忧郁和爱的记忆的无法触摸的吻”。他这不仅是在向玛丽告别（他俩的关系此时很可能已经过了高峰时期），而且是即将以伦敦艺术界的热闹和兴奋换来一座山中小屋的冷清。他行前的最后一个星期忙碌异常，一开始是同T. S. 艾略特共进午餐，艾略特“看上去脸色又灰又青得可怕，一顿饭喝了不少于5瓶杜松子酒，告诉我他即将去居住在巴黎的疗养院里的维维安那儿同她会合，以便戒掉他的烟瘾和酒瘾，并且向我大谈特谈与头衔显赫的公爵夫人共进午餐的事”。然后在星期二，他又与“汤米[厄普]的那位胖胖的，有着红润屁股的前朋友”贝弗利·尼科尔斯一起吃午餐。尼科尔斯想写一篇他的人物速写，登在《每日特写》上，赫胥黎预言，那将“毫无疑问十分糟糕；我对这类东西采取鸵鸟战术，不去读它们。”

如果赫胥黎阅读这篇文章的话，他会读到，在《奥尔德斯·赫胥黎或一位非常冷漠的年轻人》的题目下，写的是：“奥尔德斯·赫胥黎先生的躯体斜倚在我的沙发上，摊开在靠垫上，还把长长的触手伸向地板。以前我从来没有意识到他的身躯有如此奇怪的流度。”尼科尔斯写道，赫胥黎的头脑同他的身体一样，“冰冷、特别像液体，同样轻而易举地漫游到任何一种学问或经验的渠道中去”但是他说，赫胥黎向人们、机构、感情和事情大泼冷水，不是因为他不屑一顾，而是因为“他评判这些东西有着异常高的标准”。据说，赫胥黎对尼科尔斯说过这样的话：“我年纪大起来，变得越来越是高级趣味。”他说这不是一种姿态，而是最近这两个月在伦敦的结果，显然他在伦敦参加过他在自己的小说中如此粗暴地描绘的许多次聚会。“一个人去参加一次聚会，除了他自己受到溢美而令人作呕的奉承之外，还听到不分青红皂白地把‘神圣的(divine)’这个词用在芭蕾舞、歌剧、女演员、小说家、自由诗上面——用在可以贴上艺术标签的任何东西上面。”也许那座山中小屋毕竟在向他招着手吧。他告诉尼科尔斯说：“一切引起我的憎恶，是因为它太软性，而软性是一切东西的结束。”尼科尔斯的结论是，赫胥黎没有缠绵的情感，用一支“蘸满先是澄清然后是冻结的墨水”的笔写作。

这是一篇重要的速写，因为这是画出其轮廓将慢慢凝固化的赫胥黎的观点的第一幅草图。这是一个目光冷峻、趣味高级得没有一点缠绵柔情，俯视着令他厌恶的世界，而他预期从这个世界得到——而且回敬——敌意的赫胥黎："他的作品让人感觉到在充满敌意的世界里有一小群郁郁不乐抱成一团的知识分子。这个世界不仅毫无同情或缺乏理解，而且充满严重、进逼的敌意。"这像是一幅漫画——尽管一直持久到现在作为某些评论的资料来源——而同所有的漫画一样，为了达到效果，它必须至少包含一丁点儿真实。确实如此，从嘉辛顿时期以降，赫胥黎一直身处高级文化精英的圈子之中，这些人不时认为他们受到公众的仇恨和误解。公众偶尔会回敬这种敬意，是并不令人感到惊讶的。

把尼科尔斯冻得严寒彻骨之后，赫胥黎在同一天的傍晚前往拜访戴·赫·劳伦斯，当时劳伦斯正短暂地来英国，自从 1915 年在汉普斯泰德的会面之后，赫胥黎一直没有见到过他。赫胥黎发现他"很有魅力。比从前的他安详得多了——这是因为人到中年，事业成功，并且消泯了战争的恐惧"。经过长期暌离之后，劳伦斯又将重新进入赫胥黎夫妇的生活之中。不久之后，赫胥黎夫妇将在佛罗伦萨同他重逢，并且在科蒂纳与他成为邻居。就劳伦斯而言，他在这第一次重逢时发现赫胥黎"不比过去任何时候活跃一点儿"。这个排得满满的星期的社交日程的最后一项事，是与安妮塔·卢斯和她的丈夫在埃菲尔铁塔用餐。赫胥黎仍然对她十分倾倒："她个子小巧，以一种丑陋到迷人的方式显得美丽，长着一双大眼睛，她用一种慢吞吞的小小声音吐出对于宇宙万物非常精彩和富有风趣的评论。"

赫胥黎抵达比利时，发现他的小儿子"身体很好，吵吵嚷嚷，精神十足。他吃大量的东西，并且非常扰人——这是健康的标志。"他试图在大广场 19 号干一些活儿，但是很快就想念起玛丽，并急切地订出在回科蒂纳的途中在巴黎的贝尔热饭店见面的计划。"这里的气氛充满着老年的悲惨和恐惧，"他从"位于家长制中心的"玛丽亚祖父母的家里写信。而成为对照的是，他却充溢着智能和追求新知识的欲望："极想掌握一切知识，只要能够获取就行——当我还存在内分泌的时候。”他们很快就动身前往佛罗伦萨去同意大利的官僚们抗争，以收回他们的汽车，因为他们发现，新的规则要求玛丽亚必须回去再参加一次驾驶考试。赫胥黎第一次阅读纪德的《伪币制造者》，发现这是一本“最古怪的书。你感到，那个男人最后公开承认他更加喜欢男人而不喜欢女人，一定是松了多么大一口气啊。”

到9月初，他俩终于抵达安贝佐省科蒂纳，在伊诺科里别墅中安顿下来。这是一座“有极好朝向的房屋，平台和阳台多极了，在其上可以晒到自朝至暮照到科蒂纳的每一缕阳光，有浴室、一间车库和中央空调，家具配备简单，但非常舒适、合理，房租每个月不到9英镑”。更加相关的是，“科蒂纳看来已经给了马修很大的好处。他显而易见比从前壮健了许多，肤色很好，而且胃口很好。”科蒂纳是一个四周为巨大的石灰岩巉崖所包围的宽广的碟形山谷，阳光灿烂，空气“异常清冽而令人振奋”。他们将在这儿一直待到1927年2月为止。然而，不到一个月，开始动笔写作《旋律与对位》之后，赫胥黎就抱怨这是一个“可怕的”地方——“这里有一种简直无法忍受的终结感”。他向他父亲把这部小说描绘成是“雄心勃勃的，它的宗旨是表现一段生活，不仅是从许许多多个人的观点来表现，而且还从它的各个方面，如科学、感情、经济、政治、美学等方面来表现……那将是困难的，然而有意思。”赫胥黎描绘这部小说的方式使它听起来好像的对于生活的科学解剖，而不是一幅富于想像力的肖像。

辛劳的工作使得他想寻找消遣。他恳求玛丽考虑前来度圣诞节，以便重温夏天的性爱乐趣，并且“也许发明一些新的乐趣，如果还有什么我们仍然尚未尝试过的话”。将有滑雪活动，这是玛丽亚发现的一项运动，他带来了几只深红色滑橇和几条“极其漂亮的，臀部线条匀称的滑雪裤”。他向玛丽详细谈述这本书，以及这本书企图表现人类的所有方面的宗旨：“任何人都是有组织的分子组成的一个总体，一个生理结构，社会机体的一部分，自以为拥有一个不朽的灵魂并且具有无限的重要性，是一堆斑驳的颜色，能够感知宏大的感情，能够崇拜善行；他作出的每一个行为都可以从物理和化学的角度，从心理学、道德、经济学的的角度进行解释；他的生活可以以自然史教科书的风格来描绘，也可以以《失乐园》的风格来描绘……我是否能够表现出来还得拭目以待。”对于某些小说的编辑来说，这样的提议会开始拉响警报，但是写出来以后的结果倒并不像这些话看来所预示的那样抽象得可怕。将近10月底的时候，赫胥黎去佛罗伦萨治牙并拜访劳伦斯，劳伦斯对他们的“豪华的意大利汽车——6.1万里拉”赞叹不已。他认为他们对已经科蒂纳感到厌烦了，并且发现赫胥黎“忧郁：一个颓丧的人，多愁善感，意大利化了”。在其后几天里，劳伦斯在与几个人的通信中谈了他的反应。他告诉艾达·克拉克说：“他们非常好，非常和蔼可亲，然而郁郁不欢，好像生活对他们没有什么意义。真的，他们没有活力，一下子就变得空虚了，年纪这么轻啊。”他们提出将他们的旧汽车给他，但是劳伦斯认为开着车到处兜来兜去没有意思，谢绝了他们的提议。弗莉达·劳伦斯告诉梅布尔·道奇·卢汉说，奥尔德斯是一个“如此无用的人……而她是受奥托莱恩夫人保护的人之一，而且从来就没有脱离过这个身份。”劳伦斯声称他对有人说他是新出的这本书中的金厄姆的原型的说法无动于衷；“无论如何，他从来就不了解我。”

在再次离开佛罗伦萨之前，赫胥黎忙着完成对由《滑稽的环舞》改编的一部戏剧作品的修改，这是由一位美国作家沃纳小姐改编的，他希望借此发一笔小财。“要是搞出来该是多么有趣，”他告诉玛丽说。当他们从佛罗伦萨回到科蒂纳之后（其间在帕多斯小驻，观看皮兰德娄的戏剧《六个寻找作者的角色》，并且与作者一起吃饭），玛丽亚突然感到伊诺科里别墅的“可憎”——人造花和仿制的青铜陶瓷。“除了我们的卧室之外，这地方是一个噩梦，”她写信给玛丽说。玛丽寄来了一个包裹，递到的时候是傍晚7时许，正是玛丽亚和奥尔德斯在他们洗澡之前喜欢闲谈的愉快的时分。玛丽亚取笑奥尔德斯说，他身上有她寄来的红手套的气味，并且抱怨她改变了她的香水味儿。“我喜欢想像你在这儿——在我的床上，盖着你知道的那床鸭绒被——或者还不如在应该是你的那张床上——是一张非常宽阔的床——奥尔德斯呆一会儿将会上来，”她如是给玛丽写回信。这时玛丽似乎又在帮他们找一套公寓房，因为奥尔德斯打算到英国去搞一些研究。玛丽亚收到奥托莱恩夫人写来的一封友好的长信，这表明关系即将解冻。

随着年底的迫近，奥尔德斯越来越努力工作，“拼命地”敲打玛丽亚叫做他的“滴滴答答之塔”的打字机。做完一阵工作之后，“我们去灰色的树林中亲热而愉快地散步——还在夜间散步，这时一切地方都一律热情洋溢”。玛丽亚“突然构思出”一部电影剧本——这是许多部中的第一部——它受到奥尔德斯的首肯，他俩并且希望这部剧本能使他们到伦敦去。赫胥黎似乎一直在寻找任何停止写作这部小说的借口，因为他“厌烦得要命…… 他好像是个在一个不用功的日子里下课的孩子”。他被迫写信给查托公司的普兰蒂斯说，这部小说在第二年夏天之前不大会完成。“这样将会在春季造成一个空白，”他承认，建议出一部诗集来填补不足。10 月份出版的《谐谑的彼拉多》的销路非常好，在最初的 2 个月里卖出了 3 000 本。写书和在科蒂纳无人往来——劳伦斯认为他俩很寂寞——的另一个调剂方式，是去威尼斯做了一次圣诞购物之行。赫胥黎在威尼斯写信给玛丽，回忆起夏天里在“昂斯洛”的“清纯幻想”。威尼斯“非常之美”，不过因为上演了一场以意大利语对白的萧伯纳的作品《圣女贞德》而美中不足，“一部相当糟糕的戏……如此无可救药地缺乏激情和诗意”。玛丽亚在科蒂纳的氛围中欣欣向荣“增加了体重和肌肉…… 她以蓬勃的闯劲驾驶着新车，迄今为止只把车开到 105 公里；但是希望在好一点的路上达到 120 公里”—— 这部新车是一辆 6 汽缸 2 公升的意大拉车，用这个速度开起来，就像是那部老雪铁龙开 50 公里时的感觉，非常平稳。

圣诞节是“在冰冷的离群索居的高处度过的，要不是这地方给了我们所有人，尤其是小孩和玛丽亚这么多好处，是会无法忍受的。”1927年的最初2个月里，赫胥黎夫妇坚守在科蒂纳：“一天接着一天；我工作、读书、沉思，有雪的时候用我的雪橇去滑一会儿雪，”他在1月初向玛丽报告。截至那时，赫胥黎夫妇同玛丽·赫金森的关系一直是秘密的，但是她的朋友们正在开始感到玛丽并不是一切太平无事。2月初，弗吉尼亚·伍尔夫与克莱夫——他知道玛丽的双性恋倾向，有一次把它称之为她的“天主教习惯”—— 一起吃过一顿饭。他向弗吉尼亚吐露，他本人与玛丽之间的关系进展得不好，已经达到这样一个地步，以至于有一次在剧院的包厢里，他突然对玛丽冲口而出：“我感到痛苦。”她告诉他，事实上她（用伍尔夫的话来说），“略微，不过只是略微，与另一个人相爱着。听到这句话，他简直发疯了。”不知道是为了解决这个问题，还是因为她受不了赫胥黎夫妇要她前去看望他们的经常性压力，玛丽终于在3月初去了意大利。他们三个人一起到佛罗伦萨拜访了一次劳伦斯，在那里劳伦斯发现他越来越有好感的玛丽亚，却对钱财方面的成功“雄心勃勃”；“如果在你的生活中没有任何别的东西，我想钱财和事业心就是你的生活”——这是一则不符合他的一贯作风的对玛丽亚的酷评。“玛丽·赫金森看上去和蔼文雅，”他对布瑞特说，“迟暮得多了，可怜的人儿——几乎是个小老太婆了……在我看来，他们像是从一个死灭的星球上来的人。”或许奥尔德斯是被写书的紧张工作累坏了，那本书写了6万字，还是看来前途茫茫。“实际情况是，”他告诉普兰蒂斯，“这本在婴儿期似乎是一只小猫的书结果成了一头幼豹……这东西在我手里增加的不仅是体积，而且还有复杂性和难度。”赫胥黎的解决办法是暂停一会儿，到英国去做些这方面的研究工作，以及履行他所承担的出一本随笔集《适当的研究》的义务。他极为关注像阿诺德·贝内特这样的人的成功，贝内特来到了科蒂纳与他们同住，写一篇文章所要求的稿费从来不少于“每个词2先令”。“像发到美国的一份越洋电报。太好了!”H. G. 威尔斯那个“讨厌透顶、庸俗的小个子男人”也是成功得让人受不了,不过当他到伦敦来大谈政治时,赫胥黎不同意与他一起吃饭。但是,他赫胥黎确实做到了把 2 篇文章卖到美国,“每篇 1 000 美元!”奥尔德斯注意到朱利安最近写的文章的明快风格,写信告诉他:“我发现追求明晰的愿望在我的心中增长。并不是简单化,而是以一个人所能挖掘到的深度,对于事物的无法测量的复杂性进行干净利落的剖析和清楚的阐述。”这句话很可以相当于赫胥黎关于对人们能够发现的散文风格的探索的一则声明。

在佛罗伦萨暂住了一段时间后,赫胥黎夫妇踏上了返回伦敦的路程,他们将在伦敦度过春天。然而他们一心想的是在 6 月份回到他们心爱的要塞。

十六、对　位

赫胥黎夫妇驾驶新车穿越了意大利和法国，前往伦敦，期间奥尔德斯正从佛罗伦萨染上的流感复原。他们从位于昂斯洛马厩街的单身公寓房，从《雅典娜神庙》编辑部奥尔德斯在其上写信的书桌立刻重新开始了社交生活。他们在希腊街的迎宾餐馆会见了马克·葛特勒和劳伦斯的朋友翻译家山缪尔·科特连斯基（“科特”），玛丽亚提出愿意让葛特勒画像。玛丽是他们的公寓房的常客。

这时赫胥黎对威尔斯有关政治的讲话的兴趣日增，试图会见他，与他共进午餐。威尔斯在3月20日的《星期日快报》上发表了一篇题为《议会是否将走向灭亡?》，讨论“政府的新实验”的文章，使得赫胥黎想向他提出比例代表制是否可行的问题。当时正是法西斯主义在欧洲崛起之际，进步知识分子正在越来越多地质疑传统民主制度的效力。随着20世纪20年代末和30年代经济状况的恶化，不少人被说服去探索诸如“世界政府”或优生学等观念，以及其他各种科学控制观念。正如历史学家们（像马克·马卓维尔在《黑暗的大陆》(1998年)中所指出的那样，在20世纪中叶，自由民主主义的胜利还远远不是预料中的一个必然结局。除了性质远为不同的来自左和右的极权主义及来自法西斯主义和军国主义的攻击之外，许多人认为“进步性”开始质疑传统议会民主的效力，并且开始热情接纳一些极为偏执的思想。赫胥黎与威尔斯重新建立的友谊，以及他对于优生学短期的涉足，被一些人看成是他在通向 20 世纪 30 年代中期政治觉醒的那段时期中，对于民主原则的信念的动摇。像赫胥黎这样一位公开、自由思考人类和社会的问题，不尊重知识领域的任何传统疆界或专业分界的人，必然会不时抛出使得今天的囿于哪些话正确，哪些话不正确的观念的学术界惊恐得发抖的各种思想。然而在赫胥黎出版的著作中，很难指出有能够将他归入有些人力图把他圈入其内的"反民主"阵营的任何内容。相反的是，随着欧洲步入 1939 年，他代表了清醒的声音。他在 1932 年《奇妙的新世界》中发出的预言，仍然道出了我们目前时代的困境。赫胥黎在 1959 年写的《重游奇妙新世界》中回顾那个时期时强调，对于许多人来说，萧条时期似乎是"一个没有什么秩序的梦魇"，而"一个组织得很全面的梦魇"似乎是战后世界的特点。他的政治处方反映了这些客观背景。

5 月初，玛丽亚的祖父，那位在这对年轻夫妇从世界旅行回来时曾对他们的生活投下阴影的老家长，在圣特隆德逝世。这件事打消了他们想去巴黎探望刘易斯・吉尔古德的计划，赫胥黎夫妇立即动身前往比利时。出身于一个信奉知识不可知论的英国上层中产阶级家庭的赫胥黎，对于佛莱芒市民的天主教仪式感到大为惊异。"葬礼前的那几天以及葬礼本身，"他向普兰蒂斯报告说，"是达到 n 度的《斯宾塞叔叔》（《小墨西哥人》所收的一篇小说），既故作悲痛，又奇形怪状，加上家庭的争吵、败家子以及家长制生活中所有的附属事物，这种事情只能发生在比利时的一个外省城镇里。"他写信给刘易斯・吉尔古德说，那事"既是故作悲痛，又如同一场滑稽剧——是在一个小镇上演的一场真正的巴尔扎克式的葬礼喜剧……可怜的老人的遗体穿着整套晚礼服，慈善团体的男女教士们在周围走着……"他向玛丽的报告表明，老人之死给了他比这些以嘲讽口气写的评论深刻得多的教训："可怜的老人痛苦地淡出，终于在颇为高贵堂皇的天主教盛大仪式中归天——人们手持蜡烛，一位身穿褐袍的教士在他的身旁祈祷并且宣布赦免天下一切罪人。天主教以这种方式，将其本身仅仅是一种生理和痛苦的动物性过程——死亡——变成某种具有宇宙意义的东西，一种具有最高重要性的堂皇和悲剧性的行为，这种方式中就有某些非常值得钦佩的东西。”

办完葬礼之后，又过了与家族成员一起悲悼的一段时期，赫胥黎夫妇动身了，玛丽亚把车子开得甚至比平时还要快。他们前往科蒂纳，把在那儿的事情完成，然后继续去马尔米要塞，打算“多少不定期地”在那儿居住。考虑到赫胥黎夫妇一直在疲于奔命，这是一个十分轻率的预言。他们邀请劳伦斯也来住，但是他一开始颇为勉强，尤其是当玛丽亚带着赫胥黎夫妇的意大利朋友弗兰切蒂夫妇来到他在佛罗伦萨的别墅的时候。“我讨厌有钱人，”劳伦斯恼火地说。不过他后来同意了，并且在其后评述说：“马尔米要塞作为一个地方来说糟糕透顶：平坦，海水是死的，充满着水母的味儿，有几百万栋别墅。但是赫胥黎夫妇对我们很好，而且他们有这么可爱的一个小男孩。”赫胥黎夫妇不认为这地方“糟糕透顶”。他们住在带有一个花园和一个爬满藤蔓的凉棚的玛埃塔别墅里，不时传来恰巧住在他们隔壁的勒纳弦乐四人组演奏的贝多芬三重奏的音乐声。他们所有的意大利老朋友们前来串门，尤其是康斯坦莎，这时已经结婚，而且多的是小道消息。一位新的意大利佣人，当时 15 岁的丽娜·戎蒂尼，来到这里，对她的新主人产生了好感，她将与他们一起生活许多年。赫胥黎夫妇对待佣人一向很宽厚。“我们的小房子十分舒适，”玛丽亚告诉玛丽说。“在村子尽头的一个松树园里，在它的正面穿过树丛就是海。房间很小。在奥尔德斯的房间和我的房间之间有个平台，有遮阴，很凉快，他就在那上面工作。”玛丽看起来仍然不开心，同克莱夫之间有麻烦。弗吉尼亚·伍尔夫在她的日记中写道：“克莱夫的事情的关键是玛丽爱着另一个人……除非她愿意同他睡觉，不然他就会心烦意乱。这事她是还不会做的；因为那人不在，她自己也心烦意乱。这份情意倒不如说是在她这方面增长起来。据说钟情的是一个社会地位低的人。”这话可以按它的表面价值去理解，也可能是玛丽凭空捏造一个故事来掩盖她同赫胥黎夫妇的情事的方法——应当理解，在她的社会环境中，“社会地位低的人”是不需要被指认出来的。

赫胥黎喜爱要塞——爱它的氛围、爱这里有朋友，并且爱它是个工作的地方。《克鲁姆庄园》、《滑稽的环舞》，以及此刻在颇为艰难地写着的《旋律与对位》，都是在这里写出来的。当时，《旋律与对位》的写作停下来了，玛丽亚正在把他在此间歇中写的随笔集《适当的研究》的草稿用打字机打出来。这本集子终于在7月份完成，寄往查托公司。使他感到震惊的是，手稿遗失了。他把他的担忧告诉查托公司的哈罗德·雷蒙德：“我真正担忧的是，法西斯书报检察官们（他们一直忙得不可开交）截留了包裹，认为这么多手稿可疑——因为他们对不利于正在台上的政权的记叙感到极度神经紧张。”法西斯主义正在成为对于这个托斯卡尼海滨世外桃源的威胁。“意大利正在变得如此血腥，实际上已经无法居住，”他对玛丽抱怨说。“我们正在认真考虑迁往法国。法西斯分子想使意大利变得文明的努力，仅仅造成了一支擅加干预的警察队伍的行动，这支队伍要不是又暴虐，又腐败无能，倒可以称之为普鲁士人。”这一回，手稿却出现了，它在佛罗伦萨的邮局里耽搁了14天。

这本书交付之后，赫胥黎有了时间回到长篇小说的写作——只要他能够从款待夏季的来客中找到时间。萨利文和刘易斯·吉尔古德路过他们的家，但是这些客人中最引人注目的是莫雷尔夫妇——伤痕现在已经愈合了。玛丽亚（她对菲利普特别警惕）向玛丽报告说，莫雷尔夫妇来到时“派头极大，车子里只放满不必要的东西，而且穿着得非常豪华。”奥尔德斯“身材颀长，一身白衣服，赤脚穿着凉鞋。”玛丽亚像当年在嘉辛顿那样，忙着干这干那，只博得这两口子的一句轻飘飘的评语，说是他们真欣赏这里的简单生活。奥尔德斯在写给玛丽的信中有更详细的叙述。他们的两个座位的旅行车“到处挂满了奇怪的行李，犹如白色骑士的冲锋车……菲利普看上去不那么疯狂了，因为年岁渐渐大了起来，但是更现痴愚——嘴巴不停地张着，眼睛和注意力在游走，有一种不由自主地超离现实的神气……我的隐居生活被令人不快地侵犯了。”赫胥黎似乎一直在接受或许他同玛丽的情缘在走下坡路的事实：“我在这里过着一棵沉思的树的生活，过去的一切活动犹如一场梦，将来很少有可能重续。然而也许它自己会重续吧？希望如此，玛丽。”

赫胥黎一边在努力写着那部难写的长篇小说，一边如往常那样如饥似渴地读书。“《唐·吉诃德》——多好的一本书呀！写得再好也没有了”——以及纽曼红衣主教——“一个非常好的心理学家……而且他写得多么好啊！”然而他向玛丽承认，梅瑞迪斯对他没有任何补益，“这么多的文学，却表达这么少的实质性东西”。对于赫胥黎而言，“文学”成了一个贬斥的词。他还阅读帕斯卡、波德莱尔的作品，博绥的《新教的各个变种》，以及再次阅读伯特的《现代科学的形而上学基础》。“我但愿我能像福楼拜那样，能有时间一本书写上四、五年，”他写信给朱利安说。“那样就可能有把它写得相当好。”相反的是，他拼命工作，一天七、八个小时，时间总是不够，没有达到 1928 年 1 月的交稿限期的希望。尽管他有这么大的工作压力，他仍然挤出时间为 8 月号的《哈泼氏杂志》写了一篇文章，论述“美国文化的前景：机器时代的一些思考”。这篇文章认为，“美国的未来就是世界的未来。”每一个人都将走美国所开辟的路。一方面，他承认机器已经使得物质意义上的“更充实的生活”成为可能，但另一方面，他怀疑文化是否受到了机器的促进。他这个一向坚定不屈的有高度文化修养的人质疑，尽管有着“我们所有的人道主义和民主的偏见”（他也有这种偏见），是否事实上有许多人并不想获得文化。西方消费主义所设计的那种大众娱乐形式也不能促进文化的传播：“所有的科学资源被应用于使得愚昧兴旺发达，使得庸俗遍及全世界。”这种机器将把全球的思想标准化，使人们变成被动的消费者——“它去除了人类自娱的激励动机。”

过了75年以后的今天，这样的话大多可以看成是灵验的预言。许多这样的话写进了《奇妙新世界》。但是，还有一个关于"对政治民主的反叛"的令人不安的段落，赫胥黎认为，这种反叛是在将权力交给"有才智和积极的寡头统治"的过程中不可避免的（虽然不一定采取回到独裁统治的形式）。他继续写道："理想的国家是由一个智力贵族集团统治的一个实质性民主国家……在这样的国家里，由最有才能的人当权。"当时正是极权主义崛起之际，这种随便考虑的想法是很危险的，并且不代表赫胥黎的成熟的政治立场。有些人会把这种想法看成是邪恶的，另外一些人则认为这是真正试图对付迄今仍然没有解决的一个问题，即如何将全球媒体和娱乐联合大企业的可怕力量及看来在讨好它们的各个政府，与培育一种可以使得个别公民拥有能在其中作出自己的选择及坚持自身的价值感的智力和想像的空间即文化空间的智力文化这两者协调起来？

随着夏天的过去，玛丽亚发现情况令人沮丧："奥尔德斯继续按部就班地工作着，滴滴答答地打字，看上去一波一波地越来越繁重。如果电灯灭了（每5分钟就要灭一次），他就在黑暗中打字，甚至不停下来看看他写得正确不正确……奥尔德斯的文字颇像卡萨诺瓦的（愉快和不愉快的东西都显露出来了），足以使得它很有趣。"玛丽亚对他写的东西的看法究竟怎样呢？劳伦斯——这时赫胥黎夫妇同他的来往十分密切，在他的肺部出毛病之后资助他的生活，他们怀疑这场病是他与他们一起在要塞游泳时吞下咸的海水所造成的——后来说，奥尔德斯那时在平台上写的那本书中的孩子之死是她永远不能原谅的一件事。然而她对他的忠诚是绝对的。当他不写作的时候，有一些消遣活动。他们去卢卡看圣像游行——"非常好看，令人印象深刻，黄昏时分，一支壮观的游行队伍直接从14世纪走出来"——并且去佛罗伦萨，从康斯坦莎的别墅中把他们在冬季用品拿回来。秋季的天气仍然可以是壮丽的——"空气如同水晶，色彩丰富灿烂之极"——但是书还在坚持写。

他一开始想取的书名是《对位》,但是不久前写的另一本书用了《上帝的对位》的名称,所以他试图想出另一个书名,然而到了11月底,他不得不最后用了这样的名称"使它更加具体——音符对音符"。他真正的担心是这个书名会太长:"这东西有一种令人不快的方式在我的手中成长发展起来—— 一种使我必须将早先写的章节不断地废弃、重写和再次废弃的习惯。我希望从现在到1月份这段时间内,它不会再出什么令人不安的新花样了。"他写信告诉玛丽:"我希望我再有一年来写这个东西。有更多的时间以便使每一个想法成熟和圆熟——不完全是在意识方面的,尽管在一定程度上甚至在这方面也有;但主要是当人并不在具体考虑那个问题的时候——其方法是将新的体验同老的体验紧密结合在一起,以及将回忆和知识与思想相联系,使它能够自行成长和多样化。"

《适当的研究》于11月出版。这本书标志着他从以前编集的那种随笔集前进了一步。它体现了更加认真的态度和在方法论方面的一些雄心。它是朝向此后写出的如《目的和手段》(1937年)这类书跨出的一步。"这些文章,"他解释说,"代表了我想将我从观察和阅读中得出的,关于社会和个人生活方面比较重要的几个方面的混乱的思想条理化的意图。"他还说:"人类最重要的部分可以不必用一种特殊的技巧来加以研究,并且以普通说话的语言加以描述。"今天,随着学术专业化的发展,就比较难以遽下这样的断言了。在这些随笔中,赫胥黎是以对于18世纪的那种认为人性基本上是理性、人道和善的肤浅观点的批评者出现的。他相信理性、美德和人道,但是认识到,社会机构不得不困难地以康德所说的"人性这块弯曲的木材"为原料来制成,而不是依照一张完善的图纸来制作。他还列举了他的思想导师,如意大利社会学家维尔弗雷德·帕雷托,此人卷帙浩繁和咄咄逼人的著作《普通社会学》在20世纪20年代对于赫胥黎来说成了类似社会理论方面的圣经的东西。他承认,他更喜欢荣格而不喜欢弗洛伊德和阿德勒,后两个人仅仅是“偏狂者”。

这些文章有意思的地方，在于它们透露出赫胥黎当时正在出现的思想，这种思想欲把一种继承下来的开明人道主义与人性中比较难以对付的现实相协调的意图。“世界上大部分的哲学和神学不过是从智力上证明哲学家和神学家的愿望和白日梦是有道理的，”他在一篇文章中提出这样的观点，他又说：“从科学的角度来看，‘原罪’学说比天生理性和美德的学说更加符合事实。”这篇文章，即《平等思想》，的局限性在于，尽管它是以机智、流畅、怀疑论和理智的方式写的，但是它实际上并没有提出任何主张。鉴于当时动荡的政治局面和日益增长的危机感，也许需要某些更加积极的思想。赫胥黎像20世纪20年代的大多数关心社会的思想家一样，当时正在摸索着为《绅士喜爱金发女郎》中的罗雷莱·李对爱慕她的那位有钱慈善家斯博法德先生说的话中指明的那个问题找出答案：“文明不是必定应当有的东西，我们真的应该有一些其他东西来替代它。”他的一篇关于“政治民主”的文章，回到了他在《哈泼氏杂志》上发表的文章中的论点；他提到1927年6月27日布里克斯顿的补缺选举中只有53%的人参加投票的事实(如果是在今天，投票的人还会更少！)，再次质疑人们实际上是否对民主有很大兴趣，并且重述希望让一个国家“由其最精华的公民来治理。”

这部分是一种想看到让最好的思想占据优势地位的愿望，但是人们感觉到，另一部分是坦白承认他自己不必出山干事而被允许继续过他自己的生活的愿望：“我本人缺乏一切管理的能力和雄心。”他在一篇关于宗教的文章中赞扬天主教，无疑是受到了他在比利时和意大利看到的东西的影响：“天主教很可能是所有西方宗教中最为现实的。它的实施基于对各个种类、各个层次的人性的深刻了解。”在别处，他对普鲁斯特进行攻击(他在第一次出版作品时带着景仰的心情阅读此人的作品，但是后来对他进行贬斥)，说他是“一个科学的感情纵欲者”，没有做比了解他自己更大的事情的雄心：“他似乎从来没有想到过要利用他的知识进一步提高自己。这部书有一种奇怪的道德上的贫困。”对于像赫胥黎这样一位希望对世界发挥作用,发现某种能对正确的行动有参照意义的统一原则的人来说,像普鲁斯特那样陶醉在他断断续续的个人性情中是不可能的。一篇关于“优生学”的文章是他对于这个主题的初次涉猎,他的结论是(在注意到“很可能……他们将学习在瓶子中繁殖婴儿了”之后),一个由完美的样本所管理的世界可能有一点儿让人无法忍受:“如果优生学家们正在太过热心地匆忙改善这个种族,他们将只能成功地把它毁灭。”

第一批读这部书的人之一是劳伦斯:“我已经读了 70 页,对于你是如此认真和专业有一点感到震惊。你不是无缘无故当你祖父的 *Enkel* [孙子] 的——那种引人发笑的冷面滑稽的思想和内在的社会道德感。”赫胥黎夫妇在圣诞节去佛罗伦萨,同劳伦斯和弗莉达一起过节,同时,在也许是赫胥黎记记停停的日记的唯一摘录中(日记想必已经毁于 1961 年的那场大火,但是这则摘录印行在他所编选的劳伦斯书信集的导言中),他描述了这件事:“与劳伦斯夫妇共用午餐和度过下午。劳的样子令人钦佩,谈话妙趣横生。他是我感到真正尊敬和钦佩的少数几个人中的一位。对于我会见过的大部分其他杰出人物,我感到不管怎么说,我与他们是属于同一个物种的。然而这个人具有某些不同的东西,他的优秀是种类的优秀,而不是程度的优秀。”

就在圣诞节之前,赫胥黎夫妇一直在考虑他们未来的事。他们已经拟订好去英国乡村居住的计划。但是他们很快放弃了这个计划而采取另一项方案。玛丽亚是这样向玛丽简述这项方案的:“我们将改而在这里通往大海的一个松林中央建筑一所迷人的房屋。这所房屋将在明年 6 月份造好……房屋将很小,但是将在塔楼上或者面朝大海的底层给你留下一个房间。”然而,小说的创作的势头并不怎么好(虽然那所房屋从来就没有建成),到了 1928 年 1 月底,赫胥黎向普兰蒂斯提出可以因为没有交稿而减少付给他的预支款。这时他是从新的地址写的信,不再是如他们所计划的科蒂纳，而是从瑞士沃州的魔庄寄出的。朱利安和朱丽叶特·赫胥黎租用了位于鹰峰上的阿罗尔木屋过冬，奥尔德斯和玛丽亚则到那儿去同他们团聚。朱丽叶特后来回忆起漫长悠闲的早餐，早餐后玛丽亚就打发奥尔德斯去苦心写作他的长篇小说。有客人来访，如朱丽叶特漂亮的表姐妹，一位专业舞蹈家，引起了玛丽亚和奥尔德斯两个人的兴趣，奥尔德斯在写给玛丽的信中把她描绘成“一个非常善于挑逗风情的人，可她还没有意识到她在做的事情。”

然而，吸引人的主要是他们邀请来住在附近的劳伦斯。“一个多么令人惊奇的人啊！他确实抢去了其他大多数人的风头。这样的洞察力、这样的机智、这样充沛的生命力，以及尽管他在生病，仍然有这样的幽默。”他们告诉西比尔·科尔法克斯说，劳伦斯使得大部分其他人似乎“相比起来半死不活”。在此同时，玛丽的多风波的爱情生活受到李顿·斯特雷奇的剖析，他劝克莱夫加把劲，重整旗鼓，使玛丽重新回到他的身边。弗吉尼亚·伍尔夫认为，玛丽“非常寂寞，并且迫切地想回来。”赫胥黎告诉玛丽，他正在阅读爱·摩·福斯特的《小说面面观》，这本书是以福斯特 1927 年在剑桥的克拉克讲座为基础写成的，刚刚出版。他发现这本书“有趣，但是我想，它太薄，颇令人厌倦，太像个老处女似地絮絮叨叨，窃窃私笑，没胆没量到了可怕的程度——这种没有一点男人气的特点，在他谈到那些大胆的书与没胆的书较量时明确表达自己的观点的段落里显露得特别强烈。”一开始，劳伦斯对魔庄并无多大兴趣：“奥尔德斯像一只高视阔步的长脚鸟儿，看上去只有脚杆和爪子，下午去慢慢地滑雪……奥尔德斯和玛丽亚没有多大乐趣地慢慢滑着，我们在雪地里走了一会儿，然后回家。人非常少，几乎所有木屋都关着门，大雪覆盖了一切……奥尔德斯看上去像一根少见的高杆儿，因为他身高 6 英尺 4，精瘦而且半瞎，而他的滑雪板有 7 英尺多长。”劳伦斯对那种冗长的知识分子式的交谈感到灰心丧气：“我必须说，这么多谈话已经使我厌倦了。这种谈话有什么用！实在远远不如把心灵藏在耐心里面。”他特别恼火的是赫胥黎两兄弟关于科学的谈话，以及他们对于进化论的信念，以及朱利安所谓的“人类遗传改进的可能性”。劳伦斯认为，解决人类问题的办法不在于科学，而在于使本能和直觉生活获得更大的自由。但是他对于他同奥尔德斯讨论研究出来的一个想法表示兴趣，即一群作者们应当联合起来出版他们自己的著作，把他们自己称为“作者出版公司”。毫无疑问，他与出版社之间的麻烦(赫胥黎没有这种麻烦)是这个想法背后的一个原因，因为当时正是他写作《恰特莱夫人的情人》的时期，正要将它交给出版社——这部书的手稿是由玛丽亚打字的，她并不总是欣赏那些轻率地用到一般谈话中的比较粗鲁的性方面的英语词语的猥亵性质的。

在雪山中度过的1928年的最初3个月富于山野风味。冬日的阳光十分灿烂，虽然由于山峰的缘故，阴影来得略微早了一些。晚上，朱利安和奥尔德斯轮流朗读书籍。《匹克威克先生外传》就是这样全部读完的。在日间，他们滑雪，和小孩们一起玩。奥尔德斯和朱利安为他们造了一所圆形小屋。朱丽叶特帮朱利安打《生活的科学》的稿子作为消遣，绣了一幅亚当和夏娃像，他俩的生殖器官部分则是由劳伦斯自己完成的，他对各种家务都深有造诣。赫胥黎夫妇再次倾倒于劳伦斯的魅力，开始谈论去他在新墨西哥州的庄园里过上6个月的计划。结果，由于必须安排马修上学的事，他们在3月份去了伦敦。2月底，玛丽亚曾写信给玛丽，说到她怀着“强烈的亲吻一次的愿望，”但是她也以同样的语气提到奥尔德斯：“你是否记得他是怎样能使你整个身体颤抖的?”回到伦敦之后，他们再次在昂斯洛马厩街的房间里有过接触。小说已经接近完成，但是赫胥黎仍然想修改一下书名，这时他确定认为这个书名“并不真正表达出我想表达的所有东西”。他想把书名改为《多种多样的规律》，这是福尔克·格勒维尔的诗中所用的一个词语，后来成了这部书的卷首格言，但是美国的出版社坚持要用原来的书名。他曾经对刘易斯·吉尔古德诉苦说，小说充满着困难，“尤其是对于像我这样一个不是个天生的小说家，而是有远大抱负的人来说”，这是一个作得再好也没有的总结。

到5月中旬，他的打字稿终于脱手了，赫胥黎现在有时间去同老朋友重叙旧谊，结识新朋友了。他已经同诺埃尔·考沃德一起吃过午餐，“他在单独一人时看起来比他以才华横溢的青年演员兼剧作家在一群人面前出现时显得可亲和睿智得多”。他当时正在阅读歌德的《威廉·麦斯特》，这使得他想起他是多么不喜欢歌德：“一个多么令人作呕的人物！说到格言，他是一位伟大的作家——不，这样不行。”马修·阿诺德在坟墓里也会不得安生的。他颇不情愿地对叶芝表示欣赏，当时叶芝的杰出著作《塔楼》（收有如《航向拜占庭》、《内战期间的沉思》和《在学童之间》等诗作）刚刚问世：“它们四周有一种奇怪的力量——在它们浅薄的文学性和矫揉造作的表层下面。”除了为《1926年最佳诗歌》提供一次诗稿之外，赫胥黎的诗人生涯看来已经结束：“诗歌这东西，如今我发现几乎无法写作，”他在早此一年曾经这样供述过。

6月份，赫胥黎渡海去巴黎，住在刘易斯·吉尔古德夫妇位于德康路的房子里，并且为租用位于布隆涅森林以北，修瑞斯尼巴克路3号的他们最新的住房做出安排。赫胥黎夫妇俩将把这栋房屋一直保留到1930年3月迁往法国南部为止，不过主要不是用来连续居住的。今天，离开这栋房屋——它坐落在一个颇有郊区风貌的，称为“英国村”的尖顶房屋别墅小区内，现在受到当地长官签发的保护令的保护——不过数码之遥的沿塞纳河北岸一带嘈杂的车辆声，使得它不再像在1928年应当是的那样是一个吸引人的地方。现在的房主——她在门上挂的黄铜牌子表明她是一位心理治疗医生——听说 *Le Meilleur des Mondes*（《奇妙新世界》的法文书名——译注）的作者一度在她的家里居住过，表示出轻微的兴趣。赫胥黎最喜欢的长篇小说之一，是福楼拜对于小市民的愚蠢的全面揭露：《布瓦尔与贝居谢》。修瑞斯尼是书名所述的两个人物在他们早年的友谊时期星期日散步走得最远的目的地之一。一开始，他们似乎喜欢这栋房屋："环境真的令人感到愉快——这是一个小小的外省城镇，星期天的划船比赛给它增添了生气，门口就是河，还有森林——我们在周末去那儿走上一个小时看不到一个人——只有3分钟的路程。"赫胥黎夫妇到他们去要塞度夏之前一直没有时间完成这个安排。他们将直到10月份才能回到巴黎。他们驾车从巴黎去要塞，抽出3天时间去看望居住在沃韦山上谢布尔的劳伦斯。他们因开车超速在瑞士被罚了30个法郎，穿越了辛布隆关，然后沿着新建的汽车道驱车前往米兰。他们夸口地声称一路上一直保持每小时50英里的平均车速。在要塞，气温高达华氏94度，使他们终于买了一架电风扇，他们在"坐落于松林中，远离公路和大海的一栋非常小然而可爱的小房子"——坎奈托别墅——里安顿了下来。赫胥黎当时在阅读帕斯卡的作品——"真是那些最奇怪和最有趣的人中的一个，而且我确实认为，他是法国有史以来所诞生的最为精微和渊博的才智之士"，并且在等待人们对将在秋天出版的新的长篇小说的反应。这是他到那时为止最为扎实和雄心勃勃的小说，花费了他许多心血和力气。然而人们是否认为他已经取得成功了呢？

十七、修瑞斯尼

在要塞度过的倒数第二个漫长的夏天，是对于创作《旋律与对位》的疲累的愉快的放松。“这里充满了植物和阳光，”赫胥黎向玛丽宣布。“太阳帮人度过大部分的生活；一个人沉浸在它的能量之中。在间歇时，我稍微做一点儿工作。”他这时在忙着写他的文章——他把它们叫做“传记”，他曾在科蒂纳同劳伦斯讨论过想写一部关于像王尔德和波德莱尔这样的世界上伟大的“怪癖”知识分子的书，这些文章就是那些想法遗留下来的痕迹——它们将构成次年秋季出版的《任性而行》一书。“海滩上挤满了惹人注目的年轻意大利贵族，像非常漂亮的青年司机，以及身材很好的年轻女人。看上去怡人眼目，然而相当乏味；那种只应该在床上存在并且赤身裸体，同她们除了身体上和夜间的交流之外没有任何别的交流的女人。她们应当被训练在做爱的间隙中冬眠。”《恰特莱夫人的情人》一书已经问世，人们不断义愤填膺地写信给玛丽亚，“好像她是作者似的。这是一种对于大多数人类都有的真相的多么奇怪的仇恨呀！倒不如说，不是对于真相，因为它并不存在，而是对于现实。一种厌恶和恐惧。”一个月之后，他将同样的沉浸在阳光中的话又对玛丽说了一遍——“葡萄从凉棚上挂下来，几乎已经成熟了，无花果已经开始吐露出甜香”。他俩又去锡耶纳观看了一次帕里欧古迹，并且“有一、二次惊人地开车穿过当地的山岭”。这时，他在阅读勒南（“十分出色”）和薄迦丘的作品。9 月 10 日是玛丽亚的 30 岁生日，她问玛丽：“你是否记得你的和那第一次的接吻？”玛丽生于 1889 年，因此她的 30 岁生日应当是在 1919 年。如果这些话可从字面去理解的话，则玛丽与玛丽亚之间的性的关系将是与她同奥尔德斯开始谈恋爱差不多同样的时间开始的。

10 月 22 日，劳伦斯宣布：“我已经开始阅读奥尔德斯的书，一本多么厚的书呀！”他说得没错。这部橘黄色的书的分量有 1.5 磅重，长达 601 页。它与典雅简洁的《克鲁姆庄园》已经相差得太远了。这部书也承载着沉甸甸的期望。赫胥黎在其中投入了大量的感情和心血。他曾经向愿意听他讲的任何人阐述过他关于这本书的结构的理论：试图反映人性的所有方面，用一种观点来平衡另一种观点（用音乐对位作类比来解释书名，因为对位表示各种相互竞争的声音汇成复合的和声），从每一个角度，用实验室里的每一种科学仪器来探索人类标本。他曾经承认，他不是一个天生的小说家，但他声称有“远大的抱负”。对于读者来说，唯一的问题就是：这部书是不是发生了作用？一切证据表明，他们认为这部书是发生了作用。从销量来说，它是一次成功，带来了一些令人高兴的收入。评论家们的态度十分谨慎。西里尔·康诺利在《新政治家》上刊登的一篇匿名评论中认为，它“如果不是赫胥黎最好的作品……也确实是他最重要的”。《TLS》上的匿名评论员从小说技术的观点对它进行评述：“它并没有将故事和想法熔为一炉：它很少顾及进展、比例、高潮等诸如此类的东西。尽管有少量高超的场景和描写，但人物总是摆在低于想法的位置上。”阿诺德·贝内特在《现实主义者》上说，这部书对于长篇小说的“演进发展”没有作出任何贡献，他反对这部作品的“破坏性”，它对于人物的敌意，还反对这样的事实，即尽管至少有 3 个人物是作家，却“没有一处笼统地写出文学对于生活的影响以及反过来生活对于文学的影响。”康诺利注意到纪德的《伪币制造者》的影响——这是一种广为讨论的对于赫胥黎的影响——但是，根据纪德的日记后来的记录，他本人曾 3 次不成功地企图读完最初的 70 页，没有发现“哪怕一个行是多少写得坚实的，没有一丁点儿个人的思想、感情或者情感，对于心灵或智力没有些微的吸引”，因而放弃了这个努力。

老一代的小说家对于赫胥黎的间离效果以及他那种粗野而实际上是无情的讽刺感到难以接受。新一代的小说家则很可能认为这本书令人振奋而危险。这部小说是相互形成对比的一群当代人物类型(赫胥黎基本上认识的那种文艺界人士的类型)的肖像画，每个人通过反衬和比较成为另一个人的映照，以便用于表现出赫胥黎对于社会的总的看法，是他爱好攻读的，像帕雷托的社会学这样包罗广泛的大部头著作的小说形式相当物。不过，它写的只是当代社会相当有限的一部分。用作卷首格言的福尔克·格勒维尔(1554—1628 年)——专写“人类的堕落”的诗人——的词语，出自 1609 年出版的他的诗剧《穆斯塔法》中一群牧师的合唱，述说“令人生厌的人类状况”，即一种企图过基督徒的生活却被造化打败的状况。“造化的多种多样的规律究竟是什么用意？/激情和理性引起了自我分裂。”赫胥黎未加引用的合唱词的结束句子是牧师们的悲叹：“然而当每个人返视他自己的心，/他发现在那里的上帝远远与他的书本不同。”如果结合赫胥黎的小说，把这句话进行世俗化的解释，它的意思就是：激情与理性在交战，生活“与他的书本不同”。这就是作为一位随笔家的赫胥黎的观点，企图将智力和理想与社会现实互相调和起来。从完美社会在现实状况面前的虚幻性质这个意义上来说，这是一个他的下一部小说将是《奇妙的新世界》的人的观点。这部书用后现代主义的小说今天已经当作家常便饭的方式，表明了对于它本身进程的某些阶段点的评论。小说家菲利浦·夸尔斯谈论他想写的书：“观察事物的新方法的要点是多样化。观察眼的多样化以及观察的方面的多样化……其中有生物学家、化学家、物理学家、历史学家。每个人从他专业的角度看到事件的一个不同方面，现实的一个不同层次。我想做的事情是用所有这些眼睛同时观察。”那么，赫胥黎看到了什么呢？寻欢作乐的空虚无聊，像“被下等阶级吓坏了”，无法填平艺术和生活之间的鸿沟的沃尔特·比德莱克这样的知识分子，有钱的贵族爱德华·坦特芒特勋爵在感情方面的不成熟（“某种小孩”），被野蛮杀死的富有迷惑力的法西斯分子、“英国自由民”的头目埃弗拉尔德·韦布莱，有机能障碍的婚姻关系的场景（常常是由于男方的冷淡所致），说话喧嚣夸张的劳伦斯式的人物冉皮恩，最接近于体现出赫胥黎所关心的事的人物、小说家菲利浦·夸尔斯的“智力好奇心的冷静涌出”，斯潘德雷尔的“罪恶的净化”，许多现代艺术与生活的风马牛不相及。

甚至批评赫胥黎的人也承认，这部书中有遒劲的文字和引人注目的场景。不难看出，赫胥黎是怎样成为自由知识分子所喜爱的一位作家的。他把通常在长篇小说中找不到的东西带入了文学长篇小说。他对纯理性的探讨总是给人激励，引起争论的，他的写作中有一种现代感和大胆精神。同他一向所做的那样，书中有自传性的有关段落。菲利浦·夸尔斯和埃莉诺·夸尔斯同赫胥黎夫妇有许多相同之处。在小说开始不久的篇幅中，菲利浦同赫胥黎夫妇一样旅行了印度全境，意识到他在与埃莉诺结婚的初期爱她还爱得不够：“因为甚至在一开始，他就逃避过她的要求，他曾经拒绝把自己完全献给她。在她那一方面，她把一切都奉献出来了。他拿取了，但是没有回报。他的灵魂，他的身心的亲密，他是一直保留着不给的。”这是不是一种自白呢？类似于赫胥黎童年时代所罹患的残疾的菲利浦的跛腿，被他母亲向埃莉诺解释成是一种永远不该发生在像他那种天性的人身上的东西。“他诞生在很远的地方，如果你知道我的意思的话。他这人总是很容易离群索居。他太喜欢把自己关闭在他自己一个人的沉默中间。然而，如果没有发生这次可怕的事故的话，他本来可以学会更多地走到外部世界来。他的残疾在他与世界其余地方之间筑起了一道人工的障碍……智力的联系——这是他所认可的唯一联系……因为他能够在这个领域中坚守不败;因为他能够确信拥有优势。”而且,埃莉诺被看成是一个牵线搭桥的角色,告诉这位知识分子普通人生活的实际情况,“当地人的习俗”,她做这一类事,“不仅是为了她自己,而且是为了这个可能成为小说家的人,她希望他能够打破他那种无人情味的习惯,学习不仅依靠智力,同时也依靠直觉、感情和本能生活。她甚至富有英雄气概地鼓励他对别的女人产生激情的愿望。有一点风流韵事会对他有好处。”

1928 年 10 月 28 日,正是 H. G. 威尔斯发出一封关于这部小说的“非常好的短信”之后的几天,劳伦斯写信谈他的反应:“我已经读完了《旋律与对位》,我的心一直沉到脚底,又产生越来越大的敬佩。我确实认为,你以真正高尚的勇气展示了你本人和你那一代人的真实。我感到,写作《旋律与对位》需要我写《恰特莱夫人》一书十倍的勇气;如果公众知道他们在阅读的是什么东西,他们会向你投掷一百块石头,而向我则是投一块……我想对你的露西所做的事只是‘啪’地亲吻她一下。”至于被认为是代表劳伦斯的人物,“你的冉皮恩是这部书中最乏味的角色——瞎扯淡。这就是你关于智力方面的同情的尝试!——它相当令人作呕,我感到像一只把窝筑在温布尔登公共球场上却试图不被抓住的獾。”这是对这部书的一则普遍的反应——说它很勇敢,按准了当代的脉搏,然而并不总是完全讨人喜欢的。正如科特连斯基对弗吉尼亚·伍尔夫所说的那样:“这是时代的典型。这是一本痛苦的书,一本可怕的书,然而它是的。”劳伦斯——他同赫胥黎夫妇,尤其是同玛丽亚的友谊这时处于最为热烈的时期——似乎对冉皮恩并不介意,并且对这部书在商业上的成功颇感高兴。“衷心希望这部书能够真正赚钱,”他对玛丽亚说。“我很高兴你将从你的‘床罩’(原文是“Counterpane”,与“对位”(counter)谐音——译注)赚钱——听起来数目不小——你们很可以去挥霍一下啦。”劳伦斯这是在听说这部书在美国已经销售 8 万册的错误报道之后做出的反应。“如果情况属实,”他告诉他的朋友、佛罗伦萨出版商裘塞佩·奥里奥利,“他将变得十分高傲,盛气凌人,不会回复的。”到12月份为止，英国版销掉了1万册。在赫胥黎的整个一生中，他的著作在英国销售的册数比在美国多。劳伦斯在私下对此是有保留的。他问布莱特：“你读不读奥尔德斯的书？我认为有一点廉价的耸人听闻。”赫胥黎本人是了解这样的异议的。他对一位后来一直从美国写信给他的主动通信人、以弗洛伊德·斯塔基为笔名写文章的弗洛拉·斯特劳斯夫人诙谐地承认：“我终于写了一部相当好，然而也相当可怕的长篇小说。”

这时赫胥黎夫妇仍然在巴克路的房屋里慢慢安顿下来，整理出来中央空调、绘画和墙纸。玛丽亚确保将杜菲设计的织物用于沙发和垫子。按照奥尔德斯的身材专门向伦敦的梅普尔百货公司定制了扶手椅，玛丽亚的妹夫勒内·穆拉埃尔贡献了他的才艺，设计了一张有能够照出人影的桌面的餐桌，使得客人们可以看到他们自己在吃饭时略有些令人不安的形象。赫胥黎的邻居——一位有名得多的法国小说家——被刊登在《新文学》上的对于赫胥黎的赞扬弄得仓皇失措，竟然养成习惯当这位《旋律与对位》的作者出来到手帕大的后园时，用他浇园的水管朝着后者的身上浇。然而，赫胥黎夫妇开始喜爱上巴黎，尝试巴黎的一些乐趣，其中包括光顾一家女同性恋者的酒吧，其特色是有“两个长得像巨无霸似的女运动员的摔跤比赛”。这使赫胥黎想到：“这个城市最滑稽的特色是那些在据认为的罪恶渊薮中努力做坏人的人。”他告诉劳伦斯说，他这时没有在读什么特别有趣的东西，而前一时期刚硬着头皮读完弗吉尼亚·伍尔夫写的一本叫做《奥兰多》的“乏味的”书：“它的文学性和怪诞到了如此可怕的地步，以至于一点东西也没有留下来。”与此成为对照的是，他重读了《我们共同的朋友》，使他回忆起这部书是多么“痛苦地逼近生活”啊。赫胥黎的美学哲学继续是将“生活”置在优于“文学”的地位上，他对能够做出这个区别似乎十分自信。这时正居住在蓝色海岸的班多尔的劳伦斯请他去调查一下巴黎是否在销售《恰特莱夫人》一书的盗版。盗版书是有的，而对于新的通信技术一直感兴趣的赫胥黎，企图建议利用一种新的照相版技术来印制一版，以便夺回盗版的生意，在这以前，他曾向查托公司提出过一连串的有关技术过程的问题。他去拜访巴黎有名的书店莎士比亚公司的西尔维亚·比奇，但是最后劳伦斯找到另一家巴黎的出版商爱德华·提托斯，在1929年5月出了一版。赫胥黎夫妇在比利时与玛丽亚的家人一起度了一个“噩梦似的”圣诞节。“一个人很容易会过上太多的家庭生活!”他对奥托莱恩·莫雷尔抱怨说。年初回到巴黎之后，他告诉她说，虽然他发现大部分法国文人都“乏味”到不可救药的地步，但是他同年轻的法国诗人德里欧·拉罗歇尔经常见面，而且与保罗·瓦莱里会见了一次。瓦莱里告诉赫胥黎，一位作者过了24岁就不应当常与其他作者来往了——“一旦成了型，他只能发现他们无趣——这是作为一个整体而言——就是说：当然总是有个别例外的。”

继《旋律与对位》大获成功之后，赫胥黎无疑在1929年初进行盘存了。他在1月份短暂前往伦敦之际，从《雅典娜神庙》编辑部写信给弗洛拉·斯特劳斯(显然她曾请求他谈谈关于他自己的事)：“我对自己几乎没有什么了解，也不想了解…… 因为‘了解你自己’很可能是从来所提出的最愚蠢的忠告之一就是说，如果这话的意思是通过内省把内心的自我翻露出来的话……因为自我只存在于它与它的外部状况之间关系之中，而把人从外部世界引开的内省是一种自杀。”通过力图“在每一个出版季节进行剖腹自杀”而将一个人的内心生活暴露给公众，但并不为了别人的利益作自我分析来增加这种暴露已经是够糟的了。然而，他还是为他的著作的德文译者赫伯特·赫利奇卡写了一则简短的小传，其中提到了他的失明——“我当时非常孤独，只好一个人设法消磨时间”——并且以下面的话描述他在战后的工作：“从事新闻工作，在其间歇中，只要我有足够的钱抽身出来，我就写了我的第一批著作，大部分是在意大利写的……目前我在巴黎附近有一栋房屋。”尽管这则小传的文字几乎简短得犹如电报，它重要地确认了，对于赫胥黎来说，新闻工作是受到他鄙视的谋生所需，而他的目标始终是“抽身出来”写作。这种“抽身出来”是他的创作的一个必需的部分。在许多方面，赫胥黎是他那个阶层、他那个时代的一位典型的英国人，他也是那种心甘情愿地自我放逐的典型——这种人在20世纪初叶比在现在更加普遍，因为现在的青年作家似乎更多地待在家里。与那位把他的祖国戏称为“布丁蛋糕岛”的劳伦斯·达雷尔一样，赫胥黎是那种在国外的工作效率比在国内高的作家之一 ——不仅是因为国外生活费用低廉，比较不受那些固步自封的常规的束缚——而是因为距离使得笔头敏锐了。

在他乘坐开往多佛尔的火车隆隆地穿过英国东南部返回巴黎的时候，赫胥黎开始写信给玛丽——在这个十年的中期的信件中所表达的对她那种几乎是狂热的性爱激情这时似乎都已消歇：“再见了，可爱的玛丽；我们为什么生活在这种污秽的气候里？太沉闷了。车窗外面的景观实在阴郁到令人生厌。”他还向她描述他同比佛布鲁克在一起消磨光阴，比佛布鲁克要赫胥黎为他的报纸写有关当代文学的文章。他这时预先体验到一种将在好莱坞再次重尝的那种美学——道德观的两难局面，告诉玛丽说：“我恨那些猪猡用他们下流的钱对人家所施加的压力。在此同时，从他们身上榨出尽量多的钱来几乎是一种责任。所以，我仍然在要他滚开与向他争得最高价这两种愿望之间摇摆不定。”最后，赫胥黎决定拒绝接受这家伙的钞票，主要是因为这件任务将需要钻研大量他大多数看不起的当代作品，他告诉朱利安说：“这个时代——就这个问题来说，所有其他时代也是这样——的99.8%的文学作品，都是彻头彻尾的狗屁。”文学新闻工作这个职业所立足的假设却是它的反论，尽管有强大的证据证明事实恰恰相反。那年1月份，赫胥黎在伦敦签下了他与查托公司的第三份协议，规定三年内写两部长篇小说，如果可能，另外再出三本书。这份协议比较现实——以前的目标从来就没有完成过——现在，连同他在经济上的第一次宏大成功即《旋律与对位》的稿费，他能够宽舒地度过下一个十年的最初几年了。他还在批评家雷蒙德·莫蒂默尔的家里会见了吉拉尔德·赫尔德——另一位出色的谈话者和思想探索者，我们将在以后对他作更加充分的描述，此人是赫胥黎在美国的那些年里一位主要的智力方面的友侣。赫尔德后来回忆起那一次他们如何一直谈到凌晨一点钟，直到所有的交通都停止为止。尽管如此，赫胥黎陪同赫尔德走了3英里路回到他的家，然后他再步行数英里回到自己的寓所。他一向嗜好在夜里走很长的路。

一回到巴黎，赫胥黎得知劳伦斯身体不适，决定前往法国南部班多尔他住的美岸旅馆探望他。他们还想继续前往佛罗伦萨，去把他们的意大利汽车卖掉。结果是，劳伦斯似乎更加关心赫胥黎的身体状况。当他们终于在2月1日离开时（他们对于劳伦斯的诗歌《三色堇》的打印稿和《恰特莱夫人的情人》的印刷本被警方没收表示了极大的愤怒——继这个行动之后，又在6月份把劳伦斯的绘画从伦敦的沃伦画廊查没），劳伦斯写信告诉朱丽叶特："奥尔德斯和玛丽亚今天早上开着车走了——真是一个可爱的早晨，静谧而阳光明媚。但是他们两人的身体都不太好——奥尔德斯有肝病，非常疲累，玛丽亚十分消瘦，似乎身体不佳。他俩使我有点儿担心。奥尔德斯因为肝病曾在床上睡过两天……"劳伦斯感激赫胥黎的慰问，以及他答应请玛丽的丈夫杰克·赫金森去找"他很有交情的那位社会主义者"奥斯瓦尔德·莫斯莱就没收他的诗歌打印稿一事进行疏通。赫胥黎夫妇走了之后，劳伦斯写信给奥托莱恩，重复了他对他们的健康的担心以及他们一般的心情："我想那本《对位》的书多少使他俩产生了意见——她认为很难原谅写那孩子的死——这一点很可以理解。但是要我说，每个人除了他本身之外还有很多方面，写作这些小说的奥尔德斯只是其他许多不写小说的奥尔德斯——很可能要好得多——中的一个小小的奥尔德斯：我的意思是，写这部小说，写那个孩子死掉的只是他小小的自我中间的一个而已——而不是他的全部。——不，我并不喜欢他写的书：尽管我钦佩其中有一种表示反感和否定的不顾一切的勇气。然而我再说一遍，我感到只有一半的人在写这些书——是一种早慧的少年在写。在实际的奥尔德斯身上肯定有多得多的男人的品质。”数天之后，他在致科特连斯基的信中最后说：“奥尔德斯事实上好得多了——年岁大起来，更多地意识到其他人的存在了。”劳伦斯深信，孩子的死（这个情节是受到内奥米·米奇森的孩子患脑膜炎死亡的启发而写的）是奥尔德斯和玛丽亚的关系在1929年初产生了某种问题的原因。此外，小说中与露西·坦特芒特的私情“是奥尔德斯与南西·寇纳尔德的情史——我想玛丽亚是很难原谅的。也许他为了做过这事而感到抱歉。然而小说帮他们赚到了钱，而玛丽亚需要钱——是这么说的。不错，她想在巴黎买一辆新车。”

赫胥黎夫妇取道热那亚前往佛罗伦萨，在热那亚，车子的磁电机冻住了，当他们抵达佛罗伦萨时，车子陷在雪里达6英寸深，温度是零下15度，连水管也结了冰。正如赫胥黎写给阿诺德·贝内特的信中所以报告的那样，这部“阿尔诺”车成了一团结得硬硬的冰块。这不是出售一辆车的好时机，所以他们把车子留在一个修车行里出卖，再次坐火车回去，在穿过里维埃拉的时候，遭遇到一场风速每小时70英里的寒冷彻骨的大风。3月份，他们在巴黎购买了一辆驰名的红色布加蒂车（有一种不可靠的传闻，说是恩利柯·布加蒂知道一个女人竟然驾驶一辆他用手工制造的汽车，感到大为了吃惊）。那是一辆崭新的1929年型旅行车，买来时还附有AA级工程师们对它的赞语。这是《旋律与对位》的大获成功所结出的第一颗物质成果。它是一辆双座车，内部用鸽灰色贴面装饰，后部有一个大箱子似的行李箱。车子是特别为了适合奥尔德斯的长腿而定制的——不过这可委屈了马修，他不得不挤进两只前座之间的一个缝隙之类的地方。70年之后，当马修在他位于华盛顿特区的寓所里向我回忆起在滨海萨那利（赫胥黎夫妇在修瑞斯尼之后去了那儿）的那些日子，说他怎样听到他母亲驾驶的布加蒂车从班多尔沿着海岸公路开回他们在拉戈尔盖特的家时所发出的嘟嘟声的时候，眼睛放出了光芒。这辆车子需要试车，赫胥黎夫妇很高兴地借此机会把车一直开到马德里（去看高级住宅区的林荫大道），接着又去了伦敦。就这样，他俩在巴黎的丑陋的房屋里度过的时间很少，赫胥黎的许多工作都是在路上做的，在各个旅馆房间里不慌不忙地摆开他的打字机。他当时正在完成收入《任性而行》中的各篇随笔。劳伦斯在3月份设法在他们那里儿小住了一段时间，与奥尔德斯一起参加了一次巴黎的沙龙聚会，在那次聚会上会见了丹尼尔·阿勒维和莫利亚克。一次，赫胥黎在保罗·莫朗家用午餐的时候，会见了美国作家格兰威·威斯科特，并且发现他很喜欢此人："同他再次见面将是一件愉快的事。我在巴黎遇见的大多数文人的情况却不是这样的！"劳伦斯后来告诉奥托莱恩说："他们对我非常好，这么热情地照顾我。我对他们实在有一种人性的依恋。他们是有另外的一面，那种我无法忍受的头脑和精神的冲突和破坏性，但是对我，他们并没有表现出来。我随着年岁大起来，越来越害怕使得人们老是在不和中相互对立而不是和谐相处的那种冲突性的神经质了。"在开车游览西班牙之后，他们又来到了伦敦，在弗吉尼亚·伍尔夫位于布卢姆斯伯里塔维斯托克52号的寓所里再次会见玛丽和克莱夫·贝尔。当赫胥黎回来时，他意识到他多么不想在英国居住。他告诉弗洛拉·斯特劳斯说，他感到"我的祖国非常阴郁，很高兴我不是非得在这里度过我的全部时间不可。我已经达到了这样一个地步，即我珍视阳光超过了人群、文化、艺术和谈话。所以我要去意大利度夏。"他对于斯特劳斯女士不得不去利物浦这个"可憎的城市"表示同情，宣称"地中海是世界的中心。人类可以感到骄傲的每一件东西都来自地中海……人类生活中全部恶劣的东西都来自北方、西方或东方……所以，地中海人万岁！打倒利物浦。"

于是，赫胥黎夫妇最后一次动身前往马尔米要塞，后来，生命只剩下几个月的劳伦斯也去那儿与他们同住。

十八、劳伦斯

赫胥黎与劳伦斯的关系有很大的起伏,从他俩第一次会见的非凡的最初影响,中间经过赫胥黎在他俩没有联系的那些年里对劳伦斯的著作的尊崇的冷却,再到他们在劳伦斯生命的最后一年,1929年中重新产生的崇敬。在后一个时期,赫胥黎的信函中经常提到劳伦斯是一位全然超异的人,不过他始终与英雄崇拜保持着一步之遥。他从来不能隐忍着不表达出来他对于劳伦斯的哲学中所固有的那种反智性主义(虽然人们力求给他那种具有深刻敏锐的洞察力的谨慎和保留找出一个比较好的词语)和反科学主义所抱的怀疑。在劳伦斯这一方面是有所保留的("不,我并不喜欢他写的书"),并且他不喜欢赫胥黎祖传的对于科学的信念,以及他那迂阔无当的纯理性探究——他会对所有这些"议论"大光其火。赫胥黎在从对于劳伦斯的极端钦佩到在智力上对他的保留看法之间的摆动贯穿在我们在后面将予讨论的那篇关于劳伦斯的文章中,使这篇文章成为一份特别有意思的文件。

1929年6月,赫胥黎夫妇抵达马尔米要塞,他们将在那儿莫林林荫大道的坎奈托别墅断断续续地住到9月份。赫胥黎在动身之前,告诉诺尔曼·道格拉斯说,他最近一次去英国,发现"可怜的老英国""陈腐和阴暗之极"。意大利的阳光在向他们招手。他们取道罗马,但是被在罗马所发生的事吓坏了:“因为有了一帝国综合体,把他们自己看成是加图和奥古斯都大帝的法西斯分子们……正在忙着拆除所有中世纪和文艺复兴时期的罗马,以便挖出更多然而更加古老的垃圾堆来……这样,要不了多少年,罗马将变成一个点缀着断柱残垣的大坑,四周围绕着丑陋的花园灌木和国际大饭店。”一位很早来到要塞的客人是劳伦斯——“并没有改善,但是安静而快乐,这是比他在巴黎时好一点的地方”,是玛丽亚的看法。劳伦斯在巴黎他们家小住之后就去马略卡岛待了3个月。在要塞稍微停留了一些天之后,他就前往佛罗伦萨,然后去巴登巴登,接着,从10月份到1930年2月,他在班多尔,然后去了凡斯,于3月2日在凡斯去世。在这一段时期,赫胥黎夫妇同这位病人相见的时间很多。劳伦斯6月份住在要塞莫林林荫大道的裘利安尼膳宿公寓中,去住在毗邻的坎奈托别墅的赫胥黎夫妇家里喝茶,并且在海滩上同他们相遇。在他看起来,他俩似乎身体很好,并且对于他们从已经开始讨厌的巴黎住宅中逃出来感到高兴。但是,劳伦斯告诉他的妻子弗莉达:“玛丽亚仍然以一种我极不喜欢的方式同康斯坦莎搞在一起。”劳伦斯的朋友玛丽亚·钱伯斯当时住在要塞,她问起劳伦斯关于那些日子在赫胥黎夫妇家里喝下午茶的事。“谈呀,谈呀,谈,”他告诉她。“说话,说话,说话!话语消磨了生活之流。”劳伦斯向她引用了一句很可能是他刚从西班牙学来的西班牙俗语(*Moros en la costa y gatos en la azotea*——“海岸上有摩尔人,屋顶上有猫”),把赫胥黎夫妇称为“摩尔人”,因为他感到他俩老是围着他忙个不休,而且过分打扰了他。然而赫胥黎夫妇很可能以为他们这样做是对他的关心。当他在巴黎同他们住在一起时,他们曾硬要他去看医生。“他不想知道他病得有多么严重,”奥尔德斯对朱利安抱怨道。“所以他不肯去看医生和进疗养院……我们已经放弃试图说服他变得理智一点。”

劳伦斯无休无止地改换居住的地点,是一种想找到一个他可以感到好过一点的地方的命中注定的企图,然而他的健康状况在不断恶化。

“这种渐渐逼近的衰竭是多么可怕呀，”赫胥黎对罗伯特·尼科尔斯说。“而在这件事上尤其可怕，因为是如此的没有必要，仅仅是因为一个人反对专业医学奇怪的顽固态度所造成的结果。”“他从早到晚什么事也不做，只除了到处坐坐，聊一会儿天，非常偶然地浏览一本书，”他告诉玛丽亚的姐妹让娜。在此同时，尽管劳伦斯也许认为要塞一带的海岸同斯凯尼斯一样平淡无趣，但赫胥黎夫妇却兴趣盎然地游览了伊特鲁里亚古国的切韦泰里和其他地方，并且乘坐他们新买来的一艘充气橡皮筏——“一个非常有趣的玩具”——在海里戏水。在那里的居留在7月份有了中断，因为赫胥黎在春天患了一点黄疸，这时去坐落在阿普亚阿尔卑斯山中的意大利蒙特卡蒂尼矿泉疗养地住了一个星期——“一片能够想像出来的最为怪异的景象——所有那些身躯臃肿的人、患肝病的人、贪食的人、便秘的人、红鼻子的人、黄眼睛的人站在一间药用水供应室里，看上去好像是从阿尔玛·塔德玛的眼里看出来的古罗马。”赫胥黎在那里同来自佛罗伦萨的劳伦斯的朋友，书商兼出版商“皮诺”·奥利奥里在一起。此人后来用一句简洁的话证明了赫胥黎在矿泉疗养地的无休无止的谈话：“奥尔德斯他坐着发议论”。当奥尔德斯从这个医疗地回家的时候，玛丽亚认为他“软沓沓地就像一个塞着木屑的玩偶”。不过，赫胥黎喜欢上了阿普亚山脉，所以他俩在8月份一起去那儿探索卡拉拉大理石的产地。赫胥黎随身带了他的颜料，想画下山间的日落景象。绘画一向是赫胥黎的爱好之一（不过在任何公共场所出现的唯一例证是在加利福尼亚大学洛杉矶分校图书馆的前厅所悬挂的一幅吉拉尔德·赫尔德的肖像画，他的家族声称对他的画作一无所知，也不知道它们的下落）。玛丽亚有一次向劳伦斯抱怨说，她因为在要塞裸体为奥尔德斯摆姿势当模特儿而着了凉。

秋天，赫胥黎夫妇回到修瑞斯尼，立即开始计划另外一次旅行——去西班牙。“他们总是如此不肯安宁，不知满足，”劳伦斯认为。赫胥黎夫妇有个机会作为代表出席在巴塞罗那举行的“知识分子合作联盟代表大会”，还有另外一个机会同他的朋友萨利文一起参加一次“欧洲伟人”旅行，为《观察家》撰写一系列关于爱因斯坦、海森堡等人的人物速写。但是他首先在9月底一个人很快地去了一次伦敦。他同克莱夫·贝尔在埃菲尔铁塔共进午餐，并且看望了玛丽·赫金森。玛丽亚一个人呆在巴黎，因为她为了某种原因对上一次旅行感到不快而不想去，她发现奥尔德斯再次被伦敦“迷住了”。当他回来的时候，他俩谈论搬到班多尔去居住，好离开此时在那里定居下来的劳伦斯近一点儿。玛丽亚这时急于离开巴克路——“这个可憎的地方……既不是城市又不是乡村”。然而劳伦斯在听到这个计划的时候对弗莉达的姐妹埃尔莎·杰夫说：“我倒希望他们别来。”

开车去西班牙对于驾车的玛丽亚来说十分疲累，但是他俩发现这是“欧洲最奇怪的国家”。他们开头在巴塞罗那待了一个星期参加知识分子大会——“糟糕得无法形容”——然后驱车前往塔拉戈纳、瓦伦西亚、阿利坎特、穆尔西亚、阿尔梅里亚和格拉纳达等省。他们穿过安达卢西亚的偏僻小路，漫游到龙达、赫雷斯、圣费尔南多、加的斯，接着穿过赫雷斯(他们在那里对于他们所饮的1847年的雪利酒极为欣赏)、塞维尔、科尔多瓦、马德里和布尔戈斯回来，然后回到法国。他们离开法国的时候稍微晚了一些，接近旅程结束时的天气相当寒冷。劳伦斯收到他俩一路上寄给他的明信片。他是一个强烈反对开车的人，感到玛丽亚开了那么长的路的车一定是累坏了。“我并不认为他们热爱西班牙，”他对皮诺·奥利奥里说，“可是奥尔德斯毫无疑问，将写有关它的文章。”

赫胥黎是1929年在巴黎第一次看到有声电影的。鉴于他后来成了一名好莱坞的剧作家，这个经验十分有趣，并且在7月份他为《浮华世界》写的一篇随笔中有所描绘(在10月份出版的随笔集《任性而行》中也收入了)。他承认，到这时候才接触到有声电影是晚了一点儿：“但是，就我而言，追新奇、赶潮流已经不再是一种责任了。”他描绘他如何走进“意大利林荫大道那个气味难闻的大厅，那儿装置了最新的和最可怕的生产无需创作的标准化娱乐的发明物。”这个说法具有巨大的启示意义，并且预示了《奇新世界》中的一些主要的主题。因为，赫胥黎并不倾心于各种新奇的通俗文化形式。他认为，新的娱乐业驾驭了新的技术，为的是增加它们的利润，而不是推进个人的艺术创造。文章的调子是开玩笑和自嘲的——是一种假装不赶时髦的35岁的守旧者赫胥黎的口吻——并且还提到“仁慈的天公”夺去了他的正常视力，“这样，隔开4码或5码的距离，我就幸运地看不见芸芸众生的全副狰狞面目了。然而在电影院里却无处可以逃匿。”他在巨大的银幕上看到了一切，并且发现“令人害怕”。一支爵士乐队在银幕上演奏，它的旋律和滥情的抒唱在他听来是“堕落”。听起来，演奏的那部影片是第一部有声电影《爵士歌手》。所有这些抨击未免过于激烈了一些，但文章的调子似乎允许它有意地夸大其词。“我们现在正在处于这样一种精神气候，在其中无法追忆的年代里的正派东西很难繁荣起来，”是从一家烟雾腾腾的巴黎电影院放映的短片中得出的广泛结论。不久之前，赫胥黎刚对朱利安说过：“最近，我除了一些大师的作品之外很少阅读别的东西，我得出结论认为，阅读任何其他东西实在是浪费时间。”在意大利林荫大道的邂逅，是欧洲高雅文化在遇见现代商业通俗娱乐这个无法撼动的东西时所具有的不可抵御的力量的一个例证。

《任性而行》中的12篇随笔（书名来自布莱克的诗句：“任性而行，世界是一部小说/而且是由矛盾造成”）——以比《适当的研究》中的那篇高头讲章式的《引力》更加轻松、活泼的形式——体现了赫胥黎在20世纪30年代初的世界观。这些是一种怀疑论的、人道的观点，抵制当时在欧洲刚刚出笼的那种单狂的信条：“历史不可能有任何决定性的实验…… 历史不是科学，”赫胥黎这样断言。他第一次提出了他的重大思想，即正确的目的必须选择正确的方法——如果选择了错误的方法，那些目的就命中注定将被废除。唯一可行的理想“不是超人的品质，而是完善了的人性”。这是一种呼唤人道现实主义,不要暴虐地将人硬塞进某种预先浇铸好的理想主义模型之中的主张:“人是五花八门、前后不一、自相矛盾的”。在这本集子所收的关于作家的文章中详细描述了这种思想。斯威夫特的愤世嫉俗的观点是“极其愚蠢的”,因为它表达了“一种对于现实的儿童式的怨恨”。华兹华斯也是这样,他忘记热带的大自然对于人类是远远不相宜的,“要我们同样弄虚作假地来进行直接体验”,并且把我们推进简单化哲学这个“舒适的玄学别墅”里。赫胥黎承认,他已经改变了他的观点,现在认为:“我们只有前后无联系、矛盾百出地生活,才能保存生活在我们内心世界里的人类和公民,智力和自发的动物存在。”这种观点中的很大一部分表现出劳伦斯的影响,他在文章中明确提出劳伦斯作出了“富有成果”的贡献。

像往常一样,赫胥黎保持了解知识方面的最新动态,他注意到工人阶级的资产阶级化的问题,并且想不通如果没有了作为资本主义这个机器的动力的工业无产阶级和不平等现象,资本主义将会怎样存在下去。赫胥黎第一次表示出在其后数年进入他的政治思想中的悲观主义观点,提出了“一种虚无主义革命”的鬼影,使这个观点火上加油的,还有他对于生活的每一个方面的机械化、那些使人类生活丰富、多样化和生气勃勃的许多东西被连根拔除等现象的沮丧感。“我们能够希望的只是它不要在我们的时代产生。”在最后一篇关于帕斯卡的长文中,赫胥黎阐述了他本人偏爱的哲学:“[我的]基本假设是,这个星球上的生命本身就是宝贵的,根本不必提及什么假设的更高世界、永恒、未来的存在等等生活的目的就是生活着……没有悬殊差别和多样化的生活是不能想像的……[我]将与一种其实是歼灭的完善没有任何关系。”这部书是到那时为止赫胥黎最优秀的随笔集(而且对于任何试图进一步探索他在这方面的才华的人来说,是一个很好的起始点)。这部书还提出了作为随笔家的赫胥黎开始同作为小说的赫胥黎进行的竞争已经到了什么样的程度的问题。

赫胥黎夫妇从西班牙回来之后，在修瑞斯尼过了圣诞节。劳伦斯认为他注意到了奥尔德斯和玛丽亚之间的关系出现了某种问题。她告诉劳伦斯说，她可能在元旦单独一人去班多尔看他。“他同她之间似乎有某种事情搞僵了，我不知道是什么事情。”然而，西比尔·贝德福德却对有问题的说法表示怀疑，而且必须记住，当时劳伦斯已经是一位行将就木的人了。12月，赫胥黎在巴黎会见詹姆斯·乔伊斯。这不是一次重大的会见，因为在这两个人之间存在着一条美学观方面的鸿沟。当时赫胥黎正在阅读但丁的著作，并且评论说：“以最少的明显可见的方式来产生无限的效果从来没有被推进到这样的高度。”只就《尤利西斯》洋洋洒洒的篇幅、它那为语言而语言的兴高采烈的浮夸态度，以及它那无穷无尽的形式创新而言，就不会得到赫胥黎的青睐。尽管如此，他写信告诉玛丽说，他见到了乔伊斯，“我特别奇怪地发现他比《尤利西斯》和《进展中的工作》会导致人们期望的要和蔼可亲得许多，不过我并不因此而比较喜欢一些这两部作品中的任何一部”。赫胥黎告诉罗伯特·尼科尔斯，他比较喜欢格雷厄姆·格林的《内心的人》和弗吉尼亚·伍尔夫的《到灯塔去》。

新年的大事是《去天堂之路》的上演，这是坎贝尔·迪克森根据《旋律与对位》改编的剧本。这部戏在伦敦的戴利剧院从1930年1月31日演到3月1日，由列昂·莱恩导演，而且是赫胥黎试图靠舞台上的成功发财的一长串努力中的最新的一次。他在奄奄一息的时候仍然试图这样做。劳伦斯这样讲他的闲话：“奥尔德斯似乎在自得其乐，厕身于男女演员中间，像那么一回事。”玛丽亚之写信给劳伦斯说，这部戏很糟糕，但是可以给他们带来一些钱。这么短的上演时间注定了不会有多少钱。赫胥黎向劳伦斯详细报告了第一夜的情景，当时演员紧张得连台词都忘记了，“并且把他们记得起来的台词大吼出来”。他夸口说，“如果我能够润色最后一场，将全部剧本重写，我可以搞得相当轰动，我相信这点。”赫胥黎从这次经历中学到了许多东西：“首先了解到演员们愚蠢得不可思议，不懂业务……莱恩有点儿像一场灾难。平庸得一塌糊涂……演员们既然如此，戏的上演就如同用包装箱和细绳做的乐器来演奏一场四重奏。"这部戏的许可证一度被暂时扣押，因为赫胥黎拒绝允许应张伯伦勋爵的要求对戏的内容进行修改。这位官员发现有一处提到阳痿，感到不能接受。那一次克罗默勋爵实际上倒是相当开明的。他一脸倦色地提出，他约好了在第二天会见伦敦大主教和他的净化委员会。最后，他在首演夜前来欣赏这部戏剧。由赫胥黎作序的剧本出版了，赫胥黎在序言中——以一种在他后来的在写作电影剧本的生涯中变得十分熟悉的语句——承认，剧院的合作性程序对于一位习惯于孤身独处写作的作家来说是不容易适应的："对于一个从事一种全部责任都由个人承担，作品的成败完全系于他一身的艺术的人来说，再也没有比他对于其创作是一种多人的合作和解释的东西的艺术的初次体验更加奇怪的事情了。"赫胥黎似乎在这时接到了一项要他搞电影写作的提议，稿酬之丰令他跃跃欲试；但是玛丽亚——尽管劳伦斯说她太看重金钱——却感到犹豫不决。她写信给玛丽说："钱的价值是比不上某些东西的。如果一个人有了足以过上舒适日子的钱，干吗为了赚到更多而做牛做马！"这项提议大概落了空，或者被谢绝了，因为赫胥黎差不多在同一时间宣布："我目前正在写一部自己的戏剧；相当有意思。"这部戏就是次年 3 月份上演的《光亮的世界》。

回到巴黎之后，赫胥黎夫妇积极行动，在班多尔附近寻找一栋房屋，这时劳伦斯即将进入那一带靠近格拉斯路的凡斯路上的一家疗养院。他俩在 2 月底见到劳伦斯，劳伦斯仍然在为他们担心："奇怪呀——他们身上有些东西消失了——他们现在将不得不与世沉浮了——在某种精神的方面已经完了。"这是劳伦斯写的最后一封信，因为他在 3 月 2 日，即赫胥黎夫妇到达后的 10 天去世。"可怜的劳伦斯去世时，我们同他在一起——眼看着一颗不屈不挠的灵魂终于破碎、熄灭，是一件非常悲痛的事，"他告诉译者西德尼·施夫说。"自从我们在夏天最后一次看到他以来，疾病使他憔悴得可怕，我们去探望他……是悲伤的事。”玛丽亚在1943年写的——一封信中简短地描述了他辞世时的情况：“劳伦斯的双手紧紧握住我的两只手腕，说：‘玛丽亚，玛丽亚，别让我死。’但是过了一小会儿，他变得比较平静……他告诉我他看见了他自己，他的头，就在那儿，在我旁边，他知道他会死。”玛丽亚把他抱在怀里。他在下午10时15分与世长辞。他的死使她受到极大的打击，因为她一向异乎寻常地喜欢劳伦斯。葬礼后，赫胥黎夫妇留在法国南部，因为他们一部分是前来寻找一栋房屋的。他们先是住在班多尔的美岸旅馆，通过旅馆老板向他们介绍了当地房产方面的一些情况，他们在班多尔与滨海萨那利之间的海滩的岩岬上的拉戈尔盖特找到了一处房子。这里将在此后的七年里成为他们的家园——我们不得不再一次加上“断断续续”一词，因为这对不得安宁的夫妇永远不能在一个地方待上太长的时间。

十九、桑纳瑞

班道尔高雅的博克·弗杰旅馆里，劳伦斯逝世一周后，玛丽亚在写给玛丽的信中描绘了他们购买的新房子，“我所求无他，只是看中了新房所处的位置——在乡间，并且，走上两分钟的路，就能痛痛快快地洗个澡。至于其他的方面，我觉得滑稽而迷人。奥尔德斯想把它叫作佩居谢别墅——所以，你或许能猜到它是什么样的——当然很大啰。我们本应该收拾收拾它，但是，它有一个很大的葡萄园和一大片水域。在家具——佩居谢式家具——到达之时，我们就准备来此过复活节了。”他们的做法参照了福楼拜的小说《布瓦尔和佩居谢》(1881)。小说中使其住地扬名的男主人翁在法国外省乡下买了一幢房子，继而对其进行装修和使用，结果却令人喷饭。房屋的主人——“一位来自马赛的、长着五短身材的五十五岁的肥胖男子”——和他的妻子像中了邪似地为他们的中产阶级的舒适设备无比自豪——地下室里有一个洗澡间，每层楼都有一间厕所，房子的三面都有暖室，还有一块长着橄榄树和无花果树的四千平方米的土地和一大片被去年冬季的严霜所冻坏的桉树。玛丽亚想，这将是散步和沐浴的好地方，但又先见之明地意识到，沿海的市郊化进程将会加速，“沿海的建筑物会过度，人也会太多……我不知道我们真正享受安宁的时日会有多久。”赫胥黎告诉西德尼·席夫，它是“一幢滑稽可笑的小房子……但很容易变形改观”。他们责成建筑工人对房屋进行改建，据说，一位热情洋溢的石匠在门柱上漆了“赫胥黎别墅”几个字以欢迎屋主的归来。

在安顿下来的最初几周里显得十分凌乱，罗伊·坎贝尔和他的妻子以及与他们住在一起的女儿西比尔·冯·斯科纳贝克来拜访了赫胥黎。作为西比尔·倍德福德家中的一员，斯科纳贝克在她的自传中对座落在桑纳瑞的赫胥黎的家以及与赫胥黎初次见面的情形都作了生动的描述。坎贝尔一家带来了“一股活力和生机”。相比之下，另外一对夫妻——西里尔·康诺利和他的妻子——却争分夺秒、争先恐后地扑向赫胥黎的家门。玛丽亚对康诺利夫妇的最初印象暗示了这种紧张关系——特别与她的担忧有关，她担心生活安逸常常醉酒的康诺利夫妇会使奥尔德斯的某些重要器官受到侵扰，使他在某种程度上清心寡欲、离群索居。琼·康诺利称玛丽亚为“看门狗”。玛丽亚告诉玛丽他们已经与康诺利夫妇发生过口角，“我深信他们非常不喜欢我，但是……他们一直来看我们……是因为奥尔德斯的原故，虽然奥尔德斯并不怎么喜欢他们。康诺利受到的伤害最深——因为……我直呼其姓，更有甚者，我问他是不是天主教教徒——这就引起了他一连串的追根溯源。”西里尔·康诺利——一位有着巨大影响力的评论家——来到桑纳瑞对赫胥黎表示了英雄崇拜。他在小说《岩池》(1936)中提到了“奥尔德斯·赫胥黎的道地的知识分子的粗俗”；在《诺言的敌人》(1938)中，他又把赫胥黎典型化为这样一类人：“牛津的小男孩，在飞翔的高空秋千架上的可怜的年轻人”，后来又变成了“一个道德家和一个清教徒”。在同一本书中，他是这样说到赫胥黎的，“他在写作上是一个疏忽的理财家，自切斯特顿以来，还没有一个人像他如此般地浪费自己的天赋”。但是，到了 1930 年，康诺利对赫胥黎只有完完全全的钦佩了。

他是在 1929 年秋天在巴黎的西尔维亚海滨书店第一次见到赫胥黎的，随后，在 1930 年搬到了桑纳瑞，房子名叫“夹竹桃”。“从赫胥黎家和沃顿城堡[伊迪丝·沃顿在海瑞斯]到毛姆海岬，达官显贵们营建了一座座自己的小领地，”他在《岩池》中写道。后来在20世纪60年代所写的文章中，康诺利承认他对赫胥黎有着“深深的矛盾态度”和敬佩，正是这种敬佩让他搬到了桑纳瑞并且住了下来。他记叙了在伊迪丝·沃顿家的宏大庄园里与赫胥黎一起共进的一顿午餐，当时，彼此都感到有点冷淡，交谈的内容也只是他们刚打过的、赫胥黎获胜的一场网球赛。后来，赫胥黎又被邀请了，康诺利夫妇却没有被邀请。从某种意义上来说，康诺利的问题似乎就在于他过多地提醒赫胥黎想起以前的自己。他聪明绝顶，温文儒雅，是一位喜欢在社会上炫耀、在伊顿公学里学了些有点陈旧知识的年轻学者。38岁的赫胥黎正开始离开“文学”，进入一段关于社会、关于道德思考的漫长旅程。康诺利所显现的才华——毫不掩饰的享乐主义和唯美主义——正是老一代人不想要的东西。就在康诺利与他信仰的敌人较劲的时候，赫胥黎似乎是超越了他们，以其令人惊讶的成就使年轻人相形见绌。康诺利承认，“奥尔德斯！这个独一无二的基督徒的名字回响在我的一生之中……我在桑纳瑞定居下来以便靠近他，我最欢乐的时刻就是他那辆红色的布干迪牌汽车摇摇晃晃地开进我家的车道，”康诺利最后得出结论说，“赫胥黎一家使我延长了10年的寿命”。

在1930年的春、夏季，赫胥黎夫妇经常去看望康诺利夫妇。赫胥黎确实向玛丽承认过康诺利夫妇是“有趣的”——“他像一个受过高等教育的、来自伊顿-鲍列尔的大街上的阿拉伯人，她是一个富裕的、老道的、十分典型的美国女孩”。一直到十月底，玛丽亚还在说他们仍然“很经常地”去看望他们，虽然他们是“令人讨厌的人，但偶尔也突现出一些优点——就像一个讨人嫌的小孩有时也有叫人感动的地方。西里尔同我们以前常常争执，但是现在他们想必已经下定决心不再与我们争吵了，因为我们是他们唯一的邻居，他们最好体面地与我们维持良好的关系，这样一来，他们对我毕恭毕敬，弄得我一直笑呵呵的”。这些话的表达方式暗示了对康诺利夫妇的几许同情。

五月，奥尔德斯去伦敦处理劳伦斯书信的编辑事宜，他是被邀请编纂的。他把桑纳瑞的房子交给了建造商。“奥尔德斯·赫胥黎住在这里的日子结束了，他要忙碌于书信编纂了，”弗吉尼亚·伍尔夫对布雷特说。弗莉达·劳伦斯原先接受了赫胥黎的主意，编一本间或夹杂着信件的纪念集。但是，赫胥黎最终决定编一本信件集。他拒绝接受信件集出版的稿酬和版税，也拒绝了T. S. 艾略特建议他写一本关于诗人劳伦斯的书。在三月里，“一连串的伤精费神的活动”使赫胥黎心身交瘁，他直奔英国，呆了三天，签了几份他的新书《短蜡烛》的限定版文件，此书当时正由纽约的喷泉出版社出版。五月，他再次到伦敦来，就看到查托出版社为之出版的书了。这本书由三个短篇和一个长篇故事组成，《焰火之后》已经接近了中篇小说的长度。《做你要做的事情》的主题思想非常有趣地重新出现在这些故事里——赫胥黎的虚构想像力和思维能力交织在一起，相得益彰。《克莱斯顿》抨击了道学先生的伪善——“克莱斯顿生活得多么完美，精神多么高尚！”——这种抨击声一直回荡在人们的耳畔，使人们警惕那些在说教的文字中出现的理想而扭曲的本性。在《焰火之后》中，迈尔斯·范宁——另一位作者——声称“一个作家不能影响人们”并且激烈反对“无知的理想主义者”，无知的理想主义者就是“一个‘大思想家’除了思考自身的动物般的可怜感情和知觉外什么都不思考”。这些故事中所展现出来的社会喜剧正转向对道德真空中的思想及唯美主义进行更加清楚的谴责。同月，赫胥黎为《标准晚报》写了一篇文章：“婴儿——国家财产”，文章讨论了家庭危机，这种危机是越来越多的个人要拥有自由的权利和现代民主强加于人的标准化所造成的。他指出在苏维埃俄国，国家抨击家庭是个人人身自由的中心，因此，“国家支付薪金的专业的教育工作者替代了家长”。一个人自然而然不可避免地会想到《奇妙新世界》。这篇文章的语调是少有的冷静和客观。赫胥黎观察着家庭的衰弱，分析其原因，但是，在读者看来，他似乎并没有完全投入其中。

虽然赫胥黎一直宣称他从不看有关他的书籍方面的评论（甚至连他的书一旦出版之后就再也不去瞄上一眼），但是他的的确确阅读过有关《短蜡烛》的评论而且非常失望。“当前的口号是一切文学必须突现其高贵性且带有几许巴里［*Sir James Matthew Barrie (1860～1937) 英国小说家和剧作家，当过英国作家协会主席，主要作品有长篇小说《小牧师》和剧本《彼德 潘》等——译者注*］式的风格，即以绅士般的随心所欲的方式来减少故事的冗长乏味。如果一个人的作品不相似于普里斯特利［*John Boynton Priestley(1894～1984)，英国小说家、剧作家、文学批评家，主要作品有小说《好伙伴》、喜剧《金链花树丛》、文学评论《英国小说》等——译者注*］的作品，那他就该死了”。虽然赫胥黎“近来只读了一些历史和哲学方面的书籍”，但是，他首次阅读的、由埃德温和威拉·缪尔共同翻译的卡夫卡的《城堡》却给他留下了非常深刻的印象。“一个人必须具备特殊的才智方能写出这样一部作品，常人是不行的。我认为这是一部十分迷人的书……在一部艺术作品中，真实性就是美的真实性，而美的真实性是一种玄妙的存在，两者合而为一；真实性与其伴侣是密不可分的，所以你只能用概括的措词来陈述它的本质”。这是一段关于美学的思考，有人就曾经希望赫胥黎能更加精力充沛地去从事这方面的研究，但是他却走了另外一条路。虽然赫胥黎极少阅读当代文学，但是，他对卡夫卡的热情远远超过了他对写作《奇妙新世界》的案头准备工作。

赫胥黎在伦敦作短暂停留，搜寻劳伦斯的信件（在间隙的时候，他试图写完剧本），这使得他反思了自己对劳伦斯著作的矛盾态度。“他是一个多么奇怪的家伙！我对他思考得越多了解得越多就越觉得他更加奇怪。他身上有那么多别人并不赞同的迷人之处和美好的东西”。月底，赫胥黎途经肖尔斯尼斯返回桑纳瑞。在鲁德巴克，他在给玛丽的信中提到，为了改善他的视力，也为了能让他第一次看清楚加莱［*法国*

北部港市——译者注]，他搞到了一副新的小型望远镜，“一个人视力不好真是太可悲了——但或许他也就看不到许许多多的可怕现象了！只有孤独才会感到害怕，或许并非所有的孤独者都会害怕。有了这付可爱的小型望远镜，我突然觉得自己像久病之后而康复的人一样重新探索世界，发现这个世界是令人难以置信的美好。然而，在餐馆里坐在我边上的那个使人厌恶的男子提醒了我，这个世界也存在别的东西。”6月26日，玛丽亚终于把他们的家什财产搬出了鲁德巴克，现在，她称它是“这个讨厌的地方”。桑纳瑞的房子一直到夏天还是一个建筑工地。赫胥黎在7月初告诉普兰提斯，“我们住在非常邋遢、非常不舒服的废墟之中——过着难民的日子”。工人们的锤击声响彻四周，他们就大声朗读菲尔丁*[Henry Fielding(1707～1754)，英国小说家、剧作家，英国现实主义小说奠基人之一，代表作有《弃婴汤姆·琼斯的故事》、《约瑟夫·安德鲁斯》等——译者注]*的《汤姆·琼斯》：“这样一种感觉呀，仿佛所有的钉子都钉在了头上——敲呀，敲呀，敲！”

9月，赫胥黎突然离开去伦敦，他想到了马修要比他原先认为的早一周返校。他也想去英格兰中北部地区，联系与劳伦斯信件有关的事宜，去看看位于伊斯特伍德的劳伦斯的家。此间，他为纳什的《蓓尔美尔杂志》*[Pall Mall：蓓尔美尔街，伦敦的一条以俱乐部多而著称的大街——译者注]*写了一篇关于贫穷的工人阶级居住地区的社会状况。就在赫胥黎动身去伦敦之前，他校正了一篇蒂萨女士写的关于他的文章，这位女士显然没有看到他著作中的关键部分。赫胥黎对她说，“我怀疑你所说的关于缺乏道德倾向的话是否正确？我觉得我自己是一个十足的道德家。”正是这位道德家——在根深蒂固的传统中接受过教育、有着自由精神的人冒险涉足了“最黑暗的英格兰”——为纳什的杂志写了一篇文章，这篇文章直到1931年5月才发表。在1931年4月，另外一位出身伊顿公学的人——乔治·奥威尔*[George Orwell (1903～1950)，英国小说家、新闻记者，代表作有小说《动物庄园》和《一九八四》*

等——*译者注*］在艾德菲杂志上发表了类似的、他本人的第一部报告文学《墙头钉》，这部报告文学后来被改写成一个章节，题目叫《巴黎、伦敦的穷人》。赫胥黎的文章《在英格兰的异国》，这个标题巧妙地影射了这样一个事实，那就是，对于绝大多数的英国中产阶级而言，来到英格兰中部和北部地区的工人阶级生活的区域内就如同来到了外国。他写道"下面的笔记是一位旅游者碰巧匆匆忙忙记下的，这位旅游者的家在资产阶级的大英帝国的僻远地区，因为帝国的富庶之地占据着文人、专业的思想家和业余的政客"。这篇文章以及它的姐妹篇《在陌生的英格兰观光》于次月发表。这些文章的发表有效地攻破了"赫胥黎是一个毫无感情的纨绔子弟"、"赫胥黎对被某些傲慢自负的人称之为广大民众者的命运漠不关心"等等神话。他敏锐地意识到英国社会由阶级支配的本质。带着奥威尔式的坦率，赫胥黎注册了一座"中国墙"，这座"中国墙"在别人赠予他的达勒姆大教堂的宅邸与一个小矿村之间，年前的10月10号，他曾在这个小矿村作过《科学与诗歌》的演讲。他非常喜欢与他在一起的来自惠灵顿小矿村的两名工友，但是他意识到他的阶级背景会使人很容易把他和社会上的显贵联系起来，因为双方都是在大众学校——资产阶级帝国主义的奇特的环境中长大的。赫胥黎从他在米德尔斯布勒［*Middlesbrough，英格兰东北部港市——译者注*］和其他地方的所见所闻得出结论，为了避免某种长期的后帝国主义、后工业化的大众失业，就需要某种形式的国家计划。针对少数特权阶层的人士反对这个结论，赫胥黎说，"如果按照人们的最高标准所制定出来的国家计划是合情合理的话，那么，少数人的实际欲望就不得不被取消，合情合理的事情有时就需要国家的力量而得以实现。"他甚至热情洋溢地说到了苏维埃的五年计划。因为当时只有奥斯瓦德·莫斯利的《一份大英帝国的国家计划》和政治与经济计划小组的观点被讨论，所以，批评赫胥黎的人就抓住他文中的部分章节揭露他是一个懦弱而阴险的反对民主的思想家。事实上，赫胥黎的文章使他自己看起来倒有点像是一个知识分子的费边主义者，被社会的不公平和苦难的幽灵逼迫而坚信“必须做点事情了”——有可能是通过某种形式的国有化。今天，工党政府或保守党政府的解决办法毋庸置疑是私有化。

就在这次旅游英格兰的途中，赫胥黎突然停止旅行，陪同沙利文去柏林和巴黎，此行的目的是为他的《大人物》一书撰写简介。他描述这次旅行是“一次使人非常愉快的观光”。在巴黎，弗雷德里克·勒费弗尔会见了他，问了他四个小时的问题。在赫胥黎看来，弗雷德里克·勒费弗尔是“一个我所见到过的最为庸俗的自鸣得意的商人知识分子”。而勒费弗尔写道赫胥黎是“一个十足的阿谀奉承者”。他们俩人用法语为国家电台做了一次对话节目。虽然赫胥黎对罗伯特·尼古拉斯说起“他正计划写一部有关流浪汉才华和感情的小说——是吉尔·布拉斯和鲁热·努瓦尔的混合物”(一个非常有趣的想法，却从未实现)；他也对普兰提斯说起他要出一本包括《阿拉伯的费利克斯》在内的新诗集(这本书在1929年5月出版了)和另外几首诗，但是，他当时却集中精力于他的新剧本。12月底他对席夫说，由于该剧最后一幕的原故，他与剧院老板的谈判没有成功，但是他希望来年能交上好运。眼看1930年快要过去了，他觉得应该在桑纳瑞安居下来。尽管他们担心因推迟写作而造成的昂贵代价，他们仍然去晒晒太阳、享受日光浴，并且乐此不疲。他们也拜访一些著名的邻居，像伊迪丝·沃顿——“一位相当优秀的女士，她趣味高尚、锦衣玉食，生活在一群像小摆设似的侍者中间，住在俯视着海瑞斯的城堡里”。赫胥黎被邀请成为当地文艺协会的通讯会员，他认为“这个协会非常卓越”。

赫胥黎在1931年的新年反思中充满了去年秋天在英格兰贫穷的小矿村里所看到的生活，村民们的命运深深地触动着他。“我们生活在一个什么样的世界之中呀，”他向弗洛拉·斯特劳斯大声喊道，“人类使我感到越来越绝望……悲惨而羞辱的结果迫使一个人唯一能做的事情就是逃跑和躲藏。人所能做的事情没有一件是有用的，其所作所为很容易把疾病传染给原来试图要治疗的人。”然而，赫胥黎却越来越关注手段和目的之间的联系，他所声称的逃逸只是口头上说说而已。在整个 1931 年里，他带着对当前混乱世界的迷茫和困惑，继续为纳什撰写类似于《在英格兰的异国》那样的纪实性文章，而在更大范围内的更多坚定的民众所支持的政治和社会的觉醒在以后几年中是势不可挡的。同时，赫胥黎盛赞卡夫卡的《城堡》是“这个时代最重要的著作之一”，而他认为自己的书——那本关于乌托邦的书却不是。这本书在桑纳瑞已露雏形了，但是，他首先得去伦敦，料理一下他第一部剧本的演出事宜。

二十、乌托邦

1931年1月，赫胥黎又一头扎入了伦敦社交界，最初住在皮卡迪利广场的摄政王王宫饭店（一家令他又惧怕又神魂颠倒的饭店），与弗吉尼亚和伦纳德·伍尔夫、雷蒙德·莫坦摩、罗伯特·尼科尔斯以及其他的朋友们聚餐。弗吉尼亚·伍尔夫是在1月底的一场音乐会上看见他的，“赫胥黎看上去比以前更加像一部风车了，尽管他表现出更高的文化修养，却是骨瘦如柴、脸色苍白，眼睛更加近视，跛也瘸得更加厉害了，可对我而言，我还是像以前那样觉得他很可爱。”尽管赫胥黎需要关注自己的剧本、尽管要为他对普兰提斯说起的书写文章（“多么可怕的劳作！它真的是把我搞垮了。”），他毫不躲避地继续面对大萧条［*the Depression：大萧条，指1929年到20世纪30年代早期的世界性严重经济萧条——译者注*］。

2月11日，赫胥黎去了下议院的公众旁听席，聆听了一场有关国家经济的辩论。在会上，拉姆齐·麦克唐纳的财政大臣菲利普·斯诺登发表了一通讲话，这番冗长乏味的夸夸其谈令赫胥黎非常震惊——“这是一种精神萎靡，我私下称之为腐败的无聊，”他对纳什的杂志的读者们说。“天啊，”他恳请道，“在印刷业廉价而又迅速的当今年代，我们为什么要去中世纪般的议会厅呢?”赫胥黎对议会和“胡说八道的”政客表示了蔑视的态度。“在议会的宜人的哥特式的大厅里，落伍过时的声嘶力竭的大喊大叫声仍然在回荡。”令赫胥黎气愤的是这些老家伙们无关宏旨的长篇大论，“在这不好的新时代业已出现的情况下，知道在昔日的好时光里是如何行事的又有什么用呢，这种知识是十足的废话。”这种迫切打破旧传统的主张也出现在由西威尔·斯托克编的、在5月出版的一本新书《倾听雄狮的吼声》中的谈话录里（这个谈话录最初出现在去年6月出版的《哈泼斯》杂志上，标题是“奥尔德斯·赫胥黎的绝望”）。斯托克描述赫胥黎是“一头糟糕的勇敢的雄狮”，他邀请赫胥黎加入由他主持的、名叫“雅典娜神殿”的俱乐部，该俱乐部是英国的男性知识分子和神职人员的机构，已经安安稳稳地运作了一百多年。赫胥黎嘲笑了“尊贵的伟人臀部”在古董俱乐部的椅子上留下了它们的印记，20年代的墨守成规的赫胥黎也这样做过。可是不久之后，他就开始宣布向对世间愚蠢的事情采取乏力的轻蔑和唯美主义式的憎恨的态度决裂。赫胥黎承认了他对当代伦敦的困惑，“我以为我很了解的英格兰经历了如此彻底的变化，如今对我而言，它已成了一个陌生的国家：刺耳的音乐、刺眼的庸俗、过多的废话……”

在伦敦西区*[the West End，伦敦西区，是王宫、议会、政府各部门所在地，多大商店、剧院和高级住宅区——译者注]*的大舞厅里，赫胥黎看到了百无聊赖、绝非优雅的跳舞者，与巴黎舞厅里那些高兴的、天性快乐的跳舞者形成了鲜明的对比。他对斯托克说，罪犯就是英国的阶级制度，它造成了工人阶级“模仿典型的不自然的绅士行为”而不是让他们以他们自己的方式自发地去玩得快快乐乐。采访者问赫胥黎是否读过刚刚出版的伊夫林·沃的《卑劣之人》，他说他看过，并且说“这本书使我感觉到自己老了，它写的都是一些我所不知道的东西，另一代人的东西，与我写的东西大相径庭，它使我看清楚了这个时代的可怕的陌生。”多年之后，也就是在1955年，沃发表了他对赫胥黎的评价，他赞扬了赫胥黎在20年代的早期作品，对于赫胥黎后来为了追求理想而抛弃作品中热情洋溢的活力深表遗憾，“正是因为他非常接近人类的本质，他才能写出像《小丑海》这样的书来，这是一本嬉皮笑脸的、伤感的却又总是令人高兴的书。”赫胥黎也在采访中提到了弗吉尼亚·伍尔夫，称赞了她作品中的语言，同时又遗憾地表示，她作品中的所有人物都“只能让人透过迷雾，远远地看到，她似乎从来都不能亲手触摸他们。”他好像与机敏的社会讽刺和布卢姆斯伯里［*Bloomsbury，布卢姆斯伯里，伦敦一区名，20世纪初曾为文化艺术中心，V. 伍尔夫、E. M. 福斯特、利顿·斯特雷奇等一批文人经常在此聚会——译者注*］的唯美主义者们正在拉开距离。尽管有着自身的局限性和知识分子的秉性——不用说，一些基本的东西都常常被忽视以至所见不多——赫胥黎开始越来越关心社会、关心政治、关心当今世界的问题。他继续去阴森森的议会大厦。有一次，他去了伦敦东部［*East End，伦敦东部，港口附近地区，多工人住宅，与 West End 的高楼大厦形成鲜明的对比——译者注*］，在返回地铁的时候，就在商业大街附近的地方，他看到了一家犹太人的家禽屠宰场。他还看到了“一群男妓，抹着脂粉，猩红的嘴唇，站在一家廉价旅社的门前。”他说，“我本应该在布卢姆斯伯里度过晚上的余下时光——不仅仅是地理上的原因，也是因为布卢姆斯伯里的文化氛围。”当他到了布卢姆斯伯里的时候，他感到这个地方与他刚从那儿来的地方有着天壤之别。几天之后，弗吉尼亚·伍尔夫在日记里吐露道，“天啊，比起赫胥黎来，我所见甚少、所做甚少、经历甚少、感觉甚少。奥尔德斯紧紧把握着生活，我不知道他这样做是不是会毁了他的创作。他非常‘摩登’，永远活跃，永远冒险。他将来很可能会说他没有浪费青春。某种苦难驱使他不停向前。死亡降临，毫无遗憾，至少，该看的我都看过了，该读的我都读过了。我以为，能给我带来巨大满足的事情中没有哪一件会让他满足，这个发现令我慰藉。”她所知道的另外一些事情是，赫胥黎要去探究伦敦的船坞、黑人的国家、下矿井、去莫斯科（这一旅行最终并未成功）。“奥尔德斯令我震惊——他的精力、他的现代性。是不是因为他以前所见不多才促使他现在什么都要看呢?”这时候,他的朋友罗伯特·尼科尔斯称赫胥黎有“一副古怪的”眼镜,而赫胥黎称这副眼镜是“我的白色的罂粟花,”它“有某种银色盾牌围绕着的、中间有着碎石花纹般的镜片。”

2月19日,赫胥黎生平第一次去了煤矿。这座煤矿位于达勒姆郡[*英格兰东北部地区——译者注*]的惠灵顿。1930年10月10日,赫胥黎曾应这里的矿工查尔斯·威尔逊之邀对工人们作过一次《科学与诗歌》的演讲。发表在杂志上的文章《在陌生的英格兰观光》提到了他的这次煤矿之旅。在这篇文章中,赫胥黎进一步探究了他的关于现代工厂非人性的本质和对普通工人们创造力的掠夺的思想,这种思想滋养了《奇妙新世界》一书的写作。虽然赫胥黎身上的科学家和现代主义者的东西被像卜内门化学工业公司一样的工厂所呈现出来的非凡的现象所心醉神迷(“从美学的观点来看,一家组织得井然有序的工厂就是一件艺术品——一首诗,技术人员和行管人员就是合作的作者”),他仍然向亨利·福特“开战”。他指摘亨利·福特使用“节省创造力的装置”,机械地干活。“在我看来,我的绝大部分同胞们所从事的工作是如此枯燥乏味、如此叫人厌倦,我本人虽说能摆脱这样的工作,它们的存在却让我感到羞耻。”他反驳福特提出的“机械化让人们的头脑有功夫去思考别的事情”的观点,“这话使人怀疑,站在人的立场上来说,难道需要全心全意扑在其中的工作不比只需三心二意去对待的工作好?”在这份杂志的下一期上,他又谈到了这样一个主题:现代工业的生产过程有着明显的完善之处,但也潜藏着人类的缺陷。他感觉到,为这种福特式的生产,人们已经付出了代价。他的文章题名为《技术对人道的胜利》,文章说,“现在,我们的闲暇与我们的工作一样都高度机械化了;还有这样一种迷惑人的观念——作为消费者,人类能够恢复在生产过程中所失去的东西。”赫胥黎不仅仅证实这个问题的存在,还要进一步深入下去。他想要找到一个解决的办法,而这办法也只是一个计划,

“首先要发明分门别类的技术之间的协调技术，然后由强有力的智力权威部门强制实施下去。”他的这种多愁善感招致了批评家们的不满。赫胥黎要求政府采取行动，它应该是“一个恢复青春活力的、配有必要机构的、能够行动迅捷的、消息灵通的、有知识又有铁一般决心的政府。”他的这种要求听上去倒像是飘荡在那个年代上空的、出自奥斯瓦德·莫斯利[*Oswald Mosley，奥斯瓦德·莫斯利（1896～1980），英国法西斯主义者同盟发起人——译者注*]之口的豪言壮语。赫胥黎在2月份在巴黎见过莫斯利，根据罗伯特·尼科尔斯所述，“奥尔德斯似乎不喜欢他，也不信任他，但是说他非常有活力。”赫胥黎的文章又叙述了他对伦敦船坞的参观，在那里，他发现了一个例证，这个例证表示了他所鼓吹的智能计划与伦敦港当局的做法不谋而合。一个人或许会觉得，这是一个比用高压手段践踏而较少不幸的强迫手段。赫胥黎返回桑纳瑞，开始写作乌托邦小说，所有这些社会探索的结果——绝望中的现代工业社会所呈现的情景、所发出的声音、所弥漫的气息——都深深地印在他的意识之中。

3月30日，赫胥黎的剧本《光的世界》由利昂·莱恩导演在皇家剧院公演，却又一次遇到了审查问题——这一次是伊妮德的一句台词，“哦，我看你还是很想和我一起上床。”读到今天仍珍藏英国图书馆里的整齐的打印剧本稿，上面只有张伯伦勋爵用蓝色铅笔删去此句的印迹——审查时常常删去诸如此类的词，如“哦，上帝呀！”“基督呀！”或者删去剧中人想要阐明社会等级制度而说的台词，“我的意思是你不必在意与房间里的一条狗同时上厕所”——人们只能对存在于1931年与2002年之间的差异会心一笑。在这种情况下，赫胥黎立场坚定，张伯伦勋爵只好让步。然而，剧作者“几乎被莱恩荒唐的神经质所传染而变得狂热异常”，他被迫要按照流行于伦敦西部舞台上的传统行事，整个伦敦西部舞台就是一部现成的、以中产阶级为背景的戏，而现在所显现的只是它的表面现象。这部戏充分地利用了唯灵论[*即主张心灵或*

精神为最终的实在的理论——译者注]，而唯灵论在赫胥黎所记叙的他最近几次访问过的英国中部和北部的工人阶级居住地区内深得人心。剧中人物的对话机敏有味，极富才智，剧情有条不紊地展开，可是，公众并不喜欢这部戏，上演之后没有多久就停演了，赫胥黎希望该剧能引起轰动一时的梦想不得不推迟。批评家对该剧却热情洋溢——这使得弗吉尼亚·伍尔夫认为赫胥黎最终会大获成功，她对昆廷·贝尔说，“他有可能成为一个继阿诺德·贝内特之后的伟人。”但是，赫胥黎本人倒是更加现实，“很明显，观众不愿意来看戏。”2 月，赫胥黎健康欠佳，不得不在该剧公演前返回桑纳瑞住上三个星期。赫胥黎一家住在伦敦的圣詹姆斯区公爵大街达尔曼尼公寓大楼，他在 3 月 19 日假道巴黎又回到了这儿，而玛丽亚在此只作了短暂停留。他们一有可能就立刻返回桑纳瑞，生气地看着正在那儿干活的油漆工。

5 月 7 日，赫胥黎写信给西德尼·席夫，首次向他暗示了自己的新计划，“我要写一部有关将来的小说——在威尔士实现了乌托邦，对此我诚恐诚慌，又怕力不从心，因为我想对完全不同于我们重要原则的心理方面作一个全面的描绘，这既叫我开心又让我感到很难。”几天之后，他又对另外一位记者说，这个任务“的确非常困难，我几乎没有足够的想像力来对付它，然而，这是一项有趣的工作。”有趣的工作越来越多而且来得很快。赫胥黎接受了主持托马斯·赫胥黎讲座的邀请，并且美国出版商乔治·多伦与他接洽，要他为美国的赫斯特报业集团撰写一系列的、每周发表一篇的文章，“这将带来非常可观的收入”，每篇文章 100 美元。赫胥黎对替他处理与报业集团事务的代理人平克说，“这似乎是一件干活不多拿钱不少的事，也是一件十分有趣的事。”赫胥黎为赫斯特报业集团所撰写的文章直到最近才结集出版，这些文章大致发表在 1931 年 9 月至 1935 年 4 月之间，可以在好几种报纸上见到，比如像《芝加哥先驱观察者报》、《纽约美洲人报》、《旧金山观察者报》等。赫胥黎在晚上能轻而易举地写成诸如此类的文章，这就大大地增加了他的收入，他从查托那儿收到的版税单表明了去年在英国销售中他的收入超过 2 000 英镑，而他前两年的收入徘徊在1 200 到 1 300 英镑之间。

赫胥黎的新诗集《蝉》在 5 月份面市，这是他的最后一本诗集，他常常为此而遗憾。但是，后世之人从未把他当做一个诗人来对待，尽管在他的这本诗集中不乏妙词佳句（这本诗集包含了不少在 1929 年出版的《阿拉伯的费利克斯》中的诗篇）。例如，诗集的最后一首诗《飞》就写得特别美，“在冬季的某个时光/海鸟追逐着犁儿飞翔/使赤裸裸的田野生机昂扬/无畏翻飞着的是鸟儿雪白的翅膀/它们还会再来吗？在冬季的某个时光”。天啊！似乎无畏飞翔的诗的灵感不会再来了！写作《奇妙新世界》的冲动继续驱使着赫胥黎，所以他在 5 月底对朱利安说，他已经被“写作的重担”所压倒，他说，“我发现，所有我在上个月写的东西都不行，我必须以完全不同的另外一种方式重写，这就迫使我很快投入到工作中去。”他原来打算在秋天交稿，为此他很着急，但是，他完全不必如此。6 月底，赫胥黎告诉玛丽，“写作进展缓慢——随着每一章情节的发展，将来变得越来越可怕。”8 月 24 日，赫胥黎告诉他父亲他已经“摆脱了”这本书——完工了。他认为这本书是“一本关于将来的荒谬可笑的讽刺小说，表现了令人震惊的乌托邦（按照我们的标准，不管从哪个方面去看）以及令人瞠乎其目的影响，这种影响反映在人们对完全有可能产生的与生命过程有关的发明——比如像试管婴儿的诞生、青春期的延长、找出对人无害却有效的酒精、可卡因、鸦片等等的替代品——所带来的思想和感情的变化（其结果是家庭消亡和由家庭纽带而造成的“弗洛伊德情结”的消亡），这种影响也反映在社会改革——比如像婴儿出生前后的巴甫洛夫条件反射、世界的和平、安全和稳定等等。”8 月中旬，赫胥黎向查托出版社报告了小说的进展情况，他对普兰提斯说，“我还没有决定这部小说的名字，但很快会有的。”赫胥黎刚刚写完这部小说，他就计划写一些以《在英格兰的异国》为模特儿的旅途见闻类的文章，在这些文章中，“社会元素”将占有重要的一席之地。赫胥黎打算把这些文章以及相关的评论汇编成一部选集，这就是后来的《本文与托词》一书(1932)。查托对小说很满意，赫胥黎告诉普兰提斯，“我看这部小说搞得十分成功，里面有许多伪科学的细节很逼真，叫人不得不相信。”伯特兰·拉塞尔告诉赫胥黎他正在写一部非小说类的书，这本书所作的一些预言同赫胥黎书中所作的预言极为相似，于是，赫胥黎向普托建议两本书同时出版面市，这样会增强书的力度。

作为休闲放松，赫胥黎在桑纳瑞又画起了油画。他也一直在阅读梅因·巴兰恩的《秘密日记》，写了一篇有关这本书的评论。赫胥黎以前总是很讨厌劳伦斯所创作的约翰·米德尔顿·默里式的“复仇使徒”，但是，由于他编纂了劳伦斯的信函并且再次想起劳伦斯，于是，赫胥黎对他这位以前的朋友的评价就越来越百感交集了。他在过了一段时间之后才发现了劳伦斯是一个以狂热形式出现的幽闭恐惧症患者，其行为举止受着“本能的压抑……，渴望抽象的艺术和纯洁的灵性”。外部世界的继续干扰、无法在科特阿兹过着简单的生活，这些事都叫赫胥黎夫妇烦恼，他们放弃了去美国旅行的计划。10月，他们返回伦敦，在那里度过了这一年的余下时光。经济萧条使赫胥黎觉得他应该呆在伦敦，看一看危机是如何度过的。他感觉到H. G. 威尔斯或许是对的——威尔斯认为“如果当今的世界再多一点智慧的话，那么这个世界就会好过得多了。”赫胥黎对威尔斯才智的突如其来的尊敬真让他人难以企及。

赫胥黎在秋季所出版的书是一本文集，书名叫《夜里的音乐》，它包含了在去年12月份以小册子形式出版的《文学中的庸俗》一书的内容。这是一本内容十分丰富的文集，它的主题反映了赫胥黎在写作过程中的智力上和精神上的旅程。在一篇题为《艺术和艺术现象》的文章中，赫胥黎对现代主义者从大众文化中退缩的趋势表示遗憾，对现代主义者的多愁善感和虚情假意表示厌恶。但是，商业化的大众文化的错误就在于它是“为大众而创作的，不是大众自身创作的——这是现代社会的悲剧。”这就意味着优秀的艺术因为割断了与生活的联系而枯竭，“明明东西在那儿，却假装说那儿什么东西也没有，这就宣告了绝大部分现代艺术的不完善、不结果、未老先衰和死亡。”这是赫胥黎在向先锋派道别，然而，他或许应该再去读一读《尤利西斯》。在一篇冠名的文章中，赫胥黎坚决认为“文艺作品的内容与其表现的形式是密不可分的，”“倘若此，就没有什么可以多批评的了。”他没有预见到会有这样一个时期，批评凌驾于任何判断力，时不时地冒出来与文学作对，贬低文学上某个特殊的观念。在题名为《对清教徒来说一切东西都是不洁的》文章中，赫胥黎第一次介绍了“他称之为福特主义或工业化哲学”的概念。他提到了大规模生产。在以前的著作中，赫胥黎曾多次提及亨利福特，但是，把亨利 福特作为一种哲学的名字来用，这还是第一次。在赫胥黎即将出版的小说中，他预言了新大陆的信仰，“几代人虔诚恪守的以机器为中心的信仰必将以摧毁整个人类而告终。”这本文集也收录了《前额太低》一文，这篇文章讨论了当时所谓的“三缄其口”现象，这是一种有识之士和有文化的人竭力装傻的现象，在这篇文章写成之时，这种现象仅仅还处于起步阶段。赫胥黎又一次提到了《奇妙新世界》，“在现代工业社会里，那些自以为文化趣味很高却很少进行文化消费的人并不是好市民。”在文集的最后一篇文章《文学中的庸俗》中，赫胥黎宣布了他的成熟的美学信条，“在其它方面完全相等的条件下，一部以其自身独一无二的方式丰富地揭示了天地万物的文艺作品比一部内容干瘪的文艺作品好。”

赫胥黎在伦敦度过了1931年的最后几个月，一直住到新年，为的是在BBC电台做两次谈话节目，其中一次是与他在1929年首次见面的杰拉尔德 赫尔德对话。如今，赫尔德差不多是一个完全被遗忘的人物——也许只活在克里斯托弗·衣修午德［*Christopher Isherwood (1904～1986) 美籍英国作家，因写过有关20世纪30年代柏林的小说《诺里斯先生换乘火车》、《再见吧，柏林》等而闻名，曾与 W. H. Auden*

合写日记《战地行》，记载1938年周游中国的见闻——译者注] 的传记小说中（据说，他在《实地访问》中的人物奥古斯塔斯 帕尔栩栩如生再现了赫尔德的形象）。但是，在20世纪30年代中，赫尔德作为集精力异常充沛的博学者、作家、广播员和理想主义者于一身的人而享有很高的声誉，他是赫胥黎的一位天然的同伴，虽然他的声誉在日后完全被赫胥黎所淹没。在E. M. 福斯特（Edward Morgan Forster（1879～1970），英国小说家和散文家、'布卢姆斯伯里团体'成员，主要作品有小说《霍华德庄园》、《印度之行》等，其作品内容反映了20世纪的人文主义思想——译者注）的生平传记中，P. N. 弗班克写道，"陌生人神经兮兮地认为，他是那种威尔斯式的头脑特别发达者或者是一个'属于未来的人'。"克里斯托弗·衣修午德在《克里斯托弗及其同类》(1977)一书中是这样描绘赫尔德的，"杰拉尔德·赫尔德在当时是英国知识界的杰出人物，他与绝大多数一流的科学家和哲学家私交笃厚，并且任BBC电台的广播员，用通俗的语言来解释科学上的最新发现。他对通灵现象研究团体的调查很感兴趣，但是他并没有说他掌握了灵魂在人死后仍然存在的确凿证据。他写了几本关于进化论和史前史的书，其中一本叫《水仙花：服装的剖析》，而赫尔德自己的穿着打扮就'暗藏着异国情调'。那时，赫尔德刚过'不惑之年'，身材挺拔，胡子刮得干干净净，操一口悦耳动听的略带点爱尔兰口音的英语……他谈吐诙谐，爱开玩笑，讨人喜欢，办事认真，像喜鹊一样爱说话，像百科全书一样见多识广，但同时也被生活弄得疲惫不堪，忧虑重重，常常默默沉思。"在1985年的一次采访中，衣修午德说到了赫尔德，"假如你抓不住萧伯纳的外貌特征，或许这正是他次要的地方……而赫尔德是我所遇到的人中最吸引人的人……他非常英俊，嗓音柔和。"赫尔德与赫胥黎有着许许多多的共同之处，但他不是一个同性恋患者。衣修午德的伙伴唐·巴察迪评论赫胥黎说，"我当然不会认为赫胥黎身上有一块搞同性恋的骨头。"赫胥黎有许多同性恋的朋友，但他总是说男性同性恋不好，而不

说女性同性恋不好。他遵循布卢姆斯伯里习惯，高高兴兴地称呼同性恋朋友为“鸡奸者”（丝毫没有侮辱的意思）。赫胥黎本人是这样评价赫尔德的，“杰拉尔德 赫尔德是一个稀有的人——一位饱学之士。他把自己的精神家园建立在鸽巢之间的太空……当人们变得越来越一叶障目时，他帮助我们意识到包罗万象的森林。”

赫胥黎和赫尔德在30年代亲密无间，后来他们两人都去了美国。不幸的是，在那以后，他们彼此之间失去了联系。这样一来，赫胥黎生平中的和学识成就上的很重要的一种关系就注定要被他的传记作者严重贬低。1932年1月9日，赫胥黎和赫尔德参加了BBC电台的对话节目，话题是“暴力过时了吗？”在交谈中，赫尔德或多或少充当一个问话者的角色。他们讨论了当今世界里延绵不绝的暴力。这次广播变得非常著名，皆因为赫胥黎对在将来如何使用暴力所发表的言论，“我们的统治者在接受充分而良好的教育之后能够把现代心理学的成果运用到治理的事务中去的时候，暴力就过时了，但统治者所遇到的麻烦是他们总是落后于时代50年。”在接下去的一周里，在一次BBC电台个人讲话的节目中，赫胥黎拓展了这一主题，谈话的题目为“科学与文明”。清醒地认识到世界正在经历一个危机时期，赫胥黎责备错误地使用科学知识，却拒绝考虑托尔斯泰式的或甘地式的退回到自然状态的主张，“健全科学的唯一办法就是出现更多的科学而不是更少的科学。”赫胥黎坚决认为，如果要明智地运用科学，就必须由人道主义者来实施。他提到了政府滥用宣传手段并且注意到了“由无线电广播和海报所组成的系统的大规模的宣传，”帝国市场营销委员会在为了营销的目的而发起的向海外英国人宣传“购买英国货”的运动中就使用了这样的宣传。他也提到了人道主义者理想与“经济统治者”理想之间的区别：前者是“全面完善的人”，而后者是“完善的大规模生产者和大规模消费者。”

赫胥黎在这次谈话中把优生学称为“不断扩大遗传优秀品质的男人和女人的范围的工具，高标准的遗传是可取的。”他在前一周同遗传学协会的 P. J. 布莱克共进午餐。赫胥黎兴趣所至说了这样一种优生的科学观念，他的兄弟朱利安竟把它奉为终生信条。《奇妙新世界》即将出版，在这本书中，赫胥黎谈到了所有这些观念。第二天，赫胥黎离开杰缅因大街的卡文迪什旅馆返回桑纳瑞。马修给奥托兰·莫雷尔写了一封感谢信，他在信中说，“浆果被包裹得严严实实。”

二十一、福特主义

《奇妙新世界》是赫胥黎的著名作品，他的名字与这本书联系在一起。在大学的教科书里、在报刊上评选的20世纪最有影响的书籍名单中，这本书总会占有一席之地。然而，这样的名声会有双重后果。一部经典著作有它的“副作用”：它转移了人们对作者的其它著作的注意力，仿佛作者就是靠一本书出名的——这种荒谬的事情就印证在赫胥黎身上，尽管他写了50本左右的书，其中有11本小说。赫胥黎写了“莎士比亚剧本《暴风雨》中米兰达的语言”一文，第一次向世人展示其中典型的语言，这些语言后来竟成了新闻报道中的套话。经典的东西常常注定要被人误解的。赫胥黎的讽刺作品中含有非凡的预见性——他不仅预言人类胚胎研究，还包括大大小小的许多事情（虚拟的现实世界、社会行业中出现“休闲工业”、始终用电视来管理老年人病房）。他还认为试管婴儿不仅仅是一场“恶梦”，它是人们对科学、人类自由、文化、民主、大众传媒对市民的操纵和现代消费者的资本主义等等所有这一切进行大检验的产物。我们现在都已经习惯了书的开头部分所作的想像——伦敦是孵化场、是熏陶世界各国的中心。正如我所写的那样，遗传学家预言，父母亲很快就能去选择他们后代的基因特点，因为一个人可能会像装饰商店里的一台多乐士机器一样混上一点别的颜料。

可是,赫胥黎的这本书常常被认为并不是对现代消费主义的批判、并不是对人们的自由蒸发在“福特主义”之中的批判。在1946年的再版前言中,赫胥黎痛苦地指出,与通常乌托邦小说所描写的残酷镇压民众的政府相比较的话,未来的暴政存在于“全民奴役之中,因为人们没有受胁迫,他们是心甘情愿被奴役的。”2001年的顺从的消费者们忠诚地在名牌统制令前俯首帖耳,这就反映了这样一种背景:用于维护基本权益的政治越来越变得中性化或被抛弃了,这就无情地证实了赫胥黎的正确。奥威尔在1948年创作了《1984》一书,他寄了一本给赫胥黎。赫胥黎回信说他很欣赏这本书但是认为他本人的书更具有预见性:通过广告和洗脑使人民驯服的手段确保人民“心甘情愿被奴役”——这要比用皮靴践踏人民高明得多了(奥威尔所描绘的暴政镇压人民的形象就是如此)。赫胥黎对将来的描写,至少对20世纪晚期的欧洲的描写是更加貌似有理。

赫胥黎有目的地创作这本小说是为了警告当时的时代趋势,但同时也反对了乌托邦观念本身——一个人可以设计出一幅十全十美的社会蓝图然后强制实施之。这本书写的是一个糟糕的乌托邦、一个反面的乌托邦或者是一个拙劣的乌托邦。不用说,以前没有一个人是这样来描述乌托邦精神的。据说,这本书在20世纪50年代很受美国大学生的欢迎,因为书中描写了不受限制的和毫无犯罪感的性自由——“马尔萨斯保险带”会确保这种性自由的安全[*Thomas Robert Malthus 托马斯·罗伯特·马尔萨斯(1766~1834),英国著名经济学家,其代表作《人口论》认为,世界人口按几何级数增长而生活资料按算术级数增长,如不抑制人口过度增长,必然会引起战争、罪恶、贫困等——译者注*]。马尔萨斯可是一位比女性口服避孕药要早得多的先驱。即使在今天,也还有读者是这样认为的。法国小说家米歇尔·乌埃尔贝克在他1998年出版的小说《基本粒子》中说,赫胥黎小说中所描绘的世界

“其实正是我们努力要实现的世界”。但是，最早阅读这本书的人之一伊迪丝·沃顿立即就明白了赫胥黎说这些话的意思，“这是一部以悲剧的方式来谴责福特主义文化所带来的恐怖时代的杰作……他给我写信说，他在《朦胧麻醉》一书中已经‘提到了这种情况’，我得承认，他对事实的深入认识令我振奋异常！”赫胥黎本人在1946年又审视了这本书，这时，他的政治观已经改变了，他遗憾地认为这本书是一位“顽皮的怀疑一切的唯美主义者”的作品，作者摆出了一种并不在乎的姿态：不管这些野蛮人——他们喜欢现代知识分子的异教徒们用一种更好的方式给他们带来希望的基因——在仅有的两种选择中最终选择哪一种：“在乌托邦国里过着疯狂而荒唐的生活或者在印度的村落里过着原始的生活”。后来，赫胥黎不满足于这种消极的漠不关心，相信能找到解决的办法，他的办法就是以经典的无政府主义原则在世界范围内组织起来——以克鲁泡特金互相帮助的信念而建立起许多小而分散的社区和谐地生活在一起。或许，他的这种办法对这本书而言倒是一件好事，因为这本书不再那么具有“积极的意义”——不像他的最后一本描写“好乌托邦”的小说《岛》(1961)那样了。如何一个人能不那么冷漠、不那么绝望、不那么愤世嫉俗地描绘出一些令人信服的丑陋现象要比热情的肯定深刻得多。1946年的赫胥黎信奉“精神健全”，他预测，使我们心甘情愿被奴役的现代统治者最根本的任务只有通过下列措施方能完成：“大大改善采纳意见的技巧(初级熏陶和迷药)”、“人是分等级的观念的科学充分发达”(确保严格的等级制度，预先消除意见分歧的磨擦)、“找寻到酒精和其它麻醉剂的替代品”和“设计一套连傻子都能知道的优生体系来使人类产品标准化”。这套体系在他的小说中“以古怪荒诞的形式向前推进，虽然这种推进或许还没有达到不可能的极端”。赫胥黎的结论是，在1932年，他已经阐述了六百年后的将来会出现的“恶梦”，但是，“今天看来，这种恐怖的恶梦很有可能在一个世纪以内就会降临到我们身上。”

乌托邦小说或者科幻小说(《奇妙新世界》具有这两种小说的元素)并不需要像写实主义小说表现的方式那样令人信服,但是需要使人相信的内在的逻辑。赫胥黎努力创造出并且持续不息地遵循着一条科学的可信的情节发展之路,同时也排斥了自己的看法(在《每日电讯报》的书评中,吕贝卡·韦斯特希望赫胥黎能为解释科学的出处提供脚注)。无须家庭生活而人工制造出来的婴儿就使得国家对抚育过程更加容易控制,包括"睡眠教学法"或对青年人的洗脑。就像奥威尔作品里有"无产者"一样,赫胥黎的这本书中也有"第四等者",他们的价值太微乎其微,根本不值得去操纵他们,故而他们能得到某种程度的动物般的自由。消费资本主义使得全社会都具有崇敬"大家的福特"和"T型车标志"的信仰,这种资本主义被巧妙地描绘成一种商界的理想:只有大规模的购买才会带来利润,"我们密切关注着一切农村运动项目都得使用精心制作的器械",这不再是一个笑话,这是当今的现实。宣传者的韵味本是由市民演唱出来的,可如今在不用脑子的广告丛林中,只能是怀旧的陈年往事,但却摆脱了人们的可怕的诅咒。"准现代化"使人们强烈地感受到他们正生活在毫无痛苦之中,因为这种生活是由一种名叫甘露的麻药支撑着。这本书里充满幽默,例如,以"大英博物馆大屠杀"和舰队街的"感情工程学院"来喻讽迄今为止所创造出来的文化的无知。或许,意味深长的是野蛮人——书中最有趣的人物,因为他具有反抗精神,指明了一条出路:他挑选了一套莎士比亚的著作,以此来回答文化的荒漠、文化的贬值、文化的孤独和文化的反思。王室审计官蒙德(此姓正巧与一位杰出的工业家、卜内门化学工业公司的阿尔弗雷德·蒙德勋爵一样)评论此书时说过这样一句话,"你必须在幸福与人们所说的高雅艺术之间进行选择",指的是野蛮人约翰对莎士比亚的痴迷。然而,这句话却被某些批评家用来作为赫胥黎在文化上自高自大的证据,这种傲慢表现为让"普通的人"对知识分子的自由所带来的益处心存感激和以想像的方式来随心所欲地玩弄所反对的昏昏沉沉的健忘和傻乎乎的服从，赫胥黎此时处在了一个难以忍受的痛苦的“自以为杰出者”的位置上。这是一种非常奇怪的论调，但又是在一切严肃场合频繁地被提起的论调。此书以约翰声称“宁要不快乐的权力而不要导致心甘情愿被奴役的毒药”而告终。在他的隐蔽的住地，约翰实践着一种无节制的赎罪生活，就像荒野上的基督徒一样，克制着自己的肉欲。后来，在书的结尾处，他在绝望中上吊了。

迄今为止，赫胥黎在这本书中所表现出来的感觉或许是非常重要的，因为他亲眼目睹了 1930 年至 1931 年的苦难和经济大萧条，其时他正在写这本书，他的感觉就通过约翰的命运表现出来了。后来，他又成了一个有答案、有解决办法的人，他的引人入胜的世界政府的理念也可以被认为是赫胥黎在这个时期的感觉表现。世界政府随时准备让持不同政见者生存下去，而不是让每个人都受到控制——控制大众被普遍认为是一切集权制度的基本特征，而在集权制度下，知识分子的生命是微不足道的，思想家或者有思想的人是毫无用处的。

《奇妙新世界》于 1932 年 2 月出版。那时，赫胥黎在桑纳瑞画画、看书、创作一个新剧本《现在胜过永远》（这部戏在赫胥黎生前从未上演过，据说在他去世后多年被遗失了）、编纂选集《本文与托词》、撰写劳伦斯书信集的前言，似乎这些事情还不够他忙的，他为了准备 T. H. 赫胥黎的讲座而又一次阅读起他祖父的著作。在这段时期里，海滨到处是德国犹太人流亡者。桑纳瑞的普罗旺斯海滨长期以来一直吸引着许多作家和艺术家，但是，德国纳粹主义的兴起极大地增加了来自德国的移民。在《流亡者天堂》（1996）一书中，曼弗雷德·伏勒吉列举了几位来到赫胥黎别墅的文学家和艺术家，他们是艺术史家朱利叶斯·梅尔-格莱菲、画家摩西·吉斯林和他的妻子勒内、美国作家威廉·西布洛克（他的别墅罗索克斯就在赫胥黎家的对面）、西比尔·冯·斯科尼贝克、美国作家和艺术家伊娃·赫尔曼、精神分析学家查洛特·沃尔夫、法国作家德雷欧·罗歇尔和保罗·瓦莱里。赫胥黎先于这些德国移民在普罗旺斯海滨安了家(虽然最早在1915年初就在此安家的盎格鲁-撒克逊人是凯瑟琳·曼斯菲尔德和约翰·米德尔顿·默里,后来,在1928年,劳伦斯和弗丽达、罗伊·坎贝尔也在此安家)。自1933年起,随着托马斯·曼[*Thomas Mann(1875~1955),德国小说家,代表作有长篇小说《布登勃洛克一家》、《魔山》等,1933年被迫流亡国外,1944年加入美国籍,获1929年诺贝尔文学奖——译者注*]、列昂·福伊希特万格[*Lion Feuchtwanger(1884~1958),德国小说家和剧作家,犹太人,因写历史传奇而闻名,作品显示深刻的心理分析,1933年被逐,入集中营,1940年逃往美国,主要作品有《约瑟三部曲》、《戈雅》等——译者注*]和许多其他重要的德国作家们的到来,普罗旺斯海滨就成为巴那斯山[*Parnasse 巴那斯山,古希腊山峰名,是神话中太阳神阿波罗及缪斯诸神居住处——译者注*]诸神的安全之地。赫胥黎对移居者们持有一种矛盾的心情,一方面,这种状况为他提供了他所需求的令人振奋的社交伙伴,而同时在另一方面,他又讨厌这种孤傲的文学圈子。在这前一年的春天,赫胥黎正在创作《奇妙新世界》,德国人的移民潮刚刚兴起,他就对奥托兰·莫雷尔抱怨说,"大批的德国文人像蝗虫似地遍布于乡间。"

2月,赫胥黎得知利顿·斯特雷奇[*Lytton Giles Strachey(1880~1932),英国传记作家,评论家,代表作有《维多利亚女王时代四名人传》、《维多利亚女王传》等——译者注*]逝世,就给玛丽·赫金逊写去了一封吊唁信,"多么悲惨、悲惨、悲惨啊!从虚无看来,一切的一切都显得毫无意义。"稍稍过了一个多月之后,赫胥黎又给她写了一封信,告诉她接踵而来的卡灵顿的自杀消息。赫胥黎对卡灵顿的喜欢超过了对斯特雷奇的喜欢,他认为卡灵顿的死非常"令人痛苦"。于是,对嘉辛顿的回忆又冒了出来,"她的死似乎结束了许许多多章节:正像我们如今所意识到的那样,她在某种奇怪的程度上是一个象征性的人物、是整整一代人生活中的典型例子。在最近过去的十年中,我几乎没有见到过她，可是她仍然是我的代表，她的死并没有摧毁某种重要的东西，而是一种令人感动的英雄般的献身行为。”现在，赫胥黎 37 岁了，夏天的夜晚睡在嘉辛顿家的屋顶、谈论着诗歌和艺术直至凌晨，这样的时期在他的身后越来越遥远了。赫胥黎是一位公认的成功文人，他用别人成功实践过的法国式的退却方式来寻寻觅觅。詹姆斯·兰斯戴尔·霍德森对这个时期的赫胥黎有如下的文字速写，“奥尔德斯·赫胥黎长得很高——6 英尺 4 英寸——但身材修长，走路时还弯着点腰；一头蓬乱的黑褐色的头发，一张生动而敏感的脸上戴着一副角质边的眼镜，他 37 岁了，但保养得有点像牛津大学本科生的外表——仿鹿皮皮鞋，随意的翻领，袖口突出的软翻边……他善于交谈，从一个话题跳跃到另一个话题，一直在改变自己的定位，同时也在改变着态度……他做什么事情都要打字，试图每天打一千个字，只有在万不得已的时候才写诗。”弗洛拉·斯特劳斯是一位奇特的赫胥黎的通信者，赫胥黎从来没有同她见过面，却对她表现出毫无戒备的坦率，他给她写道，“我同你共同承担我们俩人联系的责任——我唯一在乎的是我的妻子——除此之外，任何事情都没有使我认真地承担过什么。承诺是可怕的，但是，如果一个人几乎得不到什么回报，承诺有何意义……可能是无穷无尽的不幸，没有幸福可言！”然而，新的社交关系在桑纳瑞一直不停地形成着。查尔斯，维克·诺阿耶，一位邻居，常常被人看见的伊迪丝· 沃顿，勃劳尼斯拉夫·马林诺夫斯基［*Bronislaw Malinowski（1884～1942），波兰裔英国社会人类学家，功能学派创始人之一，提倡社会人类学应具有应用价值，主要著作有《野蛮社会中的犯罪与习俗》、《文化的科学理论》等——译者注*］（赫胥黎认为，马林诺夫斯基的著作《野蛮人的性生活》应当是《绅士和淑女的性生活》的一面镜子），这些人都经常在附近出现。

文学创作使赫胥黎精疲力竭，他在戛纳作了一次短暂的休假（在这次旅行中，他对演出他的剧本《光的世界》的一个法国的业余剧团进行了一次访问）。在戛纳，赫胥黎见到了 H. G. 威尔斯，他意识到了威尔斯并不喜欢他的《奇妙新世界》一书，他对威尔斯的尊敬再次循环下滑，完全不是因为后者贬低劳伦斯，而是因为他又回到了在布卢姆斯伯里时的看法，他认为威尔斯是一个来自下层社会的有着低级趣味的小人，“威尔斯嘛，如果他是一个伟人的话，那么迄今为止，他的伟大之处就在于即使他被放大了一万倍，他依旧是一个十足的流氓：如此深不可测的低级趣味、如此深不可测的麻木不仁，在道德上或者在美学上，他没有一丁点儿的分辨力：一个灵魂邪恶的新生儿，因此，尽管他有着巨大的能力和极度的无趣……他根本不能感受到、欣赏到劳伦斯的独一无二的品质，就像一条狗不能欣赏音乐一样。”

虽然赫胥黎对威尔斯进行了辛辣的嘲讽和奚落，而他本人在对待劳伦斯的问题上也正经历着困难时期。当他吃苦费力地在为劳伦斯书信集撰写前言的时候，原先所有的疑虑和担忧如同气泡一般冒出水面。此外，赫胥黎将要在5月份举办有关他祖父的讲座，而他此时的准备工作却进展甚微。

尽管赫胥黎厌恶英国的老人统治者，但他还是去了议院进行观察。他再次发现自己对维多利亚时代杰出人物的钦佩，他对玛丽说他的祖父是“一位非常卓越的人”，他阅读得越多，就越感觉到祖父留给他的深刻印象，“祖父具有英雄般的超越生活的优秀品质，这种品质属于整个维多利亚时代的所有的杰出人物，而在当今的时代，这种品质似乎是完完全全地消失了。”赫胥黎举办的讲座叫“作为文人的托马斯 H. 赫胥黎”，这个讲座捍卫了他祖父的形象，驳斥了 G. K. 切斯特顿提出的“比起作为一个科学家来说，托马斯 H. 赫胥黎更像是一位作家”的观点，赫胥黎坚持道，“首先，他是一位科学家……是一位具有文学天赋的科学家。”他争辩说即便在今天托马斯 H. 赫胥黎仍然具有一股活生生的力量，“具有划时代的一切优秀艺术家的品质。”赫胥黎分析了他祖父散文的抑扬顿挫的节奏，称赞其“令人惊讶的、明了易懂的”写作技巧，但同时也不得不承认十九世纪文学中的一个主要缺点，那就是“它的过度的书卷气、一成不变的修辞习惯和玩弄风格的把戏”，正是赫胥黎先人身上的“真实的激情”才使他免遭了这类缺点的过度侵蚀。赫胥黎抽空为《时代与潮流》杂志写系列文章，取名为《偶拾笔记》，反映了各类小说的主题。5月，他讨论了《奇妙的新世界》一书的重要思想——现代统治阶级如何通过思想操纵来维持权力的方法，“二十世纪中叶的马基雅弗利[*Niccolo Machiavelli (1469～1527)，意大利政治思想家、历史学家、作家，主张君主专制和意大利的统一，认为为达政治目的可以不择手段[即‘马基雅弗利主义’，主要著作有《君主论》、《佛罗伦萨史》、喜剧《曼陀罗花》等——译者注*] 必将是一个善于做广告的人，他的法宝就是一本在所有时间里如何科学地以及如何艺术地愚弄所有人的教科书。”赫胥黎的这些文章表明了这样一个事实：虽然在桑纳瑞他声称不看任何报纸（似乎唯一例外的是法国社会主义者的日报《劳动报》），但他却充分认识到时代的最新发展，例如经济衰退的情况、剑桥大学里原子分裂的情况。去伦敦举办 T. H. 赫胥黎讲座使得赫胥黎有机会去了一次比利时，并且与雷蒙德·莫泰姆一起去了一次德国。但是，他首先要处理好文学方面的事宜。《奇妙新世界》一书在英国销售情况良好——第一年就卖出 13 000 本，但是在美国的情况就没有这么好了，在美国，含有对唯物主义的乌托邦怀有敌意观点的这本书就不那么受欢迎了。赫胥黎与双日书局的合同到期了，在一阵与签订合同、与出价报价有关的信函来往之后，他同意与哈泼氏杂志社签订三年的合同，合同中包括每年支付他 7 000 美元。赫胥黎下决心与哈泼氏杂志社签订合同是受了尤金·萨克斯顿的影响，尤金是他在多利时自 20 年代中起就一直是一位老朋友，而尤金如今在哈泼氏杂志社工作。再说英国方面的情况，与查托出版社续签了三年的合同，他的年收入自动从 1 000 英镑上涨到 1 250 英镑，现在，他能够赚到让他过上好日子的钱了（截止 1932 年 3 月 31 日，赫胥黎在一年之中单单在英国就可以获得超过 2 000 英镑的版税）。

5月，赫胥黎夫妇在德国度过了"一段有趣的时光"，在比利时享受到事先根本不知道的一个非同寻常的场合，他们受到了比利时国王和王后的邀请在王宫共进午餐(玛丽亚的叔叔乔治·鲍尔特是这件事的中间牵线人)。赫胥黎买了一副白色的儿童手套以示愉快与亲密，虽然国王艾尔伯特一世表现出"十足的老态龙钟、行动迟缓"。而且，"辉煌的王宫有一股陈年的霉味，实际上，当人们坐向沙发的时候，飞蛾竟从里面飞了出来!"赫胥黎被荒唐可笑的宫廷礼仪逗乐了。为了减少奥尔德斯的不愉快，国王夫妇首先离去(按照宫廷礼节，客人应该首先从后门出去)。赫胥黎夫妇与雷蒙德·莫泰姆在比利时会合，然后一起去德国。他们碰到了西比尔·贝德福德，西比尔觉得赫胥黎在形势紧张的这个时候来到德国，似乎像是"一个冷漠的窥淫癖者"。在赫胥黎前一次访问柏林时，出于好奇，他去了一家低级庸俗的夜总会，又因出于礼貌，他被一个小伙子领着在跳舞台上很快地转了一圈。

返程中，赫胥黎开始创作剧本《现在胜过永远》，这部戏直到1994年6月27日才首次演出，是芒斯特大学为庆祝赫胥黎诞生100周年而举办的研讨活动中公演的。该剧本在2000年出版，附有大卫·布雷德肖和詹姆士·萨克斯顿撰写的前言，他们俩是英国研究赫胥黎的主要学者。正如编辑所宣称的那样，这是一部重要的剧本，它展现了赫胥黎不断增长的政治觉悟和"庄重的道德规范"，然而，这个剧本承载太多的提示部分，它并不是剧场中强烈吸引人的戏。仿佛有着不祥预感似的，赫胥黎对列昂·莱昂说，"人们将会对这部戏议论纷纷。"这部戏的灵感来自瑞典金融家、"火柴大王"伊法·克鲁格于1932年3月在巴黎自杀的事件。尽管伊法·克鲁格表面上有着从事慈善活动的记录，结果却证实他是一个大骗子——30年代的罗伯特·马克斯韦尔。克鲁格就成了格雷厄姆·格林的《英国造就了我》(1935)一书中埃瑞克·克劳夫的原型。赫胥黎想到了以某种方式把故事情节的展开与大众的经济观念结合在一起来谴责资本家的贪婪和奸诈。可是，伦敦没有哪一家剧院会上演这部戏。来年的6月，赫胥黎修改了这部戏，因为纽约可能会上演。1934年，他希望在伦敦上演这部戏的念头又复活了，却是毫无建树，于是，赫胥黎便永远地抛弃了这部剧本。这个剧本完稿于1932年的夏末，当时，赫胥黎告诉奥托兰，玛丽亚正在坚持不懈地打印这个剧本，“我希望这部戏比我的上一部戏吸引更多的观众，自埃斯库罗斯[*Aeschylus(525? ～456 BC)，古希腊三大悲剧作家之一，相传写了80多个剧本，现存《被缚的普罗米修斯》、《波斯人》、《阿伽门农》等悲剧7部——译者注*]的戏《阿伽门农》以来，我的上一部戏比任何一部戏赚的钱都少。”他告诉玛丽这部戏的“主题是关于克鲁格和赫特[一个英国大骗子，于1930年1月坐牢]——一位野心勃勃的金融家吹嘘如何对工业作合理化改革，人们又是如何被他美妙的愿望牵引进一个巨大的骗局之中……让我们期待着吧，它或许会赚点钱。”

在赫胥黎文学生活的闲暇中，他阅读他永远喜欢的一本书——《战争与和平》，并且画着画儿，“亲身从事一门艺术真是一件再好不过的事儿，所有的烦恼都会消融在艺术的灵魂之中，也根本不必在意现实生活的世界里会发生什么样的事情，真有点逍遥自在啊[我的这个观点可能会遭到画家盖聂卡的非议]！但是，我画画的时间越久，我就越加愤懑现代画家们的懒惰，他们为什么不能像古人那样兢兢业业一丝不苟地作画呢？……在我看来，现代画家们似乎是在进行不可宽恕的欺骗和逃避困难。”赫胥黎安排马修去达汀顿学校读书，他告诉他父亲说，马修有着祖传的“生存天赋”，不像我那样热衷于抽象思维，“他恰好同我相反，因为他知道如何与人相处，却不知抽象思维为何物，而我知道抽象思维，却不知如何与人相处。”秋天，两本新书出版了。就这两本书而言，赫胥黎的作用更像是一位编辑而不是一位作家。他很高兴于这两本书的脱手，“我们度过了一个非常拥挤的夏天——房子里都是人：实际上，这真是一个错误，即使来的人个个都不错。然而，我们现在终于清静了。”两本新书是《D. H. 劳伦斯书信选集》和《本文与托词》。

赫胥黎为劳伦斯书信选集所撰写的前言最后一次表现了他对这位同伴作家试图建立起客观公允的看法，在积极的方面，他宣称说，“劳伦斯是一位永远也无法忽视的艺术家，是一位真正意义上拥有创造力的天才。”他补充道，“要撇开他是一位艺术家来写劳伦斯是不可能的。”当弗吉尼亚·伍尔夫读到这些话时，她在日记里抗议道，“为什么奥尔德斯说他是一位‘艺术家’？艺术正在摆脱说教，还事物的本来面貌……而劳伦斯则说艺术应该表达些什么。”赫胥黎认为劳伦斯的“特殊的性格天赋”表现在他对华兹华斯［*William Wordsworth (1770～1850)，英国诗人，作品歌颂大自然，开创了浪漫主义新诗风，重要作品有与S. T. 柯勒律治共同出版的《抒情歌谣集》、长诗《序曲》、组诗《露西》等，1843年被封为桂冠诗人——译者注*］所说的“人类的潜质”具有非凡的敏感性，永远不会忘记“存在于人类意识之外的其他阴暗的东西”。赫胥黎谈起了他是如何劝说劳伦斯要相信科学的重要性、恳求他注重证据而未果的情况。这时候，劳伦斯会回答说，“‘对我而言，证据并不能证明什么，我根本感觉不到证据的存在。’接着，他就把双手按在腹部。”赫胥黎也极不情愿地承认劳伦斯“有着敏锐的才智”，是一个天才。但是，与赫胥黎不同的是，“劳伦斯拒绝抽象，宁愿过着活生生的现实生活”，这就使得他成了某种“神秘主义的唯物主义者”。赫胥黎的一些评论仿佛沾上点传记的色彩，“他的旅行速度飞快，是一种搜索……他一度是一个非常英国化、非常频繁外出的艺术家，连自己的家都不呆。”赫胥黎指出了他与劳伦斯意见相左的地方后得出结论说，“同劳伦斯相处是一种冒险行为、是对新事物和其他人进行探索的一次航行……对一个生活在安全的大都市里、思想和感情都习惯于都市生活的人来说，这无疑是非常令人激动的经历。”最后，这篇文章以一种高尚的方式给人留下相当深刻、相当感人的印象，那就是作者以另外一种思路和情感所表现出来的敏锐的洞察力和一个作家对另外一个天才作家的巨大才能所表现出来的慷慨的称颂。

10月，赫胥黎开着汽车去意大利作了一次简短的旅行。在福塔，他见到了艾伯特·摩洛维亚。重读托尔斯泰对拿破仑的论述使他看清了墨索里尼的真实面目以及“所有那些愚蠢的、虚伪的法西斯主义的华丽词藻”。返回桑纳瑞，赫胥黎开始创作一部新小说——一本令他感到极度痛苦和异常困难的书《加沙的盲人》*[Gaza 加沙，西南亚地中海岸港市，以色列在1967年占领该市，加沙和加沙地区（Gaza Strip）一直是以色列与巴勒斯坦发生冲突的地方——译者注]*。赫胥黎写信给他的新的美国哈泼氏杂志社的尤金·萨克斯顿，他似乎已经直觉地感到要面临的困难，尽管他还没有动笔。他甚至主动提出暂时中止给他的酬劳直到他心情好起来为止，“通过以往痛苦的经历，我知道我无法强迫自己去写那些还没有成熟的东西。”他继续阅读，读赫曼·布洛克的《梦游者》和亨利·格林的《活着》——“这类作品真实地、非常有益地向我们这些资产阶级者提供了极为诡秘的现象和厂里工人们的思想。”《本文与托词》在11月份出版，它是一本诗歌选集，附录了各种评论的摘要。赫胥黎的前言阻止了这样一种批评，说什么在经济大萧条期间出版这本诗集只是徒劳无益而已。赫胥黎说道，罗马之所以被毁灭的典型说法是，“或许，罗马至今还不会被毁掉，如果罗马人把他们的智力兴趣更多地投在诗歌上的话……如果他们也为投身艺术的人服务的话。”入选的每一首诗都是经过精心挑选的，对某首诗的评论也是才情丰富，老练通达。前言总结了赫胥黎的一贯思想，那就是，这是我们所能拥有的最好的世界，我们应该在现实的基础不断地把世界推向前进，“就我个人而言，我必须承认，我对当今世界的兴趣胜过对未来世界或者由于达到了目前还无法想像的条件而可能出现的未来世界的兴趣。”事实上，赫胥黎用一连串的格言式的警句来表达他自身的想法，“我偏爱在最美妙、最惬意的陶醉中保持着一份清醒……我喜欢精确地并且尽可能简明扼要地叙事……经历并不是发生在一个人身上的事情而是一个人如何处理发生在自己身上的事情……同时，一个人要乐于为道理、为现实和为尊严而大唱赞歌。”这就是在赫胥黎身上存在着的十七世纪的东西：格言的热爱者、些许智慧的推理、有才智无幻想、抱有希望充满乐观、在揭露人性的改变和社会变革的方式上合宜得体但并不期望许多。然而，实际上，赫胥黎正在走向个人的危机之中，这场危机对这位文质彬彬的乐观主义者的考验达到了极限。

二十二、墨西哥

1933年初，赫胥黎夫妇动身去西印度洋群岛、危地马拉和墨西哥进行一次为期5个月的旅行，这是自1925—1926年以来的首次长途旅行。当然，这次旅行会被写成一本书，书名就叫《墨西哥湾以远》(1934)。对赫胥黎而言，写旅途见闻类的文章就像他写小说一样是另外一种方式的作文，现代英语那种悠闲轻松的、形散而神聚的旅游文章的风格太适合他了。他们在1月底乘坐西印度公司的"大不列颠"号越洋班轮离开英国，原计划是在牙买加首都金斯顿下船，但是，这对中年的英国夫妇决心要在船上"好好地痛玩一场"，船上的景观使他们充满了恐惧的欢愉。船上有一位娱乐"政委"，他组织了一个名叫"成年人的童年聚会"的节目，赫胥黎把它说成是"一群上了年纪的优秀的小资产阶级代表的汇合，你能指望看见各式人等"。这些孩子气的成年人想要找到什么呢，似乎是一种"奇特而有趣的彼得·潘"*[Peter Pan，苏格兰剧作家 James Barrie 所著剧本名及其中的主角，一个不肯长大的小孩，现在亦指天真无邪的成年人——译者注]*。赫胥黎从金斯顿给西德尼·席夫写信道，"想像不到的令人震惊的场面：几百名退休的上校、老处女、丰厚收入的寡妇、有钱的兰开夏郡的商人(在我们船上，有几位出版商，他们只喝香槟酒)不协调地混杂在为数不多的、孤芳自赏的正派人之中。”诺森伯兰公爵夫人和她的两个女儿置身圈外，“仿佛她们是一群不可接触的贱民中的高雅之人”。上了年纪的成年人幼稚得可怕，他们像中小学生或婴儿一样的令人毛骨悚然的穿着打扮使得赫胥黎大声惊叫，“我们的同胞们怎么会叫人如此丧气呢！”但是，赫胥黎所描述的这些土生土长的英国人对现代感情觉得极不舒服，就像“非洲黑人”给了他们绝望的感觉一样，虽然黑人在作为单独的个人时、在兴奋的时刻会表现得更加欢乐，例如，当他们在特立尼达岛用他们自己的语言演唱地方歌曲时。在《墨西哥湾以远》一书中，赫胥黎非常鲜明地描绘了自己的心灵顿悟，在他以前的游记文章中不绝如缕的显现着智慧的诙谐在这本书中被变革遮掩了。他走进一家位于巴巴多斯斯佩特城的商店，穿过“点着一盏昏暗油灯”的后门，看见“一个年纪很大的黑人妇女”正在清洗飞鱼，她边上的是“一个有着浅褐色皮肤、美貌惊人的姑娘，正坐在那儿缝补着什么。”她们身后的大门敞开着，面临大海。“这个情景没有什么特别的好奇之处，也没有什么了不起的地方，但是，不知何故，它一直留在我的记忆之中。如今，对我而言，它成了我对万里之遥的偏僻地的回忆，有着一种我极不熟悉的异国情调……那位姑娘，那位异常美丽的姑娘，她的脸庞儿在灯光中闪烁，好像是被她身旁的老人照亮似的……仿佛来自另一个世界。”对有钱人和对陌生人如此敞开心扉的坦率的描写在赫胥黎的游记文章中可谓是凤毛麟角了。赫胥黎很少会被“外国的”见闻所改变，但是在这一次，改变却闯入了他那充满机智的著名评述之中，构成了一幅和谐的风景。

赫胥黎夫妇继续旅行，经过了特立尼达、加拉加斯、伯利兹（“一个肯定是世界尽头的地方”）、奎里瓜，在这里，他们是和一位叫麦克菲尔的苏格兰医生住在一起（麦克菲尔这个姓后来被使用在《岛》一书中），麦克菲尔经营联合水果公司医院。就是在这次相遇的基础上，他们探索了玛雅遗址。玛雅文化使赫胥黎思考了文化差异和种族差异，他得出的结论是，时下在法西斯欧洲盛行的人种优越论是一派胡言，而人种纯洁的观念也只是一种幻想。“从基因的角度来考虑，”《奇妙新世界》一书的作者写道，“任何人种都是一个宽大无比的滚轮的截面。”接着，他们参观了危地马拉城，这让赫胥黎想到中美洲是一个研究政治的实验室，他预言，“民族主义的国家社会主义”的兴起预示着不断增长的意识，那就是，军国主义的民族主义是当代政治混乱的主要原因。这种“仇恨和分裂的哲学”扎根于某种心理需求，或许，应该成立世界心理学大会对此加以讨论。赫胥黎对培养有智力的老百姓来挑战混乱的这种思想倾向并不抱乐观的态度，“全球的教育已经培养出一个庞大的人群，我称之为新愚民。”这些人会生吞活剥像希特勒、墨索里尼这样的“暴徒之首”的思想。旅程继续至安提瓜、艾特兰湖、奇奇卡斯特兰哥（在这里，历史记录中的残酷暴行使赫胥黎想起了“德国犹太人和共产主义者所遭受的鞭笞、蹬踢、枪毙、饥饿等”）、奥克卡和墨西哥城。奥托兰·莫雷尔收到一封来自墨西哥城的极为简短的明信片，“非常陌生、非常不幸的国家，黝黑、原始的人民。不能分享到劳伦斯对他们的热情。”

在墨西哥，赫胥黎夫妇遇到了一位名叫罗伊·芬顿的咖啡种植园主，他款待了他们，还带他们骑着骡子在墨西哥南部地区的波彻特拉和奥克斯卡之间旅行。罗伊·芬顿告诉西比尔·贝德福德一件事，但在赫胥黎的记叙中却把它略去了。有一次，在伊吉特拉，一名醉汉几乎要拔出左轮手枪对准赫胥黎。对于这样一件突发事件，人们也许会指望作家把它当作一条十分精彩的“素材”加以处理，但是赫胥黎从来都没有解释过他为什么省略了它。咖啡种植园里的情景使赫胥黎感到不安，“我们的下午茶和餐后咖啡是由流汗的有着不同肤色的工人们的劳动带来的，想到这一点就会叫人高兴不起来。”墨西哥城也激发着劳伦斯的思想。但是，赫胥黎并不赞同劳伦斯的这样一个观点，那就是，可以在各种不同的程度上保留着“原始到文明的前进过程。”赫胥黎承认他也曾经想过“充分利用并尽情享受原始世界和文明世界的好处是可能的，但是，现在我认为，这只是一种谬见与欺骗。”5 月，赫胥黎夫妇在纽约参观访问（不知道伦纳德·赫胥黎突然在5月3号故世）。在5月份的第二周，他们和 H. L. 门肯共进午餐。纽约是一座花消很大的城市，他们不可能呆得太久。这时，赫胥黎夫妇已经知道了伦纳德·赫胥黎逝世的消息，他们乘坐 S. S. 斯坦顿坦姆号轮返回欧洲。在船上，赫胥黎写信给尤金·萨克斯顿。他向尤金承认他对小说很可能有“一种完全错误的观点”，“因为我对小说的感情就像护士卡维尔*[Edith Louisa Cavell (1865～1915)，英国护士，第一次世界大战期间因帮助协约国军人逃出德国占领下的比利时而被德国占领当局逮捕处死——译者注]*对爱国主义的感情一样，这个比喻似乎还不足以表明我对小说的感情，而那些‘天生就会讲故事的人’显然觉得有这样一种感情已经绰绰有余了。”作为一名小说家，赫胥黎经常毫无戒备地坦率出自身的缺点。

7 月，赫胥黎夫妇回到桑纳瑞。玛丽亚写信给不久前曾招待过他们的东道主罗伊·芬顿。信上说，勒戈古特将是“我们永久的地址，而且，我希望我们能去住上长长的一段时间。”赫胥黎夫妇的健康状况并不太好，有时候，艰苦的旅行——比方说在墨西哥骑骡子旅行那回事吧——会让他们感到精疲力竭。赫胥黎正在尝试著名的哈伊式饮食疗法，这是他第一次投身于各种冒险的尝试之中。别人这样做是因为他们觉得很时髦，赫胥黎这样做是因为他有着一种求新的精神。赫胥黎的出版商对他这些旅途见闻类的文章最初并没有表现出很高的热情，以至于赫胥黎立刻撇开它们，全身心地投入到新小说的写作中去。但是，在夏天，出版商对这些游记文章的热情迅速升温。于是，在 11 月份，赫胥黎就把手稿寄了出去。他对奥托兰·莫雷尔说，这是“一本旅游见闻录，一本真正的包罗万象的书。”这是赫胥黎在模仿那些模仿赫胥黎写作方式的人所说的话。如果赫胥黎以为桑纳瑞是他遁迹隐世的地方，那么他就大错而特错了。降临在欧洲的一场浩劫的不祥之兆已经初露端倪。赫胥黎把华兹华斯在法国大革命期间对法国所作访问时的言论与1933年的欧洲进行了比较——“一幅可怕的景象：到处匍匐着那些看不见的仇恨、嫉妒、疯狂的蟊贼四下搜寻人血来吮吸。”中美洲的经历让赫胥黎知道了一些心理因素，例如，仇恨比经济是一个更加有力的因素。“在中美洲，根本无经济可言，只有罪恶的激情。”在他那充满阳光的隐退处，赫胥黎正在审视一些非常黑暗的思想。一位年轻的威尔士作家，J. 格林·罗伯茨，请求赫胥黎支持他的新作《我击败了这座城市》(1933)，赫胥黎答应了，称赞这本书所表现出来的“不妥协性和暴力”。赫胥黎对罗伯茨说，“在我们这个星球上的全部人口中，大约有99.5%的人是愚蠢者和平庸之辈(以各种不同的方式表现出来的平庸)，就像为数众多的英国人一样。在我看来，重要的不是去攻击这99.5%的人——攻击练习除外—— 但是要牢牢盯住剩下的0.5%的人，尽可能地提高他们的素质，如有可能，用他们来支配其余的人。”就像当时的知识分子痛斥《太阳报》或者《每日邮报》一样，赫胥黎指责通俗小报式的杂志，像汉尼·斯沃夫和詹姆斯·道格拉斯所办的杂志，因为这些杂志充满了“愚蠢言词”。这里用的“支配”一词其实就是命运的人质。然而，在这个时期见到赫胥黎的人——例如罗伊·芬顿——发现他很有耐心，慷慨大方。杰拉尔德·赫德告诉奥托兰·莫雷尔说，“一个人为什么非常喜欢奥尔德斯的一个原因就是因为他即便与一个比较粗俗的人相处时也总是文质彬彬。毋庸置疑，他也遭受着许多痛苦，但是这些痛苦并没有使他变得狂野起来。”

一件叫赫胥黎几乎变得狂放起来的事情就是整个夏天的源源而来的收入。8月，他对尤金·萨克斯顿抱怨说，“桑纳瑞到处是蜂拥而至的德国的流放文人，从托马斯·曼到无名之辈。这个地方弥漫着文学的臭气，实在叫人非常苦恼。”他对朱利安说，这些背井离乡者是“忧郁乏味的一群人，已经显现了背井离乡的苦难后果。”玛丽亚对这些德国犹太流亡者更加不能容忍，“他们大多数人都是相当丑陋”。他们眼下最亲密的朋友似乎是威廉和玛乔里·西布洛克，这些朋友“在清醒时”是非常地友好。正如上面所说，赫胥黎既清醒地认识到犹太人在欧洲所遭受的灾难，但是在习惯上又使用一些质疑的、贬义的字眼来描绘他们。他向朱利安总结了这些德国流亡者的特色，认为他们是“犹太人的精英分子”。几乎就在同时，他在1933年8月19日的《芝加哥视察报》上发表题为“善恶大决战”一文，文章指出了偏执的思想是何等地顽冥，“在希特勒统治下的德国，犹太人被当作另类的低等动物来对待。”一般说来，赫胥黎怀疑进步的观念——在艺术上和在改造人性上——但是在这篇文章中，尽管他极不情愿地承认了实现人类理想的过程是缓慢地，他还是得出结论说，“但是，这并不意味着这种愿望是毫无价值的，它能激励持有这种愿望的人为此而努力工作，虽然这种努力在当今显而易见是注定要失败的，可是在将来的某个时候可能会硕果累累。”一位更加悲观的夏季来访者是杰拉尔德 赫德，他“建议我们大家趁现在还来得及赶快倾巢而出，去南美洲的某个安全之地或者太平洋上的某个岛屿。”爱德华·萨克维尔-韦斯特在这个夏天第一次造访桑纳瑞。

赫胥黎在桑纳瑞的夏季隐退被一次短暂的巴黎之行打破了，他去那儿参加一个知识分子大会，讨论未来欧洲人的精神。赫胥黎对“教授们”的信仰感到乏味，他告诉玛丽，“一个人如果不参加‘知识分子合作’大会，就根本不会知道学者们会愚蠢到什么地步。像一群狗。”赫胥黎原先并没有打算发言，但是他熬了一通宵来准备一份发言稿。第二天，他用这篇发言稿向大会开了火。“对于这些受人尊敬的、幻想破灭的教授们来说，他们听到那些真正有意义的东西时一定是痛苦不堪。”在这次巴黎之行中，唯一使赫胥黎感到慰藉的是与朱利安·本达的会面——“我非常喜欢他”。他向玛丽埋怨说，经济危机严重损害人们的购买力，原来一镑的钱现在连半镑都不值了。这样一来，他们只好自己动手节约了。他们把餐室搬到厨房隔壁，安装丁烷气管道来烧水。11月，赫胥黎夫妇动身去西班牙旅游，他们访问了马德里、托莱多、巴塞罗那。他们去拜访了生活在贫困之中的罗伊·坎贝尔。罗伊告诉奥尔德斯他已经有3年连一本书也买不起了。这是赫胥黎夫妇第三次访问西班牙,他们又一次被艾尔·格列柯[*El Greco (1541～1614),西班牙画家,作品多为宗教画、肖像画,画风受风格主义影响,色彩明亮偏冷,人物造型奇异修长,代表作有《奥尔加斯伯爵下葬》等——译者注*]的作品激动得浑身颤栗。“现代画家不信奉上帝,真是太可惜了,”赫胥黎在从托莱多给玛丽寄去的一张上面印着艾尔·格列柯的“圣母升天”图的明信片上写道,“在他们信教并且遵守教规之前是决不会画出这种画的。”赫胥黎又一次疯狂画画,但其作品经常不符合玛丽亚的情趣。“有时候,我把他的画藏起来,”玛丽亚对玛丽坦白道。玛丽是被玛丽亚邀请来去伦敦剧场观看修改过的《光的世界》,这部戏于12月4号开演,一连要演三周。“坦率地告诉我们,那个可怜的莱昂是如何处理这部戏的。”排练显然是不充分的。赫胥黎以在西班牙患了感冒为借口没有出席首场演出。比起前几次来,这一次也是同样的不成功。

1934年1月,赫胥黎重新开始了对创作小说《加沙的盲人》的思想斗争。他没有认真对待与杂志方面的联系,纳什的杂志要求他写一篇有关优生学方面的文章,“特别要写到不适合生育的人的绝育”。当他在12月份动笔的时候,他询问优生协会的总书记C. P. 布莱克关于绝育法案的立法情况。布莱克回答他说,这个法案事实上在1931年6月已经被下议院拒绝了,主要是因为工党的反对。布莱克告诉赫胥黎,“纳粹采取了一种激烈的优生政策引起了工党中的对手反对优生。”这篇文章在4月份刊出,标题是“我们的人口怎么啦?”文章宣称智力缺陷呈上升趋势,部分原因是基于婴儿死亡率下降这一事实,“生存环境以及其他的东西朝好的方向改变带来了这一结束,但是遗传方面的改变却是朝着更坏的方向。”赫胥黎看到智力不健全者越来越多,唯一治疗的办法就在于“鼓励智力正常者和智力超常者建立更大的家庭来防止智力低下者组建家庭”。他提倡——正如高尔顿研究院现在所做的那样——建立家庭津贴系统来鼓励某种类型的人生育后代。赫胥黎还进一步提议对那些“经正式证明患有缺陷的人”进行绝育手术，他指出，为了优生的原故而绝育的行为在美国的一半的州里是合法的。赫胥黎驳斥了神学家和“神秘的民主人士”对绝育的反对，但是，他同意他们一个很有力的观点——“绝育可能会演变成富人对穷人欺凌的一种手段，成为统治阶级推卸责任的一个借口，本来，统治阶级因为人民过着不断恶化的生活而应该受到谴责的”。赫胥黎认为这种争论是“值得称道的”，但他仍然坚持说，这种争论并不科学，因为民主需要有知识的民众来促使它不可阻挡地向前行进，“智力不健全的人极可能会求助于独裁者。”他也深信，从人道主义的立场上来说，“身心有缺陷的人”会造成其双亲贫困而可怜，根据全国防止虐待儿童协会所说，许多家长要为自己的残忍行为负责。文章写到这里时，赫胥黎突然把笔锋一转，离开对优生学的议论，转向探讨大众人口的增长以及大众人口是否已经达到了最佳水准：可能在某种程度已经做到了，但必须还得加以控制。文章就此平静结束。赫胥黎的这篇文章观点清晰，逻辑性强，但是似乎并不能说服那些持有优生学令人作呕的观念的人。甚至，一个人还可以补充说，赫胥黎的“科学的”预见并没有得到证实呀。是呀，在30年代是没有证据，但是，70年后，人口中的“智力不健全者”要远远多于1933年。

这篇文章中所奇特的地方是赫胥黎所表现出来的冷静的逻辑分析与明显的人道主义的同情、根本的进步倾向和对社会与政治问题的阐述之间的强烈对比。是的，他曾被深受通俗小报影响的“99.5%”的愚蠢者的意见所激怒，但是，在他的著作中，这一点以后再也没有提及，除了偶尔对自负或者势利的知识分子评价之外。直截了当地说吧，赫胥黎要发现某种形式的能排除其对民主担忧的政治保证，整个时代表明了知识分子喜好抽象思维的局限性以及因此而松懈了与人道及常识之间的精神支柱。近代对赫胥黎的研究以翔实的内容证明，赫胥黎并不是那个时代唯一具有这种思想的“进步的”思想家。后来，他在《时代与潮流》杂志上发表一篇文章，题为《英国法西斯主义的前程》，不但观点敏锐（认识到布热德斯特提倡保护小商人和手工业者利益，反对征收重税的根基就在小资产阶级对反动政策的支持），而且态度鲜明，遭到了当时英国上流社会中的许多人的反感。

抽象是赫胥黎这部新小说的出发点。他告诉朱利安，“小说的基本主题是自由，某人身上所发生的事情如何使他真正彻底自由了。”他对玛丽·赫金逊描述了酝酿中的小说雏形，听上去像是意大利社会学家帕累托［*Pareto（1848～1923），意大利社会学家，经济学家，提出上层社会优秀分子循环运动理论，对法西斯主义颇有影响，主要著作有《政治经济学讲义》、《社会学通论》等——译者注*］的专著，因为在当时，帕累托的思想吸引着他和他所有的朋友们以及广大读者。赫胥黎说道，“我同我在写的小说好像是在蹒跚而行，叫我非常气恼，因为我还没有能找到章节与章节之间的内在联系，进展缓慢。我正在寻找一种既能防止两个时代的生活同时发生又能表明它们之间关系的结构形式——当然也包括它们之间缺少联系的形式，因为我想做到，当一个人思索生活的时候，这两种生活都会给他留下深深的印象……”赫胥黎对帕累托的激情感染了玛丽。但是，赫胥黎在称赞帕累托对人类社会事务所作的科学的“不按程序的”分析同时，他承认帕累托的书《社会学通论》是一本“世界上最沉闷的书”，他是在1924年第一次读到这本书的，现在正又一次通读。这本书中接近事实的真实程度究竟有多少，赫胥黎以为无关紧要，“一部分原因是因为这些事件业已刺破了战后所有的希望——存在滋生英雄土壤的希望和重建的希望；毋庸置疑，另外一部分原因是一个人在不知不觉地步入中年后，就不大会轻易地被自己的趣味分散注意力，趣味变得越来越苍白无力，而一个人的激情似乎是与生俱来的——消耗激情只是为了知识、为了理解，激情变得越来越有力量。”如果赫胥黎可以不必为生计而劳碌、可以容忍双目所视之事的话，他就会冀望在以后的几年里什么也干，只是读书“和间歇旅行，看看一些事情”。

事实上，在可爱的生机勃勃的1934年的春天，在桑纳瑞，赫胥黎并没有做多少事情，这是根据他自己叙述的，“在这里，我看见了我从未见到过的如此鲜艳的花儿和青葱的草木，而我几乎是无所事事——日日休闲，因为我似乎没有能力去找到在我计划的小说中所需要的东西，书倒是读了不少。”赫胥黎对T. S. 艾略特的新书《异神之后：现代异教的初级读本》(1934)评价不高，“我以前从来都不知道一个作家会花上这么多的时间去解释他不打算说的事情，而最后又几乎什么也没有说清楚。他采取演绎归纳法，却又不举实例，悄然背离，这种做法是不可相信的……而且，他对历史采取了不动声色的漠视态度。”赫胥黎对艾略特神圣不可侵犯的写作手段的致命一致迄今仍存争议。4月，赫胥黎夫妇访问了意大利，部分原因是他们想最后一次看看罗马，担心墨索里尼会摧毁罗马，代之以法西斯主义风格的建筑物。赫胥黎向艾略特抱怨“法西斯主义分子的趾高气扬和广大民众虚伪地、卑躬屈膝地接受法西斯主义，一切令人十分沮丧”。6月，赫胥黎悄然无声地来到伦敦，参加在韦尔温花园城由“性的现状与发展协会”举办的大会，会上讨论了性方面的改良事宜。赫胥黎拜会了在罗德曼尔的弗吉尼亚·伍尔夫，她发现四十岁的赫胥黎比以前更加稳健、更加吸引人，“一个令人十分敬佩的、很‘酷’的、一尘不染的、脾气急躁却悲天悯人的、温文儒雅的男子：正处于不惑之年：老练通达、使人羡慕的成熟，而我们却不具备；他游历世界，惯于怀疑，仁爱慈善，审视万物；他作为一名小说家，对宗教和性有点空谈；他举止优雅，骨瘦如柴：一双迷离的灰色眼睛显现出惆怅和机智……他惜时如金，但是，在解决问题的时候总会有那么一点儿踌躇迟疑、文质彬彬——一颗拥有丰富同情心的灵魂。”

另外还有二则关于中年赫胥黎的速写，一则是出自对查托出版社有责任去“发现”赫胥黎的弗兰克·斯温纳顿的笔下，“他是我所认识的英国作家中个头最高的一个人……他的这个高度自然而然地给一些碰上他的人留下这样一种深刻的印象，那就是，他离群索居，被拒人于千里之外的倨傲所包裹，实情并非如此……事实上，很容易同赫胥黎交谈起来，而且他总是兴高采烈。他喜欢用一些长音节的词，因为他是用这些词在思考，并非是他意识到它们是长音节的词。他在交谈中（或者至少在叙述中）使用频率很高的词有'异想天开'和'不可思议'……他本能地喜好见稀奇古怪的人，看稀奇古怪的事，但这并不意味着他本人就是一个稀奇古怪的人，而意味着他在思想上对奇人怪事早已做好准备。"斯温纳顿认为，在《奇妙新世界》之后（当时他并不知道书里会写些什么），赫胥黎已经陷入僵局——"在我看来，赫胥黎的创作直线上出了差错。"而同时他又冒险预言道，"有一颗独一无二的头脑，那就是奥尔德斯·赫胥黎的头脑，它能非常容易地把多重性转换成单一性，转换成智慧，他比这个时代的任何一个用百科全书来充塞头脑的人更具有智慧，很可能会引领他那一代人以及后来的年轻人步入一种高雅的状态，从中诞生出伟人伟业。"

另外一则是出自亚历山大·亨德逊有关论赫胥黎的书（第一本对赫胥黎作全方位研究的书，由查托出版社立项和出版）。亨德逊指出，赫胥黎的写作生涯已达十九年，创作了二十五本书。可是，在有些地方，图书馆仍旧禁止他的书，而评论家对他的通常态度是"赫胥黎：知识分子——有点不讨人喜欢"。亨德逊觉得，赫胥黎在战后时期所表现出来的愤世嫉俗和对理想主义的进攻是"纠枉过正"，但他得出结论说，"赫胥黎唯物主义的基石是合乎人性的理想主义。"这三种对赫胥黎的评价都一致认为，他是一位杰出的作家，使自己盛名彰显，可是，人们对他的期望绝非仅此。赫胥黎被召唤来扮演他那一代人的道德良知，但是，在他肩负此任之前，他必须解决自己内在的冲突、平衡自身的知识分子的人格力量与现实生活中的道德状况。在以后的十二个月左右的时间里，即从 1934 年的中期至 1935 年底，赫胥黎热情拥抱反战主义事业，这成了他一生中最艰难困苦的一段旅程。但是，他表现得更加坚强，视野更加清晰，更少自我意识，更多地投身运动。就在他要离开桑纳瑞去伦敦度过1934年的最后三个月之前，他向玛丽暗示了心之所思：

我越来越受到一些事情的折磨——人们头脑中绝望的原始和未曾教化的状况——对一切理性的技术一无所知，造就了这样一种基本情形，一方面，有的技术高度垄断，而另一方面，有的技术彻底"分散"——一潭死水……浪费人才总是一件叫人不高兴的事情，根本没有认识到人才的潜力。我越来越坚信，人类面临的最重要的任务是发展一系列的完善心理的技术，以此适当地开发利用人的质能。所有那些在社会和经济领域内的著名"计划"将一文不值。如果我们作为个人时仍然是缺乏教养的无计划——在我们自己创造出来的社会力量的支配下……我们就会对我们与目前的教育体系一起愚蠢地浪费时间而感到心满意足，这种教育体系忽视了一切本质的东西，使得所有深受其害的人根本没有得到为实现目标而必需的训练。

以上是赫胥黎对来年或更久的将来所作的宣言。他暂时离开桑纳瑞。他清楚地记得他与保罗·瓦莱里的几次会见，保罗向他谈起了青年时代所写的诗（《马拉美》、《维利尔斯 李尔 亚当》、《于伊斯芒斯》）。他也向海滨的移居者道别，这些移民们仍然有能力激发他们自身讽刺的、自嘲的神经，"一个人所信仰的东西——诸如民主、经济平等——在现实生活中无影无踪，一切都迫使你郁郁寡欢——狂热的散发出体臭的人群、香蕉皮、建筑物像风景地上突然暴发的皮疹、每隔十码就有的高音喇叭和留声机、川流不息的车辆使道路变成叫人恐惧不安的地方——真是悲哀之极。"但是，在未来六个月里在"布丁岛"上度过的冬天是否会是一种改善呢？

二十三、奥尔巴尼

1934年10月，赫胥黎夫妇抵达伦敦，住在西一区的奥尔本大街18号，“这是一个画室公寓——二间卧室，一间很大的画室，一个厨房和一个洗澡间——离皮卡迪利广场仅有50码远，一周租金为5英镑——真是未曾料到的好事。环境幽雅安静，我尽力做一些写作工作，甚至有时在下午还画点画。”“我们打算在这儿住到圣诞节以后，”赫胥黎告诉门肯（另外一位称赞帕累托的人，帕累托被认为是“精通常识的杰出典范”）。赫胥黎喜欢这一切，喜欢帕累托的现实主义，对比之下，厌恶三十年代年轻诗人们追逐时尚的装模作样。弗吉尼亚·伍尔夫记下了赫胥黎对他们的排斥，“奥登［*Wystan Hugh Auden（1907～1973），英国诗人，文学评论家，20世纪30年代英国左翼青年作家领袖，40年代起思想向右转变，后期诗歌创作带有浓厚的宗教色彩，1946年加入美国籍——译者注*］绝非一流，他只是一个蛊惑民心的政客，慷慨陈词，蒙蔽青年，有点像戴-刘易斯［*Cecil Day-Lewis（1904～1972），英国诗人，文艺评论家，曾为英国共产党党员，用笔名N. Blake写过侦探小说，1968年被封为桂冠诗人，代表作有长诗《磁山》、评论《对诗的希望》等——译者注*］——我从未读过斯彭德［*Stephen Spender（1909—　），英国诗人，文艺评论家，20世纪30年代左翼青年诗人之一，以编辑文*

*学期刊《地平线》和《遭遇》而闻名，作品有诗集《静止的中心》、《废墟与憧憬》及评论《创造性因素》等——译者注]*的诗。”赫胥黎喜欢阅读给人深刻印象的社会学著作，伴随着越来越浓厚的兴趣，产生了朝这一方面发展的意向。他读了杰拉尔丁·科斯特《瑜伽和西方的心理学》一书之后，对朱利安说，瑜伽很可能是一条前进之路，因为“我一直觉得，对人们来说，找到一条自身发展之路是十分必要的。”没有取得心灵上和精神上的发展成长，人们就不可能从完善的社会和完善的政治中获得益处。赫胥黎全神贯注于《加沙的盲人》的创作，但是他对旁人的不幸并非视而不见。他的朋友 J. W. N. 沙利文刚进入无法医治的瘫痪初期，无法履行与维京出版社所签订的合同，赫胥黎就立刻主动拿出现金来帮助他，还给其他的作家写信，包括威尔斯，请求他们每人拿出 200 英镑，这表现了赫胥黎的一种性格。不管赫胥黎自身处于何种状况，他总能发现自己有能力去帮助各种各样的人——亲戚、朋友——当这些人处于困难之时。

11 月 12 日，赫胥黎自己都大吃一惊，因为他对玛丽大声嚷道，“我们要租用在奥尔巴尼的这间公寓长达七年！真是太好了，有中央供暖系统，有镶木地板，还有不少的房间。这无疑是非常果断的一步！”赫胥黎对此的惊讶是有道理的，作为一个静不下来的人——在桑纳瑞时怎么样，无所事事地躺着打发冬季？——这种状态似乎与他以前自由自在、无拘无束的记录不相一致。事实上，这间公寓他们仅仅住了二年。奥尔巴尼是毗邻皮卡迪利广场的非常独特的居住公寓大楼，以前的住户们给它带来了一种文学声誉，其中有现实生活中的人（拜伦）和文学创作中的人（拉弗尔，一个文质彬彬的小偷），此外，诸如像泰伦斯·斯坦普和布鲁斯·查特温等名流的名字使这座公寓大楼在二十世纪继续有着巨大吸引力。赫胥黎夫妇用旧家具装饰了一下房间，便开始接待源源而来的客人，包括奥托兰·莫雷尔，她的造访由于一件意想不到的事情而给人留下深深的印象，她所佩戴的一串珍珠项链断裂，珍珠散落在地板上。这是一个高雅的住处，虽然不是十分的方便，地下室里有一个厨房，阁楼上有一间仆人房，后来，西比尔·倍德福就在这间仆人房里住过。

正是在奥尔巴尼，赫胥黎开始遭受到失眠的折磨，这种折磨在第二年使他的身心痛苦不堪——一种内心压力和焦躁不安的症状。12月中，他们搬进公寓。1月，在乡下过完圣诞节后，赫胥黎去了法国，收集撰写文章的素材，他曾答应为《巴黎晚报》写几篇有关1935年初的法国现状。后来，他终于设法完成了这一承诺。他对E. M. 福斯特说，“我不能厚颜无耻地把我的看法和盘托出，我越是深入地调查，我发现我反而理解得越少。”时间刚刚跨入1935年，赫胥赫和福斯特一样并不看好世界的前景，“除了世界前景昏暗一片以外，需要补充的是，我个人的前景更为昏暗：伯蒂·拉塞尔——我刚同他共进午餐——说，一个人不必在意那些表面上的东西，像理想、风俗、政治、甚至战争——真正重要的东西是那些受科学技术支配的东西，那些沿着笔直的、永不波动的轨迹稳步前进上升的东西（我猜，是像“永恒的女性”一类的东西吧）。有这种想法还真不赖，但是，在永恒的东西其间有着表面的、波动的东西，正如一个人活着是在表面上显示出来的，谁又知道，笔直的轨迹不是径直针对着对人道的巨大否定呢？”在随后的一个月里，尽管赫胥黎照着杰拉尔德·赫德推荐的方法进行呼吸锻炼，他个人的焦虑还是又出现了。他对R. A. 斯科特说，“我的失眠症一点儿起色也没有，我遭受着无法入睡的痛苦，这样的折磨快要把我驱逐出伦敦，赶回乡下，赶到另外一种气候中去。这种状态使我无力完成绝大多数我本该做的事情。”他刚见到过约翰·吉尔古德，他们一同观看了《哈姆雷特》。赫胥黎认为《哈姆雷特》是“用文字表达出来的、最具有实质性内容的艺术作品”。然而，在他目前濒临绝境的情况下，莎翁的《哈姆雷特》让他又不由地问道，“当一个人知道写作是怎么一回事，并且又知道自己的写作水平不过尔尔，那他为什么还要继续往下写呢？”

在这段时间里，赫胥黎一直与斯特雷奇的朋友、诺丁汉大学的讲师塞巴斯蒂安·斯普罗特保持接触。他对斯普罗特说，他觉得他应该再次对英格兰中部地区的东部作一次实地访问，“聆听一下英国其它地方的一点事情，而在伦敦，我们对此完全就是一无所知”。赫胥黎清醒地意识到，在皮卡迪利，根本就不可能了解大萧条时期的英国。但是，在这个时候，赫胥黎的失眠症变得非常严重，他的医生建议他彻底改变生活环境，比如说，去靠近格伦诺白的山区，于是，他推迟了去看望斯普罗特的旅行。3 月，他住进了位于阿尔卑斯山法国境内的赫斯市的格朗迪斯·鲁塞斯旅馆——一个极为“偏僻的小地方……然而，我安慰自己，认为这个地方肯定对我的健康有益处。正像一个人在维希*[Vichy，法国中部城市，古罗马时代起的温泉疗养地，第二次世界大战时期法国贝当政府所在地——译者注]*会有意识地喝矿泉水一样，我穿着雪鞋有意识地走了许许多多的路。”赫胥黎从这里回到桑纳瑞。在桑纳瑞，赫胥黎夫妇从 3 月份起一直住到 10 月份。4 月初，赫胥黎告诉查托出版社的哈罗德·雷蒙德，他的睡眠逐渐好了起来，并且在“只有以前一半精力的情况下”开始工作，“书稿也缓缓地向前推进”。5 月初，玛丽亚宣布说，“他已经治愈了，完全地治愈了……工作进展良好。”赫胥黎在 5 月份急急忙忙地为《每日快报》写了一篇文章，此文评述了乔治五世登基二十五周年。赫胥黎在文章中对未来的二十五年作了一些预测。一般说来，赫胥黎是一位很不错的预言家。他非常有趣的一个预言就是“代沟”，他认为“代沟”是二十世纪晚期人口迅速老化的结果。他同时也表达了一个希望，那就是，“欧洲能避免一场战争，尽管欧洲的各国政府似乎都铁下心来要打一仗。”

希特勒的兴起和显而易见的战争威胁越来越引起赫胥黎的思考。他在 6 月 21 日对在巴黎召开的世界作家大会发表演说时警告战争鼓动的危险，并且对那些认为战争只是某一个共产主义国家的事而表示失望。后来，在赫胥黎旅居美国时，联邦调查局经常会挖空心思地寻找他与共产党国家的联系以支撑他们捕风捉影的证据、来打击他们认为赫胥黎身上存在着的颠覆性的潜能。这个月初，赫胥黎参加了在伦敦奥林匹亚举行的一次集会，英国法西斯主义者联盟的首领奥斯瓦德·莫斯利勋爵在他的黑衫党暴徒的簇拥下在集会上发表了演说。一万二千人挤满了大厅。赫胥黎同内奥米·米切尔森以及其他的朋友们坐在一起，他目睹了这些抗议者们的残暴行径。在一份公开发行的记录这次集会的小册子中，许多人描述了自己的亲眼所见，赫胥黎便是其中之一。莫斯利手下负责这次集会的人——他们中的许多人都在绷带或手套里面戴着指节铜套——向诘问者突然袭击，恶毒地朝他们进攻。这时，莫斯利就会停止演说，让探照灯白生生的灯光扫射到挨揍者的身上。但是，被殴打的人并不屈服，而是积极地反抗。1934 年 10 月 16 日，坎农·狄克·谢泼德给报界写了一封信，呼吁广大民众倾力支持和平。在这一年里，八万人给他回复明信片，向他作了承诺，至 1937 年初，“狄克·谢泼德的军队”已增加到十三万人了。在 1934 年 10 月的最早的邮包里就有赫胥黎写的一张明信片，那时，他住在奥尔本街 18 号。1935 年 6 月，在艾伯特大厅举行了一次群众集会，最终促成了赫胥黎为“保障和平联盟”撰写其第一份正式的宣传手册。但是，在 1935 年的初夏，在桑纳瑞，赫胥黎正全身心地投入到恢复自己的身体健康和精神健全的计划中。夹杂着理解和好奇的心理，玛丽亚观察着赫胥黎。赫胥黎又补充了一项新计划，即：为了身体健康，进行大运动量的劳作。玛丽亚写道，“他把花园里的每一寸空地都挖了一遍，周围被他弄得一团糟，叫园丁大伤脑筋。”同时，赫胥黎在服用一种钙镁合剂的镇静药和进行轻度催眠，因为“可恶的失眠症”又犯了。这样一来，小说的进度自然而然就慢了下来。他当时正与美国作家泰德 麦克奈特·考夫尔商谈为亚历山大·科达写一部主题是关于“梦”的电影剧本。泰德是 1931 年在桑纳瑞首次见到赫胥黎的，他曾极力希望科达会对《奇妙新世界》感兴趣。

其时，赫胥黎慈悲的天性被一位青年妇女的困境唤醒了，她是一个有着部分犹太血统的德国人，她的护照快要到期了，需要更换新护照，而她很自然地害怕被遣送回国。赫胥黎写信给斯普罗特，问他是否知道有没有一个“一贫如洗的英国人”，纯粹是出于经济上的交换而愿意与她结婚，这样她就可以继续留在英国了。“在我看来，解决的办法似乎是应该寻找这样一个人：不名一文、忠厚老实、同性恋者。”赫胥黎指出，出于同样的原由，奥登刚刚和艾瑞卡·曼结了婚。他同时也给内奥米·米切尔森写信——结果是，一连串想做未来丈夫的人一个接一个地主动冒了出来。“一定要使未来的丈夫们确切知道，为他们提供了这么优惠的条件，因此是非常合情合理的价格，”赫胥黎对斯普罗特说。婚礼于 11 月 15 日在威斯敏斯特的结婚登记处举行，赫胥黎为主婚人。随后，在阿尔巴尼举行一场庆祝舞会。弗吉尼亚·伍尔夫在日记中写道，“舞会是为了庆祝德国人同一位邮递员结婚（实际上是一个在威斯敏斯特的一家绅士俱乐部的看门人）——为了 50 英镑。”她是宾客之一，还有罗伯特·尼科尔斯和内奥米·米切尔森。

9 月，赫胥黎第一次与狄克·谢泼德共进午餐。过后，赫胥黎感觉到谢泼德在谈到组织和平运动一事时实在有点言不由衷、喋喋不休，“当一个人拥有了饶舌的才能后，不幸的是，他总会被这种才能所诱惑，并且充分利用它，用优美的词藻而不是用自身亲历的经验来表达他的理想。”赫胥黎对谢泼德说，这真是“非常的滑稽可笑”，让他这样一个知识分子来告诉像谢泼德这样一种人事情该如何进行，结果只能是自己嘲笑自己，以此来减轻自己的羞耻心。赫胥黎说，“思考、阅读、交谈、创作已经成为我须臾不能离开的鸦片和酒精了，我正在努力想通过聆听他人讲话和做些什么事情来摆脱它们。”赫胥黎正在经历着由一个书斋里的思考者向积极活动者转变的楚痛。他是一个很善于学习的人，很快就是“保障和平联盟”中的一位十分重要的成员、一位不是不通晓运动策略的成员。赫胥黎作为一名和平运动成员第一次公开露面是在尤斯顿街的“朋友之家”的午餐会上——这个地方离他非常熟悉的布鲁姆斯伯里沙龙仅为一箭之遥。12 月 3 日，赫胥黎登上讲坛，“阐述知识分子为和平主义辩护的几个观点……并且……讨论我称之为和平主义不可或缺的哲学条件。”他引入了他非常熟悉的有关目的和手段的话题，宣布道，“我们自身构造起来的、如此庞大的当今世界，假如我们愿意的话，完全可以用别的手段重新构造得更好——持这种观点的人并非一定荒谬。”这是知识分子从 20 年代和 30 年代初期的悲观主义中走出来的标志性改变。然而，在赫胥黎这次演讲中，最具有深远意义的是，他在演讲中明晰地引进了一种精神的或宗教的标准。他鼓动地说，“应该认真奉行人类精神上团结一致的信条。”他声称，人道主义“有其重要的终结产物，即：民族主义的宗教”，民族主义的宗教是问题的一部分，而非解决的办法。“剩下的只有精神信仰了，而每个人都能接近获得这种信仰，达到人人团结一致，这样的一种信仰为和平主义创造了最佳的形而上学的环境。”

毋庸置疑，赫胥黎接受和平主义者的事业绝不是仅仅出于知识分子的兴趣，而是他精神上的一个发现，他正在经历一场“变革”，这场变革将会终止他在过去的一年里所遭受的精神上和肉体上的痛苦。左翼政治活动家的强硬路线遭到了赫胥黎的鄙视。第二年夏天，在《加沙的盲人》出版之后，斯蒂芬·斯彭德写信给克里斯托夫·衣修午德，表示了他对笃信宗教的奥登很可能被这种方式所引诱的担忧和焦虑，“如今，奥登有一些想法，然而都是错的——是一种半宗教的、神秘的和平主义。我衷心希望威斯坦不要上当受骗。”赫胥黎给罗伯特·尼科尔斯写信，告诉他“小说还没有脱稿”，对即将到来的冲突尤为焦虑，“我希望我能看到除了宗教以外还有其他的办法来医治人类的恐怖行径，或者能看到人人都会信仰并且极力奉行的一种宗教。”两个月后，赫胥黎夫妇从玛丽亚的妹妹罗斯结婚定居的比利时返回奥尔巴尼，赫胥黎告诉维多利亚·奥坎普，他已经同杰拉尔德·赫尔德交谈过，谈到了使用什么样的方式和手段来使和平运动稳步向前。“事情最终演变成一个宗教问题——一个令人不舒服的却必须要面对的事实、一个我去年觉得很容易面对的事实。”对赫胥黎个人而言,宗教信仰的观点在以往他是很难接受的,但是现在,他却开始了通往“终极哲学”的不可阻挡的旅程,在以后的十年中,他成了这种哲学的阐述者(虽然宗教的形式如黄铜鹰雕和蜂蜡从来都没有进入他的思考范围)。

赫胥黎在和平主义运动中就像一个类似宗教的信仰者一样重塑自己(他的早期作品中有关和平的论述强调了个人生活的改革,就像谈到权力和军事政策的改革一样),与此同时,他也十分关注自己的身体健康状况。他的身体在 1935 年所遭受到的折磨(玛丽亚后来称之为“恐怖的一年”)是几种疾病袭来的结果(这几种疾病被确诊为是彼此互相关联的)。有一种目的模糊的感觉——需要找到这样一个人,此人曾经是彻头彻尾的愤世嫉俗者,后来却发现自己应该去承担一项积极的责职。“他突然感觉到他必须发展前进,仅仅否定愤世嫉俗是不够的。”有着许多影响深远的美学上的问题,赫胥黎试图利用这些问题使新创作的小说“活”起来。他也有着一个作家的困顿,那就是对经济的担忧,如果他的写作生涯结束了,那该怎么办?那时他该做些什么呢?在奥尔巴尼那间昏暗的老式的楼房里——在那儿,打字机发出的“嗒、嗒”声增加了他在经济管理方面的忧愁,或许有的人会抛开尊严,从事“交易”——赫胥黎陷入了深深的沮丧之中。最后,还有肉体上的问题。贯穿一生,赫胥黎的健康状况总是不佳,但是这一回却与以前不同。他已经在杰拉尔德 赫尔德的影响下,开始实践呼吸锻炼和各种各样的精神保健守则,目的就是为了打垮失眠症。不能恰如其分地了解自己的健康状况自然是一件令人遗憾的事情,而赫胥黎感觉到周身的器官都出了毛病,他坚定地认为,他的身体、他的文学艺术都出现了机能性障碍。

但是,从知识分子的角度和从精神上来看,和平运动已经开始向赫胥黎展现出一条走出死胡同的道路。就身体方面而言，一位名叫 F. M. 亚历山大的救星出现了，他是亚历山大理疗技术的创造者、理疗专家。赫胥黎自 1935 年 11 月起，每天接受亚历山大实施的理疗，包括心境体态、起居坐卧、日常锻炼等，全部受制于“运动感觉的”再教育。赫胥黎后来为亚历山大的著作选集撰写前言，在前言中，他声称亚历山大以自己的经验为基础业已发现了“人的颈部与身体之间的‘自然’关系，只有人的颈部与身体之间的‘自然’关系处在正常状态下，人体的所有器官才会正常运作。”赫胥黎被这套理疗技术吸引，除了基于这样一个事实，那就是，这套理疗技术在他的身上起了作用，还有就是，它强调突出了身、心之间的紧密关系，身心之间的不一致一直困扰着赫胥黎。通过密切注视“器官的实际情况”和排斥“想入非非、精神失常”，才能使得“人体器官按照其应该怎样运作的去运作，整体改善身心健康”。出于对瑜珈术中“脊椎挺直”的姿势的喜好，而且，赫胥黎练得很成功，所以他就考虑让玛丽亚也加入到练功中来。接下去，亚历山大把赫胥黎夫妇推荐给 J. E. R. 麦克多纳博士，他的理论是，肠中毒是大多数人体器官功能紊乱的罪魁祸首。赫胥黎夫妇按时清洗肠道、注射疫苗和节食。到了 1936 年初，赫胥黎无限欢欣地宣告，他战胜了失眠症和疲劳症（他如今每天可以工作八小时，而不是四小时），血压正常了，身心失调症消失了，多年的痼疾两块湿疹不见了，皮肤光泽改善了，慢性鼻腔黏膜炎不复存在了。

赫胥黎回到奥尔巴尼，回到了那间西比尔·倍德福德称之为“金鱼缸”的、会给赫胥黎带来不舒服的工作室。赫胥黎开始了《加沙的盲人》中有关安东尼·比维斯道德重生章节的写作。赫胥黎住在加利福尼亚的那几年中，他获得了轻信江湖骗子的“美誉”，而他本人却毫不怀疑这种理疗法在他身上所起的作用。大约就在这个时候，赫胥黎夫妇开始向他们的朋友们推荐夏洛蒂·伍尔夫，一位理疗专家和《人类的手》一书的作者，他们是在巴黎遇见她的，其时，她住在达曼尼大楼的对面街上。一天晚上，在伍尔夫家，夏洛蒂开始研究起手相。伦纳德·伍尔夫对这种“胡说八道”十分反感，而克莱夫·贝尔却对他说，他的态度不是一种恰当的科学态度。

玛丽亚在写给她妹妹珍妮（有时候，她称呼妹妹为“詹妮”或者“乔克丝”，这些信都是用法文写的，现存于布鲁塞尔的皇家图书馆，这些称呼都是比利时人的爱称）的一封祝贺新年的信里总结了过去的一年，真诚地期望1936年“尽可能地与去年不一样，我想，没有一个人会真切地了解过去的一年对我而言是何等的恐怖。”她告诉妹妹，赫胥黎的小说快要完稿了，而她对这部小说寄予了很大的希望。她还说，奥尔德斯的健康状况“良好而不是极好”，但他勤奋创作，“冷静而平和”。他们在过着一种安安静静的生活，只拜访那些他们想去拜访的人。“热度”退了。

二十四、加沙的盲人

赫胥黎夫妇在桑纳瑞庆祝新年 1936 年的到来。赫胥黎在 1 月初告诉哈罗德·雷蒙德，“这里有着姣好的天气，阳光灿烂，没有一丝风，风景美极了。”赫胥黎此时正积极从事政治活动，所以只好补充道，“一切使人更加深感忧虑，在西班牙，他们正忙于撕开彼此的喉咙。”青年诗人们都去参加了西班牙内战，而赫胥黎却返回伦敦，继续和狄克·谢泼德、杰拉尔德·赫尔德一起为“保障和平同盟”工作。小说快要脱稿了，玛丽亚写信给美国出版商尤金·萨克斯顿，让他知道这件事。她说亚历山大制造了“一个全新的、让人完全认不出来的奥尔德斯，不仅仅是身体上的，还有精神上的以至道德上的。更有甚者，亚历山大积极地带领我们大家走出绝境，奥尔德斯最好的朋友们都知道，要是没有亚历山大，奥尔德斯就不可能再有新小说问世，也不可能与陌生人交际。”这是一句意义非常重要的话，因为新生的、还没有撩开面纱的赫胥黎并没有彻底地脱胎换骨，然而，那些宁愿赫胥黎以一个非凡的愤世嫉俗者和冷嘲热讽的讽刺家形象出现的人已经感到有点失望了。像许多当今的批评家一样，赫胥黎同时代的人并没有注意到赫胥黎早期著作中所包含的建设性的潜流和内在支撑的伦理。除了赫胥黎的几位知己以外，同时代的人并没有认识到和平理想主义者的危机。

赫胥黎越来越觉得他必须捍卫自己。1936 年初，伦纳德·伍尔夫写了一本关于墨索里尼会发动侵略的小册子，题目是“国际联盟和阿比西尼亚”。文章指责了像赫胥黎之流的和平主义者面对法西斯暴力时只会采取“驼鸟政策”，幻想“不要与罪恶有干系”。事实恰恰相反，赫胥黎告诉伦纳德·伍尔夫（和弗吉尼亚，当时他们在肯辛顿花园聚首讨论政治，赫胥黎拒绝在号召制裁墨索里尼的声明上签名，因为他认为，这种做法只会引起意大利人举行集会，聚集在“领袖”周围），“他审视过罪恶，而且提出过对付罪恶的最好办法是什么。对于这个问题，经验提供了一个清楚的答案：对付罪恶的最坏的办法就是制造另外一个有威慑力的罪恶。”在以后的十年中，这种观点成了赫胥黎对待国际事务的行动哲学。他为《时代与潮流》杂志撰写的文章表明了他越来越敏感到他在前十年里所探索的理想中缺乏民主。他渴望有一个强有力的政府、渴望知识分子之间的合作，这使他意识到，如果权力被掌握在“有着改善世界的深思熟虑计划的人手中”，世界将会真正地发生什么事情。赫胥黎继续坚持《奇妙新世界》中的乌托邦思想，他争辩道，“一般说来，思考办法的原则常常就是付诸刀剑和橡皮警棍的行动。”这位有着超高智商的人与现实世界紧密相连，他发现了目的与手段不相匹配的残酷后果，他与优生学之间的调情看来也快要终止了，他对优生学的最后一个姿态就是支持在 2 月 17 日优生学协会提出的一项表决，这项表决是对朱利安所主持的高尔顿讲座表示感谢。在接下来的一个月里，赫胥黎离家再次去了诺丁汉郡的煤矿区，下矿井，参观失业中心。

在诺丁汉郡接待赫胥黎的人是塞巴斯蒂安·斯普罗特，一位非常出色的陪同，惹得玛丽亚对珍妮开玩笑说，赫胥黎要去探索“诺丁汉的地下同性恋者”。鉴于赫胥黎对同性恋的憎恨，这是不大可能的。然而，毫无疑问，查托出版社看到了鼓励作者撰写揭露文章的益处，于是在 4 月份出版了一本价值 3 便士的小册子，并配以黄色软封面，标题是“就创建和平一事，你打算为它做些什么？”赫胥黎所有的天赋，如逻辑性强、明晰事物、敏感敏悟和论述娴熟等，都在他最新的和平主义者信仰的叙述中起了很大的作用。他说，“感觉、愿望、思想是普通人办事的3种依据，为了完美，生活必须与这三驾马车同行。在这本小册子中，作者试图做到把这3条都囊括其中：让一个人感觉到战争是恶劣行为，要实现不让战争爆发的愿望，证明他作为一个知识分子的思想是正确的。还要表明他的感觉和愿望是绝对的合情合理，被称为和平主义者的乌托邦梦在事实上是一条切合实际的政策——是当今存在的、真正的、唯一切合实际的、唯一现实的政策。”然后，他一个接一个地驳斥了那些人们熟悉的“理论责问者”的反和平主义的观点。

理论责问者们反应迅速。塞西尔·戴·刘易斯在一篇名为“我们不会袖手旁观”的反驳文章中，为共产党左翼高唱赞歌，嘲笑赫胥黎的“巨大而美丽的理想主义者的气泡”在对付“一架有着4台引擎的轰炸机”时只能是毫无用处。接着，戴·刘易斯大声叱问道，“当光明在意大利、在德国消失的时候，请问赫胥黎先生在什么地方？”（回答：亲眼目睹了法西斯主义的兴起）。他又排斥了赫胥黎的“精神锻炼”，称赫胥黎是“令人作呕的预言家”。戴·刘易斯说，赫胥黎的论点“不是深刻变革的改变都是一无是处的改变”是“另一种绝望的教条主义形式”。《左翼评论》杂志在6月份发起回击（意识到赫胥黎作为一名知识分子的声誉和威望，因此渴望把他击倒）。斯蒂芬·斯彭德发表一封公开信，郑重宣布，他对赫胥黎提出的建议——牺牲意大利、德国和奥地利的被压迫的和平主义者和社会主义者，把他们放到信条正确的和平主义的祭坛上——表示无比的愤怒。至于赫胥黎的目的和手段的教导，已经“把你的头脑弄糊涂了，以为一种暴力与另外任何一种暴力都是一样的坏。”斯彭德得出结论说，“我们只好等待奥尔德斯 赫胥黎提出建议，祈祷是为灵魂而作一种锻炼，就像一个弹性锻炼者或者是以挪士*[Enos，塞思的儿子，故事见基督教《圣经 创世纪》——译者注]*果中的一点咸味一样。”迄今，在6月份，《加沙的盲人》已经出版，它的“玄秘”部分招致了左翼的进一步反对。在对赫胥黎的创作所做的一份研究中，乔治·伍德科克回忆起，赫胥黎转变为和平主义者"似乎是把他自己置于激烈的政治分歧的传统中，在英国，这个传统起始于宪章派的戈德温；同时也把他自己置于英国社会主义运动中的绝大多数和平主义者中间"。在《盲眼加沙》出版后不久，标志着这种古老的左翼传统信号的迹象就出现了。"我们欣赏一个作家自身退却到蒙昧主义中去……至于失去一位领袖，那是另外一回事了。"

然而，另外一回事就是《加沙的盲人》是赫胥黎最好的小说之一，它的内涵远远超过《旋律与对位》，它延伸了早期讽刺小说的范围，发现了新的令人感兴趣的领域，找到了一条更加正确的方向，体现了对人类以及人与世界关系的更加深刻的理解。但是，小说的内涵同时遭受到割裂的痛苦，因为那些"玄秘"部分并不是小说主旨的有机构成部分。赫胥黎很少谈论自己的书，创作这部小说的时候，他就暗示他相当怀疑这部小说是否会获得成功。"我有把握的是，我本该在另外一年里从事这部小说的写作，"他对维多利亚·奥坎普说。"但是，我又不能把现在的时间出售掉——不管怎么说，这部小说不会太好：书可能会滞销，如果我继续往下写的话，这部小说会毁在我的手里。"在另外一封信中，赫胥黎承认，这部小说是"一本优劣兼备的书——当然是从好的方面来着想。"它的主要形式是采用错时的方式讲叙安东尼 比维斯——这个人物与赫胥黎本人非常相似——的故事和探索事件中（如兄弟的自杀、父亲的再婚）的人的犯罪感和自责心情，折射了在赫胥黎身上所发生的事情。约翰·比维斯的自杀使人想起了伦纳德·赫胥黎，布赖恩暗示了特里维尼，以及书中的一些次要人物都是现实生活中人物的印象，比如，书中人物雷文兰德是狄克·谢泼德和部分杰拉尔德·赫德的合成，米勒博士是 F. M. 亚历山大的化身。早在 1930 年，赫胥黎对一位记者说，《旋律与对位》中的人物兰普恩（人人都认为他是以 D. H. 劳伦斯为原型）"体现了劳伦斯一些站得住脚的观念，实际上，这个人物要复杂得多。”这是一种反对别人指谪他把现实生活中人物脸谱化、简单化的巧妙的卫护手段，他可以说，瞧，你们所看到的现实生活中的人物比起书中对应人物要复杂得多、丰富得多。赫胥黎不能做的一件事情是否认其书中人物与现实生活中人物之间的回应和相似，因为别人一眼就能看出其中的联系。赫胥黎对他故世的父亲伦纳德·赫胥黎（一个十分爱用双关语的人、一个感情极度压抑的人）的描绘遭到了他继母罗莎琳德的反对，赫胥黎努力劝说她，要她相信约翰·比维斯源自不同的素材，是不同的现实生活中的人和艺术作品中的人的混合物，例如，考文垂·帕特莫尔的一首诗（“疲劳的记忆”）、弗丽达·劳伦斯的第一任文学家丈夫等。但是，他也只好承认，“实在使他人无法接受的是，我使用了我父亲特有的标志性的语言和独特的癖性。”

正像赫胥黎在1921年通过《克鲁姆庄园》断言奥托兰·莫雷尔是无辜的，他用一种坦率的口气说，“我想他们没有能力证明别人是有罪的，对于他们没有能力做到这一点，我表示非常失望。”书中的年轻人自杀了，赫胥黎用一种坦率的口气承认，布赖恩·福克斯“肯定”是以特里维尼为原型的。书中的安东尼·比维斯要对布赖恩·福克斯的死负责。没有人会因为特里维尼的自杀而指责赫胥黎。这里是不是存在着某种道德上的自虐？是不是赫胥黎做了不为人知的坏事而进行的自我惩罚？什么东西使得赫胥黎有犯罪感而痛苦不已呢？小说的名字（《加沙的盲人》来自弥尔顿的《力士参孙》中的一句话，“加沙的盲人与奴隶一起在磨坊”）暗示虚弱和缺陷的感觉。当赤身裸体的一对恋人安东尼·比维斯和海伦·安布雷在一起的时候，发生了一件奇怪的、使人困窘的事件，飞机上掉下来一条狗，使他们十分震惊，狗也摔死了，狗血溅了他们一身——这一切都加重了这种感觉。这是一个非常恐怖的场面（赫胥黎总是十分善于传达身体上的厌恶），这样的描述暗示了人际关系，尤其是性关系，总是被因为嫌弃退避而导致突如其来的结束所缠绕。安东尼·比维斯经常使用的拉丁语口头禅——我赞成最好的，跟随最坏的——也传达了一种道德上机能障碍的感觉。鉴于是赫胥黎自我招供出他在故事情节的设计上极不明智，以及要料理一个小说家的正常业务——简言之，就是创作，那么，对其书中人物的所谓“原型”的讨论是既不要偏颇也不要概全。面对继母罗莎琳德对书中所创作的人物布赖恩·福克斯（这个人物神似特里维尼，但增加了一些让人不舒服的东西，比如说话结巴）的责难，赫胥黎挺身捍卫自己，他争辩道，“所有文学作品想像中的、性格栩栩如生的人物都是好人物，情况本该如此，要淡化好人的弱点和怪癖，只有这样做，才能被读者理解，才能表达作者的意图。”他并不后悔以特里维尼为原型所创造出来的人物，“因为这是我用爱进行的彻底再创作，我试图去理解我非常敬佩的这个人”。他的热爱和敬佩是毋庸置疑的。如果安东尼·比维斯是赫胥黎本人的话，那么，赫胥黎会用冷酷无情的重彩去描绘他，“包围我的是冷漠，我不愿意找麻烦，或者说，我不会找麻烦，因为我一直在小心翼翼地躲避着可能引起麻烦的各种场合……一个聪明人和两个白痴——这就是你的为人。一位高超的思想操纵者，如果是一个人的话，就自知之明而言，他就是一个蠢材，如果与你连在一起的话，那你就是一个弱智者。”

在亚历山大面前，赫胥黎感觉到自己精神上和身体上的紊乱，狄克·谢泼德为他身体的复原和道德的重生指出了一条路，这些都会出现在他塑造自己的形象中。至于其它方面，当然包括英国的唯美主义者形象、上层中产阶级的知识分子形象、同赫胥黎本人一样勇敢无畏、有时候对性及社会重大问题的惊人的坦率形象，这些形象是读者所期望的并且感兴趣的形象。这是他定居美国前的最后一部小说，在美国，有的读者觉得，他作为一个优秀小说家的岁月一去永不复返了（我得说，这种感觉是错误的）。他从事政治活动的新生活也在小说里出现了，并且将继续存在于赫胥黎的私人生活中。在这部小说结尾处，安东尼·比维斯发现了“人类团结、生活和谐”的重要性和生存的意义。如果不是这样的话,“那么,他可以随心所欲地看看书,训练冷嘲热讽的才技……如果没有愚蠢的举动,如果能做一些有意义的事情,那么,他就不再可能不负责任地生活了,他要为自己、为旁人、为事情的本质负责。”小说的最后几句话是,“他客观地、宁静地、清晰地想到前面会有什么样的东西在等着他,不管是什么样的东西,他现在知道了,一定都是好东西。”赫胥黎在向以前的自己道别,并不是所有的读者都喜欢他的改变,他们宁愿他还是这样一个人,“总讲废话,讲了20多年的废话,然而,事情似乎就是照他的废话去做了。”读者们必须调整自己的心态来适应这样一个事实,那就是,如今,赫胥黎是一个“拒绝卑微、拒绝恶作剧”的作家、一个对事物抱着某种试探性肯定的作家。

大约就在这段时期,表面上顺从赫胥黎的奥托兰·莫雷尔在她的日记中以一种总结的形式谈到了1936年的赫胥黎,“我感觉最清楚的是,现在,他独独缺少心灵的想像,单靠心灵想像本身就足以使他能够真正地理解和进入他所描写的人类生活。他那非凡智力的触角越来越忙于收集孤立的事实、收集故事和各种各样的场景;他醉心研究那些不正常的奇人怪事、研究欺诈的行为。他倾听对话,然而,听话的神情看上去仿佛是在听一群猴子吱吱喳喳地叫唤。他的神色总是一副旁观者的模样,一个可怜的、失望的旁观者,似乎他是一个研究人类行为科学的学生。”她继续指谪赫胥黎“仅有非常有限的鉴赏力”,并且推测,赫胥黎所从事的和平运动会被“他对热情、激情和幽默感的渴望”而毁掉”。这是一幅刺目的肖像。她接着责备玛丽亚,认为玛丽亚滥用自己的身份,让赫胥黎的眼睛和耳朵都被“堕落的都市人”吸引过去,“这些大都市里的人都乐意围坐在任何一个成功的文人身边,爱好收集像苍蝇或矢车菊之类的玩意儿。”人们会感觉到,这里一定存在着解不开的个人恩怨的死结,连玛丽亚都被扯了进来。此外,奥托兰明明白白地表示她并不欣赏赫胥黎的改变,虽然她的确下过这样一个结论,她说赫胥黎的改变“有着温和的、柔情的、非追逐私利的本质,”这些东西可能会

“给予他勇气去了解自己，抛弃优越感，重新珍视他的知识财富和用怜悯之心来征服对他人的蔑视。”

4 月，赫胥黎夫妇搬回桑纳瑞，把奥尔巴尼公寓房转租了出去（哈罗德·雷蒙德发现“一位来自百慕大的绅士”对租用这套公寓房感兴趣，但是赫胥黎怀疑“业主是否会同意把房子租给一位有色人种”）。在返回桑纳瑞的途中，在巴黎，赫胥黎会见了“一位左翼知识分子的代表”，这位代表告诉他，法国不大可能完全采纳和平主义。“我想这可能是因为这样一个事实，那就是，他们没有公谊会教徒，没有和平主义思想的准备基础”。赫胥黎在桑纳瑞并没有彻底安逸放松，虽然新书十分畅销，但他非常缺钱。他已经有 4 年没有向查托出版社提交过一本小说，他欠出版社的债。然而，他的出版商对他书的销售很满意。他亲笔签名的书销售达 7 000 本，这个数目大于他以前任何一本书的销售量，而且，到 6 月底，销售量达到了 10 000 本。伦敦的福伊尔书店把这本书选为月“畅销书”，给玛丽亚寄来一大批书评，而她知道奥尔德斯是不会看这些书评的。哈罗德·雷蒙德读过书评后说，“总的说来，这些书评展现了英国评论界的同情心。”

在桑纳瑞，赫胥黎继续参加和平保障运动，他是该运动中非常适合的“研究与思考委员会”的主席，杰拉尔德·赫尔德任副主席。但是，玛丽亚注意到，奥尔德斯焦躁不安，并不满意，“毫无疑问，他会在可能出现的第一次机会时辞去主席一职。尽管他显得十分快活，精神振奋，情绪高昂，然而，有时候，我会产生这样一种印象，他感到乏味了。当然，他本人是决不会承认这一点的，而我却深信无疑。他甚至对绘画都失去了兴趣。”他补充亚历山大的理疗法，把天主教的祈祷加入到瑜珈术的冥思之中。他读过一本书，书名叫《精神祈祷的艺术》，作者是一位牧师，名字叫比德·弗罗斯特神父。赫胥黎把此书推荐给 T. S. 艾略特，他同意艾略特的观点——冥思“需要抽象思维或者具有神学背景”。他去了蓬蒂格尼，会见一群思想家，他们自己组成一个团体，名字叫“经济学研究综合技术中心”，这些人逐渐成为勃鲁姆[*Blum（1872～1950），法国社会党右翼领袖、人民阵线政府总理，第二次世界大战中被投降德国法西斯的维希政府囚禁直至战争结束，战后第三次出任总理——译者注*]政府中非官方的智囊团成员。后来，在赫胥黎的余生中，他被诸如此类的男男女女所吸引，如心理学家、科学家、工程师、社会学家、生理学家、经济学家，概言之，即人类社会各个领域内的专家，这些人对他的吸引力要超过文学界的人，尽管文人也参与实际的社会问题。赫胥黎身上的超脱世俗的知识分子主义结束了，从现在起，他认识到知识分子对社会的贡献存在于与解决实际问题办法的合作之中，而不是沾沾自喜的妄加推断。他和杰拉尔德·赫尔德一起建议成立“一个综合体，从理论上开始，然后通过吸收精通政治心理学和经济心理学的个人或团体参加而逐步壮大起来……这是一个为全人类的综合体，不是像柏林、罗马或莫斯科模式的综合体。”

但是，所有这些建议性的活动并不意味着赫胥黎对政治形势的担忧减弱了，在他看来，1936 年的欧洲的前途“比以往任何时候更加糟糕”。法国处在“一种十分动荡不安的状态……我想，这可能是经济恐慌造成了混乱和右翼分子的暴力反应。”然而，玛丽亚却陶醉在日光浴和桑纳瑞的和平宁静之中。“与住在伦敦长达几个月的日子相比，我们现在可谓是全身心地享受生活。”所以，整个夏天，赫胥黎夫妇在桑纳瑞快快活活地过日子。可是，这是他们在此度过的最后一个夏天了。赫胥黎经常与“保障和平同盟”的领导人互通信函，这些信件表现了赫胥黎对策略手段的敏锐理解，比如说，他曾经建议在布鲁塞尔联合举行一次和平大会来抵制市政府提出的集体武装安全，他作为“知识分子自由”组织的一名代表前往参加大会，观察那里所发生的事情，这种做法是不会危及“保障和平联盟”的。离开布鲁塞尔，赫胥黎去了荷兰，然后去了伦敦。在伦敦，他与马修住在芒特·罗亚尔的一家旅馆里，等候着奥尔巴尼公寓房的房客在 9 月底搬走。玛丽亚留在桑纳瑞，分拣家什，她从内心预感到，他们不久就会把这幢房子卖掉。9 月，她去伦敦与赫胥黎父子汇合。玛丽亚有点担忧旅馆的房价，部分原因是，他们在请来的医生身上已经花掉了一大笔钱。

赫胥黎在芒特·罗亚尔的任务之一就是为“人人图书馆”丛书撰写他的著作选集的前言。像往常一样，他用明白如话的文字解释了写作的原因，“这卷书汇编了我的一些著作的部分章节，我写的书也不算少了。我写书是因为我想写，是因为狼就站在门口，我必须写，是因为写作是一种自我探索和自我教育的形式，是因为我想阅读我要说的事情，这几本书的写作过程是一次次令人愉快的经历。”结果，赫胥黎一家再也没有回到过奥尔巴尼公寓，他们继续呆在芒特·罗亚尔的一家旅馆里，一直住到来年 3 月，只是在圣诞节期间返回桑纳瑞小住。“谨祝新年万事如意，”赫胥黎向庞森比勋爵致意，“虽然，我不得不说，1937 年的前景极为黯淡。”赫胥黎最后一本文集《橄榄树》在 12 月份出版，此书收集了类别迥异的各种文章，有主持其祖父讲座时的发言稿、有评论劳伦斯的文章、还有一般的随笔等，有几篇随笔揭示了他是如何寻觅到新发现的使命。他常常痛斥民族主义、军事主义和政治狂热的危险，非常珍爱自己的自由撰稿人的知识分子形象，在《文学与调查》一文中表达了强烈反感别人对他的研究。他深信，文学的教义常常会堕入“千奇百怪的荒诞”之中，常常是由“时髦的批评家们的反反复复的符咒”组成的。他猛烈抨击英国人谄上欺下，这种禀性引导人民“听信特权阶级的自我溢美之词。”

或许，最吸引人的一篇文章应该是充当这本文集书名的那篇文章《橄榄树》，它高声讴歌了奥尔德斯和玛丽亚对地中海的无比热爱。令人心酸的是，他们快要离开它了。在过去的 20 年间，他们在意大利的托斯卡纳和法国的普罗旺斯度过了许多美好的时光。赫胥黎说，树一直是人类的崇拜对象，尤其是橄榄树，它是与和平联系在一起的，橄榄油是与欢乐联系在一起的。赫胥黎评价道，英国人“基本上是混杂的人种，我们继承的撒克逊和克尔特人的肉身一直不停地在与拉丁精神融为一体……可以这样说吧，橄榄树是对橡树的补充。”英国人的本质在美国得到了最充分的体现。赫胥黎曾经对“阳光普照、清澈明净”的南方敞开心扉，“假如我有能力作画，又有画画所需要的时间，那么，我会全身心地投入其中，而且只画橄榄树。”但是，赫胥黎做不到这一点，他已经准备离开了。去年10月，他就计划去美国旅行，设想整个旅程为9个月。他希望马修能注册成为杜克大学医学院的预备生，因为J. B. 莱茵的特异心理学实验室就设在那里，而赫胥黎和赫尔德都对特异心理学抱有极大的兴趣。到了1937年2月，赫胥黎对这次赴美旅行计划的决心更加坚定了。赫胥黎对哈泼氏杂志的尤金·萨克斯顿大略地说了这次旅行计划以及他“非常盼望”去探索美国。他是否应该去买一辆福特牌的两手车或者是“一辆更大更高贵的车呢”？

2月19日，赫胥黎夫妇永远离开了桑纳瑞的家。一想到离开，玛丽亚就特别伤心，她给奥托兰·莫雷尔写信说，“没有哪一个国家有像这里的地方，有像托斯卡纳山，这里有一层又一层的橄榄树，每户人家都有葡萄和柏树……我热爱这里的一切并不是说我不期望我们未来的游历。”就在运用行李箱的车子开离桑纳瑞时，玛丽亚在写给玛丽的信中坦承道，地中海的风景“在我的心中永远占据着不可替代的位置”。赫胥黎本人正忙于计划中的《和平主义百科全书》一书的编辑，另外还在进行《目的与手段》一书的准备工作，这是一部比较大的著作，将会阐明当前知识分子的困惑，特别是目的与手段之间的关系。他告诉狄克·谢泼德，《目的与手段》将会是这样一本书，它会“论述实现合理变革——例如和平、社会正义等——的手段。改革家通常会把事情过于简单化，为了某一种事业而对所有其它别的事情都持轻描淡写的态度，他们认为，一项变革或者同类型的一系列变革会推进事业向前发展，导致合情合理的变化。然而，显而易见的是，因果关系总是具有多重性，因此，必须运用多种手段才能产生合情合理的变化。”赫胥黎一家人途经巴黎去伦敦，可是就在巴黎，奥尔德斯患上了牙周炎，只好去医院拔去病牙。这样一来，复活节就过得有些冷冷清清了。唯一的好消息是，《奇妙新世界》一书在澳大利亚开禁了，这意味着大量的免费广告。

赫胥黎一家在伦敦作短暂停留，在芒特·罗亚尔的旅馆里把零零星星的东西打了包。4 月 7 日，他们在杰拉尔德·赫尔德和克利斯托弗·伍德的陪同下，乘坐"诺曼底号"轮船去纽约。启程前夕，玛丽亚给妹妹珍妮写信，向她吐露自己对这次远行的复杂心情。她说，如果她是孤身一人的话，她决不会成行，但是，她现在是一个有家庭的人了。此外，"继续在欧洲呆下去是毫无意义的，要冒着很大的危险，而我们又是少数的能够自由躲避祸害的人。"一种模棱两可的说法是，赫胥黎夫妇预感到即将降临在欧洲的巨大灾难，所以就逃离了。但是，并没有其它的证据来证明当时他们心中之所想。尽管他们把自己在桑纳瑞的小船烧掉，赫胥黎夫妇坚信，这次赴美旅行只是又一次漫游而已，会像以往一样地去演讲、去考察，他们很可能在年底返回英国，他们根本不知道他们这次在美国的旅居将是永久性的。

二十五、美　国

“诺曼底号”轮船穿行在大西洋上。1937年4月10号，赫胥黎在船上会见了托马斯·曼，托马斯是一位曾经在桑纳瑞住过的德国文学家，这一次，他是跟随旅行社赴美旅游的。他们在船上的沙龙里喝茶、放映厅里看电影。但是，赫胥黎在日记里写道，“语言不通，交流困难”。抵达纽约，正如玛丽亚对珍妮所说的那样，纽约的“异乎寻常的美丽”给他们留下了深刻的印象。他们寄居在纽约的莱茵贝克地区的一幢房子里，房主是他们在桑纳瑞认识的老朋友威廉 西布鲁克。年底，他们还会回到这里。玛丽亚说，“简直不能相信，奥尔德斯在这里是多么的闻名。”赫胥黎被要求采访他的电台包围着。玛丽亚对于那些说她缺乏人情世故的人依然是嗤之以鼻，但是对纽约州的美景却大吃一惊。她向珍妮承认，他们仍在苦苦思念“许多欧洲圣母院”，但又庆贺“远离了无法调和的政治矛盾”。她再三敦促妹妹及其女儿苏菲“冒一切危险来这里”，在以后的几年里，她对家族的其他成员反反复复地说着这句话。他们一有能力，就立刻购置了一辆“福特牌”汽车（他们原有的那辆著名的“布卡迪牌”汽车在他们离开桑纳瑞时赠送给基斯林了），并且马上出发。奥尔德斯、玛丽亚、儿子马修和杰拉尔德·赫尔德一行4人，由玛丽亚开车。他们在路上花了整整5个星期的时间，驾车穿过弗吉尼亚州、佐治亚州、佛罗尼达州、路易斯安那州、得克萨斯州，最后在5月份到达新墨西哥州山区圣克利斯托伯的弗丽达·劳伦斯的牧场。一路驾车使玛丽亚精疲力竭，体重锐减，她在道斯镇的药铺的秤上一称，发现她体重只有98磅了。途中，他们参观了各类大学，如查罗特斯维尔大学、黑山学院、杜克大学、狄拉德大学、新奥尔良大学、诺克斯维尔大学等。旅程的最后一段是穿越得克萨斯州一千英里的沙漠，沙漠里“热浪滚滚，狂风呼啸，飓风把尘沙卷到空中，形成一个巨大的灰蒙蒙的螺旋形。”到达道斯镇后，赫胥黎“如释重负，静静地坐着。而我却又一次忙乎起社会学书稿的写作来，真希望今夏结束时能完成它。”

他们在弗丽达·劳伦斯的牧场里有一间木屋，位于海拔近9 000英尺处，四周丛林环绕，俯瞰沙漠，“蒿艾遍地丛生，绿草如茵……还有格兰德河奔腾其间的峡谷和极目远眺处的群山。天空中的云儿千变万化，阳光明媚——时而发生的暴风雨有着令人震撼的雷霆万钧之力。酷热的阳光、清凉的阴影、寒冷的夜晚，如此轮流交替着。”离他们牧场最近的城镇就是20英里外的道斯镇，当地人并不欢迎艺术家们的到来，也不欢迎作家，他们觉得远离文明社会是一件好事。赫胥黎觉得，不管以前身处任何地方，他都没有像处在这里一样对他人充满敌意，“这里的人微不足道，非常可鄙，心甘情愿地俯首听命于原始野蛮，十分空虚。”玛丽亚也是相当不满意，她给留在桑纳瑞看家的爱德华·萨克维尔-韦斯特解释说，“没有一个仆人”是她最主要的不满之处。她对桑纳瑞的查尔斯·诺里斯同样抱怨道，“开始就这么困难，我想，我们可能不得不放弃……我知道，我是在思念地中海，思念海滨山坡上一层又一层的橄榄树和每一棵柏树。”在给奥托兰的信中，玛丽亚虽然对没有仆人和自己动手操持家务仍旧耿耿于怀，但是有点乐观了，“我们常常去远足，在山上累得气喘吁吁，停下来坐一会儿，然后又开步走，采集了许多草莓，而奥尔德斯可能是在画沙漠或者云彩。”

奥尔德斯在他自己的卧室里工作，他的卧室与玛丽亚的卧室是通过一条拱形通道联系的，马修睡在客厅里，从客厅往下走几步就到了一间小小的厨房。他们得自己动手建一个洗澡间，凭马修的手艺，可谓易如反掌。杰拉尔德·赫尔德在小溪的对面有一间小屋。他们用丁烷气烧热水，在一定的范围内用木柴煮饭。奥尔德斯逐渐习惯了这种原始生活，甚至用玉米粉、糖浆和香料做面包，做出来的面包，不管怎么说，还是能吃的。牧场上的居住者还包括可敬而厉害的弗丽达、她的情人安吉奥列尼·雷弗列船长、布雷特（布雷特是他们在嘉辛顿就认识的老朋友，由于弗丽达伙同梅布尔·卢汉企图从雷弗列在教堂里修建的水泥壁龛中偷走劳伦斯的骨灰，布雷特因此与她就成了泛泛之交。他们分散居住在牧场上，并且认为，这正是劳伦斯所希望的）。赫胥黎关于布雷特的描述是，“他的耳朵比以前更聋，人也比以前更古怪，头戴一顶有10加仑重的墨西哥式的帽子，上面插着一根火鸡毛，身着天蓝色的裤子，脚穿长统靴，有着浓重的美国口音。”

在这个自然风景与人类的古怪行为有着鲜明对比的处所，赫胥黎计划在夏天着手撰写一本“哲学的、心理学的和社会学的”著作《目的与手段》。7月，查托出版社在英国出版了赫胥黎的《和平主义百科全书》，是以只卖6便士的小册子形式发行的。我们不清楚，作为编者的赫胥黎到底在其中撰写了多少部分。当然，该书总结了他关于民族主义的“盲目崇拜”和“宗教战”的思想，驳斥了种族优越论，提醒英国人是由“一波又一波的移民”组成的，声称“我们生活在危机四伏的紧急关头，祈盼和平或者空谈和平是不够的，我们每个人必须作出自己的决断来捍卫和平。”在赫胥黎看来，每个人都有自己的政治观。“阶级斗争”的条目表明“和平主义者的同情心自然倾向于被剥削者和被践踏者，然而，阶级斗争或者任何导致暴力的行为都是人人憎恨的事情。”《左翼评论》杂志准备出版一本小册子，名为“作家支持西班牙战争”（1937），赫胥黎是作者之一，人们都希望知道作家们的观点。赫胥黎告诉人们，在西班牙内战中，他“理所当然”地站在政府一边反对佛朗哥。像奥威尔一样，赫胥黎比较喜欢无政府主义者（“他们更有可能带来合情合理的社会变革”），而不喜欢共产主义者，但仍然坚持认为，暴力解决不了问题。“现在，必须在军事主义与和平主义两者之间进行抉择，依我看，和平主义的必要性是再清楚不过了。”这些话对戴·刘易斯、谢彭德之流的人来说，简直就是一道道催命符。

另外一个对这本小册子感兴趣的组织是美国联邦调查局，1938 年 2 月，一份名为“颠覆性活动领导人”的备忘录送到联邦调查局局长手里，他们才知道有这样一本小册子，因为备忘录里提到赫胥黎是它的作者。这些幽灵般的人并非消息不灵通，他们清楚地知道赫胥黎对共产主义的否定，但是，他们不喜欢赫胥黎结交的人。于是，他们买了一本小册子。联邦调查局里有关赫胥黎的机密档案追随赫胥黎终生，虽然档案分量很大，但有力的证据却极少。1984 年，根据《信息自由法》，赫胥黎的档案被撤消了。就在赫胥黎逝世前几个月，据报道，密歇根州的林山中学把《奇妙新世界》作为课堂学习教材。一位抗议者对联邦调查局说，这本书“实际上是颇有争议的，并不适合中学生学习”。林山中学校董会决定禁止这本书，后来发现，大多数校董会的成员都没有读过这本书，所以这个决定是没有根据的。那位抗议者说，学生们都带着“对共产主义更为宽容的态度”离校返家。

正当赫胥黎在圣克利斯托伯快要完成《目的与手段》一书的写作时，洛杉矶的一位书商兼书稿交易商杰克斯·齐特林与他接洽，商谈将他的书改编成电影的有关事宜。齐特林在 8 月里来到牧场，讨论将像《小丑海》诸如此类的小说改编成电影的可能性（赫胥黎对他说，“这里面有很好的喜剧素材”）以及将《乔康达夫人的微笑》改编成电影剧本的可能性。赫胥黎承认，《旋律与对位》和《加沙的盲人》对好莱坞式的电影题材来说，“可能有点长，有点复杂”。《奇妙新世界》的版权被能力不足的代理人平克廉价出售（结果证实是被欺骗了）。

赫胥黎与齐特林商讨的事情是非同凡响的。在从 20 年代到 30 年代的整个时期内，赫胥黎强烈谴责大众娱乐的新形式——令人记忆犹新的是他在1929年在巴黎观看“爵士歌手”后所发表的讲话。他觉得，这些都是“节省创造力”的形式，这些形式剥夺了人们的创造力，使他们成为艺术活动中被动的消费者而非主动的参与者。然而，他现在正积极寻求进入电影界。他告诉齐特斯，在他这次旅游结束后，他很可能在美国个呆到明年年初，他要求齐特斯就“他的书改编成电影”的可能性做一些“巧妙的询问”。夏季渐渐过去，赫胥黎对电影以及对美国的态度都慢慢温和起来，而在以前，他对美国的抨击正如他对大众娱乐的抨击一样的劲头十足。朱利安·贝尔在西班牙去世，赫胥黎在给克莱夫·贝尔的吊唁信中写道，“在这个国家的许许多多地方，你会发现许许多多的惊讶、有趣和让你快乐的东西，今夏以前，我对这个陌生国度的深厚蕴藉竟是一无所知。”玛丽亚正在从事新书稿的打字工作，她觉得，“从理智上来说”，这本书可能是赫胥黎迄今所创作的最好的一本书。她这样认为，这本书“在本质上是《加沙的盲人》的继续”。她也赞成把书改编成电影的主意，“钱是有用的东西。”《目的与手段》一书在11月份面市（在完稿与出版之间总会有一个间隔）。赫胥黎告诉朋友科特莱恩斯基，这本新书是“相当重要的一本书，它讨论了我们将必须做的事情，如果我们想要改善当今世界变成我们心中所盼的世界的话。它涉及到从政治到哲学的方方面面，几乎无所不包。”

《目的与手段：理想的本质与理想实现的方法之探究》成了赫胥黎的畅销书之一，此书正如赫胥黎所说的那样：全面探索如何实现理想的目的，“人类努力的理想目标……自由、和平、正义和兄弟般的相亲相爱”在任何时代都是为人们所认同的，问题不是在于目的，而是在于手段，关于手段，人们存在着“一片混乱”的想法。现代社会远远没有取得进步，反而倒退到“有组织的撒谎”（宣传）和“缺乏慈悲仁爱”。尤其是，“技术的发展只是为我们提供了更加有效的倒退手段。”在人类醒悟到要全面保护生态环境而发起的绿色运动之前很久的1937年，尽管当时赫胥黎的身心都被文学创作所占据，他就准备讨论这个命题，即：运用科学可以解决人类的一切问题而不会产生任何副作用。正如我们现在所知，这只是一个常识性的问题：这个命题是错误的。书是以讨论释义的定义开始的，结论是“人类事务的起因是多重性的，换言之，某一特定事件的发生是有着许多种原因的”。这是赫胥黎的主要思想，“对于政治肌体的疾病，没有哪一种单一的治疗法是权威的。”书的下一个部分是赫胥黎称之的“一种关于改革的实用烹调书”，这部份的内容庞大繁多。书的最后一部份讨论的主要问题是，“整个事情的意义是什么？”他驳斥了实际的改革家可以不考虑这个问题而能从事改革任务，因为“我们的理念与行动绝不是毫不相干的，理念是最终决定我们一切行动的因素。”这本书大获成功，好评如潮，单单在英国，3 周内就售出了 6 000 册。

赫胥黎的新书刚一出版，他就和杰拉尔德·赫尔德一起启程去各州巡回演讲，阐述他们的和平信条。他告诉哈罗德·雷蒙德，“杰拉尔德和我在今年秋天发表了一系列的对话式演说——有点像马特和杰夫、哈里·泰特和坎·博伊斯。”9 月，赫胥黎一家和赫尔德开着他们那辆“福特牌”汽车去洛杉矶，玛丽亚把它比作是“一座永久的国际展览之城”。他们在好莱坞西部地区的北新月街 1425 号甲寻觅到一间公寓房。马修已经 18 岁了，很爱美国，他的父母亲似乎在跟随着他也爱上了美国。玛丽亚已经习惯了没有仆人的“原始生活”，她在洛杉矶遇见了许许多多有趣的人，他们对美国的热情越来越高了。玛丽亚对罗伊·芬顿说，“我们不介意在这里呆上一段时间。”她声称，尽管她依然非常怀念柏树和橄榄树林，可是在她离开之前，欧洲已经令她“难以忍受”了。玛丽亚告诉珍妮，她可以尝试着去爱美国，但是炎热的气候和无休止的开车让她精疲力竭。有人主动约请奥尔德斯接受电台 4 分钟的采访，酬劳是 750 美元，玛丽亚闻之，又惊又喜。赫胥黎一家很快就见到了一些非常了不起的人物，如天文学家埃德温·哈勃和妻子格蕾丝、加里·库珀（玛丽亚告诉珍妮，他是天底下有着迷人目光的美男子）、阿妮塔·卢斯、查利·卓别林和波利特·戈达德（“玛丽亚告诉罗伊，昨天，我们与查利·卓别林共进一次风趣十足的午餐”）、厄普顿·辛克莱等。卓别林有在朋友面前表演的习惯，常常表演他正在拍摄中的影片里的一些小场景。这一次，他模仿影片《大独裁者》中墨索里尼发表演说的滑稽状，惹得赫胥黎开怀大笑，异常兴奋。然而，就在这第一次见到卓别林时，他们发现，他是一个十分忧郁的人。后来，赫胥黎写信给玛丽·哈钦森，叙述了好莱坞给他们的最初印象：“好莱坞……有着令人敬畏的犹太人导演、演员、编剧，这些编剧比其他任何行当的作者赚更多的钱，而且一般说来，他们还不是原创作者。在这个圈子里，我们主要的朋友是查利·卓别林和阿妮塔·卢斯，他们两人都非常吸引人。我们曾经瞥眼瞧见通常不露面的嘉宝*[Garbo（1905～1990），生于斯德哥尔摩的美国女影星，以美貌、演技卓越闻名，主演过 24 部影片，著名的有《急流》、《肉与魔》、《安娜·卡列尼娜》等，获 1954 年奥斯卡特别奖，36 岁退出影坛——译者注]*，我们是在阿妮塔·卢斯的家里见到她的。她任性地把自己装扮成一名老妪，穿着打扮就像一幅奥布里·比尔兹利画中的人物，更为荒唐的是，她的衣服仿佛出自一位放荡的莱斯博斯岛*[Lesbian，指莱斯博斯岛的居民或指同性恋女子，因为古希腊女诗人、同性恋者 Sappho 居住在该岛——译者注]* 裁缝之手，而她并不是一个地地道道的同性恋者，相反，她现在的男朋友是乐队指挥斯托科维斯基。”

赫胥黎本人第一次接受别人邀请，成为这些有钱的作者之一：改编《福尔赛世家》。他说，“虽然在改编的过程中，我可以赚到一大笔钱，但是，一想到要和可怜的幽灵约翰·高尔斯华绥*[John Galsworthy（1867～1933），英国小说家和剧作家，获 1932 年诺贝尔文学奖，作品以 19 世纪末、20 世纪初英国社会为背景，描写资产阶级的兴衰过程，代表作为《福尔赛世家》三部曲——译者注]* 打上几个月的交道，就太令人忧惧了，我几乎不能面对这种状况！”然而，出现了赫胥黎自己编写电影剧本的可能性，因为齐特林会千方百计地将剧本送至摄影厂。赫胥黎编成的剧本《成功》，多年来一直以为被丢失了，现在知道，是被斯坦福大学收藏着。对赫胥黎来说，这样的写法是非同寻常的：故事的情节清楚而简单——一位广告商打赌说，他只凭广告宣传的威力，就可以把一个默默无闻的香肠生产者吹捧成一位世界闻名的香肠制造商。情节固然简单，而它要表现的主旨却是典型赫胥黎式的——对广告和宣传的探究、揭露物质上成功的虚伪——甚至包含这样一位人物，一位年轻的剧作家，像作者一样地梦想成功和财富。当然，也包含一点儿也不复杂的社会喜剧。赫胥黎清晰地考虑到电影的表现手法和摄像机前的镜头，例如，一群人消失在被赶往屠宰场的一群猪中间。但是，没有一个人对这部电影剧本感兴趣。剧本中支配一切的冷嘲热讽导致了该剧有点辛辣尖刻，于是有人说，作者如此这般做法是为了博得成功。赫胥黎迄今还没有遇见马克思兄弟俩人，他们将成为赫胥黎社交圈中的一部份，特别是哈普·马克思。他们应该有十足的疯狂劲头让这个社交圈活动起来，或许，《二流骗子》一书的作者伍迪·艾伦可以为此做点什么。

玛丽·哈钦森的话清楚地表明了赫胥黎正在改变对美国的看法。赫胥黎告诉玛丽，在 1938 年初巡回演讲结束后，“我希望我们可以动身返回欧洲，除非奇迹出现，人们喜欢我在好莱坞编的电影。”本打算这次赴美游历只是一次短暂的离开欧洲的度假，现在，赫胥黎夫妇正考虑是否要永久呆在美国，如果《成功》成功了，更是会留下来。与此同时，他们继续着对新大陆的旅行考察。他们参观了世界上唯一的一家绒鼠农场；观看了一部米老鼠电影是如何制作的；又去看了石油是如何被开采出来的；他们在“一个痴情艺术的好人家里”参观了现代法国艺术的私人收藏。他们对一路上的所见所闻赞叹不已，但在同时，无穷无尽的谈话和喧嚣匆忙也使他们感到筋疲力尽。就在 1937 年的夏季，格蕾丝·哈勃开始在她的日记里记下了一些社交活动的情况，在这些社交场合中，赫胥黎夫妇以及好莱坞的影星都参加了。他们各人都有着自身的局限性（存在许多隔阂），格蕾丝当时是属于不太重要的人物，但是她未曾发表的日记却让她成为加利福尼亚州的鲍斯韦尔*[Boswell (1740～1795)，苏格兰作家，著有英国作家《约翰逊传》、《科西嘉岛纪实》等；现在用来泛指为密友写传记的人或为名人详细记述言行的人——译者注]*，她记下了赫胥黎初到加州的言行，相关的最初记录是，在赫胥黎和赫尔德动身去演讲前，他说，“西方的欧洲消亡了，美国必须举起火炬，毫不迟疑地高擎火炬。”这可能就是他们在美国巡回演讲中所发出的信息。

玛丽亚对玛丽说，“早晨很凉，奥尔德斯和赫尔德离家时都穿着皮茄克，戴着灰帽子，拿着伞，我忍不住要取笑他们，可是他们两人同时离开后，我孤零零的一个人，又感到有点寂寞。”赫胥黎并不喜欢演讲，似乎也不具备这方面的天赋，他特别讨厌反反复复地讲着同一桩事情。更加糟糕的事情发生了，11月底，赫尔德在爱荷华州的雪地里摔了一跤，把离开左肩下面一点点地方的手臂跌断了，只好去印第安纳州的亨廷顿的医生朋友处治疗。于是，赫胥黎只有独自一人继续演讲，一直到新年的来临。赫胥黎曾经对朱利安说，“两个人进行对话式演讲时，还比较好忍受，因为我们可以用一种生动活泼的讨论方式把‘球’抛来抛去。”那年冬天，当奥尔德斯在外巡回演讲时（去了巴尔的摩、费城、华盛顿等处），玛丽亚再次在纽约州的莱茵贝克住下来，这是一处有着田园风光的地方。在古老的陶氏庄园里有牛奶棚，狐狸谷农场，现在，这处地产由莱茵贝克的J. J. 阿斯特拥有。玛丽亚自己开车，从加州出发，直奔莱茵贝克。住在这里，她离西布鲁克一家就更近了。玛丽亚在此一直住到1938年2月。赫胥黎崇尚林木之秀，喜欢临近哈得逊河，欣赏万里无云、碧空如洗的蓝天。玛丽亚不大喜欢住房，“与充斥乡间的古老而精致的小房子比较起来，我们的住处活脱脱就是一间丑陋而破旧的英国茅舍，但它毕竟有点暖意、有点舒适，而且离纽约城仅为98英里之遥。”12月的一天早晨，一份齐特林发来的电报到了，“米高梅电影公司对你的剧本《成功》很感兴趣，会在4、5天内作出决定。”然而，这束黎明的曙光最终还是消失了。赫胥黎全身心地投入到演讲中去。玛丽亚写信给奥托兰说，尽管我们置身于无处不在的美国生活方式，但是，我们对此总有点“格格不入”之感，“过去的几个月于我们而言是不停息的冒险，对于我们所看到的这块大陆和它的人民，我们的感受除了用‘惊奇’来形容外，再也没有比这更适合的字眼了。”岁末临近，几乎可以肯定，赫胥黎一家人会在美国暂居。但是，那些口无遮拦的人推测说，就是在这段时间里，赫胥黎夫妇决定了要留在美国——一直到1955年玛丽亚的去世和25年后的1963年赫胥黎的辞世，这种猜测是“毫无根据的。”

二十六、好 莱 坞

1938年初，赫胥黎夫妇返回加州，巡回演讲在1月底结束了。他们买了一辆新的福特牌汽车。他们驾车经过科罗拉多州，儿子马修的学校在那儿；又经过新墨西哥州，去牧场拜访了弗丽达·劳伦斯。他们在2月11日星期五到达洛杉矶，在北劳雷尔大街1340号找了一间房子住下。赫胥黎途中生病了，在塔克逊，他经历了由支气管炎引起的肺炎，这种疾病以后一直折磨着他的余生。他在各州（包括在芝加哥，赫胥黎被威廉·谢尔顿博士的人的分类法迷住）请教了好几位医生和科学家，而如今的他呢，少了好奇，多了耐心。实际上，一直到1938年4月，赫胥黎才离开病床，正常生活。他开始创作一部新小说，他说，“如果我不小心翼翼的话，这部小说很容易变成像《人间喜剧》一样的东西”，而命中注定的是，这部小说从未完成。他也在“收集能获得的有关实行无政府主义的经济和社会基础的信息”。影片中的镜头逃之夭夭、不知去向，而“整个工业画面却是处于一种神经衰弱和惊慌失措的状态，根本没有哪一个人能够作出抉择”。欧洲传来的消息也让那些渴望和平的人极度沮丧，事态似乎正朝着越来越坏的方向发展。

赫胥黎夫妇像往常一样，平静地过着家庭生活，尽管在好莱坞他们有着一个小小的却闪闪发亮的熟人圈。玛丽亚向珍妮描述了他们住在北劳雷尔大街的日常起居：早晨，他们两口子起得很早，玛丽亚整理床铺，打扫房间。房间里铺了新地毯，镶木地板打了蜡，整个房间看上去簇新簇新的。接着，她戴上一顶硕大的墨西哥式的帽子出门购物。一位名叫黑兹尔的女佣在一点半到来烧午饭。在午餐和下午茶之间，他们去山坡上散步。他们在下午七点半洗澡，八点半吃晚饭。“饭后不久，奥尔德斯上床休息，我们会花上好长一段时间来阅读希罗多德［*Herodotus，古希腊历史学家，被称为“历史之父”，所著《历史》系西方第一部历史著作——译者注*］的书。你可以想像得到，我正过着公主般的生活。”奥尔德斯在病愈康复后几周内，精神振奋，情绪高昂，无法入睡，玛丽亚就不停地读给他听（跳过那些她认为对阿雷蒂诺过于无礼的章节），直到赫胥黎清晨喝早茶时为止。“我简直不敢相信，他醒来时脸上呈现的那种慵困的微笑。”但是，感觉到正在迫近欧洲的危机又叫他们忧心忡忡。杰拉尔德赫德告诉他们奥地利正在发生的事情，也是他们的潜意识中料到的——那里的犹太人正遭受着迫害。玛丽亚告诉珍妮，她“太想念法国”，感受到它一股巨大的吸引力，她真想不等危机结束就去法国故地重游，“实在有点疯狂”。她在给珍妮的另外一封信中说到，他们对奥地利犹太人所遭受的迫害深感“焦虑和恐怖”，“可是我们身处异国，关山重重”。似乎并没有明确的证据来证实这样一种观点，那就是，赫胥黎为自己能置身于即将来临的欧洲危机之外而自鸣得意、沾沾自喜。

哈勃夫妇成了赫胥黎家的常客，格蕾丝看到赫胥黎向埃德温请教有关天文学方面的问题，“他摘下眼镜，眼睛里流露出一股迷惘的、悲天悯人的神情，不戴眼镜的脸看上去挺英俊，挺年轻，脸色白皙，嘴巴大而敏感，满头乌黑浓密的头发，他与埃德温交谈着，这真是给了画家一次作画的好机会……奥尔德斯像一位御风而驶的天使，可惜处在一个不大对劲的位置上……他们比以往任何时候更加热爱美国。”但是，他们仍然在学习理解美国。在最初的几次聚餐中，赫胥黎见到了哈泼·马克思，此人头脑里装满了有关拍电影的各种想法，他提出建议说，由他们兄弟俩制作一部有关马克思的电影，格劳秋扮演卡尔·马克思，齐科扮演巴枯宁，哈泼扮演恩格斯。哈泼并没有意识到，赫胥黎是在用盎格鲁-撒克逊人的方式以一种诙谐的口气一本正经地对他说，这种影片在有好莱坞的这座城市是拍摄不成的。而赫胥黎本人倒有一个拍摄一部有关天文学方面电影的想法，在影片中，观众看到自己透过100英寸的望远镜瞧着哈泼的脸。另外一次由哈泼·马克思在家举行招待的晚餐上，凸显了马克思兄弟俩人的荒诞不经的性格。有人不留神弄翻了盛吐司的盘子，赫胥黎当时并没有看清楚，所以他就伸手去搛蛋黄酱调制的鱼片。后来，在整个晚餐过程中，从厨房里就一直不断地传来摔盘碎碟的响声。

赫胥黎一家安居在美国期间，另外一位重要的朋友就是阿妮塔·卢斯，她为赫胥黎铺平了通往电影制片厂的道路，并且成为他的护佑者。经常有许多客人去她那漂亮的位于海滨的家，对此，玛丽亚向珍妮说，"这使我想起了我们住在桑纳瑞的家，我们的家宏伟多了，而且还有中国仆人，其中一位是我见到过的最好的厨师。去阿妮塔家是一件十分愉快的事情，我们仿佛成了她家的成员了。"有一天，赫胥黎夫妇与托马斯·曼和妻子卡蒂娅一起在海滩散步，玛丽亚看见海滩上有一个小小的白颜色的玩意儿，大家走近一看，原来是一只避孕套。后来，赫胥黎在一篇题为"许珀利翁[*Hyperion，希腊神话中的巨神之一，系天神Uranus和大地女神Gaea的儿子，太阳神Helios的父亲——译者注*]与萨梯[*Satyr，希腊神话中的森林之神，具人形而有羊的尾、耳、角等，性嗜嬉戏，好色，现指好色的男人——译者注*]"的文章中提到了这件小事，文章发表在《阿多尼斯与基本原理》杂志上。赫胥黎在美国度过的第一年中，在洛杉矶的那些晚上的谈话内容和犀利的评论在格蕾丝·哈勃的文章中出现：赫胥黎承认，詹姆士·乔伊斯写得很棒，"即便是那些晦涩难懂的东西读起来声音也和谐悦耳。"相反，格特鲁德·斯坦的东西却“不入耳”。罗纳德·诺克斯是赫胥黎在伊顿公学和牛津大学所认识的人中最早熟的孩子。T. S. 艾略特“可能自己真的不知道，他著作中出现的文学典故倒是给他的严肃文章增色不少”。埃兹拉·庞德是另外一位有争议的学者，“一个江湖骗子”。赫胥黎也说到了诺埃尔·科沃德，认为他“说话嗓门挺大，震耳欲聋，但讲得有声有色，特别是在说一些惹人发笑的事情时”，科沃德的戏“莫名其妙地非常成功”，可能是由于他的戏“像真空中的一股气流”煽起了观众的兴趣。

1938 年 6 月，赫胥黎和赫德在一次午餐时谈起了印度克利须那教派[*Krishnamurti，印度教三大神之一毗湿奴的主要化身，1966 年，一印度人在美国创立崇拜克利须那的印度教一教派——译者注*]和神智协会[*the Theosophical Society，1875 年在美国创立，宣扬杂糅西方神秘主义和印度婆罗门教、佛教教义的神学学说——译者注*]。在赫尔德的影响下，赫胥黎开始对被他嘲笑为幼稚作家的东西感兴趣，要认真对待“东方的智慧”。科学家的妻子格蕾丝·哈勃对他们的讨论并无好感，“在我看来，奥尔德斯和杰拉尔德对宗教的寻求就像两个幼童在一起探究一间巫师的魔术房，不，还不完全是这么一回事，他们是在寻求魔法和魔力。像 D. H. 劳伦斯一样，赫胥黎并不十分热爱人类同胞，对他身处的世界积怨太深。他有点冷血，因为他阅历太多。”在另一次餐桌上，赫胥黎谈到了猫头鹰的本领，它能在黑暗中测出红外紫并且会利用热辐射来确定被俘动物的位置，“我以为，猫头鹰的这等本事真是太了不起了。”埃德温·哈勃的望远镜也叫他痴迷激动。某次午餐时，赫胥黎“满面春风，兴致勃勃，闻闻鲜花，看看东西”，在盯着餐厅打量一番之后说，“瞧这些壁柱和柱槽，像是罗马人建造的，像是一位伟大皇后的陵柩。”

科学知识的种种奇特之处、尤其是有关动物的奇珍轶闻，常常是赫胥黎就餐时的主要话题。眼下，赫胥黎和赫尔德彼此经常会面，交流思想，相互激励，他们在哈勃家的餐桌上都“眉来眼去”，“像不停歌唱的鸟儿一样，劲头十足地探究着奥秘的知识和充当传统的思索者”。而玛丽亚呢，“穿着灰色的宽松长裤，凉鞋，红色短袜和豹皮短大衣”，“看上去像一只精瘦的耗子，却相当可爱”，她默不作声地望着他们俩闲聊。后来，出现了一个新话题，那就是，赫胥黎经过不懈努力，终于同米高梅电影公司签定了一份合同，由他执笔编写一部居里夫人传记片的电影剧本。该片预定由乔治·科尔克执导，嘉宝领衔主演。赫胥黎是在5月份同阿妮塔·卢斯谈起这个想法的，米高梅电影公司编剧索尔卡·维厄泰尔向嘉宝推荐了这个本子，嘉宝对此很有兴致。根据那些研究过赫胥黎这部电影剧本的人所说，对一个新手来说，本子还是很不错的。“令人吃惊的是，这部电影剧本写得相当好”，《赫胥黎和电影》(1987)一书的作者弗吉尼亚·克拉克如是说。但是，尽管酬金很高(赫胥黎最终进账15 000美元)，他的剧本还是被束之高阁。当影片终于在1943年拍成时(领衔主演的是格丽尔·加森，而不是嘉宝)，赫胥黎的名字并没有出现在演职员表上。赫胥黎对朱利安说，他不知道在这部影片的摄制中有没有他的功劳，“因为电影讲故事的方式全靠画面语言，绝不容许尝试着用文字来叙述相关的事情、事件和思想，而这正是我喜欢做的事情。”

最初，米高梅电影公司要求赫胥黎在8周内完成剧本的编写，这就意味着赫胥黎必须拒绝奇切斯特市主教乔治·贝尔博士邀请他加入精心挑选的名人聚会(如安东尼·伊登、佛朗西斯·扬赫斯奔德勋爵等)，聚会为期一周，地点就在奇切斯特市，聚会的宗旨是要研讨“精神生活观点与其在当今现实生活中的运用之间的联系”。20世纪20年代愤怒的年轻人被主教大人的观点所吸引，皆因主教大人提倡英国的教堂“应当与生活更加紧密地连在一起”，措施之一就是重新认识精神“对话”的重要性。赫胥黎给贝尔主教回函说，他无法前来参加聚会，因为他“正在努力把居里夫人的生平搬上银幕，并且尽可能地让影片既具有观赏性又远离庸俗”。

7月，赫胥黎一家搬出北劳雷尔大街，搬进位于比佛利山北林顿道的一幢房子里消夏。8月，他们开车去加州海岸，办理马修在加州大学伯克莱分校读书事宜。玛丽亚告诉格蕾丝·哈勃，她真不想把儿子的姓名条签缝在他衣服上，"我一直比较喜欢园艺、电器维修或者拉小提琴，讨厌针线活。"玛丽亚对珍妮剖析心扉——这对她自己并不公平——说，"奥尔德斯的日子越来越难过，如果让他一人独自生活的话，他可以一直很容易地生活在知识分子的抽象世界里。由于我的存在，他被迫面对赤裸裸的、残酷的现实生活。"在晚上，他们和卓别林一起去唐人街（在那里，这位明星被人群围住），玛丽亚被夜总会里一个士官生的行为所震惊，他"赤裸裸地胡作非为"。

9月，赫胥黎再次搬家，搬入好莱坞的北新月街1320号，等候着剧本的消息。赫胥黎现在像别人一样，学会了对电影公司的挑剔挖苦，"在一度狂热之后，电影公司像大猩猩一样，仿佛把一切事情都忘得一干二净，开始的时候是挖空心思、全力以赴，得手便抛至脑后，根本不再注意发生过的事情。"他不再去想这件事，开始创作新小说《几度寒暑天鹅死》。赫胥黎对好莱坞的新认识和在南加州的生活都成了这部小说的素材。政治形势毫无起色，"幸存的英伦三岛和一些体面国家的渐渐堕落"使赫胥黎极度苦恼、非常失望（且不说在1938年的整整一年间紧紧尾随他的、没有停顿过的疾病）。他越来越转向从宗教哲学中寻找慰藉，"为了能找到一种包罗万象、囊括一切的哲学，不仅仅只是涉及人类肉欲的哲学，那么，就必须研究宗教哲学。"在他看来，像参加公众抗议活动或者给报界写信等的实际行动是徒劳无益的，比如，他就拒绝过杰克·齐特林的类似倡议，他说，"德国犹太人所遭受到的迫害简直是骇人听闻、无以复加，但是，仅仅通过大声谴责是于事无补的……"只有产生这种罪恶的思想、感情和行动得以根绝，才能制止此类暴行。

根绝罪恶的思想成了赫胥黎越来越关心的使命，杰拉尔德·赫尔德是此事的煽动者之一。玛丽亚偶尔会对赫尔德的世故圆滑（比方说，他自己不买车，却叫玛丽亚开车让他到处转）深恶痛绝，另外，赫尔德批评赫胥黎夫妇同那么多不该往来的人来往，这也使得玛丽亚很不高兴。玛丽亚觉得一个人应该谦恭有礼，而奥尔德斯却不大愿意与人交际，于是，社交的重担便落到玛丽亚的肩上。有一次，一位名声卓著、慷慨大方的律师打电话邀请赫胥黎夫妇共进晚餐，赫胥黎拿起电话就说，"赫胥黎太太出门了，我不知道有这么一次约会，等她通知我吧。"玛丽亚是赫胥黎的一位非常干练的秘书，她好久未给玛丽夫妇写信了，她告诉玛丽·哈钦森的借口是，"你们还记得我们以前经常没完没了地互致信函吗？可是现在呢，我们在北新月大街的房子可能是好莱坞最差的房子，又丑又不舒服……房子是一位犹太人在20年前装修的……可是花园极好，有花有草，令人赏心悦目，又是私家花园，所以我们非常喜欢……花园里有一个很大的露天平台与房屋相连，奥尔德斯总是喜欢在那儿工作……奥尔德斯的身体好了许多……不过，他仍然每天休息12小时……晚上出门对我们来讲可是一件大事，所以我们都乐此不疲。"她又补充说，"我们结识了不少新朋友，可我们总是定期拜访老朋友。"现在，阿妮塔·卢斯在星期天上他们家已经成了"惯例"，而他们也请她每周共进一顿午餐。他们与卓别林夫妇不经常见面。他们非常喜欢住在附近的英国女演员康斯坦斯·科利尔。玛丽亚说，康斯坦斯使她常常想起在4月份去世的奥托兰·莫雷尔。虽然他们很少见到奥托兰，但是，"她是我们在英国生活时的一个重要组成部分，使我们的生活更加充实"。他们曾经有一次去了一家夜总会（而玛丽亚在十点钟时就早早离开回家了），但是，在通常情况下，他们早早上床看书。"我们俩差不多与世隔绝"。有的人常常会想当然地认为，赫胥黎夫妇喜欢享受五光十色的好莱坞生活，与名人见面，与名人相识，但是，事实恰恰相反。晚上早早上床看书的生活模式要远远多于与著名作家在一起闹宴狂饮（赫胥黎在美国生活的25年期间里，结识的著名作家没有几位）。是的，赫胥黎的交往圈——包括卢斯夫妇、嘉宝、哈泼·马克思以及后来的斯特拉维斯基、衣修午德——平淡无奇，没有夺目的辉耀，但是，他们是精神相通的一伙人，过着正派检点的生活，操行上一丝不苟。阿妮塔·卢斯夫妇写到过一件往事，那是这伙人举行的一次野餐。“大家都化了妆，像舞台上的人物，千奇百怪，逼真逼现，好像是从爱丽丝梦见的仙境中刚走出来似的。”克利须那——嘉宝（扮男装）、波利特 戈达德、卓别林和衣修午德参加了野餐。他们无视“禁止擅自入内”的警示牌，把野餐的地点设在洛杉矶河谷的沙滩上。很快，一名手持枪支的治安官走了过来。尽管他们都是名人，还是被治安官无情地撵走了。

1939年初，赫胥黎的主要精力放在“新的幻想上，或多或少有点类似于《奇妙新世界》中的幻想”。7月，幻想构思结束，赫胥黎把它说成是“某一类的想像：喜剧的、警世的、滑稽的、令人毛骨悚然的、反省的”。也是在1939年初，W. H. 贝茨博士的门徒玛格丽特·科比特医生治疗赫胥黎的眼疾，结果是他的视力有了明显的改善，这使得赫胥黎深受鼓舞。贝茨博士的眼科理疗法在当时倍受争议，赫胥黎后来为此还写了一本小书。4月，赫胥黎夫妇再次搬家，搬到太平洋畔的南阿曼菲大道701号。嘉宝就住在大道的对面。玛丽亚称这地方是“人间天堂……房子奇形怪状，有点吓人，像是德国人的古堡，又像是中国人的小摆设。房间虽然不太多，但非常宽敞，这在美国也是一件稀罕事，于我们而言又太重要了……对奥尔德斯来说，这地方是更加安静了。”阿妮塔·卢斯描述了这栋房子异乎寻常的装饰——一幅与真人一般大小的金刚画像，一条逼真的鳄鱼标本，一间匪夷所思的酒吧。格蕾丝·哈勃认为它是“一幢大而无当的房子和一个位于峡谷之上的杂乱无章的花园……我们在花园里午餐……伯特兰·拉塞尔精精瘦瘦的，老态龙钟，脸色潮红，面露病容。”在赫胥黎一家人住后一个月，嘉宝前来赴晚宴。“她妩媚动人。”另外一位常客是萨尔卡·维厄泰尔，是波兰裔的女演员，她在桑塔·莫尼卡山谷的家中操持着一个沙龙，这个沙龙引来了许多天赋极高的欧洲流亡者。玛丽亚很喜欢她，对珍妮说，萨尔卡同我们太相像了，因为“不管怎么说，她是一个欧洲人，好香水，好恋爱。”她的存在证明了“欧洲人既能在好莱坞生存下去，又能保持自身的魅力和秉性”。附近大道的名字——那不勒斯、科西嘉、土伦——唤醒了玛丽亚的思乡病，“这些名字会让我情不自禁地怀念起我们热恋的却又不得不离开的地方”。然而，她也对格蕾丝·哈勃说，“加州实在是太宁静、太安谧了，真是一个风景如画的好地方，我们打心眼里喜欢它。”

可是，对奥尔德斯来说，在看过眼科专家之后，最重要、最喜欢的消息莫过于医生告诉他说，他已经接近正常视力了。“也就是说，出现奇迹啦，珍妮！”玛丽亚朝她妹妹呼喊道。赫胥黎告诉哈罗德·雷蒙德，两个月前，贝茨博士的眼科理疗法已经把他的眼睛视力从15%的正常度提高到50%的正常度，而且，还有进一步改善的可能性。“我完全可以正常读书了（一天看上两小时或者更多时间的书），而且可以不戴眼镜，这真是太了不起啦！”8月，赫胥黎交付《几度寒暑天鹅死》一书的手稿，他声称道，“我从头至尾都不曾戴过眼镜就把稿子中潦草的部分修正了（这常常是吃劲费力的事），这可是我在进行的眼保健操的功劳呀。”有意思的是，赫胥黎是用大号字体在打字机上打出这些话的。关于他的眼睛视力大为改观的详细情况，赫胥黎给朱利安写了一封长信，他说，在6英尺远处他能看到视力表较上方的地方，眼睛里的瘢痕组织已经被清除干净，他希望视力较差的一只眼睛能够迅速赶上视力较好的一只眼睛。赫胥黎开始对语言学抱有极大的兴趣和热情，对朱利安说，“对于生活中的重大事件，在我们并不理解自己的思考方式时，任何理性的思考和行动都是毫无指望的。”赫胥黎在探求通过对语言的科学分析、而不是通过自己对语言学的试验来理解语言学。

尽管赫胥黎言之凿凿，说自己正在过着安静的生活。可是，7月30日在南阿曼菲大道为庆贺他45岁生日而举行的午餐聚会着实让他大吃一惊，来宾包括海伦·海斯、查利·卓别林、波利特·戈达德（他蹒跚而至，手里拿了一只从英国人经营的甜食店买来的重达8磅的生日蛋糕；而查利带来了12瓶“马姆牌”香槟酒）、克利斯托弗·衣修午德（“又黑又瘦”——这可能是他与赫胥黎的初次见面）、查尔斯·麦克阿瑟、杰拉尔德·赫德和马修。饭后，每个人都坐在桉树下闲聊。这时，奥逊·威尔士到了。接着，莉莲·吉西也到了。客人们陆陆续续辞别后，已经是晚上7点钟了。显而易见，赫胥黎对所有这一切都很喜欢，尽管在这个周天的生日聚会上，查利·卓别林闹了一点小小的不愉快。当客人们都在游泳池畔的新月形的凉亭里用膳的时候，查利承认说，他真的不喜欢《成功》的剧本，“因为作者在东拉西扯，漫无目的。”在卓别林起身告辞离去时，赫胥黎望着他的后背，问格蕾丝·哈勃，“他难道不是在最丑陋的剧院里演出吗？”在9月3日官方正式宣战前，赫胥黎的最后一次社交活动是与哈勃夫妇共进晚餐。“奥尔德斯在餐桌上说，对于奥登·斯彭德的诗与戴·刘易斯的诗，他都不喜欢，他认为，时下对这些诗的赞誉只是一种稀奇古怪的消逝期，而在几分钟前，他说斯蒂芬·菲利普斯是一位伟大的诗人和戏剧家。”在过去的几年中，赫胥黎在聚餐会上把当时举足轻重的诗人一个又一个地拿来开涮，像艾略特、庞德、奥登等等。大战爆发后一周，赫胥黎接到《纽约客》杂志写给他的一封信，垂询他是否有新诗供杂志刊登。“天哪，”赫胥黎答复道，“我已经许久许久没有写诗了，因为我发现，写诗会把一个人的身心和时间占得满满的，根本不可能再做别的事情，不幸的是，我早已诸般杂务缠身了。”赫胥黎在战争初期的状况，我们很难想出更恰当的字眼来概括，只能是他自己所云的“诸般杂务缠身”。

二十七、战争时期

1939年临近岁末，英国在积极备战。赫胥黎在米高梅公司安顿下来，撰写电影剧本《傲慢与偏见》。“眼下，我正在不停地改编小说，这是一种类似于猜测奇怪字谜的费力工作，”他对尤金·萨克斯顿说。“我在尽力把简·奥斯汀书中的东西体现出来，而实际上呢，把书的内容用画面形式表现出来肯定会改变其框架结构。”他尤其觉得，为了强调“故事性”，势必要“削弱人物身上浸透着的冷嘲反语”，这对于奥斯汀小姐来说，“实在是对她著作的极大篡改”。但是，这就是好莱坞的办事方式，赫胥黎只是照办而已，并非出自对电影艺术的热爱，而是出自对金钱的热爱，正如他对英国出版商哈罗德·雷蒙德所解释的那样，“好莱坞生产电影的制度就是这样，按照这种程序制作出来的影片除了令人讨厌之外不可能是别的什么东西……然而，报酬丰厚，足以让人可以去帮助好几个在欧洲噩梦中生活的人。”他们帮助的对象大多是玛丽亚的家人，她妹妹珍妮的女儿索菲就是第一个受惠者，她在11月份从法国来到了美国。索菲在赫胥黎家一直住到1944年，战争初期，赫胥黎夫妇曾经想过要正式收养她。

至于赫胥黎自身的创作情况，他只是对雷蒙德谈到了一部新小说的两种构思，“其一，它是一部对人和环境进行解剖的小说，凭借语言分析，把人和环境推向极限（真是赫胥黎式的小说！）；其二，或者是一部类似于《奇妙新世界》的小说，描绘一个比现在更好而不是更坏的社会。”赫胥黎欲创作出一个好的乌托邦社会的计划直到20多年后才最终实现，1961年，即在他去世前2年，小说《岛》才出版。1939年11月，赫胥黎抵美后的第一部小说《几度寒暑天鹅死》出版了。美国编辑把坦尼森的话“天鹅之死”加到了书名上。有人不时地建议赫胥黎移居美国，这就是为什么赫胥黎移居美国的时间被认为是在1939年底，因为在这段时期内，每谈及返回欧洲一事时，赫胥黎总是沉默不语，而这个时期与赫胥黎作为一名小说家开始走下坡路又恰巧相符。我们无须赞同衣修午德的观点——实际上，赫胥黎在美国创作了他最好的小说——也无须用衣氏的观点来证明“赫胥黎走下坡路”的看法是错误的。事实是，在这位英国小说家身上早年具有的热情、精力和讽刺的胆识从此再也没有出现过。像《旋律与对位》或者《加沙的盲人》仍保留其雄风之外（成功小说《奇妙新世界》位列其冠），《几度寒暑天鹅死》依旧是一部充满机敏和阳光的小说，当然不是一个走下坡路作家的作品。伦敦查托出版社的哈罗德·雷蒙德写信给纽约哈泼斯出版社的尤金·萨克斯顿说，“在某些方面，我认为，这是奥尔德斯尚佳的一部作品，它把出色的玩笑和认真的思考绝妙地糅合在一起。我知道，没有另外的哪一个作家有这样的本事能把这些素材天衣无缝地掺和起来。”尽管英国对这部小说的评论不冷不热，但是，哈泼斯杂志却花了2 500美元买下了小说的连载权。有人担心，小说的故事情节与威廉·伦道夫·赫斯特真实生活中的事情何其相似乃尔——他的情妇玛丽恩·戴维斯被认为是小说人物道拉斯的原型，后来又改姓为莫赛珀，而枪击的情节又使人联想起当时的真实事件，可是，并没有酿成一场法律诉讼。

小说开始于英国作家杰里米·波苔杰到达大企业家斯道伊特的中世纪城堡。波苔杰的不合时宜的文学才能和古板的行为举止使人不可避免地想到了赫胥黎。波苔杰的新习惯，即：“从认识自身的缺点中感受到莫名其妙的扭曲的快感”，可能反映了赫胥黎本人在南加州时所产生的安适感。赫胥黎嘲笑了波苔杰“轻声轻气的声音，仿佛是英国天主教堂里的晚祷”。此外，一个英国人初到美国，他的举手投足就构成了非常好的喜剧素材，对于此类素材，赫胥黎绝不会是最后一位对之进行开采利用的英国作家。斯道伊特·赫斯特代表了情感的幼稚和偏执，而其情妇弗吉尼亚·莫赛珀则表现出愚蠢和虚荣，就像是《绅士爱美人》中的一个人物。接着，小说很快就朝“主题思想”方向发展，把新旧世界紧紧地缠绕在一起、把现代大众娱乐文化与社会改革计划交融在一块。“先进的”思想家普罗普特先生有几分像杰拉尔德·赫尔德，他高声直言，必须摆脱个性的束缚，直率地指出传统的社会主义在解决社会问题上的缺陷。普罗普特排斥传统的社会改革方案，因为它忽视了这样一个事实，那就是，“善是一种道德，除了在个人身上体现出来之外，社会是不能生产出来的。”不改造个人，即便是完善的社会机器也是毫无用途的，“没有哪一个人类社会比当今的社会更加出色，它包含了相当多的个人，这些人知道，人道主义并非最新发现的东西，他们有意识地要把它推向一个卓越的高峰。”这些就是赫胥黎和赫尔德在这段时期内通过在南加州各种各样的社区里进行探索的思想。波苔杰的工作是在档案馆里研究有关中世纪武士披挂的颈肩铠甲的文献记载，为此，他来到这座城堡进行这方面文献的登记摘录，这项工作把他带回到18世纪的英国和五世伯爵对人类长寿的研究中。对奥古斯塔文体的笨拙模仿使人想起了《克罗姆·耶罗》中的段落。赫胥黎对人们追求永生的观点持斯威夫特式的态度：长生不死的梦其实是一场恶梦，人们最终在其英国房子的地下室里发现活了201年的伯爵，他已成了一个“胎儿似的类人猿”，这就清楚地、毫不含糊地表明了赫胥黎的道德观念。在最后一章里，旧世界的衰败处处显现，而斯道伊特却像好莱坞大亨一样愚蠢地大兴土木。

就在小说出版前夕，玛丽亚告诉珍妮，“奥尔德斯现在根本不想回英国了，他对此似乎有点恐惧。在这种情形下，桑纳瑞对我们不复存在吸引力了。这里的气候甚佳，田园风光赏心悦目，人们热情好客。我想我们会在美国一直呆下去，成为我们的永久居留地。”但是并非一定要住在洛杉矶。他们曾经随意地设想过，在圣盖博瑞尔谷地的查特沃斯购买20英亩的土地，作为小说中斯道伊特先生的城堡所在地。“这是我们所知道的一个最美的地方。”但是，赫胥黎在电影公司的工作以及其它的一些事情使他们在城市里又多呆了两年。承担还是不承担社会责任总是搅得赫胥黎心烦意乱，这也是他强烈想要离开城市的一个原因。战争把一切都搞得乱七八糟，使得赫胥黎在某种程度上与外界隔绝。在米高梅公司的卡尔弗市的摄影厂里的书桌上，他给齐特林写了一张便条，要求不要把他的时间安排塞得满满的，“我整日价呆在电影厂里，改编的事占据了我太多的时间，想在晚上做点什么，却也只能独自一人枯坐冥思。”圣诞节期间，杰维斯和埃尔斯佩思·赫胥黎来到南阿曼非大道，对他们作了一次短暂的拜访，赫胥黎赞同杰维斯和埃尔斯佩思·赫胥黎居住在肯尼亚的计划，“在那个地方，你们可以根据自己心灵的愿望更加自由地生活，胜过在曾经令人心醉神迷而今却如幻觉般的欧洲。”

赫胥黎与米高梅电影公司最初签订合同的期限为8周，但是，摄制进度缓慢，工作人员戏谑为“滴滴答答”*[原文是 Pee and Pee，pee 意为“尿，小便，撒尿”，现转意指工作进展拖拉，速度很慢，犹如小便后的滴滴答答——译者注]*。如此一来，赫胥黎不得不自1940年2月起就一直呆在电影厂里，随时准备修改剧本，而且只拿原工资的一半。说真的，赫胥黎并不喜欢办公室的环境，所以他就尽可能地少呆在电影厂里。也是在2月份，赫胥黎从哈泼斯氏杂志社得知，他实际上还欠着杂志社的钱，而他自己又正处在暂时的经济危机之中。电影厂对他说，厂子里总有活要他干的（这似乎证明了他完全能胜任拼凑改编中的“七巧板”），可是，他本人却想抽身而退，从事其它方面的写作。玛丽亚对珍妮说，“最糟糕的事情莫过于他为钱而写作。”米高梅公司的影片《傲慢与偏见》终于在1940年8月公映，格里尔·嘉宝饰伊丽莎白·贝内特，劳伦斯·奥立弗饰达西先生，导演是罗伯特·Z.伦纳德。赫胥黎的名字与简·默菲排在一起出现在演职员表上。影片的场景十分豪华，大获成功。米高梅电影公司对于赫胥黎所作的贡献深表赞赏，因为——正如玛丽亚对珍妮所说的那样——“奥尔德斯已经学会了如何按照他们的方式行事，并且又办得顶呱呱；正像他实心想做某事，就一定能做得非常出色。”

阿妮塔·卢斯首先帮助赫胥黎在好莱坞找到了工作，后来居住在桑塔·莫尼卡时又成了互相走动的好邻居，她后来回忆说，起初，赫胥黎打算拒绝接受这份工作，因为酬劳是每周2 500美元，“在一个舒适的电影厂里工作，又拿这么多钱，我是断然不能接受这么高报酬的，因为我在英国的家人和朋友正在挨饿、正在挨炸弹。”阿妮塔告诉他不要尽说这些蠢话，因为他可以用这些钱来帮助那些急需帮助的人。当时，玛丽亚在电话分机静静地听着他们的对话，从心眼里感谢阿妮塔的现实主义。阿妮塔·卢斯说，“赫胥黎的麻烦就在于他是一个偶尔犯傻的天才人物。”1940年初的经济问题很快就被解决了，因为玛丽亚在2月底对格蕾丝·哈勃说，“现在，奥尔德斯可富啦。”赫胥黎夫妇把食品包裹源源不断地寄往欧洲，但对欧洲的亲友们所遭受到的困境仍然感到极度痛苦。“现在的伦敦相似于荷马对冥府的描述——一个生命消亡的地方、一个模糊而无常的地方和一个濒临绝望的地方。”赫胥黎认为，在战争结束之后，一定要解除所有的暴政势力，因为这些势力在社会上有着庞大的组织机构，而且进行着类似工业化的管理，非如此，就不可能实现分权社会的理想。

1940年初，赫胥黎同克里斯托弗·衣修午德共进午餐，他们是在去年夏天首次见面的。衣修午德也为米高梅电影公司工作，他在日记中写道，“赫胥黎是何等的仁义、何等的腼腆——他用他那双几近失明的、温和的、海洋般深邃的眼睛透过当今世界无知的黑暗痛苦地求索着。他的脸上流露出一丝痛苦的、迷惘的微笑，表现了他对人类一切活动的绝望……他实在太像一个刚刚获奖的大学生，腼腆紧张，又像一个爱挑剔的、有着超常智商的大男孩。担忧自己的无知像一股臭气一样折磨着他，所以他拚命地吮吸着书的干瘪奶头！我知道，他是多么地依赖玛丽亚，只有在她那纤细的、比利时人的怀中，他才能放松下来——我喜欢这对夫妻，比任何时候都更加喜欢。”在赫胥黎把《傲慢与偏见》改编为电影剧本期间，这两位作家经常见面。赫胥黎向衣修午德坦承道，他对编造情节力不从心，于是乎，他们就讨论起如何用数学公式来解决这个问题的可能性。不用说，赫胥黎早已听说过，一个俄国作曲家发明了一种能谱曲的机器。衣修午德觉得赫胥黎身上有一股知识分子的傻里傻气，“我们在海阔天空闲聊时，关系是最为融洽的。”衣修午德也听说了赫胥黎下一部书的计划：一个积极的乌托邦的故事、一个雄心勃勃的、“用小说的外衣包裹起来的哲学知识大全”——他对朱利安这样说。赫胥黎稍为详细一点告诉了哈罗德·雷蒙德，“这个寓言式的故事将讲述到一位男子，他主动充当一项冬眠疗法的长期试验的对象，现在，医学界不正在使用这种疗法来对付癌症和心脏病么——这名男子被用冰冷冻贮藏起来达一、两个世纪，当他醒过来后，他发现自己身处一个完全陌生却又好得多的世界。这本书就是记录下他在两个不同世界的经历，眼下的和将来的世界，以及他对这两个世界的思考。”而事实上呢，这本书根本没有写出来过。

整个春天，赫胥黎的健康状况堪忧，玛丽亚也是如此。他们俩非常惦念玛丽亚的母亲和妹妹罗丝的命运，虽然她们已经离开了布鲁塞尔，可是，从 6 月初起就音信渺然。西比尔·倍德福在 1940 年 7 月到达南加州，她见到老朋友时大吃一惊，“我发现奥尔德斯和玛丽亚与以前真是判若两人。”尽管奥尔德斯现在不戴眼镜了，“但这并非是影响我的原因，主要是因为他看上去面容异常憔悴，忧心忡忡，显得疲惫不堪……

而可怜的玛丽亚呢，显得那么消瘦、那么焦躁不安、那么筋疲力尽——所以见到我后，又是那么欣喜若狂。”这显然不是个人的或者家庭的不幸，就像莎士比亚笔下的米兰达［*Miranda，莎士比亚剧本《暴风雨》中的人物，是被剥夺爵位的 Prospero 的女儿，父女两人同被放逐到岛上——译者注*］一样，赫胥黎曾经创作了极为著名的作品，他完全可以这样说，“我看见的别人所遭受到的折磨折磨着我。”赫胥黎夫妇似乎是幸运的流亡者，可是他们为在欧洲的家人和亲朋好友们的安危极度痛苦不安。当赫胥黎在 7 月开始工作时，他决定了一个完全不同的写作计划——这个主意是杰拉尔德·赫德出的——写一部 17 世纪法国的幕后掌权者皮埃尔·约瑟夫传。

战争期间，英国作家们的身影出现在阳光灿烂的南加州，这就肯定会激起英国国内的敌意评论。英国几家发行量很大的报纸首先发起一场针对居住在好莱坞的英国流亡者的批评运动，说这些人是“随风而上”，指责他们推诿爱国责任。赫胥黎——以及比他年轻许多的衣修午德——早已超过服兵役的年龄，已经 45 岁了，视力为半盲，又高又瘦，动作笨拙，可以想像得到，能指望这样的知识分子会有多少战斗力呢？但是，他还是尽其所能贡献出食品、礼品进行慈善拍卖，为他人提供一点帮助，而所有这一切，赫胥黎都认为是他应该做的。查利·卓别林在哈勃家说，在上次世界大战中，他是一个和平主义者，而在这次世界大战中，他是一个战争贩子，“我是一个微不足道的小人物，我要生存下去，只好采取默不作声和毫无怨言的态度，急吼吼地讨好他人，这是我躲避麻烦的办法——但是，倘若我对强权霸道者俯首帖耳的话，我就该被枪毙了，到了那一步，烦请各位帮帮我，把我崩了——当然，我一定会尽可能地多拉上几个恶霸垫背。”阿妮塔·卢斯积极参与威廉·艾伦·怀特组织的“支持同盟国”募捐活动。虽然事态似乎让赫胥黎非常失望，但是，毫无疑问，他采取了视而不见的“驼鸟政策”。

1940 年 7 月的一个撒满夕阳余晖的黄昏，赫胥黎和玛丽亚同阿妮塔·卢斯以及哈勃夫妇在落日大道上一家名叫“演员俱乐部”的餐馆里一起用膳，后来，格蕾丝·哈勃写道，“聊到战争时，奥尔德斯沉默不语。”千万不要把赫胥黎的这种沉默看成是麻木不仁或者是自私透顶的冷漠，恰恰相反，它表现了赫胥黎的一种无奈，因为自30年代中期起，在赫胥黎的内心里就有着和平和国际合作的崇高理想，而理想的实现至今仍然是渺渺茫茫，这不能不叫他黯然神伤。正如衣修午德所指出的那样，赫胥黎对诸如此类的事情高度敏感。在5月份的病中，赫胥黎写信告诫玛丽亚的姐妹苏珊妮·尼古拉斯，叫她不要太相信媒体上的坏消息，他用流利的、无可挑剔的法语对她说，如果一个人因为接触太多负面的战争新闻而终日焦虑不安的话，那只能使战争更加得手，削弱自己和家庭的力量，并且在实际上，减少不了丝毫的罪恶。赫胥黎劝她接触新闻的限度如服药，“每天一、两剂”。

赫胥黎在8月份又开始工作，他对弗丽达·劳伦斯说，他无法考虑把《查特莱夫人的情人》改编成舞台剧，因为在电影厂的工作延长了9个月，而且他又病了。影片《傲慢与偏见》刚刚公映，赫胥黎对影片的大获成功颇为满意。他对哈勃夫妇说，他原来是希望库克导演此片的，“我没有阻止导演让贝内特夫人与威克姆决斗！”在赫胥黎看来，影片的主要演员“太差劲了”，但是，整个影片所表现出来的十七世纪法国的生活氛围和道德风气非常适合他的品位，他在《幕后掌权者》一书中对此作了进一步的探索。这本书，赫胥黎写得很快，在7月份开始收集、研究资料，3个月后，即在10月份，就动笔创作，于1941年5月完稿。他告诉刘易斯·吉尔古德，这本书是“对黎塞留[*Richelieu（1585～1642），法王路易十三的国务秘书兼御前会议主席、枢机主教，擅权巩固专制统治，剥夺胡格诺派政治特权，镇压贵族叛乱和农民起义，对外参加三十年战争，扩张法国势力——译者注*]的同谋者皮埃尔·约瑟夫所作的一次恰如其分的研究，讲述了一名神秘主义者的政客所做的使人惊骇的事情。”赫胥黎又轻松愉快地对哈罗德·雷蒙德说，他已经抛弃了原先的写作计划，称赞新书具有“婉转含蓄的特点，会吊起阅读的兴趣；因为约瑟夫对于漫长的三十年战争同样是要负责任的，三十年战争与现代的灾难在本质上是一脉相承的。用一种非常戏剧化的方式，约瑟夫被置于政治与宗教之间关连的焦点上。”为了要掌握必需的关于当时战争的书籍资料，而当地图书馆有关这方面的资料又十分匮乏，赫胥黎只好向查托出版社求助，请他们帮他去大英帝国博物馆借一些书籍来。

与此同时，赫胥黎继续进行眼保健操的锻炼，这也为他提供了一点乐观主义精神。可是，紧接着便传来了坏消息，那就是，拉尔夫·平克的文学代理机构破产，欠了好多人的钱，当然也包括欠赫胥黎的钱（以40年代的货币计，共达548英镑），这样一来，赫胥黎就面临着新的经济危机的威胁了。平克侵吞了所有的钱，最终在沃莫沃德·斯克莱博坐牢（就像他兄弟埃里克一样，早些年前，埃里克用他客户账上的钱去赌博，导致了纽约业务的毁灭）。赫胥黎在这一段时间里没有写什么文章或者短篇小说，有事情的话，他可以直接与查托出版社打交道，所以，他就没有急着寻新代理人。他继续写作，在1941年2月，他告诉雷蒙德，书的三章内容已经完成，“与历史相比，这是一本平淡无奇的纯虚构小说，历史上的事件和人物实在是有着难以言传的魅力！”但是，这些事件同样也“令人非常沮丧”，因为似乎“没有什么证据来证实这样一种观念：对于在长期的人类社会中反复出现的周期性的问题，完全可以用政治的和经济的办法解决”。

战后，赫胥黎越来越醉心于用神秘主义的办法或者用宗教的办法来重建世界。大约就在这段时间的前后，赫胥黎和赫尔德与印度教的偶像普拉汉凡南达扯上了关系，普氏在好莱坞的伊娃大道1946号经管着“南加利福尼亚州吠檀多*［Vedanta，一种由古代印度哲学发展到现代的唯心主义理论——译者注］*会”，一个“心灵目的相同的团体”。在克里斯托弗·衣修午德的《我的精神领袖和他的信徒》(1980)一书中，叙述到有关偶像的事情时，他声称，赫胥黎在 1940 年就主动加入了这座偶像崇拜的庙宇之中，但是赫胥黎却说，他与赫尔德脱离了这位偶像，是因为不喜欢这位偶像的偏差的虔诚。他们偏爱克莱斯劳摩特的冥思之法，克氏脱离了印度教，而且反对领袖与门徒的关系。克氏的基地在奥加，从洛杉矶开车过去大约要一、两个小时。衣修午德在书中承认，他与赫胥黎之间存在着的某种程度上的紧张关系，完全是因为赫胥黎大声宣称对同性恋的憎恨（然而，这似乎并不是一个问题，杰拉尔德·赫尔德就是一个例子）。衣修午德对玛丽亚很有好感，玛丽亚“迷人的直率”一下子点中了他个人生活中的某些东西。

皮埃尔·约瑟夫，一位身体力行的神秘主义者，被卷入了致命的政治权力妥协的旋涡中，没有能为赫胥黎打开更多的神秘之门。现在，他相信，任何“天赋中具有终结世界知识的人”，“通过在社会的边缘处坚持体验各种各样匪夷所思的活动要比赶往社会中心去改善社会”会做得更好。但是，赫胥黎夫妇继续在加州做他们喜欢做的事情。4 月，他们同小说家梅·萨顿共进午餐，梅·萨顿后来对考特兰斯基说，“我非常喜欢奥尔德斯，宁静、简单、对人们所做的事情感兴趣——这是一顿使人感到十分愉快的午餐，时间一晃而过……他们有一条长着蝴蝶斑的小狗，玛丽亚吹着气球逗它玩……他们俩都爱加州……他们住在一幢非常奇特的房子里，维多利亚式的，有着许多东方的小装饰物、隐蔽的沙发等。但是，也有着面对陡峭的绿色峡谷的巨大玻璃窗和一个可爱的花园。房子位于小山顶。他们似乎永远是来美国的陌生人与漫游者，仔细地检查着美国，仿佛美国是一只昆虫，没有他们的份。”像西比尔·倍德福德一样，她注意到了玛丽亚疲惫不堪的面容——她使用了一个法语单词：衰竭。来访者都重新审视了他们在山谷的住处，建议他们搬出此地。但是，赫胥黎夫妇拒绝了这些人的好意，因为奥尔德斯接受了好几桩改编电影剧本的事宜。《幕后掌权者》已经脱稿，他们完全不必住在这沙漠般荒凉的地方，可是在夏季，空关着房子也不是一种明智的做法，因为火灾的原故（在最近一段时期的周末，他们就目睹了火神的三次光顾）。当然，优美的风景也是吸引他们的原因之一，特别是玛丽亚，“浩瀚的天空，淡淡的蓝色，无边无垠的空中呈现出蒿草色，幼嫩的草儿散发出亮晶晶的银色，银色的光辉撒满了我们的脚下，令人振奋，同时也令人平和安详。”

赫胥黎这次是为一家新的电影公司——20世纪福克斯工作。从桑塔·莫尼卡的家出发，开车10分钟即可到达。偶尔也可以在家工作。赫胥黎动身时，拿了一只公文包，包里有准备好的午饭，玛丽亚每见此状，感觉总有点怪怪的，“好像一名英国职员去上班”。赫胥黎在福克斯电影公司的工作是改编查尔斯·摩根的一部著作（“摩根，装腔作势，鬼话连篇”）。福克斯电影公司花了27 000美元买下改编权，赫胥黎的工作就是重写。就在这段时间里，赫胥黎夫妇经常去奥嘉拜见克莱斯劳摩特和罗莎琳德·雷加高波，也常常去看望在拉古纳的杰拉尔德·赫德。相对而言，赫胥黎在信中很少谈到他对印度教哲学越来越浓厚的兴趣以及对杰拉尔德在特布科所发现的一个“心灵目的相同的团体”的看法。他本人并没有考虑与这样的团体生活在一起，但对其思想感兴趣。在奥嘉，克莱斯劳摩特以一种印度圣人的方式在树下讲经布道。另外一位是中等身材的艾琳·加勒特，她更像是西方的圣贤，赫胥黎夫妇与她第一次见面是在1941年的夏天，即在他们到达好莱坞之后不久。一位邻居梅尔西蒂斯·德·艾科斯塔引见了他们（后来，加勒特对赫胥黎所进行的墨斯卡灵*[mescaline，学名“三甲氧苯乙胺”，一种致幻剂——译者注]*试验很感兴趣）。德·艾科斯塔经常在日落时分陪同赫胥黎夫妇散步，总是有“问不完的问题”。赫胥黎夫妇把德·艾科斯塔介绍给伊娃·赫尔曼——一个住在桑塔·莫尼卡峡谷的、“十分可爱和极为敏感的人”。

赫胥黎夫妇的朋友圈越来越大。虽然德·艾科斯塔已经结婚，但她仍是好莱坞女子同性恋的典型形象，是嘉宝的朋友，是女子同性恋地下网络组织“缝纫组”的成员之一。在《赫胥黎在好莱坞》(1989)一书中,大卫·金·邓纳威肯定地说,玛丽亚是这张网络的一部份。可是,没有具体的证据材料可以支持此说。西比尔·倍德福德就非常怀疑这种说法,那就是,玛丽亚十分频繁地出入于落日大道和桑塔·莫尼卡峡谷的女子同性恋者酒吧。这种说法与赫胥黎夫妇谦恭的性格、密切的伴侣关系和早睡的生活习惯是格格不入的。更加令人信服的证据是玛丽亚写给苏珊妮信中的语气,渴望逃避到沙漠中去,“我们期盼的沙漠中的小木屋迄今还只是一个梦想。”玛丽亚在性欲上受两性的吸引是事实,但是,证据却表明了她涉身任何女子同性恋场所只是偶尔为之,似乎只是为了维护与嘉宝、德·艾科斯塔以及旁人的友谊。为了庆祝赫胥黎 46 岁的生日,阿妮塔·卢斯把许多这帮子人邀请到太平洋沿岸的家里,定制了一个巨大的、上面插着蜡烛的生日蛋糕。

秋天,《幕后掌权者》一书上市,赫胥黎马上投入创作另外一部新小说《时间必有终止》。10 月底,玛丽亚告诉苏珊妮,她和奥尔德斯将在元旦那天把屋子里的东西全部搬走。事实上,他们只住到 12 月 19 日。玛丽亚在写给珍妮信中说,“亲爱的,看一下这封信上面的地址吧,”地址是利安诺·德尔·里奥。

二十八、利 安 诺

1941 年 12 月 7 号，日本人偷袭珍珠港，这个事件促成了美国参战。在事件发生后不到两周的某一天里，赫胥黎一家人携带财物退却到荒漠之中。在得知日本人偷袭的消息时，他们也的确慌乱了一阵子，于是决定撤退，但在表面上诡称是因为玛丽亚的健康不佳。为了玛丽亚的肺部起见，医生建议应该居住在有着炎热干燥空气的沙漠地区，而不是留在空气中弥漫着烟雾的洛杉矶。奥尔德斯也打定主意要进一步改善视力，而沙漠地区总是阳光灿烂、光线充足。于是，他们在离洛杉矶北面 50 英里处的莫哈韦沙漠中名叫利安诺·德尔·里奥的地方买下了一个占地 40 英亩的牧场。一切都挺不错的。实际上，赫胥黎夫妇住在城市里时并没有真正地快活过。读一下玛丽亚发自利安诺的许多信吧，这些信记录了她对沙漠美景的喜悦之情，可是，许许多多的家务琐事和简单生活的复杂需求重重地压在她身上。同时，他们还一直在担忧玛丽亚的家人——她母亲以及还在法国吃劲费力地处理文字工作的罗斯。奥尔德斯继续干着电影公司的活，这促使他们考虑在贝弗利山[*Beverly Hills，好莱坞影星集居地——译者注*]买一套公寓房。事实上，南阿曼菲大道 701 号在 2 月中旬以前并未被抛弃。因此，利安诺只是一个调调胃口、换换环境的地方，并非逃跑。

1941年,《幕后掌权者》的出版使得赫胥黎在对宗教作整体研究和对神秘主义做专门研究的道路上又向前迈进了一大步。元旦那天,查托出版社的哈罗德·雷蒙德写信给纽约的尤金·萨克斯顿,信上说道,"一年过去了,舰队街[*Fleet Street,伦敦报馆集中此街——译者注*]竟然没有一个白痴打电话给我询问奥尔德斯是否真的加入了天主教教会,真是不可思议!"可以说,赫胥黎加入天主教教会的可能性微乎其微。赫胥黎像20世纪持不可知论的知识分子一样,千篇一律地求助于东方,但是,他的这种对新领域的探索令他的一些崇拜者担忧。而一位天主教牧师和一位支持红衣主教黎塞留的、训练有素的神秘主义者对赫胥黎的行径并不担心,他们指望赫胥黎会有所选择的。赫胥黎如此行为的原因在上文已经提及了,而且,书的副标题"对宗教和政治的研究"表明了此书的范围。赫胥黎想探求他正在进行调查的新宗教思想与他所从事的和平主义事业之间的关系。《幕后掌权者》一书的开篇第一章就描述了天主教托钵修会修士皮埃尔·约瑟夫赤脚走向罗马,沉思冥想于个人的存在,"如果上帝的意愿是这样的话,那么,积极的虚无一定会与消极的虚无一样湮没"。这样的话想必会使人眉头紧皱、迷惑不已。人无法逃脱自我认同的感觉,正像46岁的赫胥黎所说的那样,"一张中年人的脸肯定是饱经风霜的、承受艰辛而憔悴的、布满皱纹的和持续不断的劳心费神而显得疲惫不堪的脸",还有"一双近视眼"。作为一个少年,这位托钵修士"宁愿一个人孤零零地落在后面,以便他能思其所思、想其所想"。

赫胥黎开始挑战"时髦的"或者谓之马克思主义的观点,即:经济因素决定政治事务。由于显而易见的理由,他想求证这样一种观念,那就是,思想——特别是挑战世俗的现实政治的神秘主义思想——是同经济一样的强大有力。他叙述宗教背景,作为诸如此类思想中的一个例子。关于这方面的研究,5年后,他在《永久的哲学》一书中作了更为系统的阐发。此书包括了赫胥黎的许多观点,其一是神秘主义的理论是建立在“神秘的亲身经历的事实上的”；其二是“自我是一种厚厚的几乎不透明的媒体，它阻挡了绝大部份来自现实的光线，歪曲了它允许透过的所剩无几的光线。”这是赫胥黎的一个重要的观点，我们“应该远离自身的光亮”，这样才能发现永恒的真理。赫胥黎说，在显灵的时刻，神秘主义的吸引力就在于，它为非基督徒者提供“一个摆脱了教义的宗教，而五花八门的教义本身就是建立在不健全基础上的非本质的东西和随意解释的事实”。换言之，赫胥黎以此就能对基督教神学理论回避而过。有些神学家，比如卡尔·巴斯，把神秘主义视为“神秘的无神论”。我们或许可以称之为没有眼泪的宗教。赫胥黎的英国崇拜者或许也可以补充说，这比南加州重要不了多少。但是，赫胥黎深信，没有神秘主义之光照耀的世界必定是“一团漆黑、愚蠢荒唐”。

书中的纯历史部分用一种非常传统的教科书的方式加以叙述，而对宗教和政治则加以高度理论化，这就使得读者兴趣盎然。在皮埃尔·约瑟夫尽力阻止强权政治征服其宗教本能的企图失败后，作者得出的结论是，我们必须培养“我们可以称之为‘仁政’的政治，以此来反对强权政治”。缺少经过沉思默想而增大增强内心改革的政治改革是毫无用处的，“在社会的绝大多数人成为以上帝为中心的圣徒之前，社会决不会产生翻天覆地的变化。”然而，在当今的世界上，构成以上帝为中心的努力，正如在 1941 年的情形下和平运动者所作的努力一样，“常常是收效甚微的”。在《旁观者》杂志的书评中，历史学家 C. V. 韦奇伍德称这本书是“赫胥黎先生的心声”，下结论说，这本书“无可争辩的是一位思想家的著作，书中浸透着的始终如一的正直是寥若晨星般的一把精神火炬在黑暗中燃烧”。

就在离开桑塔·莫尼卡去利安诺前，赫胥黎写了一封信给两位记者（只知道是赫普沃思小姐和格林先生），信中，他对 1942 年的自己作了引人入胜的叙述：

我是一个有点文学天赋的知识分子，体质略弱，没有过份的强烈情感，对实际事务不感兴趣，对惯常的程序没有耐心；我不善交际，常常喜欢离群索居，偏爱独自一人的自由自在，这些欲望使我持续不断地努力避免受制于他人，同时也使我产生了对强权和高位的冷淡，因为一切事情都遭受到强权和高位的奴役……作为一个中青年人，我最最关心的是知识、是理想的实现、是文学艺术、是绘画和音乐。但是，迄今几年以来，我对这些东西都感到有点不满意，觉得即便是最伟大的杰作也或多或少存在不足之处。最近，我开始明白了，应该怎样评价现实与像艺术和常识之类事情之间的关系。鉴于这些东西的自身不足，这些精神活动只有从神秘主义的优势观出发去看待，才能观察到它们的真实远景……如此，道德领域内的秘密就在于间接手段。

传记作家不止一次地遗憾表明，这位杰出的知识分子和自知之明的男人无可争议地是他自己最好的批评家。

1942年初，一条来自法国的坏消息是，赫胥黎非常欣赏的一位法国青年德里·勒·罗歇尔，作为《法国新闻杂志》的一名编辑，却变成了“一个热烈的与敌合作的鼓吹者”。赫胥黎并不打算为他的附逆言行道歉，“他是一个天生性格软弱的人所作所为的典型例子，他的天赋才华完全是在文学上，怀着一种罗曼蒂克的意愿去行事，对政治权力和高官爵位怀着一种罗曼蒂克的野心。”赫胥黎的这些想法自然与政治舆论背道而驰。他现在正忙于打理利安诺的牧场的独立发展。2月初，他稍稍劳神去做一些根本不习惯的粗活，却导致他感到长期疲劳，健康恶化，正像他对衣修午德所说，“由于我在写作上进入了困境，我真的不知道我还能写到什么地步、还能达到什么样的成就以及究竟该怎样做。我想暂时做一些别的事情，但是我的身体状况又不允许我去做办公室工作以外的事情。”赫胥黎肯定会带着极大的兴致注视着杰拉尔德·赫尔德的成功实践，杰拉尔德“在靠近兰格纳的塔布科学院修建了一座隐修院，占地 360 英亩，赫胥黎刚刚去参观过。在这座隐修院里，修行之男女可以得到食物和教养”。有时候，赫胥黎认为，他是存在于世俗和纯洁的修士灵界之间的某种地狱的边境，他对“分析”的不可改变的热衷似乎对他自己以及对修行都是不利的。

与此同时，在利安诺兴建房屋的工作仍在继续进行之中。利安诺一词在西班牙语中的意思是“平原”或者“大地”，它位于羚羊山谷，紧邻圣嘉伯瑞尔群山，说它是一片牧场，其实更像一个绿洲，有一个不大的果园，一个可以游泳的水池和一个葡萄园。赫胥黎夫妇曾经试图用自家的葡萄酿酒，而且赤裸着双脚踩踏葡萄。赫胥黎可能最初并没有意识到（虽然他后写到了这个话题），早于 1915 年在利安诺就由一个名叫乔伯・哈里曼的激进律师创立了社会主义者社区，他们保护饮水的安全、清除含有杂酚的灌木、小驴灌木和短叶丝兰。但是，正如后来赫胥黎在文章中所指出的那样，社会主义者社区由于内部争吵而分崩离析。如今，沙漠中的这个地区如同当代作家马克・戴维斯所说，“它是一位待嫁的处女新娘，最终要同大都市融为一体”。目前，这个地区正在朝次等城市行进。我于 2000 年初访问此地，在这个被风雨侵蚀的、四周用铁丝加固的家园里，群狗朝着不速之客狂吠，我产生了这样一种感觉——这片土地曾经更多的是养育了患偏执狂的美国人，而不是进行乌托邦试验的人。我最后退却到一个标牌处，上面写道：对保护主人的看门狗千万不要介意，衬底是一幅画，画的是一根枪筒的枪口。

赫胥黎一家住在绿洲附近，他们把房子改善了一番。可是，阿妮塔・卢斯说，房子“就像哈克贝里・费恩［*Huckleberry Finn，美国著名作家马克・吐温（1835～1910）的长篇小说《哈克贝里・费恩历险记》中的主人公——译者注*］的爸爸去世时的简陋木屋”。赫胥黎对房子进行的所谓改善也就是增加了一层楼，新建了一个六角形的单元房，是赫胥黎睡觉和写作的地方。在看管房子的人设法破坏了原有的水泵后，他们不得不兴建一座新水泵。他们把发电机掩埋在屋外的院子里，把通风门做成像杰拉尔德·赫尔德的半身像，于是，掩埋发电机的场所就被称为“杰拉尔德墓地”。衣修午德曾经来这里作客，忘记了主人吩咐他晚上不能使用电灯的话，他拉了一下开关绳，发电机的马达“立刻像摩托车一样‘突、突、突’地轰响起来，把屋子里的每一个人都吵醒了”。玛丽亚在利安诺度过的最初几周常常是形影相吊、孤身一人，因为赫胥黎正忙于为20世纪福克斯电影公司改编新剧本“简·爱”。该片由罗伯特·斯蒂文森执导，最后在1944年上映，赫胥黎与斯蒂文森、约翰·豪斯曼共同出现在演职员表上，这是他的名字第二次出现在电影屏幕上了。奥森·韦尔斯饰罗彻斯特尔，琼·方达饰简·爱。玛丽亚对他们因购置房地产而带来的经济负担十分担心，“我希望我们不会后悔购买此房……我们在这儿几乎像囚犯……我忧心忡忡、焦虑万分。”赫胥黎打电报给查托出版社，询问版税事宜，得到的答复是，他整个1941年单单在英国应得版税款为843英镑。房屋的改建工作以及无穷无尽的家务琐事，如擦玻璃窗（这可不是玛丽亚的强项），对她来说实在太多，但是，她安慰自己说，至少“是在自家的荒原里”。春天来了，风雪过后，树枝泛绿，百花欲开，“景色迷人，观之竟叫人透不过气来”。

在3月份的第二周，电影公司放了赫胥黎一个礼拜的假，因为他实在太累了。周末，玛丽亚“忧郁地”望着他在晨曦中在帕默德尔登上远去的公共汽车。儿子马修同她在一起的时间很多，他看上去很不错，经常帮助妈妈干点家务。在独自一人的安静时刻，玛丽亚常常沉浸于对往事的得意回忆之中，“洛杉矶的生活太棒了，整日价忙忙地奔波于朋友间的聚会，海阔天空，闲聊一通。”他们家的狗露露和五只小狗在春日的阳光下自由自在地嬉闹，玛丽亚和马修在阅读维韦卡南达［*Vivekananda(1863～1902)，印度哲学家、印度教改革家，法号辩喜，提倡实践哲学，重视社会改良，创建罗摩克里希纳教会，首倡“新吠檀多派”，著有《现代印度》、《吠檀多哲学》等——译者注*］的著作。维韦卡南达是印度教的一个教派罗摩克里希纳教的创始人，他建立了南加州吠檀多会，衣修午德在这里花了许多时间与先知伯莱伯哈韦南达在一起。春天，玛丽亚的家务活干得有效多了，因为有了“一个明亮的和使人浑身来劲的厨房”，当然，它也兼作餐厅和办公室，他们拣来的便宜货一张书桌占据了绝大部份地方，因为在玛丽亚自己的卧室里，除了床和梳妆台以外，几乎就没有什么空间了。她要沿着房间的一边慢慢地才能走到一扇凸肚窗前，透过窗户，她能看到山顶上白雪皑皑的圣嘉伯瑞尔群山以及山下开花的杏仁树和灌溉渠。在赫胥黎的卧室里，他的床用在桑纳瑞用过的蓝、红相间的床罩罩着。有一个小小的洗澡间。住在以前是邮政局的帮忙料理家务的人干所有的重活。最担心的是水，因为越来越紧张的战事用干了几乎所有的水源。

尽管有这么多难处和烦心的事，赫胥黎一家人在利安诺的这段日子里还是过得比较惬意。玛丽亚对格蕾丝·哈勃说，“远处的沙漠浩瀚辽阔，寂静无声。所以，你应该料到，尽管我双手的肌肉撕扯酸痛，在这儿，我还是觉得心情挺愉快的。”他们几乎是在自力更生和自给自足：将水果装瓶储藏、照顾家兔和野兔、还得留意松鼠、老鼠和狼来糟蹋他们的农产品。到了4月份，赫胥黎常常回家，也许是改编的工作非常顺手，他又开始创作或者说是试图创作一部新小说，“写作已经停滞了一段时间，或者更加确切地说，我一直在四下游荡，探究一条又一条胡同，结果全是死胡同。”冲出死胡同包围的唯一途径是写作，赫胥黎打算写一本小书，是关于贝茨视觉训练法的“功效”。他的目的是要为成千上万的人带来实际的益处，同时也重重地回击那些坚决反对的人，尤其是那些自以为是的眼科医生。书写得很快，7月份就完稿了。尔后，赫胥黎在泰布科的修道院里与杰拉尔德·赫尔德一起度过了三周的时间。现在，赫胥黎的心思转向了“传记-历史题材”。他对查托出版社说，“我心中有一个法国历史上最最奇特的故事——劳登的修女被恶魔霸占的故事……”可是，直到5年后，《劳登的魔鬼》一书才出版（部分原因是，战争期间，在利安诺这地方很难搞到写这本书所需要的研究资料）。同时，《视觉艺术》一书在10月份出版。

在这本书中，赫胥黎叙述了自身的尴尬处境，这并不是在抬高自己，而是带着一种科学的、也是实用的目的来“把视觉训练和现代心理学及批评的哲学看成是一种相辅相成的手段”。他抱怨说，眼科医生是“先入为主”，“一叶障目，不见泰山”，没有把复杂的视觉过程看成是一种心理过程。医生们只是死死地盯着眼睛本身加以研究，“根本没有把心理因素纳入研究之中，而指挥眼睛去看的正是一个人的心”。赫胥黎说，他的眼睛曾经被最著名的几位眼科权威诊治过，“但是，治疗的效果远远不及微微的心理暗示，或许，他们没有找到心理是如何影响眼睛功能的；或许，他们错误地理解了眼功能自然而正常的运作模式”。此书向人们展示了如果去采纳运用另外一种不同的方法。赫胥黎在书中用了不少清楚的例证向不懂的人详加细说，很具说服力。此书出版之后，一路畅销，读者中询问贝茨视觉训练事宜的人络绎不绝，查托出版社里挤满了一群又一群的读者。然而，60年来，赫胥黎欲改变眼科专业的方法失败了。在绝大多数专家的眼里，贝茨只不过是一个偏激的人物而已。为什么赫胥黎却偏偏热衷呢？或许是因为，在这一段时间里，赫胥黎完全沉浸在东方的哲学和印度教的经典著作之中，并且投身于吠檀多会中潜心研究经文、探索在传统的思维中“超物质”的超然思维。尽管在《视觉艺术》一书中，赫胥黎的观点“人的思维是单一的独立体”是建立在假设基础之上的，整本书里却充满了科学的印记，丝毫没有一丁点儿赫胥黎自己的私货。

1942年秋，在《美国学者》杂志上出现了一篇题为《奥尔德斯·赫胥黎的麻烦》的文章，作者是W. Y. 廷德尔。他悲叹于“一位小说家的沉沦，或者更确切地说，从一个小说家蜕变成一个神秘主义者”。文章也责备了杰拉尔德·赫尔德。虽然这篇文章的语调是温文尔雅的，也稍带着一点不动声色的冷嘲，但是，决不能说它没有真知灼见。文章说，赫胥黎对劳伦斯的着迷其实是他对赫尔德着迷的演习，“尽管赫胥黎才气逼人，但他抵御不了统治欲极盛的人。”此外，“在赫胥黎绝望的无聊行为中潜伏着道德主义和失望的理想主义，他对世界的埋怨就是因为他不能按照他真、善、美的标准去行事”。作为一名专业的文学评论家，廷德尔震惊于把美学引进道德范畴，他声称，“美牺牲于善和真了”。他继续说道，“大师和崇奉者都退撤到加州，在那儿，当他们不同格丽塔·嘉宝一起散步或者不在写电影剧本的时候，赫胥黎便在好莱坞家中、赫尔德在一个方便的山坡上或许正吃着硬果和生菜，安详随和、沉思冥想。”这篇文章十分有趣，它最早谈到了学术和成见之间的关系，这种关系很可能会造就一个人事业上的又一次成功。

几乎可以肯定，赫胥黎不会读到廷德尔的这篇文章，他身心全被健康问题充塞。他在利安诺写给朱利安的信里说，他的神经系统已有微恙，“心律不齐，肠痉挛，荨麻疹，支气管炎，一只手指甲不停地脱落，供血不足，显而易见，这些症状都是受神经支配的”。值得庆幸的是，“一位出色的、令人满意的维也纳医生”对他进行了十分严格的食肉量控制（如今，赫胥黎夫妇吃素已经有一段时间了）、牛奶量控制和无糖无盐的饮食。秋高气爽又是另外一帖神经镇静剂。玛丽亚写信给苏珊娜说，“现在，这里是一年之中最美丽的季节，温暖、清新、一片金黄色。”奥尔德斯则告诉玛丽·哈钦森，“在减缓人世间痛苦的事情上，一个人能做的实在是微乎其微。除了神秘的宗教书以外，我几乎不读其它方面的书。我现在只对这一方面感兴趣，而且我相信，它是解决世间问题的唯一希望。”建立武装力量并不能阻止冲突，这只是“某种常识性的理念，它使得人们无可奈何地去选择自杀”。全球政治影响着每一个人，这种常识性的理念不可能来自基督教或者什么别的教义，“想必是基于每个人的经历。应该有一个诸教共存的地方，神秘主义是满足各种需求的唯一东西”。赫胥黎把这一观点提炼在给朱利安的信中，“神秘主义有着甚多的优点，它关注永恒的现在，也像人道主义一样，关注着未来。”

通过对纳粹主义和共产主义之类的政治宗教和各类乌托邦主义的对比，赫胥黎认为，这些主义冷酷无情，随时准备清算人们。“可以假定，在2000年，人们一定生活得更好、更幸福、更有才智”。

1943年的绝大部份时间，赫胥黎是在利安诺度过的，创作一部新小说，深入阅读神秘主义方面的书。战争意味着英国的版税一下子还到不了赫胥黎的手中，这使得他们夫妇对经济状况担忧焦虑起来，因为玛丽亚最小的妹妹罗斯、罗斯4岁的女儿奥莉维亚和罗斯的新生婴儿西格弗里德与他们住在一起。此外，不时发生食品短缺和汽油定量配给。《幕后掌权者》和《视觉艺术》持久的热销使得赫胥黎单单在英国1943年的版税收入就可达3 679英镑，比近几年的收入高出许多。4月，有人建议赫胥黎投资部分资金购买查托出版社的股票。

在利安诺，赫胥黎夫妇发现，徜若想要自给自足的话，就得会一点农业或饲养业的技术。在前一年，玛丽亚买了10磅向日葵的种子，当时她并没有意识到这些种子会生产出多少收成，如今，他们栽种了萝卜。玛丽亚从厨房的窗户望出去（这些窗户是玛丽亚不辞辛劳地擦得通明透亮，因为“透过它们，我看到了我喜欢的一切”），眼光落在“一个身穿蓝色牛仔裤、作家模样的怪人在做思考状，似乎他会栽种萝卜。可是，当奥尔德斯兴致勃勃从高处用水灌浇萝卜时，萝卜的叶子被水冲埋到泥中，萝卜的根却被水冲翻出土层，仿佛萝卜在做瑜伽操，所以，我们收获到的是干干的萝卜根和阵阵大笑”。赫胥黎看上去气色不错，他非常喜欢这种托尔斯泰式的体力劳动。马修在动了阑尾炎的手术之后，又返回美军医疗队，寄回了一封信，令他的双亲大喜过望。“儿子爱我们俩，信里写得清清楚楚。我们与他一起在这里度过的岁月对他而言意义非同寻常。”尽管赫胥黎夫妇健康不佳，疾病时时发作，加上生活在沙漠中的艰辛劳动，以及战争的恐怖，然而，给人的感觉却是，这一段时期是赫胥黎一家人过着近乎田园牧歌式的恬静日子。他们吃着自己种的蔬菜，比如土豆、红辣椒、洋葱、胡萝卜、茄子、西红柿等。那时候，在初夏的一段日子里，用玛丽亚的话来说，就是当奥尔德斯“感觉极好、心情极为愉快”时，他会拔起果园里的一些有毒豚草，有时会十万火急地赶往城里，似乎是要对付沙漠中的干旱气候。7月，赫胥黎再一次去了塔布科，与杰拉尔德·赫尔德住在一起，度过了整整7、8两个月份。玛丽亚留在利安诺，在绿洲的水池里游泳，“尽管我在水中，夜莺还是俯冲下来喝水，而鸽子怯生生地站在池边望着我，直到我离开之后，它们才敢飞过来喝口水……沙漠依旧很美，仍是我的最爱。”玛丽亚心中唯一的乌云是马修的健康。马修由于患上麻疹以及其它一些症状，已经离开军队返回利安诺休养。9月，赫胥黎同马修作了一次更为直接的交谈，作为维多利亚时代的男人，应该具备认真的挑战精神。赫胥黎鼓励马修去奥嘉，要更加有目的和更加系统地进行阅读，“无选择的阅读会演变成一种有害的阅读，就像烟酒无度一样”。

赫胥黎自身的努力多多少少是成功的，到年终岁末之时，《时间必有终止》差不多要完稿了。他对美国哈泼氏杂志社的卡斯·坎菲尔德（尤金·萨克斯顿在夏天去世了）说，他的新小说“可以被视为一本从‘神仙喜剧’演变成‘人间喜剧’的书”。他又补充说，他是故意把故事写得“很轻松”，整体说来，这是一本“很奇特的书”。赫胥黎对伦敦的哈罗德·雷蒙德保证说，脱稿的日子屈指可数，“这本书，就像《老人与海》一样，把我带回到过去的一年半的时间里”。然而，事实是，赫胥黎对于这本书并不是十分的满意。1月底，玛丽亚阅读书稿时指出，他应该倾听一下别人的意见，赫胥黎完全同意玛丽亚的看法。于是，玛丽亚给克里斯托弗·衣修午德写信，告诉他奥尔德斯以前从来没有这样征求过他人的意见。但是，现在，他对玛丽亚说，“我将请克里斯托弗读一下，我希望他能读一下，他有很好的判断力”。所以，在1944年2月初，衣修午德来到利安诺，“这是一个生气蓬勃的春天，人们仿佛觉得可以永久这样生活下去，万物欣欣向荣……没有一点战争的迹象，除了几乎不能被人看出来的绿褐色的军车沿着山下的道路在行驶之外。”晚饭前，玛丽亚在厨房里“忙忙碌碌，煮烧炒烹”。为了治疗马修的麻疹，赫胥黎一家很不情愿地移居洛杉矶，住在比佛利山的南多尔尼大道145号甲的一套公寓房，房间很大，也很舒适，外墙呈灰色。玛丽亚告诉衣修午德，“我们住进这套奇怪的、灰鸽色的、或者有点冷灰色的、甚至可以说是英国式灰色的沙漠似的房间里，有点乐而忘忧。”但是，一旦离开“这座叫人讨厌的城市”，返回利安诺，玛丽亚甭说有多高兴了。

赫胥黎一家居住在利安诺一直到1947年2月。显而易见，并不是仅仅出于对利安诺的反感促使他们离开，而是玛丽亚突然意识到，整个夏天，展现在眼前的无边无垠的沙漠和管理牧场的艰辛“总是让我处于一种被驱使的忙忙碌碌的奴役之中。在我们的一次谈话中，奥尔德斯明明白白地表示，他对物质的东西兴趣索然，倘若他对此产生兴趣的话，那么肯定会侵扰他的创作，令他思路分散”。作出抉择是不可避免的了，这叫玛丽亚十分为难，“真是让人痛苦不堪！没有一个人像我如此热爱这块地方，在此度过了悠长的、寂静的、平安的日日夜夜之后，没有一个人能像我一样了解这块地方。”是呀，他们的美梦——求得隐遁和安宁的美梦结束了！奥尔德斯着手庆祝他的50大寿。

二十九、个人灵魂

1944年刚至，赫胥黎一家就返回洛杉矶。赫胥黎表达了这样一个愿望，那就是，“欧洲的恐怖会在这一年里结束”。他担心，欧洲大批的一无所有的难民不断增加的后果可能会导致中央集权主义者的出现。至于杰弗逊式的个人自给自足的民主，赫胥黎认为“是不可能存在于一个广大民众不能拥有私人财产、没有公共设施、没有生产手段的地方”。至于他个人，皮肤依旧粗糙，但是，在利安诺的所见又使他抱有希望。根据经验，草儿在冬季枯萎，又会在春季复苏。然而，即便这儿已经到了夏天，他的皮肤改善也是根本不可能的，“‘随季节而变化’真是一句伟大的空话，它表明了有识之士要做点诚实的事情有多难”。眼下，赫胥黎在比佛利山的工作是编一本附带评论的选集，遵循了编纂《本文与托词》的路子，“全身心投入到称为《永久的哲学》的一书中去，永久的哲学蕴藏于世界上一切伟大的宗教和玄学的体系之中”。赫胥黎所预言的建立世界和平秩序的观点与人世间所有人的观点是一致的，那么，“编纂这样一本书应该是与世有益、恰逢其时”。

此项工作起始于4、5月间。但是在开工之前，赫胥黎想验证一下，他能否与克利斯托弗·衣修午德合作，编写一部原创电影剧本。他对弗丽达·劳伦斯说，“我希望我们能把剧本卖个好价钱，这样就能解决我们诸多的经济困难，也能帮我们摆脱充当某家电影公司临时奴隶的角色。”剧本名叫《雅各布的手》，是关于莫哈韦沙漠中的一位信仰疗法术士的故事。这个剧本最终在 1998 年才首次出版。其时，衣修午德还是一个年轻人，与他的对电影深感遗憾的朋友赫胥黎相比，他算是非常热衷电影的，但是，从长远的观点来看，作为一名电影编剧，他终究不是很成功的，因为在 30 年代和 40 年代期间，许多著名的作家都受聘于各大电影公司。衣修午德于 3 月初动身去利安诺，商讨电影剧本的事。这个剧本的故事源自真人真事，有一个老人住在沙漠里，治疗各种各样的动物。虽然两位作者对这个剧本怀有极大的希望，可是却攻不破电影公司的“坚冰”，电影公司斩钉截铁地认为，这种“古怪的”题材显然不合时宜。后来，衣修午德回忆道，“没有一个人喜欢这个故事——詹姆士·盖勒尤甚，詹姆士原先是打算购买这个剧本的，因为他是华纳电影公司的编辑，又是赫胥黎的狂热崇拜者。人人都认为，主人公是一个伪君子，或者是一个迷信者，或者兼而有之。可是，我至今仍然认为，它还是有点意思的。”赫胥黎给列昂·莱昂写信说，编写电影剧本应该是“在开头的短时间内一定要非常引人入胜，尔后，一定要把观众搅得七荤八素、如痴如醉。若能退守孤独，不为电影胶卷而放手创作，会叫人无限慰藉。”

赫胥黎在利安诺的沙漠里度过了绝大部份时间，“希望自己有超过草儿的本领”。随着战争临近结束，他越来越沉溺于对时势和英国前途的悲观（还有点无法言表）沉思中。他等候着一位公谊会教徒对英国状况调查的信息资料，赫胥黎在洛杉矶刚与他见过面，而这位调查者似乎早已食言了。赫胥黎沉浸在阅读神秘主义的书籍之中，他感到遗憾的是，教育系统漠视了这方面的经典著作，比如威廉法典。他告诉衣修午德，选集应该“像一种体系的纲要……一种微缩的知识大全”，又补充说，科学的方法“仍然是笛卡儿的方法，这种方法有力地保证了科学家面对处理的是全部事实而不是部分事实，甚至迫使科学家使用非常规的手段来做到这一点”。赫胥黎坚信，神秘主义的真相从来没有像今天这样清晰地表述出来，它比科学的真相更具有深远的意义。

春天逐日飞逝，好消息终于来临：过敏性瘙痒症明显得到控制，赫胥黎可以在利安诺度过更多的时光了。年初，沙漠上雨水不断，浇得春花娇艳，水草肥美。赫胥黎留在利安诺的管家，“干杂活的、长着一双蓝眼睛的得克萨斯州人头戴一顶硕大无朋的帽子，一根西部皮带低低地围在屁股上”，他引起了衣修午德的注意。管家经管着自己的牛群。“牧场生机盎然，令人心旷神怡，有牛犊、奶牛、阉公牛、马，更不用说必不可少的、繁殖力旺盛的狗和猫了。”马修身体已经痊愈，在华纳兄弟电影公司里干着一份校对的工作（在这段时期内，他变成了一个激进分子，充当工会的新闻官）。玛丽亚也一切正常。唯一令人失望的事情是威廉·莫雷斯代理社最终拒绝了电影剧本《雅各布的手》。“普遍拒绝的理由似乎是人们对医生的畏惧，”赫胥黎是这样对衣修午德说的。

7 月底，玛丽亚写信给珍妮说，“奥尔德斯现在比以往任何时候都更加可爱，今天，他的一部新小说出版了。”一个月之后，玛丽亚又重复了这句话，“奥尔德斯现在是我认识他以来最可爱的时候，我希望你能知道这一点。”健康状况越来越好、又有机会返回沙漠、战争快要结束的前景、东方智慧的效益、或者是所有这些因素综合在一起，使得 50 岁的赫胥黎变得心态更加宁静。《时光必有终止》很像赫胥黎以前的一本书《几度寒暑天鹅死》，在某种程度上是赫胥黎 20 年代的显现生气勃勃智慧小说的回归。赫胥黎说，在他所有的小说中，他最钟爱这一本，玛丽亚赞同此说。对“多愁善感的愚蠢之人”的讽刺或者是对无情的假人道主义者的讥讽，再加上开头几章中因性别伪装而造成的阵阵情感的发作，所有这一切都是对往事关注的怀旧。实际上，加州的太阳照亮过赫胥黎的以前小说，但是，没有一点儿英国和意大利的背景。而在这本书里，特别是在第 4 章，烙印了对妄自尊大的英国中产阶级家庭生活的谴责。但是，约翰 巴纳克表示了这样一种观点，“悲观的现实主义——这是知识分子在无法忍受的环境中却又无能为力的最好借口。”场景移到了意大利，尤斯塔斯·巴纳克遇到了一位激进的书商，书商认为，法国大革命演变成残暴的专制政体的原因是“当人们想做好事而自身又不是好人时，这种事情注定是要发生的”。这是新的赫胥黎，非昔日之赫胥黎，不再对破坏性的冷嘲热讽感到满足，而是寻求一条积极的前进之路。而在同时，比起先前的一味说教，赫胥黎这部小说中的“思想”与故事本身有机地结合在一起，它也更为大胆地包含了幻觉片断和意识流。它的中心人物是布鲁诺·罗蒂尼，他对年轻的诗人塞巴斯蒂安·巴纳克说，写作可能是“继续求知道路上的障碍物，这可能就是绝大多数天才人物出于自我保存的本能来承受这种无边的痛苦却又成不了圣人的原因之一”。赫胥黎还没有打算放弃写作以便成为一个纯粹的潜心修道士，但是，他通过罗蒂尼的嘴说出了他的想法：如果一个作家“把所有的精力都花在写作上而不是遵照他所学的知识去提高完善自身，那么，他的知识就决不会‘更上一层楼’了”。后来，罗蒂尼和塞巴斯蒂安去参观了有关圣马可神迹的湿壁画和美第奇*[Medici（1389～1464），意大利银行家、富豪，文艺保护人，开创美第奇家族对佛罗伦萨的统治，创建美第奇图书馆——译者注]*墓地，那些令人激动的艺术告诉了他们“仅仅是你自己，仅仅做个人，有一种无法言传的沉闷、愚蠢和丢人现眼的可怕”。这本书又一次以赫胥黎的一个观念来结束，那就是，神秘主义的知识是唯一必不可少的知识，而政治的改良、进步的主义，在没有实现之前都是一些无效的东西。

小说畅销。从自美国参战以后，物价一路上扬，年终尤甚，玛丽亚对此埋怨不已。然而，玛丽亚和奥尔德斯的身体却很健康，她长胖了，不像以前那么骨瘦如柴，偏头痛也治愈了。她在给珍妮的信中说，即便战争结束了，他们也不打算返回欧洲，她现在日思夜想的是希望在利安诺多住上一阵子，“秋天是利安诺最美的季节”。住在洛杉矶的比佛利山时，她却渴望看见圣嘉伯端尔山的皑皑白雪，“它就像福特地区的阿普山脉”。圣诞节来临，他们冀盼这是在战争期间度过的最后一个圣诞节。他们给在食品配给的英国的玛丽·哈钦森寄去一个大包裹，有无花果、罐装牛舌、樱桃酱、胶质甜点心、橘子汁、可可和洋葱片等。给奥莉维亚的圣诞礼物是一个故事，名叫《梨花村的乌鸦》，这个故事在作者去世后于1967年出版了。这是一个非常有趣的童话，充满了利安诺和梨花村的当地色彩，而奥莉维亚和她的妈妈罗斯当时就住在梨花村。这里有棉白杨树、紫苜蓿草、响尾蛇和故事——关于一条响尾蛇偷窃乌鸦蛋的故事。这或许是一个含有和平主义思想的说教性寓言，因为响尾蛇最终被聪明的计谋打败，但并没有被杀掉。乌鸦先生的性格中或许有点自嘲的味道，他说，“这很重要，这是一件就得有人要这样做的事情。”乌鸦先生听从了猫头鹰的忠告，“猫头鹰是一位思想家，他的观点总是对的。”1944年底，赫胥黎致力于选集编纂的工作。他知道，战争结束之后，有许许多多的人想“做点事情”，他们需要正确的知识并以此作为行动的基石，于是，《永久的哲学》诞生了。

1月，玛丽亚的愿望得到了满足，他们回到了利安诺。她告诉西比尔·倍德福德，奥尔德斯要从事一阵子绘画，自从来到美国之后，他就没有动过画笔。尽管奥尔德斯视力很差，他已经在沙漠上学习开车了，“他并不想申请驾驶执照，也不会到高速公路上去开车，但他非常喜欢开车，喜欢风驰电掣般的速度……当他开车经过牧场时，牛儿也会惊奇地盯着他看……奥尔德斯开着车，面露微笑，为了遮挡落日的光线，帽子总是歪戴在一边，你瞧，他有多么滑稽、多么潇洒、多么可爱。”玛丽亚说，他们非常欣赏克利斯托弗·衣修午德的新小说《唠叨的羞怯者》，她曾经大声朗读过，“他无疑是那种习惯了习惯的人……习惯是家庭的一部分。可是，埃迪（萨克维尔-韦斯特）没有继承者……或者雷蒙德（莫蒂默）。不管怎么说，那样的时代全部结束了，一切都在改变……黄昏，我们走上长长的一段路，晚饭后，我们一起看书。通常，我们晚饭吃得很迟，饭后就呆在屋子里了。夜晚，我们同住在一个屋檐下，白天，我们彼此分开，这样的生活适合我们。”

吃着自家母鸡下的蛋和邻居们送来的面包和奶油，他们对这种“单调”的常规乐此不疲，因为，事实上，“与我们生活有关的每一件事情都是美妙无比”。不久，玛丽亚告诉珍妮关于奥尔德斯穿着长长的白色罩衣作画的情况，“你根本认不出奥尔德斯来啦，他是那么安详，最重要的是，那么讨人喜欢……现在，他帮助干家务，留声机播放唐·朱安演奏曲时，他在一旁留意着，因为唱片有一条裂缝，而我们又没钱换新的……你所了解的他身上的全部优点现在都充分发挥出来了，令我都感到吃惊。”赫胥黎并没有意识到玛丽亚对他的这番表扬，仍旧像往常一样对自己不以为然。赫胥黎对喜欢他的最近一部小说的 E. S. P. 海恩斯说，他“痛苦地意识到我不是一个天生的小说家，只是某种类型的文人，由于足智多谋而激发了小说家的行为，但是令人难以置信”。赫胥黎紧紧抓住谢尔登关于人分类型的理论，为此，他给哈泼氏杂志写了一篇文章，文章说，他不是“一个道道地地的作家类型的人，只是一个对广阔社会里的芸芸众生非常同情的描述者。硕果累累的发明家和娓娓道来的作家以及逼真的风俗画家都是一些健壮的天才类人物……所以，一个身体衰弱类型的人怎么能有机会踩上高跷呢?”谢尔登的关于人的类型与其才智之间关系的分析，赫胥黎认为是“自亚里士多德以来，人类在科学上第一次取得的实质性进步”。在这段时间里，赫胥黎与德国小说家赫尔曼·布罗克一直在通信，他非常欣赏布罗克的三部曲，他还就布罗克的书《维吉尔之死》为《纽约先驱论坛报》撰写评论文章。赫胥黎对布罗克说，他的书很有“社会”价值，因为它指出了“美学诱惑”的巨大危险，这种诱惑导致知识分子偏离了最有价值的知识。赫胥黎又对亨利·米勒说，他自己最近的一本新书提出了“过去 3 千年来精神生活中的每位大师所教导的原理——一种现代社会漠不关心的原理。现代社会喜好收音机、4 个发动机的轰炸机和有组织的奴役，这些东西给我们每一个人都带来了灾难性的后果”。赫胥黎的出版商也遭到了他的不停发问，来自沙漠的解决办法是，“就我个人而言，我越来越深信分散化和小规模土地以及生产资料的个人私有化。”但是，赫胥黎担心，重新构筑新世界的需求可能带来最好的结果是统制主义，而最坏的结果是国家独裁专政制度。

夏季，赫胥黎夫妇决定在赖特沃德山区购买一间休假小屋，这地方离利安诺不远，又不存在植物过敏的威胁。这是一次仓猝搬迁，正如玛丽亚对赫胥黎的加州朋友罗莎琳德·罗加高伯尔所承认的那样，“实际上，我们是一时心血来潮买下了赖特沃德一处十分隐蔽的小房子。”赫胥黎夫妇凭一时冲动买下的并不太适合他们的小屋并没有能让他们离群索居。赖特沃德处于海拔 6 000 英尺左右的高度，用今天的眼光来看，是一个非常吸引人的山区胜地，是步行者的天堂，再往上高一点，可以进行滑板滑雪。至于利安诺的家，赫胥黎夫妇并没有马上搬进去，屋子需要修缮，使之更加适合居住，直到 1947 年初，他们才完完全全地在此住下来。7 月，赫胥黎夫妇上了一次山，他们爬到了 8 000 英尺的高度，美不胜收的景色让他们着迷。后来，他们听到了草丛中响尾蛇发出的声音。玛丽亚对此非常失望，因为她知道，这声音意味着不能让奥尔德斯独自一人外出散步，以防他看不见一条盘曲的蛇（这让我们想起，尽管赫胥黎对贝茨医生赞美有加，但他从未有过良好的视力）。下山途中，他们撞上了两头从容穿过山路的熊，真是又一次的危险（赫胥黎曾经说，熊是素食动物，这种说法或许只能使人增长点见闻而已）。从玛丽亚的观点来看，赖特沃德并不像她的荒漠天堂那么吸引人，“窗户都不是沿着地平线开的，晚上，我既看不见月亮，又看不见星星；早上，没有巨大的金色的太阳唤醒我。”

在接下来的一个月份里，玛丽亚突然向珍妮宣布道，他们疯狂似的在赖特沃德又买了一间房屋，“在一定的程度上，第一次买的房子光线暗淡、外表丑陋、沉闷乏味、狭窄拥挤，还有点可怕；而这次新买的房子挺好，位于开阔之地，四下有窗，光线明亮，推窗可仰望天际、远眺美景

(与利安诺的家相仿,你瞧,我生活中的大部分闲暇时光是在欣赏自然风景)。”赫胥黎给奥嘉的克莱斯劳摩特写信,主动提出把他们这次购买的房子中的第一间屋作为他退隐山区的休息处,“赖特沃德处于海拔6 000英尺的高度,气候宜人,尽管邻近的沙漠气温超过华氏100度,这儿的温度从来没有超过华氏90度,早晚时分,还有点凉飕飕的,空气清新怡人。”附近的小木屋里有一间贮藏室和一个配电间。赫胥黎夫妇这次新买的房子是前森林护林员的住地,紧靠二号公路。与小木屋毗邻的是护林员养马的一间马厩,他们现在把它改建成奥尔德斯的工作室。赖特沃德当地的历史学家帕特·克雷格告诉我,赫胥黎夫妇当年来到此地时,她还是个孩子,她记得,赫胥黎夫妇是“漠然”而“孤傲”的居民,离群索居。她亲眼看到,像赫胥黎这样一位来自东海岸大城市的避难者对这样的房子和四周的松树会万分欣喜,“又能享受到四季的生活了,”他对我说。房屋占地10英亩,小山往南不远的地方就是银狐农场,但是别人告诉他们,肯定闻不到气味。房子肯定不大,但是改装一下就能解决问题。玛丽亚对出售利安诺的房子犹豫不决,“本该是一个美丽的梦,可事实上却是一场恶梦,我可不能那样生活。我坚信,是体力劳动帮助我度过战争年代、恢复身体健康。在马修离开之后,正是在那儿,在利安诺,我在生命中第一次感到那么充实、那么健康。”1945年10月底,利安诺的房子待售(可是,直到1947年初才卖掉)。赫胥黎又为电影公司忙于一部新剧本的写作了。

《永久的哲学》于1945年9月出版。这本书本不该引起读者的惊讶,因为它仍然表示了作者对神秘主义的敬意,而这种敬意在10年前作者的书中就已经出现了,可是,此书还是实实在在地引起了读者的惊诧。一位具有代表性的评论家是C. E. M. 乔德,他在《新政治家》一文哀悼说,1929年的赫胥黎能够写出像《任性而行》这样的好文章,那时候,赫胥黎是“一个生活的崇拜者,接受现存的所有冲突”,而如今却变成了一个狂热的宗教信徒。“如果必须做出抉择的话,”乔德宣称,

“60 年前，还没有出生的赫胥黎似乎肯定会偏爱成为今天脸色阴沉的道德主义者。赫胥黎的麻烦就在于，他一直是一个彻头彻尾的贪得无厌的知识分子，各种各样的思想一个接一个地钻进他的脑袋里，他应该好好地去阅读亚里士多德有关‘中庸’的论述。”称赫胥黎是一个“脸色阴沉的道德主义者”似乎有点过分，但指责他是一个“彻头彻尾的贪得无厌的知识分子”倒是具有几许事实。实际上，赫胥黎的政治观——经过 20 年代后期困难重重的混乱之后——已经表现得非常清楚了。他是一个分权主义者、一个社区自治的奉行者、一个社会主义制度和法西斯主义制度的仇恨者。他所见的右翼和左翼的乌托邦政治不可避免地会成为极权主义者政治，因为这些人试图采用高压手段逼对方就范而接受他们强加于人的蓝图。赫胥黎在政治上是一个自由论者和一个多元主义者。

赫胥黎服膺莱布尼兹的《单子论》，是建立在这样一个信念上，那就是，答案只有一个——不管一个人拼凑起来的材料有多么的丰裕和兼容并蓄。赫胥黎以夸张的口气预言，战争结束后会发生什么事情，他像卡桑德拉[*Cassandra，特洛伊国王之女，太阳神向她求爱，赋予她预言能力，后因所求不遂又下令不准人信其预言——译者注*]那样突然大声断言整个 40 年代和 50 年代世界状况会是什么样子的。赫胥黎似乎给人这样一种感觉：他洞察到当今世界的问题，而且运用令他极为满意的知识分子的方式提供解决的办法；但在同时，他对世界不能按照他透彻的办法去做又感到非常失望。乔德好像说过，知识分子冒着把纷繁世界简化成一套防水原理的危险，忽视其错综复杂性，我们经常在矛盾的冲突中、在人的物欲与其合理要求之间看到这种复杂性。有时候，赫胥黎过于匆忙地接受一位思想家的观点，比如威廉·谢尔登及其人分类型的理论，而且他又会立刻领悟其要旨，接着详加阐述。这种秉性是一个纯知识分子的职业病。但是，赫胥黎在这本书中所提出来的新哲学要比他以前拥抱过的任何哲学更为复杂，虽然在事实上，正像他不遗余力地所指出的那样，依旧是一种非常古老的哲学。那么，它究竟是什么呢？

“《永久的哲学》基本上涉及一个命题，即：世界万事万物的唯一实在是什么？唯一实在的本质是不能迅速直接领悟的，只有那些达到了一定的层次、纯洁的心中充满爱、精神上无私的人才有可能顿悟。”与书籍或百科全书的知识作直接对比，永久的哲学需要人准备好各方面的条件，好似准备好一个乐器，这样才能弹奏出乐曲。“知识只是人的一种功能性的东西，掌握知识的人变了，那么相应的，知识的本质和知识量也就变了……我们所掌握的知识，正像道德一样，也是由我们决定自己成为什么样的人来决定的。”两个自相矛盾的说法贯穿其论证之中：赫胥黎强调文字的局限性、强调言语的难以表达性，这个观点却是源自一位杰出的语言大师；赫胥黎强调全神贯注的“察看”和上帝的隐形性，这个观点是源自一个耗尽毕生精力察看上帝肉身却未果的人。后来，赫胥黎孜孜不倦地、用一种药物致幻的方式来探索意识，用化学药剂来帮助“察看”。正如我在本书开始的几页中所暗示的那样，赫胥黎一生中都在寻求圣灵亮光、寻求真知的手段和不依赖人类不完善的机体进行察看。最最重要的是，他笃信古雅典城邦最高法院法官狄俄尼索斯的话，“虽在黑暗中，却如光照般清楚。”赫胥黎在《永久的哲学》一书中坚持认为，所有这一切并非遁世主义。书中一个关键的主旨是，神秘主义的洞察力的存在是有凭有据的，是生活中实实在在碰到东西，绝非抽象概念。

书写成了，不用说，它的内容明明白白，使得那些认为“这种东西也能写”的胡说八道者缄默了。是的，此书去掉了一些炫耀的术语，但它在实质上是世界上重要的神秘主义著作的一系列的摘要（当然，主要是挑选有影响的著作……同时也考虑其语言优美、值得记忆）。此书对每一段摘要都作了介绍和阐发，使得前后章节相连。对神秘主义不熟悉的读者也会觉得材料的如此安排很容易引起阅读的兴趣，是一本非常有价值的入门书，留有思考的余地。摘要汇集了东、西方的智慧，从基督教的神秘主义者，像威廉·劳、基督教徒圣约翰、托马斯·特拉赫恩、梅斯特·埃克哈特等，到中国的道教和印度的宗教，像佛教、印度教，以及伊斯兰教等。自从赫胥黎于1937年到达美国之后，在杰拉尔德·赫尔德的调教下，在普拉汉凡南达老师和克莱斯劳摩特老师的教育下，他硕果累累，表现在这本书中对东方宗教哲学的偏斜就说明了这一点。他阐述的中心是一个梵文短语 tat tvam asi（"艺术即汝"），即：个人灵魂的源头和最后归宿可以在我们每一个人自己的身上找到，比如印度的婆罗门有着"一切存在的绝对原则"。对神秘主义者而言，生命的意义要与万事万物的根基——神结合起来。"这或多或少是一种直觉真理：大千世界的根基和原则只有一个，哲学的任务就是溯其源，不仅哲学，自然科学也是如此。用迈尔逊的话来说，一切科学都是化繁为简、揭示真相。"赫胥黎不会对科学嗤之以鼻，然而，他十分清楚目前科学的局限性。

虽然，这是一本探索言语的难以表达性和神的隐形性的书，但是，它丝毫没有一点侮辱真实世界的意思。赫胥黎一次又一次倾斜于他原先的目标，比如，热爱地球、尊敬自然，不要像有的人那样"砍伐大片的森林，以此来提供印刷的纸浆。而纸浆可以变成使知识和民主的世界更加安全的文学作品，也可以变成低级的报刊杂志、法西斯主义者的喉舌和共产主义者、资本主义者、民族主义者的宣传单"。他抨击"技术帝国主义"和机械化，因为机械化"提高了少数人的能力，让他们可以对其他同伙的生活实施强制性的控制"，而且，"现在，大众的生活理念由广告来塑造，广告的目的就是奉劝每一个人尽可能地参加社交、尽可能地贪婪。当然，广告是反反复复不停息地插放，占有着支配地位，诱人分心，花钱去买登广告者要卖的东西"——这些正是《奇妙新世界》中的观点的概括。赫胥黎又谈到了独立自主的问题，"按照自己的意愿行事"，对消费资本主义所锻铸成的"普遍雕像"嗤之以鼻（我们或许可以补充说，用指数函数来表示的话，自 1945 年以来，即在 20 世纪的转折点时，来自知识分子的反对少了许多）。这本书清楚地表明了它不是一项全球计划书，正如我们前面所说，它只是为战后的重建想作出一点专门的贡献，“超越时代的政治目标必定是和平的目标；只有那些过去和将来的反动主义和乌托邦梦想的偶像崇拜者们才会迫害他人、发动战争。”

但是，对于许许多多的赫胥黎的赞赏者来说，他们先前的这位反对崇拜偶像的英雄，现在却用一种含混的、非宗教的方式来谈论上帝，这种做法肯定是不受欢迎的。

三十、乔康达

[Gioconda，文艺复兴时期意大利著名画家达·芬奇所作画之名 La Gioconda（“乔康达夫人”），后人通称蒙娜·丽莎（Mona Lisa）。如今，Gioconda 一词有“（微笑等）谜一般的”、“不可思议的”意思——译者注]

1945 年秋，赫胥黎在重返电影公司前的一段短时间内成了为罗斯福总统拉选票的人。威尔士作家乔治·尤尔特·埃文斯从他的儿子保尔那里得知，他儿子是马修的一个朋友。马修其时正参加华纳兄弟电影公司职工举行的罢工，并且积极支持罗斯福总统。马修以其狂热的政治热情说服其父挨家挨户地去发送传单，保尔·埃文斯是这样说的，“我敢说，比佛利山的许多人在得知那位瘦骨嶙峋、枯槁憔悴、温文儒雅、几近半盲、逐户敲门送上政治传单的绅士竟然是奥尔德斯·赫胥黎时，一定会目瞪口呆、惊讶万状。”

新的电影剧本绝非政治传单，赫胥黎对阿妮塔·卢斯说，“我即将与迪斯尼签订一份合同，把《爱丽丝奇境漫游记》改编成剧本，把它拍成一部卡通片，由坦尼尔作画，卡罗尔叙事，中间插入查尔斯·道奇森牧师那个时代的真实生活。依我看，一些好东西会使这部片子有一种说不出来的奇特感。它再现了那位滑稽可笑的牛津学者对逻辑与数学的痴迷、与小女孩一起寻求避难处以及他本人的一些古怪幻想。还有，在道奇森牧师的生活中有着许许多多的喜剧素材。此外，我想，创作一些合情合理的、关于维多利亚女王参观牛津时闹出来的一些荒唐可乐的喜剧高潮，比方说，女王坚持要与原书作者见面、偏爱大型假发套……”——赫胥黎从梅斯特·埃克哈特处跳到米老鼠的创始人处，真是太美妙了。赫胥黎此时的房地产代理人是多瑞丝·霍尔西，而她的丈夫里斯·霍尔西代表赫胥黎处理与迪斯尼签订合同的事宜。多瑞丝对一位采访者说起她丈夫告诉她的与迪斯尼谈判的情况，“迪斯尼根本不知道奥尔德斯· 赫胥黎为何方神圣、是干什么的”。赫胥黎与迪斯尼之间“性格差异颇大，仿佛是两股道上跑的车：奥尔德斯永远是文质彬彬、温文尔雅——永远如法国谚语所说‘是贵族就得行为高尚’——而迪斯尼呢，也是一位了不起的人物，可以让一只老鼠家喻户晓……这真有点不可思议”。

在等待着把还没有电影剧本的《奇妙新世界》搬上银幕的时候，赫胥黎就动用了卢斯、伯吉斯、梅雷迪思和波利特·戈达德等的聪明才智（赫胥黎同时也在担心，负责审查影片的汉斯办公室会不会容忍银幕上出现试管婴儿），他满怀热情地投入到刘易斯·卡罗尔的工作中。根据玛丽亚所说，当时赫胥黎拿到了 5 000 美元的酬劳。他自己的母亲朱莉娅·阿诺德在影片中充当一角色。或许，赫胥黎对维多利亚时代的牛津环境要比当时在好莱坞的任何一个人更有着直觉的认识。过了一段时间之后，赫胥黎意识到，这可能就是沃尔特·迪斯尼希望他做的最后一件事情。他很快就发现“像以往一样，要使影片存在任何一点饶有风趣的纪实风格是根本不可能的……必须重新构造那个时期的牛津大学……可是，天哪，要知道在一个小时的影片中哪有这样的时间呀，退一步讲，即使有那么一点时间，看电影的几百万名观众中没有几个人会对逝去的用残片重建构筑的东西感兴趣！”迄今，尽管赫胥黎深信，《奇妙新世界》有着“一种叫人既怕又爱的主题”，但它仍处尘封之中。奸诈的影片发行商平克现在是狮子大开口，所以问题无法解决。后来，全国广播公司把它制成迷你型系列剧，把音乐权也出售了。遗憾的是，英国广播公司竟然没有一个人想到与赫胥黎接洽商谈制作《爱丽丝奇境漫游记》。这部影片最终由迪斯尼在1951年制作成功，对赫胥黎的早期贡献只字未提。

赫胥黎如今在利安诺能做许多工作，时不时地也去一下赖特沃德，那儿的住处正在稳步改善。马厩被改装成奥尔德斯的工作室，玛丽亚看上去也很快乐，她对查托出版社的哈罗德·雷蒙德谈起了房子、谈起了利安诺，她对于利安诺至今依然表示了明显的热爱。她证实，奥尔德斯看上去健康多了，一只曾经全盲的眼睛现在能看大号字体的印刷物了，“如果你仔细观看照片的话，你会发现，他的眼睛部位再也不用修饰了。”玛丽亚应和着赫胥黎，大谈特谈他们去欧洲的想法，自战争以来，他们就没去过欧洲。玛丽亚说，“有时候，我很想去欧洲，特别想再去佛罗伦萨；又想看看法式房子的屋顶；看看暮色朦胧中伦敦公园里的绿荫如伞的大树。”但是，她又在想“这样做是否恰当，因为吃住都要麻烦他人”(接下来她说到了这样一种情况，她有11只猫要用加州的沙丁鱼喂养，说这种话就有点不明智了)。

与此同时，奥尔德斯一如既往地、气馁地注视着大千世界，他对米德尔顿·默里说，他不得不认为“在残暴的占有观念中可能没有一丁点儿真理”，这或许能解释世界为什么会疯狂。人们在传统上总是把赫胥黎描绘成一个“悲观主义者”，然而，在他生命中的后来岁月里，他并不是一个绝望的、遁世的悲观主义者。他一直在期盼他能求得正当的理由和获取对世界的好感来为世界尽力做些事情，尽管他对世界有着卡桑德拉般预言的苦恼。1946年3月，赫胥黎出版了一本薄薄的小书，名曰《科学、自由与和平》。这本不厚的专著却有着十分深刻的意义，因为在这本书中，继承科学传统的赫胥黎对科学作了大胆而简洁的论断：科学，正如它有着正面影响一样，有着负面影响（虽然强调的是正面影响）。他说，本书的目的是表明“如何以及使用什么手段来运用科学，以便使科学对集中在少数统治者手中的权柄进行分权作出应有的贡献；如何以及使用什么手段来运用科学，以便使科学能够阻止集权的趋势、最终得到相反的结果”。他试图探究科学的矛盾性，一方面，科学使人类“征服自然”，而在另一方面，“如同托尔斯泰所预见的那样，人类以及其自由遭受着一系列的失败”。面对战后的军备竞赛，战前的和平主义者一定会表达他们不服从的意愿。赫胥黎相信，大众传播媒介和“强制性教育的展开”创造出来的并非如米尔所说的启迪民主，而是对权力的宣传。

即使有人接受赫胥黎的论点“从来没有这么多的人在这么多的情况下任凭这么少的人摆布”，即使有人赞同他对滥用文化的谴责，但是，他反复攻击全民义务教育（自 20 年代以来一直在讨论的主题），令人有点不安。私立教育培养出来的中、上流社会的人、伊顿和贝利厄尔的来自杰出的知识分子家庭的人，有的人形象很差，而那些没有知识家庭背景却有着相同智力的人却有可能做出成绩来。赫胥黎的了不起的叔叔马修·阿诺德在他的著作中谈及文化知识，他能理解（虽然流行的说法正好相反）社会平等的目标要求全民都能接受教育。人们疑惑，为什么赫胥黎的那些进步的朋友们，特别是美国的朋友们，居然没有向他指出过这件事。在这本书中，赫胥黎再一次为权力分散辩护、为小规模地运用科学以达到自给自足和适量供应市场辩护，这又一次显示了他是一个“小国寡民”的拥护者。人们对他说的“要警惕自以为是的沾沾自喜”或许更加饶有兴趣，因为自 17 世纪起，科学不断进步，“沾沾自喜”由此而生。人们也注意到他对第二次世界大战期间纳粹对犹太人大屠杀的首次的公开评论——尽管这次评论转瞬即逝。赫胥黎争辩称，民族主义和集权主义的上升不可避免地意味着科学就得为军事主义的终结目的服务。“国家的集体智力……是一个 14 岁失足少年的智力，既狡诈又幼稚、既恶毒又愚蠢、极端的个人主义、易怒、贪婪，同时又荒唐可笑、自吹自擂、自负虚荣。”赫胥黎希望科学家们反对军备竞赛，集中精力和技术来对付粮食生产问题、来巩固地区性粮食生产的自给自足，他提倡科学家们要有一个自己的希波克拉底誓言［*Hippocratic oath，希波克拉底誓言，即：医生执行医务前保证遵守医生道德守则的誓言，守则相传出于被称为‘医学之父’的古希腊医师希波克拉底（Hippocrates）之手——译者注*］。

1946年的夏天，赫胥黎开始创作另外一部电影剧本，他要把他发表在1922年《轮回》杂志上的《乔康达的微笑》改编成电影。一年前，电影公司就买下了故事的改编权。“一个没有经验的改编者把它弄得一团糟，然后交给我修改，哪是什么修改，完全就是彻头彻尾的重写”。赫胥黎刚刚拒绝了另外一位制片人购买他的《旋律与对位》的改编权。“我认为，《旋律与对位》是19世纪20年代一段田园诗般的岁月”。但是要谨慎，不要犯与《奇妙新世界》的同样错误。赫胥黎也投身于“论文选集的编纂和大不列颠百科全书中人物的评论工作，我希望他们不要找我，但还是找了”。新影片最终定名为《女子复仇记》，导演是佐坦·科达。赫胥黎的工资是周薪1500美元。在制片人看来，或许，最富于戏剧性的是，剧本出自一个自称为不合格的小说家的人。那年年底，赫胥黎把《乔康达的微笑》也改编成一部舞台剧，这是该故事的第三次演绎了，然而，就在那年夏天，赫胥黎高高兴兴地向珍妮承认道，“我对现代戏剧一无所知，更不用说几年来我没有写过一部戏。”夏季，赫胥黎住在赖特沃德的由马厩改造成的工作室里，为科达改编剧本。在赫胥黎眼中，科达“是一个很不错的家伙，有头脑，从不干涉改编工作”。改编工作刚结束，赫胥黎就谈起了改编成舞台剧的构想，并且宣布他的下一步计划，创作一部关于圣凯瑟琳的历史小说（抛弃了原先想在小说里加上少许现代素材的打算），可是，这个计划最终却未能实现。

当赫胥黎在赖特沃德山区的隐蔽处勉为其难地做着这些计划中的事情时，玛丽亚写信给苏珊娜，“我看奥尔德斯在没有男男女女混于一处的情况下，有点提不起精神来。”秋天过去，冬季来临，赖特沃德的第一场雪降下来了，奥尔德斯全身哆嗦着走向工作室。他和玛丽亚度过了在利安诺的最后一个圣诞节，在这里，他们的生活比较悠闲。1947年2月26日，他们永久地离开了这儿，搬往赖特沃德。赫胥黎从这儿把剧本寄给约翰·范·德鲁顿，他是赫胥黎的合作者（秘密合作，他并不希望人们知道他的作用）。根据赫胥黎另外一个剧本的合作者贝思·温德尔所说，赫胥黎没有视觉想像力，合作者必须懂得舞台视觉效果、必须提供舞台场景的、演员动作的、舞台进、出口的全部细节。赫胥黎向范·德鲁顿承认，他不是“一个十分合格的艺术家”，不能把他称之为“全部事实”放到一部戏中去，或许，这根本是做不到的，“我想，这就是为什么我从来没有深刻地关注过戏剧的原因吧。”人们不得不心平气和地承认，一个人同时写两个剧本实非易事；人们也不得不感到一丝欣慰，一个人一直追求戏剧上的成功至死不渝。1947年1月，赫胥黎给泰德·麦克奈特·考夫尔写信说，把《乔康达的微笑》改编成电影和舞台两个剧本的工作按照通常填字谜的方式顺利进行，“这真是一份令人发疯的工作……但是，既然已经干了，我觉得，我最好按照要求以及我的能力尽快完成它，尽管可能不太理想，因为我不是一个天生的剧作家。”赫胥黎对自己作为一个小说家和一个剧作家的能力的谦虚态度似乎并没有导致他放下手中的笔——虽然他认为自己在这两方面缺乏必要的天生才智和最重要的本能。他在赖特沃德（虽然有时也在南多尔尼大道的公寓）继续创作，在2月份，终于向利安诺永久道别，“非常悲伤，但也觉得，考虑到这里的困难和麻烦，这样做似乎是明智的”。

在赖特沃德的第一个晚上，玛丽亚写信给珍妮说，奥尔德斯非常喜欢新房子，因为新房子里为他安装了一间图书室，还有中央供暖系统，比利安诺的房子更加实用，有电，有热水，“但是外形丑陋”。几天后，玛丽亚又给珍妮写了一封信，告诉她在伦敦时可以去联系的一些人的姓名。珍妮去伦敦，是为了接受贝茨视觉教育的培养，以便自己也成为这方面的教师。玛丽亚开列给珍妮的是他们20年代和30年代在伦敦的几乎所有的旧友，打头的是玛丽·哈钦森，玛丽住在伦敦的夏洛特大街。玛丽亚说，自战争爆发以来，就没有与玛丽联系过。（其实，玛丽亚给玛丽写过一封信，没有寄出，反而撕了，因为玛丽亚认为，“很难把断线接起来”。）玛丽亚告诉珍妮，她不想与旧熟人往来，她尖刻地称她们为“慕男狂”。雷蒙德·莫蒂默是玛丽亚推荐接触的又一个人，此人有着良好的出身背景，“但像所有的布卢姆斯伯里文化圈中的人一样，深藏不露，叫人捉摸不定，对此，我总感到一种莫名的恐惧”。玛丽亚说，埃迪·萨克维尔-韦斯特像雷蒙德一样，“总让我觉得他有了不起的地方”。来福特的伊冯娜·弗朗切特和出版商哈米什·汉密尔顿结婚，“迄今，往事如烟，仿佛是阅读一本小说后残留在记忆中的东西”。内奥米·罗伊德-史密斯可以把珍妮领入戏剧界。最后提到的是康斯坦斯·科利尔，此人是赫胥黎夫妇住在好莱坞时的邻居和密友，“奥尔德斯和我都十分喜欢康斯坦斯，她的生活观与我们的不谋而合，也非常乐意与我们交往。”

在山区凉阴阴的小屋里，玛丽亚回顾她生活在这个世界上的陈年往事，似乎没有太多的遗憾。但是，在她的性情中总有一种脆弱的感觉。她对克利斯托弗·衣修午德说，他们去看望过佩吉和比尔·基斯坎顿夫妇，“一个美妙无比的加州黄昏，太阳暖洋洋的，空气非常清新，倘若我们不曾毁坏大自然的话，它会给我们带来更多的快乐。”赫胥黎夫妇闲坐在他们俩十分喜欢的洛杉矶的一处地方——农夫市场，在和煦的阳光下阅读着衣修午德寄自伦敦的来信。他们夫妇俩人经常在农夫市场吃午饭，也正是在这里，赫胥黎第一次遇见了斯特拉文斯基，“突然之间，一切被英国的灰色所笼罩，这使得我很不好受，因为我一直认为我并非是一个天生的英国人”。这难道是赫胥黎终生游荡的关键吗？查尔斯·门德尔勋爵安排了一次聚会，在聚会上，衣修午德被告知关于伊夫林·沃的情况，“沃长着一副小模小样的脸，头上戴了一顶小模小样的黑帽，小模小样的身上穿了一套条纹西服——恶心得很。”玛丽亚认为，她自己说话不得体，因为她问了沃太太为什么那么闷闷不乐——“他们走开了，一共三人，我们呆在原地，十分地不自在。我想到了我们的生活圈子，我意识到，我们所认识的人都是一些非常优秀的人。”

近来，玛丽亚在去赖特沃德的途中经过利安诺的牧场时，“几乎没有了阵阵的痛楚……但是，当我从昏暗闭塞的山峪（在山峪里，夜晚只能看到三颗星星和窄窄的天际中一根电线杆）走出、来到一望无垠的荒漠时，大地上洒满阳光、五彩缤纷，而在春日的天空中，飘浮着大块大块发亮的云儿，极目远眺，心胸浩茫，于是乎，我也就浮想联翩”。尽管奥尔德斯的健康状况有一小段时间令人忧虑（心跳突然加速），他还是很高兴，马修也很愉快，尽管他妈妈有点反感他与他的伙伴住在赖特沃德的另一处房子里。玛丽亚累了，“拥有两处房子，而奥尔德斯又是天底下最漫不经心的男人，他从未真正意识到我身心感受的变化，这原本是一件好事（以往，在我年轻的时候），同时也是一件坏事。奥尔德斯非常好、非常可爱，我的全部生命里充满着他。可是，人类自身的疲惫虽然难以忍受，却也无法逾越。对我而言，散散步就已足够了，这也是为什么我恐惧去欧洲旅行的原因”。奥尔德斯本人心情快乐、充满阳光，“在恶劣的天气中，我们沿着黑黝黝的湖滨散步。他在前天又开始创作另外一部新小说，他充满激情地对我谈论着它；然而，我对我自己说，他一定很失望，因为我对他所讲的东西知之甚少……但是，奥尔德斯从不埋怨缺少朋友，眼下，我们没有朋友——正像一位美国妇女所说——没有一个奥尔德斯可以与之交流‘思想火花’的朋友……奥尔德斯已经成为一个非常了不起的人物、一个非常重要的人物”。

玛丽亚意识到，在洛杉矶生活比较容易，因为很容易找到做家务的人，“但是，我们过着俩人世界的生活以及我们对无拘无束的热爱，使得我只好做奴隶了，对此，我并不十分埋怨，因为是我们自己选择了这样的生活方式，而且，整个白天，我独自一人，宁静而平和，甚为惬意，晚上，只有我们俩人呆在一起，甜蜜而自由。”故而，她也能容忍这间房子了，虽然它正是那样的“丑陋、不舒服、太小”。或许，要是奥尔德斯有一个秘书就好了……但是他没有。玛丽亚的疲劳是“因为奥尔德斯，奥尔德斯是她的全部世界，但是，从某种意义上来说，奥尔德斯又是她身上的负担——他想入非非、不切实际，什么具体的事情都不想做，他从不关心、也从不在乎与他有关的任何现实问题，甚至谈也不谈，想也不想”。玛丽亚对此感到身心疲惫、心潮难平，她的境遇与奥尔德斯在其书中所表达的思想大相径庭。但是，即便如此，“奥尔德斯仍是世界上最可爱、最叫人崇拜和最有才智的男人”。西里尔·康诺利也看到了赫胥黎宁静平和的一面，他是为《地平线》杂志撰写关于赫胥黎的文章前来的，他把赫胥黎适应好莱坞这回事看成是一种典型，“加州的气候和食物滋养出巨人，但滋养不出天才，可是，赫胥黎像太阳神般的高贵，他散发出才智与平和，过着简朴的生活，坚持自己的信仰。我认为，他是唯一的一个完全从移居中获益的英国作家、一个与之见面就会令人精神焕发的人”。

临近3月底，赫胥黎开始屡屡发出信号，一部关于锡耶纳［*Siena，意大利中部城市——译者注*］的圣凯瑟琳的历史小说正在构思之中（他放弃了原先的与阿妮塔·卢斯合作改编戈德史密斯的《她屈尊忍辱以达目的》的计划）。他告诉卢斯，他又在思考一部关于“核大战后的社会”的小说。哈罗德·雷蒙德“半是荒诞不经地半是严肃认真地”说了一些情况，“似乎很难创作出一部严格意义上的当代小说，因为目前的世界瞬息万变，个人的努力毫无意义，甚至大自然也嘲笑不了每日生活中的现实”。赫胥黎不信此说，他摒弃了字谜游戏，努力创作着一部新的电影剧本，他称之为“干木工活”。可是，审查通不过，因为涉及了未成年人的性和离婚，“审查办公室的道德原则是，用体面方式什么也不能说，但是，用不体面的方式什么都能暗示”。在兰克电影公司里，赫胥黎正在写《女子复仇记》（这个名字是“所有掌握着分配大权的、强有力的犹太绅士们"给取的)。赫胥黎无意中听到一句话,这句话终止了他的下一部小说,公司负责分配角色的经理对导演佐尔坦·科达说,"在这家电影公司里,就是耶稣基督也不可能涨工资。"科达兄弟试图修改影片《旋律与对位》,可是毫无结果。珍妮的丈夫、法国剧作家乔治·内弗正在用法文改编《乔康达的微笑》。

9 月底,赫胥黎刚完成电影公司的工作,就同玛丽亚一起开车去纽约,这是自 1938 年以来,他们第一次离开加州。对玛丽亚来说,至少这是一次很受欢迎的休息,她告诉罗莎琳德· 拉加高波她现在"对加州十分恐怖,宁愿再也不回去"。《纽约客》杂志逮住了赫胥黎,在他的南中央公园公寓里采访了他。"他的视力依旧很差,但他继续回避戴眼镜,继续从事他认为对其有益的眼保健操,"该杂志的记者写道。文章描绘了赫胥黎在赖特沃德的简朴生活,写到他在早上如何写作,在下午又如何继续写上一、两个小时,然后才吃晚饭,"他和他妻子听听留声机,或者妻子念书给他听——通常念的是小说,如《战争与和平》或者《卡拉马佐夫兄弟》,对于这些书,赫胥黎喜欢每隔几年重读一遍、重听一遍"。赫胥黎兴致勃勃地说到与科达导演一起创作《女子复仇记》的情况。"我们并没有受到好莱坞典型的'12 个不称职的作者就等于 1 个称职的作者'的观点影响"。他回忆起影片《傲慢与偏见》的创作情况,"我发现有 40 本或者 50 本的剧本稿堆在我的办公室里,我对它们有一种怪怪的感觉——它们浪费了多少精力,却没有一个人会对这些拙劣之作看上一眼的。"接着,他谈起了描写核战后情景的新小说并且声称道,"对一个作家来说,在时下创作一部这样的小说是极其困难的。当今世界,人们普遍有一种朝不保夕的感觉……整个社会以一种令人绝望的方式江河日下,而在最近的将来,却没有一丝一毫改善的希望……马尔萨斯的话不幸言中……蛊惑人心的'人定胜天'的言论简直就是彻头彻尾的胡说八道。"就是这位同时代的赫胥黎用一种敏锐的、措词经过精心推敲的话来告诫世人世事有多么的可怕。像佛祖一样,他引用了最喜欢的话对媒体说，“我将向你们展示悲剧和悲剧的结局。”

玛丽亚驾驶着福特牌汽车开回洛杉矶。在阿肯色州的小石城市的蓝鸟汽车旅馆里，他们遭遇到倾盆大雨，感受到一阵短暂的孤立无援。在去赖特沃德途中，玛丽亚告诉马修，“我们已经决定卖掉赖特沃德的房产，这真是太好了……如今，奥尔德斯和我都渴望返回沙漠。”她补充道，“我愿在 1 小时之内离开加州，永远离开，决不翻悔！加州的每一个人似乎对我都不那么友好。”房子很冷，为了防止结冰，屋内要保持一定的温度，为此，他们花掉了所有的积蓄。想暂时摆脱一下改编电影剧本的事情，赫胥黎认为是不可能的了。玛丽亚因为赫胥黎为此受累而深感不安，再也不想这样做了。事实上，房子还是保留了一年多，但是，他们大部分时间住在比佛利山的公寓里和花在旅行上：自 30 年代中期以来，赫胥黎夫妇在来年，即 1948 年，第一次返回欧洲。

三十一、欧　　洲

科达兄弟对影片《女子复仇记》的大获成功深感欣慰，十分满意。于是，在1948年初，赫胥黎就希望他们兄弟能再拍一部他的以意大利为背景的短篇小说改编的影片《睡眠疗法》。战争期间，赫胥黎的影响力还没有超出加州，他的那些对欧洲的苦难表现出充分激情的评论并未引起他奔赴欧洲的愿望。英国的一些人对此非常气愤，认为他游离战争，享受阳光。第二年的2月底，赫胥黎把《模仿与本体》一书寄给泰晤士图书俱乐部，俱乐部的经理安德鲁·雪利对查托出版社说，并非完全是书的背景不受欢迎，“我清楚地注意到，赫胥黎的唯一解决办法是他在二战中采取的办法，即逃避”。查托出版社立即回答说，赫胥黎在战争爆发之前很早就去了美国，“唯一的原因是，倘若他继续呆在英国，一年之内，他就会完全失明了”，雪利表示道歉。

对赫胥黎的批评普遍大致如此：退隐荒漠纯粹是逃避主义者的行为。相反，赫胥黎认为，他是直接参与到事件中去的，他对克莱斯劳摩特说，“真奇怪，我们对人为的杜撰问题的意识程度（我们一度到达的文明）远远超过对带有普遍性的、有关事情本质问题的意识程度——对政治和社会之间关系的关注远远超过对人类和自然、物质和精神之间关系的关注。然而，如果人类与其精神、与其物质环境之间的关系置于一个满意的位置上时，所有其它别的人为的问题都会自行解决。”赫胥黎反对给中、小学生上“公民课”，而不是上“更多的基础的思想课”，对此，他在《永久的哲学》中详加阐述，“这些是作为论据的事实，我们无法控制这些事实，但是，我们必须要使自己适应这些事实，‘公民课’是自家土制的。”

2月24日，赫胥黎宣布小说完稿，书名为《以牙还牙》。书中提到了一个“愤怒的猿猴”，它在天堂上“玩弄令人瞠目结舌的鬼把戏”。奥尔德斯第一次同意玛丽亚把小说读给他听，玛丽亚读了，读完之后，她告诉马修，小说在凌晨一点半读完，是一场长达四小时十五分钟的马拉松。她对小说表示了敬畏之情，瞧着丈夫，“虽然奥尔德斯现在看上去年老了，但是此刻显得很年轻，有点害羞，有点心满意足，有点孩子气：诚实、纯洁、谦恭、聪明异常、知识渊博。”

6月中旬，赫胥黎夫妇乘船离开纽约赴欧洲。6月29日，他们从瑟堡去巴黎，看望珍妮和其丈夫、法国剧作家乔治·内弗。7月4日，乔治为电台而采访了奥尔德斯。7月13日，赫胥黎夫妇动身去意大利。就在他们俩离开法国前，玛丽亚终于给玛丽·哈钦森写了一封信，“我欣喜若狂，十分快意……我们完全是欧洲的一部分，我们到家了。”在锡耶纳，他们遇上了一场政治骚动，在两位警察的葬礼上，共产主义分子开了火。玛丽亚被迫在附近的一幢房子里躲避。同情法西斯主义的地主与农民之间的冲突被赫胥黎认为是证实了他的观点，那就是，世界范围内的人口和资源都存在着危机。他对当地一位名叫阿尔贝托·博纳利的作家说，罗马在燃烧，可世界领袖们却在弄虚作假，“他们玩弄强权政治，准备新的战争……而世界人口正以每天增加55 000人的速度增长着，每天，大面积的沃土遭到腐蚀。”他也提及了西里尔·伯特爵士的新发现，即：儿童们的平均智商在下降。这唤醒了赫胥黎的优生学家般的同情，“问题出现了：一个人若以民主的方式生活着，从生物学的角度来说，这种生活方式会使人退化吗？”

8月，赫胥黎夫妇住在罗马的都市旅馆，月底，他们去了桑纳瑞，在那儿呆了一、二周，下榻于拉斯蒂克别墅。然后，他们返回巴黎，与咪咪·吉尔古德住在一起；随后又去伦敦，这是自1937年以来，赫胥黎第一次回到英国。在克拉里奇的套房里，西里尔·康诺利为《图画邮报》而采访了赫胥黎。康诺利说，有背景的人总是指望自己按照传统能成为创建中的中流砥柱，“相反，在克拉里奇的套房里，我们发现了一位宗教改革家、一位世俗的神秘主义者，他衣冠楚楚，他的一部戏正在伦敦西部演出，他在好莱坞从事一份收入颇丰的电影编剧工作，他现在从好莱坞回来了。”康诺利因这次采访而评论赫胥黎宁静和智慧的话已经广为引用。他接下去追溯了自己与赫胥黎的交往史，谈到了他在好莱坞与赫胥黎见面的情景，他“立刻被一种新的奇特的品质所吸引，这种品质有着高尚的情欲、知识分子的同情心和精神上的优雅。美国没有这样的人……他的穿着打扮像一位穿梭于牛津和罗马之间的阿根廷的花花公子。”赫胥黎告诉采访者说，“我不是一个基督教徒，如果我是的话，吸引我的教派肯定是公谊会。”在克拉里奇的套房里，赫胥黎一边从银茶壶里倒出茶来，一边谈论着佛教的禅宗和中国的道教，英国的听众想必与康纳利一样会被他超凡的睿智弄得神魂颠倒，摸不着头脑。

大约就在同一时期，作家罗伯特·佩恩也描述了赫胥黎身上散发出来的知书达理的圣洁气息，“他身上有着一股青年大主教的气息，看见他端坐在电影公司里，膝上放着剧本，蓝色的西服像是典型的教服，他本人以及他从事艺术而带来的高雅和散淡，这些所构成的一幅图，使人仿佛看见了圣地，令人十分惊奇……”佩恩发现，在环球电影公司里，“一个英国人的形象像一个圣徒的形象，一个真正的圣徒……带着超凡的沉静和圣洁，那声音是如此的庄严、如此的柔和、如此的优美，令人神经震颤。”佩恩的这种观察给人留下了极其深刻的印象，因为他承认，最初，他认为赫胥黎的著作肤浅而稚嫩。赫胥黎告诉佩恩，佐坦·科达是他留在好莱坞的唯一原因，“如果一个人专心致志的话，在这里能学到许多有用的知识的。”佩恩写道，在赫胥黎所有的具有深远意义的思想中，只有“慈悲”能拯救我们的思想最为言简意赅，这条古老的智慧总是畅通无阻。他来到赫胥黎的寓所喝茶，然后让赫胥黎“在人行道的边上摸索一阵子，灰发如波浪飘动，半瞎的眼睛透过黑暗凝视前方”，佩恩心中突然想到，赫胥黎或许正在望着科隆纳斯的俄狄浦斯呢！*[Oedipus，希腊神话中的人物，Laius 王和王后 Jocasta 的亲生子，曾解怪物 Sphinx 之谜；因不知底细，竟杀死亲父，又婚娶亲母，两不相知，后发觉，无地自容，母自缢，他自己刺裂双目，流浪而死——译者注]*

10 月，赫胥黎夫妇乘船从英国返回纽约。玛丽亚继续赶路去赖特沃德，而赫胥黎一人留在纽约，住到 11 月底，目的是接受一位名叫高斯塔夫·厄兰格的德国医生的治疗，这位医生通过“一股微弱的电流”导入某些药物来清理眼睛晶状体上的浊斑，有一定的效果。

每个人都可以理解，《模仿与本体》决不是一部围绕着锡耶纳的圣凯瑟琳的生活为中心的 14 世纪意大利的历史小说，它是洛杉矶核战后的一幅可怕的图象、一部奇怪的没有《奇妙新世界》间或表现出幽默的小说。通常，赫胥黎总是用第一人称叙事。1947 年，身处好莱坞的环境之中，电影公司老板露·卢伯林对我说，“这个时候，在这家电影公司里，就是耶稣基督本人也涨不了工资”。后来，我在思索这句话时想到，如果是伟大的艺术家如伦勃朗或者彼埃罗来完成使命时，如“基督站在卢伯林面前”时，将会怎样呢？我看到一辆两吨的卡车满载着送去焚烧的剧本稿，特别注意到一个住在莫哈维沙漠名叫威廉·塔利斯的人所写的名为《模仿与本体》稿子，于是，我和另外一位同事动身去沙漠——作者写道，利安诺立刻出现在心中——但是威廉死了。这部不长的小说的第二部分印着稿子。人们会想，倘若电影公司老板涨了赫胥黎的工资，好莱坞也不是目前这个样子，赫胥黎还会创作这部小说吗？

这部关于未来的电影的观众中包括了一些粗野笨拙的人，影片出现了第三次世界大战后的情景，它是《科学、自由与和平》所表现出来的思想的一场恶梦，不负责任的科学为军国主义和民族主义服务（一声令人窒息的尖叫宣告了20世纪科学的自杀性死亡）。核爆炸被称为“一件事情”，新社会在“恶魔日”里残酷地牺牲人类，畸形婴儿惨遭杀害（是赫胥黎关于优生学的最后言辞?）社会厌恶女人——女人只是生产这些畸形婴儿的不洁器皿，社会也厌恶没有家庭关系的性和生育，如《奇妙新世界》中所说的那样。文化也变得同样毫无价值：洛杉矶公共图书馆为公用炉灶提供燃料。恶魔日的仪式由恶魔大主教阁下主持，他也是地球的君主、加州的主教、无产阶级的仆人和好莱坞的红衣主教，全套仪式是对正式宗教的模仿。仪式是在洛杉矶体育场举行的，“展示了宗教仪式的产品——毫无根据的信仰、弱者者的狂热、集体的愚蠢”。剧本猛烈抨击了战争和对地球资源的大肆掠夺（赫胥黎认为，即使核战争毁灭不了人类的话，它也会加速人类滥用日渐减少的自然资源），也谴责了所谓‘进步’的观点——“这是一种你能从中得到一些毫无用途的东西的理论”。体形扭曲的、乖戾的大主教在附和着赫胥黎氏的一些重要观点，大声说道，第一次世界大战后，传统的价值观消失了，“遗留下来的真空被进步和民族主义的愚蠢之极的梦想所充塞”，科学家“不再是人，而成了专家”。这个丑恶社会里的正常秩序是由来访的新西兰人普尔博士示范的，他爱上了当地的一个女人露拉，最终，他们两人逃至莫哈韦沙漠，把那儿作为他们“情欲的爱巢”，他们两人并不遵循发情期交配的规则，而是自由自在，为所欲为（当然，这种情况在电影里是经常发生的）。

1949年3月，乔治·奥威尔觉得这个本子“很糟糕”，他在给理查德·里斯爵士的信中问道，“您有没有注意到，他变得越来越圣洁，可是他的书却越来越牵扯上了大量的性，他总是摆脱不了鞭挞女人的主题。完全有可能的是，如果他有勇气站出来这样说，这倒是解决战争问题的办法。如果我们带着少许的疯狂把问题摆出来，这终究不会造成许多伤害，或许，我们就不想扔原子弹等等东西了。”在赫胥黎全部著作中的某些章节里，人们能发现施虐受虐狂的踪迹，但是，并没有证据表明这是赫胥黎的个人品质，倒是赫胥黎为了描写人类的怪诞而使用的一种残忍的冷酷手段。另外一些评论家怀疑，赫胥黎所描绘的冷酷情景是否还有更深层次的用意，抑或是通过堆砌骇人听闻的情景来揭示人类在事实上缺少怜悯心。厌恶具有很大的力量，是逃避色情描写的有效处方。

朱丽叶·赫胥黎写信给布雷特说，她发现这本书“太粗糙、太幼稚。迄今，潜在的、未被耗尽的里比多[*libido，奥地利心理学家弗洛伊德用语，指性本能背后的一种潜在力量，现泛指性欲——译者注*]仍在折磨着他”。评论普遍不冷不热，赫胥黎对此表示遗憾，对查托出版社说，“难道这本书真的很差劲？谁知道呢？我知道，它本可以更好，而我把它弄成了现在这个样子；但是，我仍然认为，它是一本合情合理的、体面的著作，它说出了一些重要的东西，或许被人误解了。”无人能指责赫胥黎是一个傲慢自大的作者或者是歌剧中的一个主要女演员。赫胥黎在写给菲利浦·怀尔黎的信中承认，小说的内在思想存在缺陷，它既没有陀思妥耶夫斯基作品的深邃内涵，也没有一丁点儿皮科克著作中使人满足的东西，“我们两头落空，要让思想与中等篇幅的、才智不高的小说结成一对美满的婚姻，真是难于上青天”。1948 年底，赫胥黎在《听众》杂志上对约翰·达文波特说，“我觉得，我并不是一个真正的小说家，这听上去有点说鬼话的味道，其实，对大千世界而言，我只是用小说的形式说了一些我想说的话。坦率地说，我以为，一个优秀的小说家必须具备高于现实生活的敏感度……而一个伟大的小说家则必须具备足够的经验和非凡的鉴赏力，不幸的是，我感到我并不具备这些东西。”

1948 年 11 月，赫胥黎患了严重的支气管炎，遵照医嘱，他在棕榈沙漠度过了冬季的几个月，住在一个名叫“圣贤阳光公寓”的地方。他在把《模仿与本体》改编成舞台剧，同时准备编纂一卷论文集。“干完这些事情之后，我打算写一部历史小说”。他对维多利亚·奥康普描述棕榈沙漠的环境，“沙漠和枣椰树包围着我们，没有雨、没有雪、没有霜、没有风暴，我们简直是太高兴了，而在加州其它地方，风霜雨雪恣意肆掠……这里四下静悄悄的，工作效率很高。”《乔康达夫人的微笑》在伦敦大获成功，演出 9 个月后还在继续上演，这让赫胥黎“十分惊讶、十分快意”。1949 年初，乔治·内弗用法文改编的《乔康达夫人的微笑》在巴黎演出的情况也差强人意。在赫胥黎计划编纂的论文集中，有一篇文章是关于法国作家梅因·德·伯伦，赫胥黎在夏天在桑纳瑞发现了伯伦的《私人日记》，其中有作者 15 年前的注释。然而，对桑纳瑞的记忆并没有激起他们返回法国的愿望，玛丽亚就此与珍妮讨论，得出结论说，“我想，我们不再会去法国或欧洲生活了……奥尔德斯和我设想我们在此如何度过余生。”她补充道，“昨天，奥尔德斯和我突然被街上一幢带有花园的房子所吸引，其设计和布局正对我们的胃口，一切东西都似乎在诱惑我们，而且价钱也在我们能承受的范围内。”赫胥黎夫妇常常会有购房的冲动（虽然有时静下心来也会感到后悔），于是，洛杉矶北金斯大道 740 号成了他们最新的地址。像往常一样，最初，他们是不会搬来常住的。从 5 月到 9 月，他们在赖特沃德度过在此的最后一个夏天。要走上一段路才能到达山中的房子，即便如此，沿途的美景还是叫人高兴——尽管柴油机卡车装载着“乱砍伐的红杉木”，空气中弥漫着二氧化碳，以至连绵几英里的道路比威尔希尔大道还糟糕。但是，可以避开公路，自己步行，进入胜景天堂。然而，这样去天堂毕竟不方便，他们觉得无法忍受时，搬回洛杉矶就不可避免了。新家“宏大、宽敞”，花园里“林木森森，隐蔽之处多多”，位置处在桑塔·莫尼卡与梅尔罗斯之间的乡村小道上，四下都是豪宅和数不清的树木。房价并不贵，付一万美元现金加以后每月付 135 美元连续付 10 年。

赫胥黎夫妇在夏天搬进了新家。7 月，他们同斯特拉文斯基共进晚餐，音乐批评家和指挥家罗伯特·克拉夫特立刻记录了这件事。克拉夫特注意到赫胥黎的“银尖笔画似的相貌”和他的眼睛，“右眼的角膜被一层牛奶似的薄膜覆盖，像被云层遮住的玻璃，左眼无大碍，但总是不停地眨着。他转过头来望着我们，虽然他的视力已经是一塌糊涂了。他的皮肤显得很干燥，我们会认为，这是他在沙漠中过隐士生活的结果，而他的皮肤却白得吓人。除了他浓浓的眉毛之外，其他的一切都表明他不是一个干户外活的人，然而他却建立了属于自己的文学大厦。”克拉夫特记叙了赫胥黎的视力有多差（“他带着令人心悸的盲目，摸索着刀、叉和盘子”）。在整个用餐的过程中，玛丽亚小心翼翼地、静静地帮助着他。赫胥黎夫妇在家时彼此之间说法语，在这种场合也说法语，因为斯特拉文斯基还不习惯赫胥黎的“机智幽默的、浸透着文化色彩的、带着嗬嗬声的”官方口音的英语，斯特拉文斯基仍然视赫胥黎为一位科学家和一位理性主义者，而不是一个神秘主义者，同时也担心他跟不上科学的步伐。饭后，与赫胥黎的交谈显示了他多方面的博学，他夸张地打着手势，“但他是我所见过的人当中最文质彬彬的人，动辄就开怀大笑的人”。8 月 19 日，斯特拉文斯基回请赫胥黎夫妇喝茶，地点就在北金斯大道，环境阴森、灯光昏暗，有点怕人（“阴森森的灯光和裸露着巨大椽木的大厅”），他们饮着“加入冰糖的荷兰芹茶，还有一盘糖蜜并点心、麦芽糖、生胡萝卜和一块不覆盖水果的楔形馅饼”。克拉夫特觉得，宁愿听赫胥黎讲话，而不要读他的书，因为在他的讲话中没有了他书中的托尔斯泰式的说教，而且他的讲话会转移到他想驾驭的问题上去，使人愿意聆听。克拉夫特认为，赫胥黎在斯特拉文斯基的身上看到了劳伦斯的影子——一位伟大的具有创造力的天才，而赫胥黎认为自己身上并不具备创造力。

赫胥黎离开赖特沃德前写的最后一封信是写给乔治·奥威尔的，奥威尔的文章和信函中频繁提到赫胥黎（仿佛这个世界专门为他这位伊顿公学的老同学、反乌托邦小说家和当代评论家留出了地方）。赫胥黎感谢奥威尔赠送《1984》一书，他认为这本书“很好，具有深远的重要意义”，但也怀疑，未来的独裁主义统治者是否会采纳奥威尔书中所提的残酷镇压的方式，“我个人的观点是，寡头统治者会使用不那么困难的和不那么费力的办法来进行统治，以满意自己的权欲，他们所使用的办法与我在《奇妙新世界》中所说的办法如出一辙”。赫胥黎相信，由于条件反射，自由会投降，人们宁愿“被奴役”，而不愿“戴上手铐蹲监狱”，20 世纪的后 50 年里，在西方，实际发生的情形可能就是这样。

最终在北金斯大道定居下来后，赫胥黎检视了目前正在做的工作。编纂的论文集终于完成了，有关梅因·德·伯伦的那篇文章长达 4 万字。赫胥黎对哈罗德·雷蒙德说，“如果事情像我所希望的那样进展顺利而获得成功的话，那我就会认为这是一种新文学形式的样板，在这样的一种文学形式中，哲学讨论就会变得生气勃勃，界定在一个人传记中的事实就会变得真实可信”。这可能就是赫胥黎将来进行文学创作的抱负——找到一种能提供足够的运载力而把他想说的话全部说出来的文学形式，他早已摒弃了纯美学的观念和框架。有关梅因·德·伯伦的文章在 1950 年 5 月出现在《主题与变奏》一书中，这是此书中最长的一篇文章，文章本身就够一本书的长度了（或许以单行本的形式出版会更赚钱）。这篇文章的基本素材取自于梅因·德·伯伦的《私人日记》，文章的风格像《幕后掌权者》，但不是着眼于历史的素描，而是着眼于知识分子的性格。梅因·德·伯伦（1766～1824）是赫胥黎明显非常同情的人物——一个性格孤僻的人、一个现实主义者、“一个精神上的经验主义者”。正如赫胥黎视力损伤一样，梅因·德·伯伦长期患病，造成他成为这样的一个人了，“身强力壮推动我们走向外部世界，疾病缠身只能把自己困顿在家”。他是一位思想家，他看到了即将来临的对文化自由的新威胁和民族主义思想体系中的凶兆。赫胥黎结论说，每一个明智的人应该努力“躲避历史”。梅因·德·伯伦“关心建立内心世界的固有的原始官能”来抵御外部世界的历史。赫胥黎预言，他称谓的“第三次革命”即将到来，从政治革命到经济革命，“第三次革命就是彻底颠覆作为生物体的个人、就是把个人的身体、思想和全部私生活都置于寡头统治者的控制之下”。这也是写于16年前的《奇妙新世界》中的预言，但当时作者认为，这种事情在“五、六百年之内”不会发生。赫胥黎于1949年写道，“今天看来，我估计的时间是太长了”。除了关于梅因·德·伯伦的文章之外，还有题为《哲学家的变奏》一文，讨论了艺术和宗教、讨论了西方艺术在处理死亡主题时的无能为力、讨论了西班牙画家艾尔·格列柯（事实上，这一段文字成功地把美学分析与传记中的哲学思想有机地结合起来，比那篇关于梅因·德·伯伦的文章还要好）、讨论了意大利铜版画家皮拉内西的作品《监狱》（今天，每一间办事效率高的办公室和每一个现代化的工厂就是一座一览无余的监狱，在内置的监控器的监控下，干活的人痛苦不堪）、讨论了西班牙画家戈雅、讨论了‘双重危机’（“人类正在超越危机时代，危机是存在着的，所以我们说，有两个层次的危机——较高层次的危机是政治危机和经济危机，较低层次的危机是人口危机和生态危机”）。

尽管赫胥黎以一个知识分子的身份高度关注着这些事情，但是他不得不考虑再次与电影公司合作事宜。他和克利斯托弗·衣修午德加上一位名叫莱塞·塞缪尔的电影剧本作家一起构思剧本《赤道下》，花了他们好长的一段时间。2000年底，在加州的亨廷顿图书馆里出现了衣修午德关于此事的信函。衣修午德（他是剧本的主要作者）于当年5月份在给杰拉尔德·赫尔德的信中简明扼要地叙述了这件事情，“我仍在致力于编写关于美国南方的电影故事，情节是奥尔德斯和我共同设计的，它是关于佩吉与基斯坎顿、诺里斯先生、朱利安·赫胥黎以及艾琳·加勒特诸人在海拔17 000英尺高处的一个锡矿工地上见面的事情，没有一个人受到严重的伤害，但是有一座桥断了。”赫胥黎对这部影片的贡献好像只是他为剧本取了个名字，叫《与怜悯同行》。但是，没有哪一家电影公司愿意接收这个剧本。与此同时，赫胥黎急着要写从来没有写成的有关锡耶纳的圣凯瑟琳的历史小说。为了写这部小说，他打算去意大利收集更多的素材。1950年5月，马修与埃伦·豪迪在纽约结婚。在他们完婚之后，赫胥黎夫妇乘坐“玛丽皇后号”轮船离开纽约去法国。赫胥黎想在法国见到的一个人是于贝尔·伯努瓦，一位法国的思想家，赫胥黎与之进行了频繁的通讯联系。奥尔德斯和玛丽亚参加了儿子马修在纽约举行的婚礼，奥尔德斯穿了一件罗马裁缝做的燕尾服（在伦敦，他在皮卡迪利的斯塔德和米林顿定购了另外一套完美无缺的西服），玛丽亚穿了一件有衬垫的黑色长裙。他们在纽约沃里克旅馆的罗利厅款待了哈勃夫妇，一位服务生绊了一下，把一盘蔬菜色拉弄翻了，倒在奥尔德斯的背上，有人立刻过来把它弄干净了，因为还要去参加在齐格菲剧院举行的聚会，并且观看音乐剧《男人喜欢金发女人》。

赫胥黎夫妇从瑟堡市登岸径直去巴黎，与珍妮和其丈夫、法国剧作家乔治·内弗一起住在波拿巴大街 82 号。“我们又在欧洲了，仿佛我们从来就没有离开过似的”，玛丽亚在写给玛丽·哈钦森的信中说道。奥尔德斯写信给哈罗德·雷蒙德说，他正在思考另外一部历史小说，“这次是关于著名的劳登的恶魔……这是一个非同寻常的故事，它完整地描绘了宗教生活的极端邪恶和极端高尚”。创作这样一部小说就要求赫胥黎在旅法期间作进一步的探索和研究。6 月，他们再次访问了锡耶纳，“乘坐着迷你型小汽车探视着无与伦比的、令人难以置信的乡间美景”。后来，奥尔德斯把玛丽亚留在了桑纳瑞的拉斯蒂克别墅，因为马修和埃伦正在此度蜜月。赫胥黎横渡海峡去了英国，与朱利安和朱利叶一起住在汉普斯塔特的庞德大街。这就让赫胥黎有机会去看看英国的朋友和熟人，比如像斯蒂芬·斯彭德、伊迪丝·西特韦尔、T. S. 艾略特、西里尔·康诺利和奥斯伯特·西特韦尔等人。奥斯伯特·西特韦尔患上了轻度的帕金森症，斯彭德“头发白了，却有着气度不凡的外表”，西比尔·科尔法克斯“后背有伤，腰弯得更厉害了，但她以不屈不挠的精神迎送客人”。朱利安举行了一次聚会，27 位赫胥黎的亲戚出席，“这是一次愉快的、令人感动的经历”。所有这些 20 年代和 30 年代的亲朋故友都已经上了年纪了，谢顶了，腹部凸出了，给这位加州流亡者留下了深刻的印象，叹谓“谁也逃脱不掉似水年华”。虽然赫胥黎发现英国“比2年前明快多了”，但是，他对世界的看法却不那么明快。现在，他的朋友们习惯于高喊“多好的一个世界呀！”而正是这些人以前在文章中叹息，反反复复地声称，穷凶极恶的占有是西方世界迅速毁灭的唯一可解释的理由。赫胥黎从庞德街写信给衣修午德，感谢他对剧本《赤道下》所做的一切工作，从这封信看出来，似乎赫胥黎对剧本的贡献微乎其微，“你一定在剧本上投入大量的心血和精力，这使我感到非常内疚”。

赫胥黎从伦敦返回桑纳瑞，玛丽亚正在那儿出售房子。他们俩都热爱法国的南方，这里的一切给他们留下了深刻的美好印象，但是，他们似乎无意留下来。他们又与内弗的一家在茹拉尔见面，然后返回巴黎。在9月22日返回美国前，他们在巴黎会见了吉埃拉德。在纽约，他们观看了《乔康达夫人的微笑》的最后一次彩排。“我发现，一切混乱异常——演员与导演之间剑拔弩张，演出实在是不能叫人满意。”该剧在百老汇的亚里士多德剧院公演，但仅仅演出5周。他们回到洛杉矶后，赫胥黎对哈罗德·雷蒙德说，这种情况令人遗憾，“因为在我看来，如果该剧演好的话，是会获得成功的。而现在的戏却十分乏味，本可轻松赚到的钱也赚不到了”。玛丽亚从纽约开车出发，途中在道斯镇停下来去探望弗丽达·劳伦斯，看到她生活得相当惬意、充满活力，虽然她如今已经70多岁了。岁末年终之时，赫胥黎夫妇探索一种新的时尚：排除有害印象精神治疗法*[20世纪美国作家 L. Ron Hubbard 创造——译者注]*以及它的“记忆痕迹”和“清除记忆痕迹”等所使用的语言。赫胥黎发现，“这种方法能关闭大脑中童年记忆的区域，毫无疑问，当然是由于这种治疗法所称谓的‘顽童旅程’的原故”。这种时尚十分有趣，后来，赫胥黎用药物探索意识的方法就转移到这种疗法上去了，他试图恢复被阻断的一些特殊的童年记忆。赫胥黎说，“书的作者哈伯德是一个非常奇怪的家伙——当然也非常聪明，相当不成熟，远远未能‘清除’掉自己身上的某些东西……在某些方面，叫人同情，因为即便在他成功的顶峰，他也总是莫名其妙地排斥身体上的因素，只对事实保持清醒。”

《乔康达夫人的微笑》演出失败，也没有与衣修午德合编的剧本的消息，赫胥黎展望新年，决心创作《劳登的魔鬼》。在这本书中，他要用历史的例子来探究50年代地缘政治恶魔般的占有情况。

三十二、魔　　鬼

1951年，赫胥黎从岁初到年终一直在研究和创作《劳登的魔鬼》一书，这是他第二本长篇历史/地缘政治小说。在书中，他要探究在具体环境中过着一种特殊生活方式的理想。他清楚地意识到，“理想小说”决不会取得圆满的成功，对他而言，解决问题的办法是，用一种更加吸引人的形式来表述理想和抽象的概念。故事情节自然要生动、要不同寻常，但是也要能表现出“与理想一致的内在联系”。同时，赫胥黎对知识分子自身的研究也在继续进行之中。他在1950年尾所从事的排除有害印象精神治疗法已被他对通灵学的兴趣所替代，他对J. B. 林恩教授说，杜克大学通灵实验室是他在1937年到达美国时最早参观的地方之一，他要出版一本有关通灵学基本知识的选集，包含通灵学的实验材料和哲学背景材料。

赫胥黎所做的这一切事情不可避免地与他的眼疾发生冲突。1951年3月，奥尔德斯和玛丽亚都患上了在洛杉矶流行的病毒性感冒，感冒使得赫胥黎本来就十分糟糕的右眼更差了，结果导致了他的右眼一度失明。医生对他进行了治疗，目的是把覆盖在瞳孔上的旧疤痕弄碎，但是震动产生了副作用和巨大的疼痛。赫胥黎对自己的这种状态十分不安。玛丽亚告诉马修，“他心神不快，焦躁不安，真是可怕。”虽然他的眼睛在5月份恢复原状，但是，在这一年当中的以后日子里，还是存在着别的一些问题，正如玛丽亚所说的，“他一直心情忧郁”，失望的部分原因是剧本演出的失败。

6月，赫胥黎去了奥加，克莱斯劳摩特和罗莎琳德·拉加高波在那儿经营管理着一所“快乐山谷学校”。赫胥黎将就学校的校训在毕业典礼仪式上发表演说，校训也是他个人喜欢的一句话——我仍在学习。赫胥黎嫂嫂罗斯的儿子西格弗里德·韦斯伯格上了这所学校，他记得，虽然学校按照所谓的“渐进阶梯式”（如果你不想去上课，你可以不去上课）进行管理，但它没有摇滚乐、没有垃圾食品，每天开始于朗读先知书。赫胥黎在橡树林里似圣人般地发表演说。作为一个彻头彻尾的美国十几岁的青少年，西格弗里德有时对他这位著名的亲戚感到迷惑不解，在一次采访中，他回忆起赫胥黎是怎样兴致勃勃地在每个星期天的早晨注视着街对面的一位小伙子给一辆红色的阿尔法·罗密欧牌轿车打蜡、抛光。“怎么会这么红亮呀？”赫胥黎问道。人们对美国50年代流行的消费品、轿车和物质财产的激情使他困惑不解。“他还没有掌握这种文化的精髓”。出于类似的原因，他聘请阿妮塔·卢斯为他解释美国形形色色的事情，直到她向他说明了冰淇淋圣代为何物，他才知道是一种饮料。西格弗里德也记得北金斯大道的房子，“他们举行那么多次的降神会*[一种以鬼神附体者为中心人物设法与鬼魂通话的集会——译者注]*，有那么多的蘑菇和那么多的装着沙的大罐子，天知道这是为什么。”房子散发出丁香和其它草药以及香料的气味，“在主客厅里，有一个大碟盘，盛放着各种各样的干种子和干枯的花花草草，还有装着东西的几个坛子”。

赫胥黎的这幢房子成了每周二晚上集会的中心，探究各种形式的通灵现象和催眠现象。参加者先去“世界最大药房”用餐（现在，这地方已经消失了，但是，《知觉之门》的读者会熟悉它，因为这本书基础工作就是在这里进行的），饭后，他们聚集在长长的客厅里，研讨像“磁关”

诸如此类的事情以及过关的手段等等。L.罗恩·哈伯德本人作为一名参观者。大约就在这段时期内，杰拉尔德·赫尔德发表一篇有关飞碟的文章，引起了赫胥黎的注意，他说，“迄今，我对此还没有自己的定论，但我会随时跟踪，耐心等待。”这句话表达了赫胥黎当时的观点：他虚怀若谷，想要揭示出这些不寻常现象的本质，而当时其他的人对此却或是横加排斥、或是大肆嘲笑。在离开沙漠和山区之后，赫胥黎住在洛杉矶的这些日子，也就他生命中的最后10年里，他的生活中充满更加平民化的社交活动。他们每周两次在“城市乡间市场”的约兰德餐馆举行户外午餐（乡间集市现在依旧欣欣向荣，是上了年纪的洛杉矶人爱去的地方），聚会者常有薇拉和伊格尔·斯特拉文斯基、罗伯特·克拉夫特、克里斯托弗·衣修午德、杰拉尔德·赫尔德、佩吉·基斯坎顿（她的丈夫比尔是位医生，关注着赫胥黎的健康）和贝蒂·温德尔（她是一位剧作家，与赫胥黎一起编写了剧本《天才与女神》）。

我们已经说过，赫胥黎在好莱坞耀眼的社交圈里很受人欢迎，然而，上述的这些人物构成了明显区别于其他人的小圈子。赫胥黎朴实无华的生活方式、反感奢靡的酒肆饭馆、厌恶喧嚣的生存环境以及无休止的社交活动，所有这一切都表明了他不可能有太多的熟人。而且，自1937年来美至1963年逝世、居住在美国的25年中，赫胥黎似乎没有遇见几个主宰当时文坛的作家。如果有人开列出一张20世纪中叶美国文学创作中的重要著作的话，在赫胥黎定居的时期内，没有一部著作的名字会出现在他的文章中或者出现在他发表的和未发表的私人信函中——虽然我们不能确定他没有读过这些书。相反，他读了，他常常提到一些书，如《组织人》、《隐蔽的制服手段》等，并且热情地推荐给朋友。他似乎比较乐意与科学家和社会问题思想家交往——自然罗，有的人会说，这些人不过是江湖骗子而已。像《人及其死后的生存》这样的一本书会比像《欲望号街车》之类的一本书更能激发起他的兴致。在1959年的一次采访中，采访者对此问题穷追不舍，赫胥黎承认，他对当代小说几乎没有什么兴趣。他读过金斯利·埃米斯的书，但他认为，埃米斯“只是在重复自己”。约翰 布雷恩的《顶层房间》是“蛮不错的，你不这样认为吗？”他似乎尝试读过凯鲁亚克[*Kerouac（1922～1969），美国小说家、诗人，“垮掉的一代”文学流派的代表人物，提倡自发表现的创作方法，主要作品有小说《在路上》、《达摩流浪汉》、《孤独天使》*等——*译者注*]的小说《在路上》，但是，“读了一段时间之后，我就感到有点乏味，我的意思是，这条路似乎是太长了，长得可怕”。

4月份的某一天，赫胥黎问罗伯特·克拉夫特能否读书给他听，因为他的那一只较好的眼睛负担过重了。克拉夫特为赫胥黎画的那幅画成功地表现了一个贝茨博士的信徒形象，“我看到他正在打一本巫术书……在昏暗走廊尽头的小屋里，在一张不祥地堆放着许多盲文出版物的书桌上。他戴着一副‘中国式眼镜’，那是一付黑色的、用纤维素制造成的、镜片穿孔的眼镜：它能迫使瞳孔进行某种形式的频闪运动，常常阻止眼睛凝视；奥尔德斯用绷带把右边的孔扎上了，这就表明了他的右眼蛋白体完全坏了，再也看不见什么东西了。”与赫胥黎谈起他的新书，克拉夫特像大多数人一样迷惑不解：一方面，赫胥黎的书像他本人明显的性格那样，求知、明晰、理性；另一方面，他对南加州出现的有关心灵和精神方面的狂热举动顶礼膜拜。随着岁月的流逝，赫胥黎越来越深陷于劳登故事中的恐怖事件和残忍之中。为了摆脱这种状况，他强迫自己接受一份邀请，与罗伯特·戈德尔以及戈德尔的妻子一起去印度，去朝拜圣地喜马拉雅山，暂停对这个堕落世界的思考。此时，冷战盛行。5月23日，议院中的反美活动委员会听到证词，证明赫胥黎是一个名叫“知识分子自由的朋友”组织的成员。根据美国联邦调查局在赫胥黎档案中的简短记载，这个组织的目的是“筹集资金来帮助前共产主义者作家重新装备他们自己”。然而，直到1953年5月15日，联邦调查局才最终掌握了他们本该在一开始就该掌握的东西，一份洛杉矶分局（一直监视赫胥黎的一举一动）的绝密备忘录送到了华盛顿总局，备忘录说，“奥尔德斯·赫胥黎是一位著名的、非常受人尊敬的人，他决不是俄国或共产党的同情者。”

尽管赫胥黎孜孜不倦地致力于新书的写作，至5月底，新书才完成了一半，他还是想方设法在7月份暂停下来，修改由拉尔夫·罗斯改编的《几度寒暑天鹅死》的舞台剧的对话，罗斯改编的广播剧早已在电台里播送了。赫胥黎称罗斯改编的舞台剧是“一部十分巧妙的、非常适合舞台演出的剧本”。不久，赫胥黎被更多的麻烦压垮了，他患上了虹膜炎，这使得他在5个星期里做任何事情都无能为力，他要一直呆在房子里，呆在黑暗之中，因为他的眼睛不能见光。医生认为，这种情况与他长期的慢性支气管炎有关，可能是感染眼疾的重要原因。整个夏天，赫胥黎仿佛是在地狱中度过的。10月，一条消息令他十分高兴，他成了爷爷了（是马克·特里韦里·赫胥黎的爷爷）。赫胥黎谈到了一部关于甘地生平的电影计划，“在完成新书的写作后，我或许会来做这件事，这是一件很有趣的事情，但也是一件相当困难的事情，总之，是一次挑战”。有关这部影片的计划是加伯里尔·帕斯卡策划的，但结果却是一事无成。1952年1月23日，赫胥黎终于对查托出版社说，“书脱稿了。”

一切本该顺顺利利的，但是，现在轮到玛丽亚生病了。她被送往医院，治疗囊肿。赫胥黎似乎对囊肿一无所知，之前也没有人告诉过他。玛丽亚的病检查出来的结果是恶性肿瘤。赫胥黎告诉珍妮，“医生们信心十足，都说不会复发，因为治疗及时，而且切除得干干净净，根本不必化疗。”玛丽亚被告知，手术很成功，很快会康复，“要多吃点肉和蛋白质，它们会以一种不可思议的方式加速伤口的愈合”。年初，赫胥黎和玛丽亚去亚利桑那沙漠作短暂度假。他们喜悦地看到高山上的皑皑白雪、一望无际的烂漫春花和美妙绝伦的沙漠百合，“这是一个令人终身不能忘怀的美景——生命的灿烂、生命面对最恶劣的环境而显示的顽强、生命的忍受力（倘若大旱，百合的蛰伏可以长达10到15年，可是，只要露水降临，它们就会立刻冲出沙土，显出盎然生机）、生物的繁多、生物的美丽，奇迹每年都发生在这一片无边无垠的、光辉灿烂的、静谧的大地上。”赫胥黎第一次这么明确地把沙漠与神秘的幻影联系在一起，“作为净化探视神灵的洞察力的一种手段，没有什么地方能超过这片万籁无声的广漠”。返回之后，赫胥黎给罗伯特·克拉夫特留下了一个“焕然一新、精神饱满”的深刻印象。赫胥黎拽住克拉夫特外出进行他最喜欢的散步，他们越过多尔尼小山的山顶，畅谈深奥的树木学。结束散步，他们驱车去了比弗利山的一家冰淇淋室，赫胥黎要一份奶油香蕉冰淇淋甜食。赫胥黎告诉克拉夫特，“气质孤僻的人应该每天吃香蕉。”

赫胥黎除了吃奶油香蕉冰淇淋甜食之外，他还利用一种叫压力呼吸的新发明来治疗自己，这套设备有一个氧气舱和一个特制的附件，他就在家里进行这种治疗法。这种疗法似乎医治好了他的慢性支气管炎，多少年来，慢性支气管炎导致他的呼吸低于一般水平，是各种各样严重疾病的祸根。赫胥黎在拍摄甘地生平的影片问题的合同事宜与帕斯卡争执不休。伦敦的查托出版社正在审校《劳登的魔鬼》一书的稿子，出版社方面并不太高兴，因为觉得这本书不会像《幕后掌权者》一样大获成功。“在有的章节里，离题的讨论或多或少地过分阻碍了故事的展开”，此外，故事本身“有时像一只无法消化食物而欲呕吐的胃”。哈罗德·雷蒙德要求赫胥黎删掉一些折磨厄本·格兰迪尔时的一些令人毛骨悚然的细节，例如，“发出一声骨头裂成碎片的声音……渗出骨髓”。赫胥黎愉快地接受了，同时，他也接受了罗伯特·汉密尔敦就他的著作写成一本书的建议。但是，赫胥黎说，他不会成为该书的读者之一，因为他从来不读批评性的文章，而且他认为，批评性的文章“总是于事无补，因为批评家从本质上来说并不知道作者要赞同什么和反对什么、作者的资料是什么、作者的缺陷和特殊障碍是什么……我不是陀思妥耶夫斯基，也不是歌德，我得承认，这是十分令人遗憾的，但是，并不能由于这种遗憾而忽略其不足，增添其形象”。

赫胥黎继续探索通灵现象。几年前，玛丽亚患过一次肠炎，经过催眠疗法后，病情有所起色，于是，奥尔德斯就声称，他已经成为“一个很不错的催眠师了”，所以，在玛丽亚于1月份切除肿瘤之后，他又用催眠术来帮助她恢复健康。赫胥黎认为，关于他自己，他并不是“一块特别适合当催眠师的好材料”，但是，当他本人在年前患虹膜炎时，他就接受了催眠疗法，实施者是加州大学洛杉矶分校心理实验室的专家和另外一位心理疗法专家勒斯利·勒克罗。采用心理疗法时，自我会“走开，不复存在，不会阻碍‘隐德来希’[*entelechy，古希腊哲学家亚里士多德用语，意即实现了的目的，以及将潜能变为现实的能动本原——译者注*]的有效作用，‘隐德来希’是生理上的潜意识，它能使身体发挥正常的作用，它是更高级的、非人能控制的潜意识……”赫胥黎发现了“隐德来希”疗法，立刻在他的朋友中间大肆鼓吹宣传，把A. L.基特赛尔曼撰写的“隐德来希”疗法技巧的小册子分送给他们。他在自己身上实施形形色色的自动催眠术来治疗失眠症。玛丽亚对赫胥黎所做的这一切事情的点点滴滴也非常热衷，她写信给珍妮说，所有这些疗法都在改变着奥尔德斯，“你知道，这么多年来，我们是多么地爱着他；你知道，他是多么仁慈、多么可爱、多么诚实……但是，你也一定知道，尽管奥尔德斯这么优秀，同他生活在一起太累了，有着不少的遗憾。然而，现在的情况是，他变了，变得更加完善了，换了一个人似的……奥尔德斯看上去与从前不一样了，他的道德观也改变不少，对待动物、人们、云彩、甚至电话铃声的态度也与从前不一样了（多么了不起呀！）。”他帮忙做家务，提出实际帮助他人的办法，他走出封闭的书房，与玛丽亚一起实践各种各样的疗法。玛丽亚在这个时期写给马修一封信，试图解释所有这些变化，并且再次向他保证，他们俩并没有变成“趋附时尚的人”。迄今，玛丽亚是不是知道她所患疾病的真相？她十分坦率，谈起了与奥尔德斯在嘉辛顿初次见面的情况，这一点，我们在本书前面较早的章节中已经描述过了。从今以后，来日屈指可数的玛丽亚和变化了的奥尔德斯都给他人留下了更为平和、更为安详的深刻印象。

《劳登的魔鬼》一书将在10月份出版。赫胥黎计划将反映美国西部的文章编纂成一本书，同时在谈判供应给电影院和电视台的有关演绎一个短篇小说的三重奏事宜，计划由劳伦斯·奥利维尔和维维恩·莉一起合奏。他也在漫不经心地编写“一部有关太阳的科普电影”的剧本。《劳登的魔鬼》面市了，巴兹尔·布莱克韦尔认为它“糟糕透顶”。奥当斯出版书籍俱乐部也拒绝这本书，因为它“会引起会员们的瞠目皱眉”。但是，赫胥黎深信，这本书是成功的，他的把普遍思想置于一个特殊事件中的观念是他如此安排本书的理由。他对玛丽·哈钦森说，“因为他们忽略了事件的特殊性，忽略了这样一个事实，那就是，对现实而言，生活在团体、科学、哲学和哲学史中的个人永远是有缺陷的，我们是从直接的经验中了解到这一点的。”该书的背景是17世纪的法国，讲述了牧师厄本·格兰迪尔的故事，他被指控使用巫术，按照劳登修道院中魔鬼的指令行事。因为阿瑟·米勒的《熔炉》也在同一年出版，所以，厄本·格兰迪尔的虐待有着明显的现代社会的回声。1952年11月，一家歇斯底里的反共产主义的时事通讯《反击》杂志把赫胥黎说成是在‘世界作家和平呼吁书’上签字的作家之一，赫胥黎这种做法是“落入了莫斯科的弥天大谎的圈套之中”。

《劳登的魔鬼》一书中血腥的暴力场面过多，而有关人事的描述又是悲观之极，虽然如此，这时候的赫胥黎本人却是温和而稳健。该书成功地被改编成舞台剧和电影剧本（是肯·罗塞尔在赫胥黎逝世后改编的），改编者紧紧抓住故事的主要情节，因为这是支承赫胥黎对17世纪法国思想思考的框架，也承载着他本人先入为主的神秘主义思想以及对他自己世界观的论述。赫胥黎费尽苦心，用哲学语言来强调神秘的经历肯定是真实的。“可以使天国来到人间，天国不会来到我们的想像之中，也不会来到我们的推论之中，甚至也不会来到地球上——只要我们生活在地球而不是生活在我们本该生活的地方。天国在与世隔绝的自我中出现、在雕像中出现、在可补偿的幻觉中出现、在事物的本质中出现。在神来临之前，我们的王国必须离开。”在这些或者别的章节中，我们常常能听到作为论说文作家和伦理学家的赫胥黎的声音，这些东西都嫁接在故事上，明明白白地昭示着故事只是一个载体而已，只有故事才能让他这么做，而读者所希望的艺术创造本身却毫无保留地为完成任务而服务。仅仅只有那些接受这种叙事方式的人才认为这本书是圆满成功的。

《劳登的魔鬼》出版之后，赫胥黎花了1953年的前半年的时间从事题材多方面的影片工作和新闻工作，例如，一小时的有关太阳的纪录片，这部影片使他知道“就像太阳在媒介中传播一样，一个人只有学习到100％的东西才有可能发散掉99％”。赫胥黎越来越频繁地接触许多学科的科学家、医生、社会问题专家、学术专家。同样，他也阅读了这些人的著作。赫胥黎花去大半生的时间是以自由撰稿人为职业的，现在却朝着“教授”的方向倾斜，他越来越多地与这些人为伍，在有些情况下，他试图劝说他们该去做某事——真是具有讽刺意味！比方有一次，他向阿伦·瓦茨建议去斯坦福大学研究生院“学习演绎推理法以及其在各级水准教育过程中的运用”，目的是为了能拿到“福特奖学金”来为策划的计划提供资金。赫胥黎发动的学习计划旨在扩大赫氏的一些主要观念的影响，他越来越清醒地意识到高等教育机构的威力以及大规模地与一些大基金会进行合作的重要性，在他去世前数周内最后要做的事情中的一件就是为斯德哥尔摩的人类研究院起草关于“人类发展前途”的研究计划。身体状况的不佳、艺术上的挫折构成了赫胥黎最后一个了不起的愿望，为了明天的世界更加美好，写一部包罗万象的小说《岛》。小说《岛》扎根于囊括一切的理智主义之中，为了追求崇高的目标，在没有找到必要的艺术方法之前，赫胥黎就渴望动笔了。

1953年1月初，赫胥黎的老朋友奥斯伯特爵士和伊迪丝·西特韦尔来饮茶聊天。伊迪丝在好莱坞与剧作家沃尔特·赖斯克和乔治·库克一起共事，他们正在编写由她主演的影片《为伊丽莎白鼓吹》。伊迪丝对杰弗里·戈洛说，“又见到了赫胥黎夫妇，真是太好了，他们可是我最好的朋友呀。奥尔德斯依然如故，似乎从他 23 岁至今没有什么大变化（我是在他 23 岁时认识他的）。前几天，他开车带我去约天文学家哈勃一起喝茶，路上要开 40 分钟，一路上他都在谈论着柯尔律治和华兹华斯。他说，‘真的，伊迪丝，任何心智健全的人都可以从容不迫地创作，你听，“不用我说，亲爱的露易莎/你的到来令我多么高兴呀/这是一次愉快的休假。”’”格蕾丝·哈勃参加了两次饮茶聚会，她透露了伊迪丝·西特韦尔是多么的光彩照人，“今天，她戴了一条有饰边的黑色包头巾，一直裹到双肩，所以，只能看到她脸上光鲜、白皙而透明的肤色，淡黄色的睫毛下一双有点眄视的蓝眼睛，鹰钩鼻，嘴唇薄薄的，微微撅起。她穿了一件硕大的黑色的打褶服装，一直拖到地板上，把她的身材严严实实地遮盖起来。她戴着一枚镶嵌两块大如核桃的海蓝宝石的金戒指。”10 天后，令人惊讶的现象再次出现，一举摧毁了赫胥黎的看法，赫胥黎原先把她描绘成“怪异的维多利亚时代的人，变得越来越像外国人，极不自然，越来越像《爱丽丝奇境漫游记》和《透过镜子》中的人物”。在加州的阳光下饮茶聚会是中、上层英国知识分子在承续遗俗，偷听他们在这种场合的讲话似乎也挺有意思。他们不但非议维多利亚时代的卡莱尔和伊丽莎白·巴雷特·布朗宁，也涉及克里斯托弗·弗赖伊、阿瑟·米勒的《推销员之死》和福特·马多克斯·福特（“以及他那沉闷阴郁的妻子”），这些随意的闲聊也泄漏了这些有教养人情趣的细微之处。西比尔的丈夫、可怜的上了年纪的乔治·科尔法克斯爵士被拒绝参加下一次的聚会，因为他是“一个令人乏味的人”，而他试图向奥尔德斯解释瑞士银行系统的情况，被黑色的打褶服装中的幽灵伊迪丝埋怨道，“他是在讲足本的乔伊斯的《尤利西斯》！”

赫胥黎快 60 岁了，他对朱利安说，“我发现，年龄有着自身的补偿，但是也有着许多需要的外界补偿。”他引用了“马特叔叔”马修·阿诺德的诗《成长》,也说到了玛丽亚一切正常,“只要她不过度劳累。自从去年动过手术之后,她一直很虚弱”。2 月,他闻听老朋友刘易斯·吉尔古德逝世,令他“震惊不已”,对朱丽叶说,“我们是半个世纪的朋友啦,我们的生活息息相关。”1903 年,当他们都是学龄前儿童时就第一次见面了。华盛顿国家艺术画廊邀请赫胥黎在来年的春天去发表系列演讲,必要的阅读使他眼睛异常疲劳。他再三努力向福特基金会申请资金,希望能劝说基金会为国际交往中语言功能研究项目提供经费,“使用过激的和不恰当的语言”是世界舞台上产生许多问题的原因,正是基于这个理由,他辞去“世界作家和平呼吁书”上成员的资格,美国联邦调查局注意到了这一点。赫胥黎觉得,作家的任务是同语言打交道,呼吁书应该是一种姿态,而不能演变成组织形式。

同月,赫胥黎收到一位住在加拿大、名叫汉弗莱·奥斯蒙德的英国医生的来信,他回信给奥斯蒙德说,“在目前的统治模式下,在受教育的过程中,绝大多数人丧失个性,丧失对灵感的虚心,丧失对事物的敏感,却对西尔斯-罗巴克开列出的目录单上的东西津津乐道,因为这些东面构成了‘现实的’世界。”或许,赫胥黎会想到,致幻药墨斯卡灵可能会在打开人们精神世界中起着一定的作用。奥斯蒙德计划来洛杉矶开会,赫胥黎主动为他提供食宿。

三十三、门

汉弗莱·奥斯蒙德于1953年在一家精神病医院工作，该院位于加拿大高草原的韦本市，叫萨斯卡契温医院，他的专业是治疗精神分裂症。奥斯蒙德和他的同事约翰·斯迈思合写了一篇关于目前心理药物状况的论文，发表在希伯特医学期刊上。赫胥黎读过这篇文章，并由此而给奥斯蒙德写了回信。要实现赫胥黎主动提出的供应食宿的愿望，对奥斯蒙德来说，似乎是遥遥无期，直到有一天，奥斯蒙德突然被邀请参加由美国精神病协会在洛杉矶举行的一个会议，赫胥黎的想法才得以实现。后来，玛丽亚告诉奥斯蒙德，听到赫胥黎邀请一位“研究墨斯卡灵的加拿大精神病医生”来作客，她的最初反应就是大声嚷嚷道，“他可能蓄有络腮胡子，我们可能不喜欢他。”奥尔德斯想了一小会儿，回答说，“要是我们不喜欢他的话，我们就总在外面呆着。”而结果却是他们很快就建立起深厚持久的友谊。奥斯蒙德早已读过赫胥黎的著作，战争期间，他在大西洋上护航的时候就带着《本文与托词》，在伦敦遭遇空袭时，他正在阅读这本书。奥斯蒙德到达北金斯大道时，心中尚存几许担忧，玛丽亚立刻让他感到轻松自在，她说，“我知道，你和奥尔德斯都是英国人，你们一定会相处得很好。”后来，奥斯蒙德就此发表评论说，“在玛丽亚看来，英国人除了他们彼此之间外，大体很难被外人理解。”

赫胥黎从昏暗的内屋走了出来，突然出现，主动握手，但是，“手握得很马虎，迟迟疑疑的，仿佛他不大喜欢这一习俗”。气质孤僻很难使握手感到愉快。但是，奥斯蒙德立刻就感到异常惊讶，他很快就感受到赫胥黎“奇妙思想的广阔、大胆、灵活和顽皮。当他心平气和的时候，就会文质彬彬地、优雅地、幽默地谈着他的各种想法，就像一头训练过的海豚在戏耍皮球。”

赫胥黎在给奥斯蒙德的信中主动提出去航空公司的好莱坞罗斯福旅馆停车点接他，同时急不可耐地问他是否随身携带了墨斯卡灵，“因为我渴望着做一个实验，在像你这样有经验的专家指导下进行，我会感到特别兴奋”。墨斯卡灵自 1918 年起就能弄到了，一直用于治疗精神方面的疾病，通过使用这种药，医生试图弄明白精神病病人的思考过程，这种致幻药来源于墨西哥的佩奥特掌*[peyote，一种产于墨西哥的仙人掌，从中可以提取致幻药墨斯卡灵——译者注]*。赫胥黎似乎主动渴望充当实验品，他的医生表示赞同。赫胥黎在电话中要求杰拉尔德·赫尔德一起参加实验。赫尔德当时没有工夫，但是他参加了在 11 月份进行的第二次实验。后来，赫尔德提到了赫胥黎的“持续不断的狂热信仰，即：特殊的疗法和专门的实施可能会成为一种治疗百病的灵丹妙药”。赫胥黎似乎乐此不疲，兴致勃勃，他经常强调实验的严肃性，强调自己不同于 60 年代那些对于潮流“一会儿狂热紧随、一会儿坚决摒弃”的人。在赫胥黎与奥斯蒙德就这个问题展开讨论之前，他们俩一同出席了美国精神病协会在洛杉矶举行的一个会议。赫胥黎坐在那儿，当弗洛伊德的名字每每在会上被提及时，他会滑稽地在自己身上画十字。

1953 年 5 月 4 日，上午 11 点钟，在赫胥黎好莱坞的家中，这位著名的英国作家服下了致幻药。口述录音机打开了。奥斯蒙德在一只玻璃杯里搅动着银白色的墨斯卡灵药丸。后来，奥斯蒙德回忆说，“这是好莱坞的一个晴朗的五月早上，没有伤眼的烟雾，也不太热。”苦涩的药剂在慢慢地生效，两个半小时后，奥斯蒙德注意到，它发挥作用了，三个小时后，他看到一切进展顺利，全部过程持续了八个小时。《知觉之门》是赫胥黎在1954年出版的一本薄薄的小书，他在书中写道，“我已准备完毕，我很乐意、事实上是非常渴望充当实验品。于是，在一个明亮的五月早上，我服下了十分之四克的溶解在半杯水中的墨斯卡灵，坐在那儿，等待结果。”赫胥黎第一次在这本书中题词：谨以此书献给M。为什么他会选择在这个时候把书献给玛丽亚（Maria）呢？我们并不能确切地知道，赫胥黎是怎样预测这次试验后果的，又是怎样拒绝面对——或者讨论——事实真相的。“我们生活在一起，共同行动，彼此互动，但是，在所有的情况下，我们总是我们自己……心才是自身的归属处”，赫胥黎在描绘我们所希望看到的东西之前，这样写道。

事先，赫胥黎就坚信，这种药将会让他“进入布莱克和艾*[AE，G. W. Russell的笔名；Russell，George William 乔治 威廉 拉塞尔（1867～1935），爱尔兰诗人，爱尔兰文艺复兴代表人物，曾主编《爱尔兰政治家》周刊，作品有诗集《回家：途中之歌》、《幻想之烛》等——译者注]*所描绘的某种内部世界”，但是，这种情况并没有发生。赫胥黎并没有看见“许多五彩缤纷的几何图形、栩栩如生的建筑物、闪亮无暇的宝石、传说中的仙女、美轮美奂的景色、历史人物和在神的终极启示面前永远颤抖不止的象征性舞剧”。他并没有考虑到这样一个简单的事实，“我一直就不是一个视觉记忆优势者。”但是在后来，即半年之后，服下同样的这种药后，赫胥黎意识到了“金色的光线在慢慢起舞”，又意识到相似的颜色和图案，但是看不到幽灵。“巨大的改变是在客观事实领域内，在我的主观世界里所发生的事情相对而言就不那么重要了”。中午十二点半的时候，赫胥黎注视着一只插有三朵鲜花的小花瓶。早些时候，他已经看过了，但是现在，他用一种不同的眼光看着它。“我现在所看到的不是我们寻常的插花，我看到的是亚当在早晨是怎样注视着创造——原本存在的奇迹慢慢出现”。这就是“存在”，是米斯特·埃克哈特神秘主义哲学中的"固有"。赫胥黎用心来感知世界,它所关心的"不是数量,也不是场所,而是存在,而是意义"。所发生的这一切事情,皆因赫胥黎超常智慧的卓越大脑的过度运作。'大脑减压阀'(墨斯卡灵减少对大脑的血糖供应)阻止了人们达到"自由自在的精神境界"。

后来,赫胥黎用餐,驾车外出,穿过日落大道,去了'世界最大药房',在那儿,他取下一本有关凡·高的书,看着凡·高的画《椅子》,但是,逼真的再现物体并不能让人感觉到"固有状态的显示"。它只是一种符号,艺术能为神秘主义或者超越符号以外的东西所做的事情也只能如此了,它只是一种象征,而不是象征所指代的深深的实际情况。赫胥黎低头望望自己灰色的法兰绒裤子,看到在裤子的折缝中有"一条无穷无尽的极为错综复杂的曲径"。(西比尔·倍德福的自传中提到,一位朋友断言,赫胥黎那天实际上是穿了一条蓝色的牛仔裤,但是玛丽亚认为,还是灰色的法兰绒裤子听上去更为恰当。然而,奥斯蒙德接着说,他有那天做实验的全部过程的照片,能证明赫胥黎所言不谬。)《知觉之门》与其姐妹篇《天堂与地狱》可能是赫胥黎在《奇妙新世界》后最著名的两本书了,在60年代风行一时,因为赫胥黎所谴责的吸毒的年轻的一代人非常喜欢,一个摇滚乐队甚至用书名来命名其乐队。《知觉之门》一书与赫胥黎本人的照片铺天盖地,"辣椒中士的孤独之心俱乐部乐队"把照片印在唱片的封套上。尽管如此出名,若从某一方面来看,这是一本十分悲哀的书,因为它讲述了通过人工手段来达到某种意图的故事,而赫胥黎却做不到单单用常规的艺术感知来找到这种手段。布莱克看到,赫胥黎凭借其杰出的想像力试图寻求什么,这次墨斯卡灵试验中夸大了的意识报告并没有给读者和未参加实验者留下深刻印象,就像在寻常的大白天在美术博物馆里看博斯[*Bosch (1450~1516),荷兰画家,作品主要为复杂而独具风格的圣像画,代表作有《天堂的乐园》、《圣安东尼受诱惑》等——译者注*]的油画一样。赫胥黎也认识到了这一点,"我还不至于愚蠢到把服用墨斯卡灵后所发生的情况与服用其它药物后所发生的情况等同起来，混为一谈。我以前有所准备，将来也会有所准备，为了实现终极目标和人类生活的最后目的，那就是，觉悟、真福直观*[指圣徒灵魂在天堂对上帝的直接认知——译者注]*”。

赫胥黎把手稿寄给查托出版社，哈罗德·雷蒙德回复说，“你是最善于表达的试验品，无论哪一位科学家都会希望与你合作。”该书很成功，有着不凡的业绩，但是批评家分为两类。第一类批评家如斯旺米·普拉汉凡南达认为，通过一粒小小的药丸就一下子达到觉悟境界，这种走捷径的方式根本就是不正常的。衣修午德写道，“在斯旺米看来，这是一种致命的异端邪说，他认为奥尔德斯和杰拉尔德就是罪魁祸首的始作俑者。”精神修炼才是唯一正确之路。从排斥神秘主义的理性主义观点来看，托马斯·曼的观点具有代表性。他对送他这本书的艾达·赫茨说，他不能分享艾达对这本书的热情，“我很想这样说，这本书代表了赫胥黎急速发展的最后的逃避现实的思想，我对他身上的这一点从来都没有赞同过……如今，由于这位著名作家的明显支持，许多英国青年，尤其是美国人都在尝试这样一种试验，因为书都卖疯了。但是，我不想说它是一本不道德的书，我想说它是一本不负责任的书，它只会使我们的世界更加混沌、使知识分子在遇到棘手严肃问题时更加束手无策、无能为力。”

在这次实验之后，玛丽亚和奥尔德斯开车去美国西北部旅游 3 周，行程 5 000 英里，结束于 6 月份的“一个阳光灿烂的日子里”，终点站是塔霍湖*[Tahoe，位于加利福尼亚州和内华达州交界处，为一游览和休养胜地——译者注]*。在《阿多尼斯与基本原理》(1956) 一书中有一段文字描述在这次行程中对盐湖城的访问。一回到家，赫胥黎在一个月之内就加工润饰好《知觉之门》，并且着手写另外的几篇文章。6 月，赫胥黎举行了一次他 59 岁的生日聚会，出席者有斯特拉文斯基夫妇、哈勃夫妇、杰拉尔德·赫尔德、克利斯托弗·伍德、伊娃·赫曼等。夏季结束时，埃德温·哈勃突然去世。他是赫胥黎的一位挚友，赫胥黎敬佩他，称他是一位全面的人道主义科学家。

1953年11月3日，赫胥黎夫妇进行健康检查，这是申请美国公民资格必须做的事情之一。他们在加州已经居住了14年。马修一家也在做同样的事情，想成为美国公民。现在，他们返回欧洲的可能性几乎不复存在。他们的两位证人贝蒂·温德尔和罗莎琳德·罗加高波开车带他们俩去洛杉矶市中心的罗恩大厦里的法庭，在法庭上，他们回答了有关美国历史和宪法方面所有必须回答的问题。法官询问赫胥黎是否准备到美国军队当兵，赫胥黎回答"不"。根据各种流传的说法，法官极为通融，乐于帮助，他主动给赫胥黎说话的机会。尽管玛丽亚小声而激动地劝说着他，赫胥黎还是说出他对宗教有异议，但是他拒绝使用"逃避"一词。这样一来，法官别无选择，只好中止进程，推迟作出决定。贝蒂·温德尔在写给西比尔·倍德福的信中叙述道，"当他们离开大厦的时候，奥尔德斯脸色苍白，他用一种完全不符合自己个性的话来表露他的感受，'他们不希望我们呆在这儿!'"他要求回家休息。他们随后决定不再继续申请，虽然担忧他们"外国居住者"的身份可能会影响到他们1954年去欧洲的计划。赫胥黎实实在在地考虑过，倘若申请被拒绝的话，就离开美国，但是，他并没有做到。他担心申请在实际上已被拒绝，但在这个时候，他更担心的是玛丽亚的健康。赫胥黎对通灵学协会主席、也是他们夫妇共同的老朋友艾琳·加勒特说，玛丽亚已经进行了一系列的爱克斯光照射，"对此，她感到十分疲惫，紧张不安。维他命与催眠术有点帮助。这真是一场苦难的煎熬。"赫胥黎从此以后再也不敢轻视玛丽亚的疾病了。

1954年初，赫胥黎告诉查托出版社，他要致力创作一部长篇小说，还要写几篇文章，"不久的将来，我要写一部长篇小说，涵盖19世纪中叶至现在的3代人的故事。整个故事情节现在还比较朦胧，但是，我似乎看见它步步走来，渐渐清晰。"或许，赫胥黎构思这部长篇小说已经有好长一段时间了，但始终没有写出来。这部未完成小说的零星章节在他第二任妻子劳拉的回忆录《永恒时刻》中出现了，这是他雄心壮志的一点遗迹。2月，《知觉之门》出版。看到一些敌视的反应之后，赫胥黎对哈罗德·雷蒙德说，“真是令人费解，像贝罗克和切斯特顿这样的作家赞誉酒精（三分之二的交通事故和四分之三的犯罪暴力都是酒精造成的）却被认为是纯洁的基督徒和高尚的人，而任何一位冒着生命危险去尝试超越自我的捷径的人却被认为是危险的毒品魔鬼和意志薄弱的邪恶之徒，虽然这种尝试对他人的危害微乎其微。”赫胥黎在给老朋友林恩（他们俩都对通灵学感兴趣，赫胥黎刚刚写完一篇有关生命中的超感知觉和心灵致动方面的文章）的一封信里说，《知觉之门》引起争论，但是，他对“潜意识心理活动中的动物群和植物群”的研究仍然非常着迷，他相信，服用墨斯卡灵者可能会达到更深层次的境界，“这种境界与我们个人的或者集体的人类兴趣毫不相干”，它也不是诗人或者预言家所描绘的天堂与地狱或者是遥远的彼岸。

赫胥黎从“彼岸”回到了“此岸”，他们夫妇俩决定在4月份重访欧洲，这将是玛丽亚最后一次踏上她魂牵梦绕的大陆。他们在4月7日离开纽约港乘船去法国的瑟堡港，计划参加艾琳·加勒特主持的通灵学与哲学大会，会议是在法国南部旺斯的圣保罗市举行。会后，他们俩将飞往埃及去拜会老朋友保罗·戈德尔博士夫妇（他是位于伊斯梅利亚的苏伊士运河公司医院的院长）。在他们动身离开美国之前，赫胥黎就已经着手创作一部新小说《天才与女神》，这是他创作生涯中的倒数第二部小说。赫胥黎夫妇离开美国时，他们的美国公民的身份问题仍然是悬而未决，他们甚至在动身前几个月对在4月份能否拿到相关文件和护照都没有把握。赫胥黎对马修说，“我们陷入这一堆不必要的、非我们所愿的、乱七八糟的事情之中，真是搞得我们疲惫不堪。”他们暂住在纽约一家他们常住的旅馆——沃里克旅馆里，看望马修和埃伦以及孙女，孙女令他们无比欢欣。他们又与汉弗莱·奥斯蒙德见面交谈，尔后登上“伊丽莎白皇后号”轮船。抵欧之后，他们径直去了旺斯的圣保罗市。在会上，赫胥黎宣读了他的一篇论文，标题是《遥远的精神家园》。他在会后写给奥斯蒙德的信中说道，“当然，不会有任何形式的结论，但是，在会上听到了许许多多有趣的事情。”赫胥黎也与“一些非常杰出的人物”会面，绝大部分是法国人，有医生、哲学家、心理学家等。然后，他们去了伊斯梅利亚，看望保罗·戈德尔博士夫妇，“在一个非凡的地方与一个非凡的人相处”。每天，赫胥黎“穿着一件白色长袍，装扮成一名访问医生”，与戈德尔博士一起去医院。他对医生们办事的行为方式感到吃惊而好奇，医生们嘲笑精神病患者的症状之一就是病人问一些“苏格拉底式的问题”。赫胥黎夫妇喜欢埃及的气候和人民，对开罗更是赞不绝口。他们努力劝说马修来埃及学习研究戈德尔的工作。马修目前正在一家公共卫生部门工作。

赫胥黎夫妇从开罗来到黎巴嫩首都贝鲁特，他们在此地的所见所闻让他们十分高兴，竟开玩笑说住下来算了。他们参观了贝鲁特北郊的一座美国教堂，据说这里曾出现过一束奇异的光环，在《阿多尼斯和字母表》(1956) 一书中对此有所描述。赫胥黎却什么也没有看到，他说，因为视力不佳，经验又提示他灵性与迷信的差异，所以，用通灵学知识来向公众解释这种现象是再恰到好处不过了。尽管赫胥黎致力于通灵学的研究，但是，“一些知识分子和受过良好教育的人对迷信所表现出来的狂热举动吓得他魂不附体……称之为培根的-金字塔形的-密码学的-唯灵论者的-神智学的综合征折磨着绝大部分人类。”作为一名科学的调查者，赫胥黎从来也没有停止过对这些现象的思考，他并不是一个盲目的趋附时尚的人。访问过黎巴嫩后，赫胥黎夫妇去了耶路撒冷、塞浦路斯、希腊，就在动身去罗马之前，赫胥黎为他们此行小结道，“这真是一次非常出色的穿越时空的旅行，使人异常愉快，但也叫人极度沮丧；因为我从来都没有像现在这么深切地感受到人类现状的悲剧本质，伟大的艺术、伟大的哲学和伟大的宗教只不过是人类无休止战争海洋中的几个孤岛，贫穷、失望、道德败坏、疾病等贯穿着人类的可怕历史。”这是对佛教教义的进一步阐发，佛云，“吾示汝悲伤及其结局。”

在罗马（赫胥黎对他在雅典的逗留未说片言只字——似乎英国人亲希腊的激情在他身上从未出现过），小型摩托车和汽车的喧嚣声令他不快。“在罗马街头散步曾经是生活中的一大快事；而如今却是一件痛苦的事情。”他们在佛罗伦萨度过一个周末，在那儿，玛丽亚最后一次探望了病得很厉害的、即将死于肺癌的科斯坦泽。他们参观了塔昆亚的伊特鲁里亚陵墓，参观了罗马电影制片厂影片《特洛伊的海伦》的布景。也是在罗马，他们与一位年轻的意大利人、前小提琴家劳拉·阿彻罗共进午餐。赫胥黎夫妇是于1948年在赖特沃德第一次见到劳拉的，当时，她是为拍摄影片《锡耶纳的帕里奥》而来的（她并不知道赫胥黎写过这方面的文章，而赫胥黎很乖觉，什么话也没说）。1952年，在电影制片人加伯雷尔·帕斯卡举行的一次聚餐会上，她又一次见到了赫胥黎，并且与他讨论起通灵学，研究通灵学后来成了她的职业。几天后，玛丽亚去看望劳拉，在她的工作室里进行了一次治疗。这是玛丽亚在手术后告诉劳拉她对死亡的来临异常平静的话，“对我而言，死亡不过是从一个房间走到另一个房间。”后来，玛丽亚在奥尔德斯的陪同下又来治疗过几回。奥尔德斯拚命想恢复他在11岁左右时2年的孩提印象。疗程结束时，奥尔德斯向劳拉展示了“磁道”的催眠技巧。现在，赫胥黎夫妇置身罗马，熟人之间又重新走动起来了。玛丽亚被这种往来搞得精疲力竭，“苍白、消瘦”。他们见到了西比尔·倍德福德，刚巧这时也在罗马。

尽管证据是零零碎碎的、且有轶事趣闻的成分，但是在1954年6月，在罗马，玛丽亚可能多多少少已经知道了自己将不久于人世。于是，她想到该安排何人来照顾奥尔德斯，如有可能的话，指定一个继任者。好莱坞有各色各样的女人，比如佩吉·基斯坎顿、贝蒂·温德尔、自己的妹妹罗丝等，但是，只有那些认识并且关心奥尔德斯的女人才有可能成为候选人。80 年代，大卫·金·邓纳威采访了 3 个女人。贝蒂·温德尔告诉他，玛丽亚在临终前不久打电话给她说，“不要让某某人得到他。”佩吉·基斯坎顿就自己而言说，认为她是某某人的想法似乎“不合情理”。西比尔·倍德福德说，在一个温和的罗马夜晚，玛丽亚把她拉到一边，小声地与她交谈。西比尔认为，劳拉可能已经被告知玛丽亚快不行了。“玛丽亚实在不愿意奥尔德斯孤孤单单一个人……这真是一种无私的奉献。”玛丽亚把自己的一生全身心地献给了奥尔德斯，自己却疲惫不堪。可是，她还是不愿意看到在自己死后奥尔德斯的事业停顿下来。西比尔·倍德福德深信，奥尔德斯与劳拉的婚姻“或多或少是玛丽亚安排的”。有迹象表明，奥尔德斯不愿意处理所发生的事情。西比尔·倍德福德说，“他不能面对某些事情，例如，他不能面对玛丽亚的逝世，他真是一个非常奇怪的人。”或许，这也是赫胥黎超常智慧的又一个例子——对待普通而寻常的事情无能为力，感情乍看上去似乎很坚硬，其实绝非麻木不仁。

赫胥黎夫妇从罗马来到巴黎，然后又去了德龙省，内弗一家人在迪耶列夫特有一处消夏的房子，赫胥黎在此对《天才与女神》作了进一步修改。3 周后，他们去瓦森-勒路美参加一个戏剧节，将演出乔治的一部戏。随后，他们返回迪耶列夫特，在 7 月 26 日庆祝赫胥黎的 60 岁生日。虽然赫胥黎在花园里愉快地工作着，玛丽亚看上去是明显的坐立不安，十分痛苦，最后，她只好去巴黎看医生，医生建议他们立刻返回美国。因为订不到近期直返美国的船票，奥尔德斯把玛丽亚留在巴黎，与苏菲住在一起，自己渡过海峡去英国，看望朱利安和朱利叶以及他的出版商和故友们。他与约翰·莱蒙和 V. S. 普里查特一起吃饭，又遇见一位新认识的心理疗法技术师，此人名叫伊曼，住在贝克大街。在庞德大街朱利安的家里，赫胥黎轻描淡写地谈起玛丽亚的健康状况，根据朱利叶的记忆，赫胥黎当时说，她“经历了一次小小的旧病复发，但是现在已经痊愈了。”

8月21日，他们乘坐“毛里塔尼亚号”轮船驶往纽约。在船上，赫胥黎给朱利叶写信，谈到与他们在一起是多么地快活，“多谢你们的友善和仁慈”。他们在纽约住了2周。10月，赫胥黎去华盛顿的现代艺术学院作了一次演讲，后来又去杜克大学讲了一次，主题是幻觉体验与艺术，它是《天堂与地狱》的萌芽阶段。他们终于回到了洛杉矶，赫胥黎完成了《天才与女神》一书及另外几篇文章的写作。玛丽亚对马修说，这部新小说是“相当棒的……我不得不认为，爱情使这个故事如此温馨”。几乎就在同时，赫胥黎与贝蒂·温德尔在“城市乡间市场”共进午餐时，他就要求她与他合作，一起把这个故事改编成舞台剧。汉弗莱·奥斯蒙德回加拿大了，赫胥黎夫妇非常想念他。由于玛丽亚要进行药物治疗以及赫胥黎认为自己可以独当一面做实验了，所以在汉弗莱·奥斯蒙德离开之前，他们就再也没有重复墨斯卡灵的实验了。玛丽亚正在接受长期的系列化疗，同时也在治疗经常反复的、疼痛不已的腰痛。

1955年1月9日，赫胥黎进行第2次墨斯卡灵试验。“这次体验跟第1次体验一样了不起，但完全不同，因为我是同另外3个人作为一个小组一起实验的（另外3个人是杰拉尔德· 赫尔德、一位提供本次试验药物的、名叫哈伯德船长的男子和劳拉，她在1955年提到这件事），有着众人的感受。而以前的那次试验只有我孤零零的一个人体验着彼岸美感经历，这一次几个人一同试验的感受是上一次试验中体验不到的。”这次试验持续了5个小时，或许是赫胥黎进行的最后一次墨斯卡灵试验了，“我接受了许多睿智的语言，比如，基督教说，‘己所不能，勿加妄断’，佛教说，‘以己之好恶为准，非完人也’”。

在现实世界的生活中，赫胥黎与贝蒂·温德尔合作改编《天才与女神》，供美国舞台演出，但这是一部非常单调冗长的戏，一直到1955年初才开始有人演出。玛丽亚的腰痛一如既往，经常要去医院治疗，赫胥黎认为，这就是她的病症所在，他在1月22日告诉奥斯蒙德，希望“在短时期内一切都好起来”。他是在欺骗自己吗？抑或不知实情？2 月初，他不得不承认，有些事情发生了，他问医生肝里面是否有恶性肿瘤，医生明明白白地告诉他吃不准。玛丽亚对基斯坎顿说过好几次，“奥尔德斯并不知道，他也不想知道”，尽管症状自 1952 年夏天起就越来越明显了。赫胥黎反反复复地对玛丽亚谈起，一旦她的健康状况有所改善，就一起出门旅行。可是，1955 年 2 月 5 日，赫胥黎感情的大坝崩溃了，真相的潮水一下子涌到他面前。

三十四、悲　　伤

1955年2月5日，赫胥黎给珍妮·内弗写了一封极不普通的信。说它不普通，是因为在这封滔滔不绝、思想丰富的信中，作者异乎寻常地发泄了赤裸裸的个人情感。信是这样开始的："亲爱的珍妮，我怀着深深的巨大悲痛给你写信。玛丽亚病了，病得非常非常厉害，如果医生说的可信的话，没有丝毫希望了。本以为是腰痛事实上是脊椎癌，肝脏受到癌细胞的侵袭已达2周，肺部也是如此，很可能，脾脏和肠子也是如此。"赫胥黎终于承认了这个事实。关于玛丽亚的病，其他的人早就清清楚楚地知道了（1953年，汉弗莱·奥斯蒙德访问赫胥黎夫妇，玛丽亚把病况告诉了他，他闻之悲哀欲绝、泪如雨下）。赫胥黎于同一天也给马修写信，"我见到她时，尽量克制不要哭出来，可是实在太难做到，因为我们已经共同生活了36年"。

2月7日，星期一，玛丽亚被一辆救护车送回家，由护士海伦·哈尔斯伯格专门照料她，自从玛丽亚在1952年动过乳房切除术手术之后，一直由海伦照顾着。赫胥黎运用催眠术来帮助治疗玛丽亚，治好了她的进食恶心症。玛丽亚的身体虚弱不堪，定期接受注射葡萄糖和维他命。"怀着你的全部爱思念着她吧，"赫胥黎就这样结束了给珍妮的信。马修在星期二立即飞来看望妈妈。当苏珊娜在星期三到达的时候，玛丽亚仅存一点意识了。苏珊娜告诉珍妮，奥尔德斯一直处于几乎要哭出来的地步，但是他拼命强忍着，一会儿叫我们喝茶，一会播放留声机里的优美音乐，以此来分散情绪。玛丽亚几乎说不出话来，也认不清人了。奥尔德斯坐在她身边，“有时默默无言，有时喃喃自语”，运用催眠暗示和‘磁道’来减轻她的楚痛。他回忆起她在莫哈维沙漠的神秘经历，“这就是她钟爱沙漠的原因。对她来说，这不仅仅是一个地区，而是她心灵的栖息之地、超感觉的现实之地和神的显灵之地”。她所有的神秘经历都与光有关。“光是她灵魂的载体，我所说的一切话都源自光”。赫胥黎会叫玛丽亚“看她所钟爱的沙漠里的光”，他通过对沙漠景色绘声绘色的描述，让玛丽亚感受到历历在目的沙漠奇观。

星期六凌晨 3 点前几分钟，护士说玛丽亚的脉搏跳动越来越弱。奥尔德斯来了，坐在玛丽亚身边，斜靠一旁，对着她耳朵说“我和她在一起，永远在一起，是因为光，我们人类现实生活中最重要的光”，接着，“一片宁静……疾病和和脆弱的身体使她难以忍受，疲惫之极，她是多么强烈地渴望宁静啊！”在玛丽亚生命的最后一个小时里，赫胥黎无论是坐着还是站着，他的左手一直放在玛丽亚的额头，右手放在她的心窝，这样就“一种至关重要的循环”。玛丽亚的呼吸越来越细，“我有这样一种感觉，她解脱了”。赫胥黎继续对玛丽亚耳语道，“松手吧，松手吧……只有光……”早晨 6 点钟左右，玛丽亚停止呼吸，平静地走了。马修和佩吉·基斯坎顿也在场，他们唱颂着中国西藏藏书上送亡灵的词句。后来，马修告诉妻子，这种时刻是“我生命中最悲痛最感动的时刻……一切就如此平静、如此温柔地结束了，奥尔德斯泪流满面，声音温和，没有声嘶力竭”。杰拉尔德·赫尔德观察道，“她出色的勇敢使她平和地走完这一切”。每个人都说，结束来得很快，没有太多的痛苦，可能是玛丽亚不想成为人们负担的强烈愿望导致把痛苦减少到最轻程度。赫胥黎家的法国布列塔尼人厨师玛丽·勒·皮特是最忠诚的仆人之一，与赫胥黎夫妇相处和谐，她在 1986 年被采访时说，在北金斯大道举行的一次午餐会上，玛丽亚对她说，"玛丽，我没法再吃了，只有你能理解我在经受的煎熬……"她太痛苦了。同时，根据珍妮所说，"她并不害怕死亡。"

2月14日，玛丽亚安葬于洛杉矶玫瑰园墓地，除了家属之外，前来送行的人并不多，有克利斯托弗·衣修午德、斯特拉文斯基夫妇、杰拉尔德·赫尔德、伊娃·赫曼等。出于某种原因，葬礼是在圣公会教堂举行的，而没有像原先可能计划的那样在天主教教堂举行。"奥尔德斯脸色灰白、愁眉不展，到处都是失声的痛哭，"伊娃·赫曼说道。葬礼过后，奥尔德斯呆在家里超过两个多月，似乎他想一个人静静独处。葬礼的当天晚上，伊娃·赫曼去看望赫胥黎，"奥尔德斯开门时，屋内漆黑一片，没有一个旁人。书房里灯光锃亮，他正在校对清样。你可能会想到玛丽亚就在隔壁房间里，一切是那么平和。"一个月后，克利斯托弗·衣修午德为奥尔德斯、杰拉尔德·赫尔德以及其他的朋友们组织一次聚餐。赫胥黎去拜访了住在帕萨迪纳的格蕾丝·哈勃，回来后感到异常疲劳。"他呵欠连天，双目紧闭，面容清癯，脸色灰白……奥尔德斯毫不犹豫地谈起玛丽亚、谈起他们共同生活的日子，一点也不避开众人。"又过了一个月后，就在他动身去纽约之前，他的身体状况并无起色，"他看上去瘦骨嶙峋，面容憔悴，差不多是一副要见上帝的样子。"这一次，赫胥黎谈起了一种新的放射线疗法，这种疗法对治愈老鼠身上的癌症很有效果。"奥尔德斯根本没有权利再谈起癌症的事，"衣修午德生气地写道。在这两个之中，还有一位不速之客，即赫胥黎夫妇俩的朋友劳拉·阿彻罗，她在《永恒时刻》一书中写道，"在玛丽亚·赫胥黎于1955年逝世后的几个月里，我经常去奥尔德斯家吃饭。"她说，奥尔德斯正在度过他一生中最困难的时期，但是，他按照他给玛丽亚的劝告"松手吧"而闯过了这一关。他接受所有的社交邀请，不让自己陷入沉思冥想之中。玛丽·勒·皮特继续为他烧饭，把煮好的食物放在冰箱里，她并不知道劳拉常来用餐，所以对奥尔德斯的食量变大而惊诧不已。

4月，在完成了他与贝蒂·温德尔合作改编的电影剧本之后，赫胥黎决定去纽约商讨拍摄事宜，并且与马修的一家住在一起，计划由罗丝开着玛丽亚用过的那辆汽车送他去纽约。这段路开车要走12天，罗丝对担当此任有点局促不安，因为没有玛丽亚的帮助，人们不知道应该怎样直接与赫胥黎打交道。赫胥黎曾经租借过剧作家乔治·考夫曼位于纽约派克林荫大道的公寓，住了八个星期，创作剧本，过着“一种我还不太习惯的生活方式——一排排的房子、俯瞰城市的顶屋房间、法国男管家、考夫曼太太（令人垂涎三尺的厨师）的暹罗猫以及许许多多剧本”。在这次行程前的几个月里，马修给珍妮写信说，他尊重奥尔德斯独居的愿望，“就让他一个人呆在屋子里吧”。马修离开了，赫胥黎在写给伊迪丝·西特韦尔的信中说，“每天，每个小时，房子里到处存在一个不存在的人”。写给玛丽·哈钦森的信中说，“如今，她的不存在成了某种形式的永久存在——我一直清楚地感觉到这一点。可是，我拼命工作，机械的生活方式又重新很好地建立起来了。”对珍妮说，他的损失是“截肢”，他在好几封信中都提到这个隐语，他对桑德威克女士一再坚持说，当然，生活还得继续下去，“但是，在经历了35年的合二为一的生活后，现在的这样一种生活似乎是被奇怪地截肢了”。

7月，赫胥黎离开纽约租借的公寓，去和马修一家住在一起。马修的家在康奈狄克州的基尔福德，“是一幢非常舒适的18世纪的乡间房子，座落在离大海2英里处的一条通海的大河旁，四周林木森森、田野青翠”。就是在这里，赫胥黎完成了《天堂与地狱》附录部分的工作。在给他们家老仆人林纳·蒙蒂尼的、用意大利文写的信中说，“我不知道我下一步做什么”，在给雷金纳德·波尔的信中，他说，丧亲是“一种身体上的休克，就像截肢后的感觉一样，总觉得那个地方该有东西，其实已经截去了”。玛丽亚的侄女为玛丽亚写了一首诗，赫胥黎为此给她回信道，“她比我所认识的任何一个人更加懂得爱、更加具有爱的能力；迄今为止，满身有着许多不善为人的缺点的我学会了如何做人，完全应该归功于她。”玛丽亚的整个一生，从嘉辛顿认识相恋至1955年逝世，她的具体的实质性的贡献就在于，她对奥尔德斯·赫胥黎身上的人道主义精神的生长起着无可限量的作用。

夏初，赫胥黎从艾琳·加勒特处得悉，“玛丽亚去世后在她那儿出现过好几次”，他郑重其事地记下了这句话。或许，这种事情根本就是他心中所想的。在朱利安的生日，赫胥黎对他说，“依我看，我们俩是属于人类中幸运的少数人，我们既能保持精神上的开放和年轻人似的开朗，又能享受到长期经历的果实。”赫胥黎静坐在纽约的一个名叫阿瑟·福特的巫师处，巫师也向他说，玛丽亚已经溶入“光明、青春、欢乐、自由”之中了。

7月，赫胥黎开始定期为《绅士》杂志撰写系列文章，这就使得他能把精心创作严肃文学作品的方式驾轻就熟地运用到与传统相关的绅士们阅读的杂志上。他继续努力为剧本寻找制片人，希望英格丽·褒曼领衔主演。7月，《天才与女神》在哈泼氏杂志上分期连载刊登。同名小说只能算是较长的短篇小说，是赫胥黎著作中最短的一篇，其主题与早期小说的主题相通：家庭、童年经历的遗忘、混乱性关系的暗示。故事是用倒叙的方式展开的（赫胥黎曾经把小说取名为“一端坏了的望远镜”），开明宗旨地表明这篇小说有许多不可靠之处，所以，约翰·里弗斯开口就说，“这篇小说的症结是要表达的意思太多，而现实从来就不表达什么意思。”接着，里弗斯看到《亨利·马登斯传》一书，是讲一位“天才”科学家的事情，像是一部正式的传记，或者如里弗斯所称是“正式的小说……一个令人难以忘记的肥皂剧中科学家的形象——你知道这种类型——似痴愚的儿童有着巨大的天赋；病态的天才人物不屈不挠地与许许多多荒诞不经的事情作斗争……脑袋伸入云端、心还在原处的心不在焉的教授……”马登斯被描绘成“一个处理人际关系的白痴、一头得奖多多却对现实生活中的事一窍不通的蠢驴”。马登斯的妻子“女神”凯蒂（她的身上有弗莉达·劳伦斯的影子）在丈夫故世后立刻投入里弗斯的怀抱。接踵而来的性关系使她恢复健康。里弗斯说，“对于这个奇迹，我有着间接的功劳。”马登斯“通过满足自我的欲望恢复了动物本性”，这完全是一种劳伦斯式的结论。此书大获青睐，在英国卖掉 20 000 本，到了 8 月份，就要求第二次印刷了。

9 月，赫胥黎回到洛杉矶。8 月，为了躲避东海岸的炎热，他来到了同样炎热、温度超过华氏 110 度的加州。他对格蕾丝·哈勃说，希望能花上一段时间来“咀嚼一些事情”，但是，为了取悦制片人（特别是他喜欢约瑟夫·安东尼），剧本就需要一遍又一遍的修改，根本不给他喘息的时间。赫胥黎对汉弗莱·奥斯蒙德抱怨道，“改编成电影剧本需要做许多错综复杂的工作，因为舞台剧太差劲了。”在得知作曲家格舒尔道的奇谈怪论后，他又对奥斯蒙德说，“当我读史、或看或听或阅最伟大的艺术品时，我总有这样一种感觉，那就是，倘若我们能找到攻击它们有效途径的话，我们就能以比先前历史上最奇特和最可爱的手段更加奇特和更加可爱的手段来行事了。”这是赫胥黎以唯美主义的论调表示不满情绪的典型表达法。他一直在寻求某种新感觉，但是，仅仅从事艺术创作实践的他找不到这种新感觉。他想得到幻影、感知和神秘经历的体验，可是，仅仅通过他富有创造性的想像力并不能做到这一点。他需要用别的钥匙来打开知觉之门。

回到洛杉矶，赫胥黎非常希望继续实验。10 月 5 日，他与衣修午德共进午餐。他“瘦骨嶙峋，脸色苍白，但是兴高采烈，谈笑风生。他请求我在纽约为他搞点墨斯卡灵。谈到剧本时，就商讨起钱的事情来，实际上是他直截了当地问我拿了多少钱。当然，我立刻告诉了他，他拿到了 80 000 美金。”两周后，赫胥黎给汉弗莱·奥斯蒙德写信，告诉他“前几天做过的又一次非凡的墨斯卡灵实验”。赫胥黎读到关于一位加拿大工程师用麦角酸酰二乙胺*[一种致幻药——译者注]*医治童年时代的精神创伤的事情，他坚定地认为“用这种方法解开为什么我对童年的记忆甚少将是一件很有趣的事情”。难道赫胥黎真是的的确确记不起童年的经历？他似乎存在着先入为主的观念，那就是，童年的经历对他关闭了大门，这其实是一种陈腔滥调的功能恢复疗法。在这次试验中，赫胥黎服下400毫克墨斯卡灵药丸中的一半剂量（40分钟后再服下剩余的200毫克）。劳拉一直伴其左右，她写道，“就我所知，第一次试验是他一个人，而且这一次并不是计划好的科学实验。”

赫胥黎向奥斯蒙德报告说，“就像在你支持下所做的那次实验一样，我虽然紧闭双目，却没有产生多少幻影，但是出现了许多外部世界的变形象。”恢复童年记忆的愿望并未实现，相反，“从内心深处却直接产生出完全清醒的意识，那就是，爱是宇宙间最原始和最根本的事实”。赫胥黎承认，这话听上去似乎是“废话”，但“事实就是如此”。与前两次的实验不同，这次实验并没有让他感觉到与人类世界的割裂，可是，实验还是令他深信，“墨斯卡灵的确会奇迹般地打开知觉之门”。根据劳拉·赫胥黎所述，在同一个月，赫胥黎和她一起进行了第一次的麦角酸酰二乙胺实验，时间是1955年10月（虽然她并没有同他一起服药）。然而，赫胥黎对奥斯蒙德说，他第一次进行的麦角酸酰二乙胺实验是在1955年12月中旬，同时参加实验的还有杰拉尔德·赫尔德和另外两个人。在这次试验中，赫胥黎服下75毫克的麦角酸酰二乙胺，他觉得比墨斯卡灵更有效力，但是，结果与墨斯卡灵相似，没有幻影，只有“外部世界的变形象”。劳拉·赫胥黎是这样描述这次实验的：他们一起聆听巴赫的《勃兰登堡第一协奏曲》，她直接引用赫胥黎反映这次经历的、最后一部小说《岛》中的叙述。音乐停止，劳拉起身去换唱片，突然之间，她感觉到玛丽亚就在屋里，然后进入她的身体，似乎在刹那间，她就是真正的玛丽亚。其时，赫胥黎开口了，语气坚定而又温和，“不要成为其他任何一个人，你就是你自己。”诸如此类的实验后来进行过无数次，在《永恒时刻》一书中有详细描写，特别是在“爱情和工作”这一章里。

年终，剧本“仍处于暂停状态”。赫胥黎说，他跟极少的几个朋友见面，因为玛丽亚的去世“剥夺了一双替代我的眼睛”。他跟影片导演约瑟夫·安东尼的关系在新的一年里进一步恶化，皆因导演指责他合作不力。1月，赫胥黎又进行了一次墨斯卡灵实验。他想念玛丽亚，“被巨大的悲哀压倒……这是一桩很痛苦的事情”。2月，《天堂与地狱》出版了，从某种意义上来说，它是出版后不久就再次印刷的《知觉之门》的姐妹篇。前言诚实地说明了赫胥黎利用人工之路走向天堂的需求，“对一个人而言，‘幻觉之烛’不会自燃，墨斯卡灵实验无疑会照亮这根蜡烛，因此而照亮心灵中的未知区域，同时也间接地照亮他人的心灵，被赋予更为丰富的幻觉。”他剖析了这几次实验中各种各样的幻觉体验，这些体验“存在着某种奇怪的规律，奇怪地遵循着某种模式”。幻觉不是“我们的个人财产”，而是我们承认的、与之接触的彼岸世界，是心灵中与隐藏在我们身上的动物性和社会属性恰恰相反的东西。这本书比《知觉之门》较少涉及个人，但是提供了更多的有关幻觉方面的插图和艺术作品的知识。

赫胥黎给查托出版社寄去了他最新的选集《阿多尼斯和字母表》，同时也在源源不绝地每个月为《绅士》杂志撰写文章。这是“唯一的一本不管什么样内容的文章都刊登的杂志”，每次付赫胥黎稿酬 1 000 美元。不久，赫胥黎的朋友们在《洛杉矶时报》上看到大标题“小说家赫胥黎与小提琴家结婚”。这篇报导注明 3 月 20 日发自亚利桑那州尤马。这是除当事人以外(包括儿子马修)知道这件事情最早的人。玛丽亚逝世才一周年，赫胥黎就计划再婚，意识到自己的失察之后，就在 3 月 19 日向一大批记者解释这件事。此外，他给马修和埃伦写信，称劳拉是“一位年轻的女士，以前是小提琴演奏家，现在是电影剪辑师，在帕斯卡手下工作。在最近几个月里，我渐渐习惯于依赖她了。既然结婚对我俩而言是互惠的事情，我们就决定去亚利桑那州的‘免下车结婚教堂’(真实名字)。她比我小 20 岁 (他是 61 岁，她是 40 岁)，但她似乎并不介意。科科拉很喜欢她，我们去年夏天在罗马时经常同她见面。在一段时间里，我有一种感觉，对那段记忆不再刻骨铭心了。可是，我发现，温柔是对温柔的最好纪念。”马修被这突如其来的消息深深刺痛，更令他难堪的是，别人引用报纸上的报道告诉他时，他才得知这一情况。这也表现出赫胥黎为人的一个方面，气质孤僻的他在现实世界的人际关系上要么是极端的麻木不仁，要么根本就没有考虑过。结婚的前一天，他与老朋友杰拉尔德·赫尔德共进午餐，只字未提第二天的结婚之事。他声称，他的保密愿望遭到了报界的伏击，对阿妮塔·卢斯说，“我想，或许有一天，我们应该写出一部闹剧，名字就叫《免下车结婚教堂》……由吉米·杜兰特饰牧师领衔主演，还有各种各样的开着灯的汽车驶来，鸣着喇叭，全都为了一场速配婚礼。”

在劳拉的书中，她写道，1956 年初，赫胥黎就问她，“你想不想结婚?”她坦率地回答说，作为一名尝试过多种职业的年轻女人，她不想牺牲自己的自由。促使劳拉改变主意的场所竟然是调侃嬉闹的聚会。当时，要求一位女士房间的侍者充当证人证实某件事时，几个反应敏捷的当地报纸的记者冒出来，他们意识到会有什么新闻。因为劳拉不是玛丽亚，永远不可能成为玛丽亚，又因为劳拉自己有一份工作（玛丽亚一辈子支持、保护和照顾奥尔德斯），她要冒险承受来自奥尔德斯和玛丽亚朋友们的冷淡，特别要承受有些人在接受采访中或者在信函中所表现出来的异类评论。但是，相当重要的是，奥尔德斯和玛丽亚的一些知交，比如克利斯托弗·衣修午德和阿妮塔·卢斯，并不同意某些人的异类观点。“一个人的生活中能有像奥尔德斯婚姻这样幸福的事情，该是何等地高兴啊，”阿妮塔·卢斯对贝蒂·温德尔说。“我见过劳拉两次，觉得她绝对迷人可爱。我想，可能我们当中没有一个人知道他们俩罗曼蒂克的起源，但是，我们大家应该感到无比高兴，因为劳拉是非凡的，而一想起那些追逐奥尔德斯的女人，我就感到厌恶。”赫胥黎毫无反感，倒是非常喜欢“伤心欲绝的牛仔”陪伴那位女士房间的侍者充当证人的传说。衣修午德发觉赫胥黎“陷入深深的幸福之中，处于一种非常心胸宽厚的状态”。

这对夫妻很快就考虑搬家，他们寻觅到好莱坞山的迪朗达大道3276号房子，离劳拉与弗吉尼亚·菲弗共同居住的原住所也不远，“实际上，这里没有烟雾，能看到城南的全部美景，也能看到其它方向原始状态的小山，它让我想起了希腊的荒山、陡峭的山谷和山顶上洁净的天空”。四周的山里有浣熊、郊狼和蛇。防火带铺着不错的人行道，表明这座小山也存在失火的危险。赫胥黎逢人便说，劳拉与他朋友们相处越来越好，就像他写给玛丽·哈钦森的信中所言，“在过去的几个月里，痛苦和悲哀减轻了许多，我对玛丽亚的怀念现在成了越来越多的幸福回忆。”然而，他依旧深信不疑的是，玛丽亚的灵魂仍在与他接触，他对维多利亚·奥坎普说，他深信“玛丽亚活着、成长着”。跟赫胥黎不同，有几个人能明明白白地与玛丽亚“接触”，同来自界外的声音对话。所以，赫胥黎结论道，“她已经达到了一个非凡的解放程度——给人的印象是青春、快乐。”这封信里的赫胥黎已经不再是在贝鲁特教堂里对迷信紧皱眉头的赫胥黎了。

赫胥黎如今又在致力创造新的“幻想小说”，不断修改这部“相当不错的乌托邦”小说的框架，这就是他的最后一部小说《岛》。在这段时间的工作中，他一边要不时地修改这部小说的计划，一边又在商讨《奇妙新世界》改编成音乐喜剧的事宜。此外，他与汉弗莱·奥斯蒙德通讯频繁，因为他们两人一起创造了‘迷幻体验’一词，用它来描绘他们探索的、服用迷幻药后所产生的幻觉形象。朱利安和朱丽叶来看望他。10月，赫胥黎飞往纽约，以《紧张的来历》为题，在纽约科学院发表演讲。科学院的公关人员办事效率极高，安排赫胥黎在电台和电视台露面不会少于七次。自50年代起，赫胥黎开始在媒体网络上不断出现（现在相对少了），为一系列严肃的电视采访增色不少，他那雄辩的充满智慧的评论完全符合现场的要求。与此同时，他对吠檀多会的一个成员要求他鼓吹该教时说，他不愿意说教，“我不是一个宗教徒，从某种意义上看，我并不相信深奥的东西，不是宗教仪式的崇拜者或参与者，也不上教堂，因此，我觉得自己既没有资格、也不愿意对公众说应该想些什么或者做些什么”。

10月，赫胥黎新选集《阿多尼斯和字母表》出版（在美国，名字改为《明天、明天、明天》），这是自1950年选集《主题与变调》问世以来的最后一本选集。选集中的第一篇文章是关于“非言语教育”，希望教育工作者认识到“每个人身上存在的内在的没有被意识到的智力”，称之为“双重教育之法”，它是基于这样一种假设：“每个人都具有双重性格……我们存在于许许多多不同的、甚至无法测量的宇宙之中。”赫胥黎比任何一个人都更加相信这是真的，尽管科学研究者也相信精神世界，非基督徒也谈论上帝，逻辑学家也创作小说，文化修养一直很高人也撰写沃尔特·迪士尼剧本。尽管赫胥黎迷恋各种各类的百科全书和实际知识，但是，他选集中的第二篇文章却在“知识和理解”之间划下了一条明显的区分线。赫胥黎谴责“学者们迂腐的陈词滥调”，极为赞赏基督教徒圣约翰的名言：了解自己，倒空记忆。但是，有一个词必须扎根记忆，常常使用，“成千上万次布道中的声嘶力竭和通过高音喇叭传出来的成千上万次的色情吟唱无疑是强暴了这个体现高雅情趣和崇高情感的词——爱，使它变成一个人羞于说出口的诲淫之词。可是，我们必须大声说出来，毕竟，爱是决定一切的最后一个词”。

赫胥黎悲观主义者的形象又一次在这些文章中出现，然而，浇铸的这个形象上有一双忧郁的眼睛在注视着军备竞赛、地球生态环境的破坏、与粮食资源息息相关的世界人口爆炸，当然，他也显示了对人类开始的自我改造能力的深信不疑，“对于人类最终一定会过上体面生活的前景，我仍然是非常乐观的；我仍然敢打赌说，扎根于每个人身上的、非人类社会所拥有的彼岸精神最终一定会战胜人类现存的、策划集体自杀的思想体系”。然而，一篇有关20世纪初期在利安诺由乔伯·哈里曼及莫追随者所进行的名叫“奥茨迈达斯”的社会主义者实验的文章认为，人类自私精神的兴起破坏了合作的理想，而赫胥黎所表达的思想比这种观念要多得多。赫胥黎对这次实验的冷嘲热讽式的叙述（“除了用绝对纯粹否定的方式之外，不幸的是，无人指导利安诺的历史”）是相当出色的，但是他自己也在鼓吹乌托邦，或许是他认为应该为普遍的理想主义破灭的现象寻求答案吧。赫胥黎未来主义者的形象也在这些文章中出现。在一篇题为“审查制度和口头文学”的文章中，他似乎预测到了网络文学和录音书籍。这些文章中的最佳之处就在于，赫胥黎把对当今世界的注意同世界发展的许多可能性结合起来了。坐在“世界最大药房”餐馆里，赫胥黎看着母亲日卡上的蹩脚诗句问道，“怎么会这样呢，我们每天对我们所居住的世界和人类所进行的思考会是如此不真实、如此明显的轻率？”

12 月底，另外一家报纸即英国通俗小报《人民报》上出现了大字标题：“一只眼视力矫正的人戏弄世界。”这篇文章的素材来自名为《眼睛操练真相》一书，书作者是美国一位重要的眼科专家，叫菲力普·波莱克博士，他针锋相对地驳斥贝茨博士关于眼睛操练所说的话，尤其是关于“伟大的奥尔德斯·赫胥黎的悲剧”的描述。波莱克叙述道，在赫胥黎进行的一次演讲中间，说话有点结结巴巴，开始把讲稿拿得越来越靠近眼睛，“最后，他终于从口袋里拿出放大镜来辨认讲稿。赫胥黎的眼疾并没有治愈，但是他努力使自己相信眼疾治好了。他事先背熟讲稿，但是忘记了其中的一段。”《人民报》得出的道德教训是，假如一个人不想成为“一个伟大的美国骗局”的受害者，那么他不应该扔掉自己的眼镜。查托出版社对赫胥黎说，可以对这篇文章和这本书起诉，但是赫胥黎告诉他们，静观其变是最好的策略，可能是因为他觉得写的都是一些鸡毛蒜皮的事情，也可能是因为他担心写的东西中有几许真实。虽然这些都是强烈反对贝茨的一部分行动，但是，赫胥黎仍是实事求是地承认道，他“从来没有说过他的眼睛能看书，除非情况特别好”。当然，赫胥黎这样说也非完全必要。1952 年 4 月，赫胥黎在“美国电影剧作家协会”发表演说时讲到了这件事情，当时未戴眼镜。《星期六评论报》的记载日志者描叙道，“一个令人痛苦的时刻，即便四下分散的旁观者的窃窃私笑声也减轻不了多少痛苦”。这些叙述引起了一个令人费解的问题，为什么赫胥黎要将自己置在这样一个位置上，而且，倘若报道是真实的话，他通过制造假象来希望达到什么目的？我们仍然怀疑，赫胥黎这样做除了获得极其短暂的停顿以便看得更清楚之外，还有别的什么吗？

三十五、名　望

赫胥黎深信剧本会获得成功的、不可征服的信念使他在整整 1957 年全年的时间里尽一切努力把《天才与女神》搬上百老汇舞台。最终，在 12 月 10 日，剧本上演了，可是，只演了 5 个晚上。1 月，赫胥黎声称道，“为什么还会有人为百老汇舞台写戏？真是自讨苦吃。”他在这项工作上（更不用说为拉尔夫·罗丝改写的《几度寒暑天鹅死》的舞台剧本以及买回《奇妙新世界》改编权所做的努力，还有关于写音乐剧而先与斯特拉文斯基后与伦纳德·伯恩斯坦打交道的事情）所花费的两年时间算是白白地浪费了，“浪费”一词用在此处是再恰当不过了。两年的时间本可以做出一些更加有趣、更加有创造性的工作来，但在实际上却是他精疲力竭的两年。4 月，在一次聚餐会上，克利斯托弗·衣修午德发现赫胥黎“疲惫、嗜睡”，尽管当时的另外一位年轻的客人英国诗人汤姆·冈恩对能见到这位传奇般的前辈作家激动不已。1957 年初，《绅士》杂志的转型意味着不再需要赫胥黎的文章了，但是，每月 1 000 美元（“这种驾轻就熟、稿酬颇丰的专栏论坛”的收入）的损失对他没有什么影响，因为版税的收入仍旧很高，单单在英国，一年版税的收入就超过 4 000 英镑。春天，他与一群朋友——朱利安、哈里逊·布朗、金斯利·戴维斯、弗雷德·齐纳曼、比尔·基斯坎顿——聚会在一起，目的是为了拍摄一部有关人的纪录片,集中拍摄埃及。

赫胥黎也开始接受演讲的邀请。年轻的时候,他觉得演讲是一件痛苦的差事,很不愿意去做它。但是,在加州的最后几年中,他渐渐喜欢上演讲,于是,对他的邀请便稳步增加。4 月,他在斯坦福大学用了 3 天的时间与学生们谈论“究竟什么是创造性写作”,后来又去了新汉普夏大学和纽约大学。与斯坦福大学学生们的交谈非常成功,于是,赫胥黎又涉足了比较宗教学和研究生英语方面的事情。他对奥斯蒙德说,“青年人非常好,有些年龄略大一些的青年人更是非常有趣。”如今,赫胥黎已经是一位地位较高的文人、到处巡游的知识分子和大学的访问学者,似乎成了一件供不应求的商品。

7 月 18 日,赫胥黎动身去纽约指导剧本(早些时候,彼得·布洛克阅读了剧本但拒绝使用),并且打算在那儿度过夏季。《重访奇妙新世界》一书在“缓慢进展”之中。劳拉此时正在家乡都灵探望父亲,她写信给珍妮说,在赫胥黎从纽约寄居的肖尔汉姆旅馆里写给她的信中,有“疲劳的阴影”。赫胥黎去纽约现代艺术博物馆参观毕加索画展——“在二、三十幅杰作周围有多少涂鸦之作啊!”11 月,剧本的事情越来越糟糕,剧院老板考特尼·伯尔变卦,不接受剧本,此外,贝蒂·温德尔威胁要撤退。11 月 13 日,伯尔和合作者亚历克·科普尔共同创作的剧本在纽约新哈文剧场上演,被一位评论家描述是“为期一周的国内传统喜剧”的开场,接下去一周,该剧又去费城演出,中间加上了伯尔私下塞进去的台词。贝蒂·温德尔和劳拉·赫胥黎观看了 11 月 23 日的演出。赫胥黎威胁要中止合作。在纽约短暂演出的前夕,赫胥黎终于宣称,“我浪费了 4 个多月的时间,要是在这段时间里我专心干自己的事肯定收益不小。这段经历令人不快……非常乏味。可是,对我的教育很大,我们凡人本就是活着、学着。”可是,赫胥黎并不愿意向实践者学习,他理解不了田纳西·威廉斯戏中人物“自始至终的粗心大意、愚蠢无知”,他深陷于传统的戏剧模式。于是,他与劳拉飞回洛杉矶,适时地抑制一下自己。

几天后，一群洛杉矶新闻学院的学生来到迪朗达大道采访这位声誉卓著的作家。赫胥黎向他们谈起了自己的眼疾以及如何征服失明，眼疾又是怎样切断了他渴望当医生的道路，“碰巧，我非常喜欢写作……我深信，倘若我不幸而成为一名医生的话，我肯定不是一位好医生，会很快离开这一行的。”学生们问他，那个以前嬉笑怒骂的赫胥黎是不是演变成如今成了思想家的新赫胥黎了，他答道，“我认为我没有抛弃以前的我，我希望我还能不时地创作一些十分有趣的故事，希望能增加一些新思维，这些才是我努力要做的事情，或许还没有做到。从某种意义上来说，我认为，讽刺是对其它方面的必要补充。”在学生们起身离开之前，赫胥黎警告他们要当心新闻陷阱，“如果你能确信自己一定不受其惑，那么，新闻是一个非常不错的值得踏入的领域。”

1958年春，赫胥黎完成《重访奇妙新世界》，书中的许多章节在1956年和1957年就出现在报纸杂志上了。他计划接受巴西政府的邀请，访问南美洲。他向朱利安抱怨自己太忙了，“一个人干吗要这么忙忙碌碌呢？似乎愚蠢，且无必要。但事实上就是这么忙。”不久之后，他对马修的妻子埃伦说，“我讨厌这样的写作，也写累了。可是在同时，我又发现要找到一条正确表现我计划中乌托邦小说的创作道路，可谓难于上青天。”计划中的乌托邦小说就是赫胥黎最后一部重要著作《岛》。他计划写这部小说已经有好长一段时间了，故事内容将是《奇妙新世界》的翻版，一幅好人与和谐社会图，或者，如他对珍妮所说，“一个似乎违反常理的、有创造性的、讲究实效的较好的社会”。7月，赫胥黎赴巴西前，马克·华莱士对他作了一次电视采访，这是接下来的几个月里好几次电视采访的第一次。对赫胥黎而言，这真是一次好机会，他可以公开自己关于现代社会“过于组织化”的观点，《重访奇妙新世界》进一步阐发拓展了这个观点。5月19日，《纽约时报》的通栏大标题是“赫胥黎害怕皈依新信仰会颠覆民主进程”。联邦调查局出现并且记录下赫胥黎的言论，一份内部备忘录又挖掘出赫胥黎于1935年参加在巴黎举行的“世界作家保卫文化大会”，根据一份法国出版物所说，暗探揭露这次大会是“一次共产主义者欲统治法国的阴谋”，当然，显而易见，这完全是不可能奏效的。因为在马克·华莱士的采访中，赫胥黎详细阐发反对政治禁锢、保护个人自由的思想，所以，人们不禁觉得，联邦调查局监督新闻广播完全是在浪费时间。

巴西之行让赫胥黎知道他的名声有多大，他在回程途中告诉奥斯蒙德，“我不知不觉地深受感动，十分惊讶地发现我现在是个什么样的人，这是长期以来发生在我身上事情的结果。我有点像历史文物，观光者愿意长途跋涉来参观，电台和报纸的记者总能在我这里挖掘出一些有价值的新闻。在巴西，无论我走到那儿，都仿佛是比萨斜塔刚进城一般。甚至在意大利，我常常发现自己置身于偌大的剧场之中似的，既让我好奇，又令我尴尬。”劳拉·赫胥黎在她的书中写道，在他们去首都巴西利亚途中的巴西丛林中停留时，他们同一个原始部落的成员会面。一位“身体虚弱的白人”到了，他们意识到他就是赫胥黎。“部落头人热泪盈眶，走近赫胥黎，‘阿克斯列，阿克斯列*［土著人不正确的“奥尔德斯”的发音——译者注］*……欢迎，欢迎……’两个男人紧紧拥抱，奥尔德斯深受感动”。离开巴西后，他们去了意大利和都灵。劳拉把奥尔德斯独自留在一家咖啡馆里，自己去购物。她回来后，奥尔德斯把刚写好的一封信交给她，“这封信会告诉你，你真是一位女巫，否则的话，我为什么会越来越爱你呢？……我深爱着你，唯一的希望是，我能爱你更多、更好，让你总是那么健康、幸福；让你的脸上不会出现痛苦、让你拥有可爱的胸部、平坦的腹部和修长双腿的身体永远宁静……我对你的爱既温柔又狂热。”不管赫胥黎第二次婚姻的真相如何，也不管是不是像第一次婚姻中双方的“坦诚”一样，从这封信可以看出，他对劳拉的爱无疑是真心实意的。

离开意大利，赫胥黎（最初是他一个人）去伦敦看望朱利安和朱丽叶，这次访问是“惬意的，我见到了许多人，比如，伯蒂·罗塞尔、罗丝·麦考利……和……汤姆·埃利奥特（如今，他有点令人费解的麻木，或许，这终究是他第二次幸福婚姻的结果吧）。”珍妮的女儿诺埃莉在伦敦见到了赫胥黎，“我对奥尔德斯有一种奇怪的感觉，他一点儿没变，只是年纪大了。英国的气候并不适合他。他并没有切断与亲友的联系，没有忘记科科拉，经常充满深情地谈到她……他身着一套灰色的西服，戴着一条红色的领带。”10 月 12 日，约翰·莱曼为英国广播公司的电视节目“监察”采访了赫胥黎，他态度友好地对莱曼说，把他视为小说家是“高抬”了他，或者是“故意骗人”，他充其量只是一个“论说文作者”，但是，他对创作小说并没有失去信仰，“小说，你想怎么写就可以怎么写，除了写得好之外没有任何条条框框。”10 月 26 日，赫胥黎与朱利安、哲学家弗雷迪·艾耶尔、神经病学家格雷·沃尔特一起出席了英国广播公司的另外一套节目“智囊团”，4 位绅士用柔和的声音、纯正的语言以公开课的形式（“艾勒，你是怎么看的?”）讨论了许多问题。这些问题似乎都很符合赫胥黎的兴趣，他用一种杰出的推理的语调来回答问题，看上去比朱利安更加精确、更加放松、更加流利。他拿出马形道具来演示人口膨胀和自然资源的耗竭，好几次引用了美国杰出的权威科学家和研究人员的观点，显而易见，他与这些人经常接触。他为自己的超出科学可知范围的兴趣和对神秘主义的兴趣作了辩护（有利于通灵术的证据似乎相当过硬……还有超人视力）。《语言、真理和逻辑》一书的作者文质彬彬地倾听着，仅仅指出，只要不把神秘主义看成是“认知过程”，了解一些神秘主义的知识并不是一件坏事。

赫胥黎离开伦敦后，劳拉和他在巴黎会合，然后一同去威尼斯。尽管赫胥黎患上重感冒，他还是在都灵、米兰、罗马和那不勒斯发表演说。他在都灵给朱利安和朱丽叶写信说，他非常高兴一起在电视上出现，“什么时候我们三人再会聚首呢? 在乘坐喷气式飞机和参加国际会议的这些日子里，几乎什么事情都会发生……我会永远铭记在伦敦的这几周，真是一段特别叫人高兴和有意义的时光”。在赫胥黎从此以后剩下的有生之年中，他又3次访问伦敦。很清楚，赫胥黎并没有抹去对加州的喜爱，当他于12月抵达迪朗达大道时，他承认说，“在经过5个月的全球奔波、记者采访、电视谈话、发表演说和亲朋聚会后，能返回这一安安静静的处所，真是太好了”。赫胥黎回家之后，立刻要做许多工作，如创作小说、如准备去圣巴巴拉发表演说的演讲稿。他对查托出版社说，他像“白蚁”一样辛勤劳作于演说，“我并不打算把演讲稿全部写出来，只是发疯似地收集和整理材料，这样，我才可能凭借感觉的尺度当场即兴发挥”。在圣巴巴拉的加利福尼亚大学所作的几次演讲于赫胥黎逝世后的1978年发表了，标题是《人类的处境》，这些演讲充分揭示了赫胥黎所关注的当今世界的“灾难进程”。1959年初，赫胥黎对朱利安说，“所有这演讲中涉及文化方面的难处是，过多强调文化会分散人们做事的注意力，过少谈论文化又会促使人们把精力和时间统统花在做事上”。

1958年10月，当赫胥黎逗留在伦敦时，《重访奇妙新世界》出版。这本不太厚的书又一次展示出赫胥黎的天赋，他论点精确、清楚，强有力的证据支持着他的观点，比起作为一名小说家来，他作为一个论说文家写起似乎更加得心应手，至少在他的写作生涯中，目前的阶段就是这种状况。他的最后一本小说在阐述性议论的重压下情节发展缓慢，缺少小说的张力和想像力。赫胥黎最后两本散文式的著作《重访奇妙新世界》和《文学与科学》是光彩夺目的推理范文。书的主题是“自由及其敌人”，赫胥黎指出，当《奇妙新世界》在1931年出版时，“我相信来日方长，组织完善的社会、科学的等级制度、通过恰当手段的控制而造成自由意志的废除、通过定期使用化学药剂诱导快感来使人接受奴役、通过每晚的睡眠教育课程强行灌输正统思想——这一切都会发生，但不会发生在我身处的年代，甚至也不会发生在我孙辈们的时代……27年后……我的乐观主义要比我写《奇妙新世界》时少了许多……该死的间隔太短，所以，太多的恶梦还未开始，也没有开始的迹象”。他预言的一个恶梦是全球组织化，赫胥黎这样做表明他本质上是一位自由的人道主义思想家，维护着有知觉能力的个人的自由，反对政府以及被广告和市场营销所控制的宣传的横行霸道，反对洗脑。这些思想都扎根于维多利亚时代的知识分子中，赫胥黎只是让它们蹦了出来。尽管20世纪后期的学术上的理论家尽了最大的努力，但是仍然与富有惊人活力的传统有着牢固的内在联系。

在“自由教育”一章中，赫胥黎勾勒了一种抵制模式，“首先，教育要依据事实和价值——事实是，个人的不同性和遗传基因的唯一性；价值是，自由价值、宽容价值和博爱价值，而它们又都是道德体系的必然结果”。他鼓吹分散化和小型的自我组织起来的社区（即使在大都市，人们被迫拥挤居住在一起也可以自我组织起小社区）来抵制“目前的对一切事情都加以全面化控制的潮流”，拒绝“大企业和大政府”的权力。赫胥黎明白，许多人对这种抵制并不感兴趣（“给我电视机，给我汉堡包，但不要要求我承担什么自由的责任”），赫胥黎也明白，正如我们在将近50年后所明白的一样，没有这种抵制运动，自由的敌人就会胜利。

1959年，赫胥黎花费整整一年的时间去圣巴巴拉演讲和致力于创作最后一部小说《岛》。1月，他邀请克利斯托弗·衣修午德和唐·巴查迪共进午餐。衣修午德认为，“他看上去很劳累，是一副上了年纪的模样”。衣修午德最近有点怨恨赫胥黎，因为赫尔德向他暗示，在他看来，他和赫胥黎共同参与的墨斯卡灵和麦角酸酰二乙胺的实验所经历的幻觉体验要比衣修午德的那一套更好。赫胥黎本人也被马修与埃伦离婚的消息搞得心绪不宁，他给马修写去一封信，规劝他要理解前妻，他写道，“赫胥黎家族的人性格上都有一种不愿意被他人幸灾乐祸愚弄的倾向，而且把有愚蠢行为的人看成是在禀性和习惯上与我们是不同类的人。赫胥黎家族的人很难记住，别人有权利维护自己的习俗和性格正如赫胥黎家族一样……所以，千万记住这个家族太多评判他人的缺点。”

5月，赫胥黎飞往纽约接受美国文学艺术院颁发的小说奖，这进一步证明了他作为一个杰出作家的地位。他的视力每况愈下、麻烦连连。赫胥黎喜欢散步，8月的某天晚上，当他独自一人在家门口附近散步的时候，摔倒在地，他自认为是经历了“一次幸运的脱逃”，背部受伤，疼了两、三个礼拜。虽然如此，他并没有停止创作乌托邦小说，“我在吃劲费力地对付着如何把许许多多完全不同的材料放进一本书里而又不是纯粹的讲解和说教。这或许是一项根本无法完美完成的工作……我正试图用对话的形式来减少讲解，我认为这办法既生动又可行。但是，我同时也背负着这样一种感觉：倘若我有天赋的话，就可以把所有的材料诗歌化和戏剧化，创作出一本滑稽可笑的、可悲可叹的、抒情诗般的和影响久远的书来。天哪，我可没有这种天赋啊……”赫胥黎晚年自我批判的精神得到了批评家们的回应。赫胥黎告诉查托出版社，新书正以“一种叫人极不愉快的方式向前推进着，因为我脑子里常常会冒出新的想法，这些想法又得合适地加入到以前的章节中去，所以，前面还会发生什么样的事情，我自己也说不清楚”。整个夏季和秋季，赫胥黎恬淡寡欲，全身心地扑在小说上，“我的潜意识中总是工作，而不是懒怠，第一次产生新的好想法时，狂喜之情倏忽而过，接着是再思、三思，成熟之后就迫使我回到前面章节中去增加或删除成文的我最初想法所产生的材料”。邀请赫胥黎发表演讲的信函源源不绝、纷至沓来，比如印度、比如设在托皮卡的门宁格基金会[*Menninger (1862～1953)，美国精神病医师，与其子 Karl A. Menninger 和 William C. Menninger 首创精神病专家诊所，建立门宁格基金会，培养精神病治疗专门人才和精神病学研究工作者——译者注*]。赫胥黎对奥斯蒙德说，门宁格基金会是“美国精神病学圣地中的圣地”。

秋季的某一天早上，赫胥黎暂停手头的工作，答应加州大学洛杉矶分校学生们为《西风》杂志而对他作一次采访。他们发现他“身高异常，却骨瘦如柴——就像杜米埃笔下的一个幽灵在研究堂吉珂德。他脸色苍白、布满皱纹，富有贵族气派的鹰钩鼻，一双有着长长手指的手微微颤抖，不时地梳理着日渐脱落稀疏的头发……他的言谈举止自始至终是不急不躁、彬彬有礼，相当超然”。赫胥黎坦诚道，“不幸的是，我没有阅读到我想阅读到的一定数量的小说，不得不限制阅读量，因为视力太差，故而我也没有阅读到我应该阅读到的一定数量的当代小说。”“应该”一词意味深长。学生们问他对电视的看法，他用同样谦虚的知识名流的语调回答说，“我好像没有资格来谈论电视，因为我连一台电视机也没有……我喜欢看电视上有关赫鲁晓夫先生的事情以及诸如此类的东西……电视是某种形式的要求无辜的人类作出牺牲的摩洛神［*Moloch，指基督教《圣经·旧约》中的摩洛神，是古代腓尼基等地所崇奉的神灵，信徒以焚化儿童向其献祭；现在指代“引起巨大牺牲的可怖之事”——译者注*］……为电视节目撰写文稿的人正在静静地走向风靡。”赫胥黎的话或许反映了许多还没有转入电视这一行的电影剧作家的观点，早在50年代，赫胥黎就看到了电视对电影的威胁。

这次采访概括了赫胥黎这段时期的形象：严肃认真和典雅高贵的知识分子，用一种超凡脱俗的口气讲话，有着聪明绝顶的智慧。大约就在这个时期，赫胥黎收到罗莎蒙德·莱曼寄来的一封信，罗莎蒙德对招魂术很感兴趣，给赫胥黎附来了一些有关玛丽亚的情况。但是，赫胥黎认为，她对玛丽亚的描述并不符合玛丽亚的特征，他承认说，玛丽亚可能说过“太高的智商对神秘主义体验来说是一道障碍”之类的话，可是语调完全不同。赫胥黎告诉罗莎蒙德，有时候，玛丽亚会把他比作中国的聪明绝顶的神猴孙悟空，他补充道，“她的最大愿望是，我不应该那么自我封闭，要更多地同各种各样的人保持密切接触。”另外，他拒绝“传奇故事”，他写作生涯中所养成的习惯就是与28卷的《大不列颠百科全书》为伍，用它来查找所需要的信息，而不依赖于指导手册之类的书。

在来年的整整一年中，占据赫胥黎生活舞台中心的是他到处发表演讲，成了名不虚传的“孙悟空”了。新书的进展自然慢了下来，因为他马不停蹄地从一个校园跑向另一个校园，详尽阐发他对我们这个星球的警告以及人类对它漫不经心的照看。

三十六、火

1960 年 1 月，加州南部遭遇到非同寻常的寒冷，雪花飘落在 2 500 英尺高的地方，冻坏橘树。赫胥黎继续创作“乌托邦幻想”小说。他告诉朱利安，小说碰上了“极大的困难”。几天后，他对马修说，小说“已经超过 200 页，还没有结束的迹象，事实上，我也不知道该死的书应该怎样结束”。这些话听上去像是不祥之兆。赫胥黎向查托出版社的伊恩·帕森斯承认，他被“因讲解而使故事发展缓慢的情况搅得心烦意乱”。在与克利斯托弗·衣修午德讨论了这种情况后，他试图通过“引进一个崭新的人物”来修正书的缺陷。珍妮被告知，此书是“一部难到极点的小说”。马修婚姻的解体是另外一桩令人垂头丧气的事，赫胥黎觉得自己必须去做以前未曾做好的事情，他曾告诫这对小夫妻如何过好日常生活，引用了但丁的话来告诉他们俩必须找到一条走出“黑暗丛林”的道路。赫胥黎在关于约翰·米德尔顿·默里的一文中强调了“概念与本质”之间的差异，自从 30 年后期以来，赫胥黎就再也没有见过他，而他的传记刚刚出版。赫胥黎说，默里是“分裂的，故而自我削弱（正如大多数知识分子一样）”，这个事实却激怒了劳伦斯。

1960 年 3 月和 4 月，赫胥黎是作为一名访问教授在堪萨斯州托皮卡的门宁格基金会度过的，他描述这地方是“令人好奇的世界精神病治疗专门人才培训中心，这里每平方英里上的精神病患者和精神病分析师比任何别的地方都多，依我之想像，可能在太阳系里也是如此。我希望，待在这儿的人能多多获益，至少让我能学到许多东西”。赫胥黎从来都不赞赏弗洛伊德，但是，他发现在托皮卡弗洛伊德学说起着支配性的统治，虽然单独使用心理学也能治好不同的双重人格的病人，但是心理学范围有限，未能在治疗精神病患者的现实生活中独树一帜。中西部的积雪深达 18 英寸，现在开始融化，所以，赫胥黎只得穿着橡皮的靴子艰难跋涉，“像一条大麻哈鱼似的渔夫”。他在堪萨斯州托皮卡的逗留刚结束，就立即去了加州大学伯克莱分校，对一群有学问、有能力的听众发表演说，随后又去了波卡泰罗的爱达荷州立大学。赫胥黎接到来自出版社的经济方面的好消息，显而易见，他拥有一大笔钱，那么，他干吗在写作一本书的时候还要接受这么频繁的演讲安排呢？我们很难理解，除非理解为这是他逃避困难重重的小说创作的一种手段。

5 月，赫胥黎和劳拉一起飞往旧金山，去莫菲特医院进行检查。尽管赫胥黎要求每个人——包括对他病症详细了解的比尔·基斯坎顿——保密，包括对儿子马修也保密，而他却正在遭受着舌头癌的折磨。手术包括切除半根舌头，但赫胥黎不同意，他希望用镭射线进行治疗，这样做法不会影响到他的言语能力。玛丽亚身患癌症时的指导医生马克斯·卡特勒博士被请来了。卡特勒后来说，他发现赫胥黎是一个“卓越的”人，“他对自己的病症几乎很不在意，却相当关注科学和医学方面的新发现。他认为自己的病症是一种十分独特的现象，将会扩展他的体验能力。”舌头治疗有效，彻底愈合。但是，仅在一年半的时间后，卡特勒发现赫胥黎颈部腺线有被癌细胞侵蚀的现象，只得切除化验，可是不久，在别处的腺线里也出现了癌细胞。不幸的消息传出，赫胥黎住院了。他只好给儿子马修写信说，他遭受着喉炎的折磨，“这种喉炎使得进餐和讲话都非常困难”。然而，到了 9 月份，他康复得很好，可以出席在达特默思学院举行的“现代医学道德的重要问题集会”，随即飞往波士顿，后去新汉普夏参观访问，在那儿接受荣誉学位。他也在匹兹堡大学发表演讲。赫胥黎不是一个热心选举约翰 F. 肯尼迪为美国总统的人，部分原因是约翰的父亲乔・肯尼迪的“令人讨厌的”出现和约翰・肯尼迪本人身后成千上万的“潜在的社会改革运动的青年斗士”。赫胥黎仍然在继续进行麦角酸酰二乙胺的实验，尽管总是对自己不能看见预料的东西感到失望。

9 月，不继续写作《岛》的新理由出现了：赫胥黎接受麻省理工学院卡内基访问教授职位，时间长达 9 周，酬薪是 9 000 美元。他对查托出版社说，这是“在有趣的地方从事一份有趣的工作”，至于新书嘛，可望在今年年底完成，当然要看麻省理工学院留给他多少闲暇的时间了。赫胥黎非常盼望能去麻省理工学院，因为“在麻省理工学院教职员的名单有着繁星一般多的世界顶尖级科学家”。汉弗莱・奥斯蒙德去探望赫胥黎，对他所患癌症的症状以及外貌大吃一惊，“憔悴、疲惫、苍白”。赫胥黎从剑桥学院给英国戏剧作家约翰・怀廷写信，怀廷正在把他的《劳登的魔鬼》改编成舞台剧，供艾冯河畔斯特拉特福*[Stratford-on-Avon，英国英格兰中部城镇，莎士比亚的故乡——译者注]* 的皇家莎士比亚剧团演出。赫胥黎对怀廷的稿件提出了许多详细的看法。赫胥黎在麻省理工学院的剑桥学院所开设的讲座大受欢迎，其主题肯定是关于“人类本质的问题”。他拿着一札笔记开讲，大厅人满为患，只好通过喇叭传到外面。在这些日子里的星期三晚上，穿越查尔斯河的交通拥挤不堪，警方不得不加强警力。赫胥黎慷慨大方地邀请学生去他在纪念大道 100 号校园公寓的住处，但是在第二天早晨，他仍然挤出时间致力于小说的创作。

赫胥黎返回洛杉矶过圣诞节。但是，他却“像疯子一样”扑在小说写作上，希望于来年春天脱稿。1961 年 1 月，他和劳拉去夏威夷一周，“理由是去发表数次演讲，真正的动机却是希望看看岛屿，因为我已经有许多年没有看见海岛了”。接着，他们又去了旧金山，参加“精神控制”大会。即使他疲劳了或者身体不适，赫胥黎也没有放松自己的步伐。在夏威夷的逗留给了他一段时间同劳拉呆在一起，在过去的几个月里，他也并没有能常常见到她。他赞赏劳拉在心理疗法方面的工作，告诉珍妮有关劳拉的“杰出成果，因为她资源丰富，有着了不起的直觉天赋”。后来，赫胥黎为劳拉的关于“生活诀窍”的书《汝非靶子》(1963)撰写前言。

1961年1月，克莱尔·埃斯谢尔贝克找到了赫胥黎，他正在写一本有关赫胥黎著作书目的书。赫胥黎答应为此书写一篇前言，同时坦诚道，“一想到这么多年以来我所写的全部东西时，真有点惊骇不已”。赫胥黎尚未写完的是《岛》，但他告诉伊恩·帕森斯，“我希望在5月份结束这桩该死的事情。”他计划在小说完稿后去伦敦，请求帕森斯为他安排一套带有厨房的设备齐全的公寓，这样一来，他可以自己动手做饭，“因为一个人很容易讨厌俱乐部的或者餐馆的饭菜，为了换换口味，可以自己稍微弄点野餐式的食品”。他对伊恩·帕森斯说，他“厌倦”写小说了，可是，突然之间，灵感闪现，把书名定为《岛》。赫胥黎解释说，“这个书名简洁、恰到好处，因为幻想的情节发生在锡兰和苏门答腊之间的一个假设的岛上，并且，所描绘的社会也是在当今疯狂世界中相对圣洁的一个岛上。”4月初，赫胥黎还得去麻省理工学院发表一次百年庆典演说。到了6月份，书还没有完稿。即使赫胥黎还没有完成手头的小说，他已经计划写一本关于美国西海岸的旅游书，是由加州大学伯克莱分校的福特研究基金会赞助的，于1962年进行。这是另外一部永远不会写成的书。而眼下要做的事情就是他计划去哥本哈根参加在8月中旬召开的心理学大会，然后在10月底花上几个星期的时间去意大利、印度。可是，在5月份，所有这些计划都遭受到严重挫折。

5月来临，开头的日子里诸事顺畅，马克斯·卡特勒给赫胥黎送来一份健康清单，宣称赫胥黎的康复是他最成功的案例之一，于是就排除了切除手术。但是，在5月12日的黄昏，劳拉授完心理疗法课正打算回家，停在朋友弗吉尼亚·菲弗家附近喂一只猫（弗吉尼亚走了）。她突然注意到消防队队长的红色轿车，并且看见烟雾和火焰从下面的山谷冒上来，大风骤起，她听到消防车响起的警报声。接下去发生的事情只能依赖劳拉的叙述了，因为赫胥黎回忆不起任何细节。劳拉把接下去发生的事情归纳为"莫名其妙、无法解释"。通常，她遇事反应快、决断早，但是在这件事情上有点异常。尽管她自己的房子和弗吉尼亚的房子（这是她闺中密友的房子，她在这里度过"她一生中最为重要的几年"）都受到大火的威胁，她却"一动不动地站在那儿，对飞舞的火焰心醉神迷，甚至欣赏起呼啸的风声来"。她走进弗吉尼亚的房子，拿出一些文件，然后开车回家，告诉正在楼上工作的奥尔德斯所发生的情况。然后，他们开车下山，加入救火的人群，并没有意识到大火可能会蔓延，殃及到他们自家的房子。道路已经被消防车阻隔。这时，一个陌生人走过来，主动开车送他们返回迪朗达大道的家。赫胥黎忽然清醒意识到事情的严重性，看见大火烧过来，就立即冲进屋内抢救出《岛》的手稿。其时，劳拉走进房子，仿佛被火焰迷住似的，什么东西也没拿。奥尔德斯拿了衣架上的衣服，这个举动惊醒了劳拉，于是也着手拿东西。她想起了那把瓜尔内里［*Guarneri (1687～1745)，意大利克雷莫纳城瓜尔内里小提琴制作家族中的杰出者，制品造型粗犷，音质效果特佳，形制大小不一，现存世约 150 把——译者注*］小提琴，立刻把它抢救出来，随之还拿了一个中国瓷器雕像。后来，别人开车把他们接走了。"看着大火烧起来是如此美丽，除此之外，我什么都不想了"——劳拉后来如是说。

这个事件的全过程十分奇怪。此话怎讲？当火焰还没有烧到他们家的时候，他们为什么不抢救出更多的东西？在这个时候为什么会发生意志麻痹呢？大火吞噬掉太多的东西，而有些东西对赫胥黎来说是极其珍贵的（事实上包括了他第一次婚姻的全部档案）。这些都是实实在在的材料，有了它们，撰写传记的工作就会变得容易多了。这些材料包括玛丽亚的战前日记、写给苏珊娜的信（苏珊娜把这些信又转给了奥尔德斯，因为他打算写一本自传）以及奥尔德斯和玛丽亚之间的情书，这些情书装在一个铁盒子里，跟随他们俩走南闯北、形影不离。此外，还有赫胥黎收藏的有关他每一本书的内容翔实丰富的评注，还有劳伦斯的《烈马圣莫尔》的手稿以及两部未完成小说的部分章节，还有劳伦斯的来信、保罗·瓦莱里的来信、马克斯·比尔包姆的来信、威尔士的来信、弗吉尼亚·伍尔夫的来信和 H. L. 门肯的来信，还有其祖父托马斯·赫胥黎的初版书，还有《查特莱夫人的情人》，还有赫胥黎自己的初版书以及 T. S. 艾略特、纪德和其他人签名的书籍。

电视摄像机和记者立刻蜂拥而至现场，有人编织起有声有色的故事来，比如，故事之一是，赫胥黎“像孩子一样哭了起来”（事实是，在另外一次奇怪的场合，他和一个当地青少年走下轿车，打算给轿车加油）。赫胥黎写信给《时代》杂志，驳斥这种说法。“作为一名编故事老手的我应该祝贺编排我行为的这位作者”。这场大火的后果之一就是赫胥黎夫妇住进了富兰克林大街的一家旅馆，长达两个礼拜。其后，赫胥黎去桑塔·莫尼卡与杰拉尔德·赫尔德住在一起，一直住到 6 月 15 日他动身去伦敦为止。他笔耕不辍，终于在赴英国前脱稿。5 月 17 日，他给马修写信说，“如今，我成了不名一文、没有往昔的人了，对此，我深感后悔、深感对不住你，因为，过去的一切是你生活的一部分，也是我身心的一部分。但是，无事可补，只有重新开始。”他又给一位朋友罗伯特·赫金斯写道，“显而易见，在我最后被剥夺殆尽之前，我会学到一点东西的。当然，你是不会这样的。”对另外一位朋友阿伦·内皮尔，赫胥黎说，他现在最想念的东西是电话和通讯录，“通讯录丢了！我原打算在 9 月份去印度商谈一些事情，但是，我现在根本不知道去哪儿、什么时候去、去干嘛”。西比尔·倍德福德问他如何应对目前的局面，他简洁地答道，“出门买把牙刷。”对阿妮塔·卢斯，赫胥黎把自己被剥夺光的感觉描述成是一种“干干净净”的感觉，同时对汉弗莱·奥斯蒙德说，“我把它视为死神正在好好关注我的迹象。"他的反应纯粹是东方式的。他最想弄到的东西是重新收集原来的藏书,最重要的是马拉美、纪德、波德莱尔、兰博、韦莱纳、阿波利内尔等人的书。

然而,比火灾损失更加令人担忧的是,赫胥黎的舌癌又复发了。起初,他还瞒着劳拉,恐怕她过于焦虑。但是,他身在伦敦的时候,人人都看出他的疲乏和年老,于是,他从恩尼斯莫尔花园街4号的公寓里给劳拉写信,"这是一幢出奇安静的公寓楼,俯瞰着一个林木茂盛的大花园。"朱利安和朱丽叶去机场接他。某天,赫胥黎与朱利安一道去萨里郡看看先前居住过的普赖尔的田园风光。"校园里长着许多树,我还记得栽种这些树的情景,现在,树高60英尺,树干粗达6英尺。这些树看上去仿佛在这儿已经生长了300年……除加州外,我所看到的这里的一切是那么晶莹透绿、那么郁郁葱葱"。重访孩提时代住过的家,赫胥黎沉思道,"一个人应该慎重考虑身后之事啊!"赫胥黎自己回到英格兰的家乡访问时,在整个6月和7月的期间里,他给劳拉连续写了许多封情意绵绵的长信,把自己的一切活动告诉她。赫胥黎还去威尔特郡探望杰维斯和埃尔斯佩思·赫胥黎夫妇。他还打算去俄国旅行,因为签证耽搁而导致计划失败。

正是在伦敦,约翰·钱德斯对赫胥黎作了一次长长的电视采访。令人惊讶不解的是,英国广播公司和国家音像档案馆都没有设法保存这次采访的拷贝。庆幸的是,西比尔·倍德福德的传记中刊登了这次采访的长长的摘要。赫胥黎对钱德斯说,"一个人既可以是不可知论者,同时也可以是神秘主义者"。他感叹于当今世界缺少有影响力的象征,"无数的象征"只是民族主义的旗帜和各色万字旗[*swastika,相传为象征太阳、吉祥等的标志;在第二次世界大战中,成为德国纳粹党的党徽,纳粹德国的国徽,反犹太主义的标志——译者注*]。他承认,"没有迷信而产生神秘主义的花朵"是不可能的。他争辩说,宗教就表现出"极大的模棱两可……也有正反两面"。赫胥黎说,他留在加利福尼亚,是因为有人能帮助他治疗眼疾，是因为玛丽亚需要生活在炎热、干燥的气候中。他坦诚道，他做过2次墨斯卡灵和5次麦角酸酰二乙胺的实验，“我想一年做一次，我并不想沉湎其中”。他的所有这些药物试验都富有“积极意义”，能产生出“自然而然的魅力”（这个词源自他非常喜欢的天主教神学），给人一次非凡的经历，赫胥黎把这种经历概括为“天人合一”。

《劳登的魔鬼》此时正在伦敦演出，赫胥黎对演出深表满意。《岛》的手稿几乎就和赫胥黎乘坐的英国航空公司的喷气式飞机一起到达伦敦，现在正在查托出版社审校，在美国，纽约的哈泼氏杂志社也在审校此书。两家出版社的通讯表明了他们一致认为此书“过于散漫芜杂”，尤其是“‘追根溯源’的注释”部分。他们也觉得书中的人物是“头脑迟钝的木头人”，只是傀儡式的载体。“依我看，我们也只好接受这种状况了，这的确是一本以小说的形式而写成的长篇论文；我怀疑，作者是不会花时间让人物有血有肉、丰满起来的”。查托出版社的这番话高度总结了赫胥黎根本不想在小说上下工夫。然而，赫胥黎却愿意下功夫。他同意出版社的删节，并且答应送上修改稿。在诸如此类的问题上，赫胥黎从来都不与出版社的意思相左，总是合作得非常好。

7月15日，此书正式脱稿付梓。赫胥黎动身去参加一个由艾琳·加勒特组织的在法国南部旺斯的圣保罗举行的通灵学大会。会后，他去了凡森-勒-罗曼，探访珍妮及其丈夫、法国剧作家乔治·内弗。随后，他去瑞士的格施塔德，与劳拉最后一次在皇宫旅馆会面。他们一起去拜访了5年没有见面的逗留在格施塔德的克莱斯劳摩特。根据劳拉所述，克莱斯劳摩特立刻注意到赫胥黎的视力有所改善，他在这次和后来的交谈中都提及了赫胥黎的“盲目性”，给劳拉留下了他的话相当言不符实的强烈印象。他也去会见了当时正在格施塔德的梅纽因［*Menuhin，美国当代小提琴家、指挥家，定居伦敦，1985年入英国籍，在英国创办梅纽因音乐学校，培养天才儿童，曾任瑞士格施塔德和*

英国巴思音乐节主持——译者注] 夫妇。赫胥黎夫妇离开格施塔德去意大利，探望劳拉的家人。然后，他们又去了哥本哈根参加"心理学运用"大会，赫胥黎向大会递交了一篇有关他幻觉实验的论文。接着，他们俩去苏黎世会见麦角酸酰二乙胺的发现者艾伯特·霍夫曼。尔后又去了卑尔盖根和都灵。9 月 12 日，他们抵达伦敦。劳拉返回洛杉矶，赫胥黎留在伦敦，呆了 3 个星期。后来，赫胥黎夫妇就住在马尔霍兰大道弗吉尼亚·菲弗的家里。夏天，这对夫妻互致信函，信中商讨在被大火吞噬的房子的废墟上重建新屋的计划。但是，直到赫胥黎逝世，新房也没有建成，他们俩一直住在马尔霍兰大道。11 月，他们又一次离开美国赴印度，去参加在新德里举行的泰戈尔诞生 100 周年纪念活动。在马德拉斯，他们同克莱斯劳摩特住在一起。然后假道科伦坡、香港、东京返回洛杉矶。赫胥黎发现，由于印度的社会和政治问题，它"几乎是彻底的令人沮丧"。他预言，印度在尼赫鲁去世后会形成军事独裁统治。

1962 年 1 月和 2 月，赫胥黎是在加州大学伯克莱分校度过的，职务是福特基金访问教授，却没有太多的事情可做。他希望能让他以创作《墨西哥湾的彼岸》一书的方式去写一本有关西海岸旅游的书。他认为，这个主意既有趣也有意思，"真的，多么可怜呵，我们对西海岸知之甚少！人们对西部有那么多事情不了解却又明显地漫不经心，人们只是想当然地认为已经取得了这么多的成就。"或许，对西海岸的了解，赫胥黎比大多数人都多得多，可是，他的格言是"我仍在学习"。预感不祥将至，赫胥黎更正了他最后一本小说中的一些证据，并且说，"我怀疑这是不是一本写得蛮不错的小说"，持这种怀疑的人并非他一人。

三十七、岛

《岛》是赫胥黎不得不写的一部小说。赫胥黎因以前写了不少反乌托邦的人类社会小说而闻名，现在“转变”成对世界抱着积极态度了。他苦思冥想多年，要创作一部“好的乌托邦”小说，作为对《奇妙新世界》的平衡。这是一本他打算把一切事情都囊括其中的书、一本总结他对世界的看法、对人类潜能的看法和对生命意义和目的的看法的书。这将是他第11本、也是最后一本小说，并非哲学论文。1962年初，赫胥黎在马尔霍兰大道凝视着英、美两家出版社送来的清样时，甚至问自己，“这是不是一本写得蛮不错的小说”。2月2日，他向查托出版社坦然诚言，“我感觉自己非常讨厌这本小说。我真的很希望，它是不是不会像我阅读所有这些证据材料时感到无聊得很一样地面目可憎、令人乏味呢?”出版社的伊恩 帕森斯回答说，“这是一本如地狱烈火般难写的小说，有谁比你更清楚这一点呢? 我完全可以相信，严肃的读者会乐意略过你不得不说的那些说教。不管怎么说，我们走着瞧吧。”这些话并没有排除掉赫胥黎的疑虑，他对书的德文译者赫伯特·海利茨卡说，它是一本“奇怪形式的书，既非小说，亦非论文集——是一连串的解释性的事件和对话”。米高梅电影公司伦敦办事处的约翰·罗森伯克早已退回样稿，并且附来评论说，这本书“不存在被改编成电影的可能性……倘若有人去改编，一定会痛苦不堪”。20世纪福克斯电影公司态度稍为积极一点，但也不愿意将它改编成电影。

赫胥黎离开加州大学伯克莱分校，去参加一个‘现代世界技术’大会，大会于3月初在圣巴巴拉市召开。就在这个时候，有关《岛》的评论开始出现。《星期日报》上刊登的西里尔·康诺利的文章持最肯定的态度，他声称，赫胥黎已经“成功地把生命注入一系列的论文和说教之中”。缺少同情心的批评家则认为，这正是赫胥黎做得很不成功之处。《观察家报》上刊登的P. N. 弗班克的文章说，佩拉岛上乌托邦的岛民们个个是“一本正经的、傲慢无礼的、一味说教的、吹毛求疵的、自鸣得意的人，他们是我读到过的最叫人恶心的乌托邦人”。然而，《戟周报》上刊登的弗兰克·克莫德的文章才是“致命的打击”，“评论家应该慎用形容词的最高级形式，但是，我们完全可以有理由说，《岛》肯定是读过的最差小说之一”。克莫德直截了当地说，这几个月以来，赫胥黎自己一直在说，小说负荷的思想压倒了情节，但他还是一再认为，尽管小说人塑造得很差，“冗长啰唆，过于知识化”，《岛》“还是值得进行一次刺激性的探访”。虽然克莫德对把这本书视为小说深感失望，但是他赞赏赫胥黎为此而作的努力，即：鼓吹“更多的想像力和更加乌托邦式的理想”。这似乎是对此书的中肯评论。此书充满了有价值的思想和理想，的的确确是赫胥黎成熟的哲学思想的表述，所含意义严肃深远，但是缺少《奇妙新世界》中的生动想像和活力，即使偶尔出现一点生硬的幽默和怪诞的新东西。读者取舍不尽相同，有的人可以不考虑小说的框架而注重一些乌托邦化的原始材料。书的最后一章被誉为是对墨斯卡灵试验的杰出描述，可是，有些人会觉得太冗长乏味，但是，不管怎么说，此书无疑还是令人精神一振的。赫胥黎殚精竭虑才写成这本书，但疑虑重重。是呀，这是一本他无法回避不写的书，付诸丙丁肯定不对，因为早在一年多前，赫胥黎就忙里偷闲、抽空创作了。

佩拉岛的生活基本上是按照摩诃衍那［*Mahayana，佛教的一派，*

亦意译为大乘；主要流传中国、朝鲜、日本等地，强调一切众生皆可成佛，一切修行应以自利利他并重——译者注] 佛教的指导思想运作的，与《奇妙新世界》中有相似之处。在岛上，性不再是麻痹人们的鸦片，而是一种沟通潜在挑战的稳妥渠道和对世界政府统治的一种敌意情感，是一种减轻痛苦的设备（虽然也出现传统的家庭、受控告的恶母和性事的发生及孩子的抚养均在家庭之外，在相互接纳俱乐部中）。同样，毒品魔克休[*moksha，是赫胥黎创造出来的一种毒药名字，该词原意是“（佛教、印度教、耆那教中的）解脱，从轮回中得到解脱”——译者注*]也是达到同一目的一种手段，而不是麻痹心灵的镇静剂。因轮船遇难而逃生至岛上的西方人威尔·法纳比是堕落人种的代表、是人口过剩、对环境挥霍无度、发动精神战、物质消费主义至上的西方来的破坏者。有着无穷智慧和完美哲学的乌托邦的岛民们慢慢地教导他去实现做“一个好人”的目标，岛民们的代表持这样一种观点，“只要能割断与外部世界的联系，理想的社会就会成为一个独立生存发展的社会”。当然，外部世界并没有忽略佩拉岛，企图搞到岛上的土地。并且，在佩拉岛内，也有人喜欢消费资本主义，不喜欢无比快乐的孤立，像年轻人默鲁根，他鲸吞了西尔斯公司、罗伯克公司和春夏公司，还想与石油公司谈判。赫胥黎力图时不时地注入一点机敏的内容来减少无休止的对话，因为这些对话的重点都是理论性的东西（有时候，就像发生在罗伯特医生身上的情况一样，实在是令人难以忍受的啰唆）。

赫胥黎本人的经历和思想都全部沉淀在这本书中，对莱克斯米死亡的描写非常接近于玛丽亚去世时的情景，“现在，松手吧，松手吧。就把你疲惫不堪的身子留在这儿吧。去吧，去吧，亲爱的，溶入光明，溶入和平，溶入永生的宁静……”

在最后一章，威尔——这个像赫胥黎一样，对“任何现成的答案都拒绝说‘对’”的年轻人——通过服食魔克休达到了松弛的境界，在经历幻觉的那一刻，他理解了赫胥黎孜孜不倦探索的原因，“像刚刚治愈眼疾后的盲人第一次睁开眼睛一样，看到了不可思议的光线和色彩，怔怔地凝视着，处于一种无法理解的惊奇之中”。我们无法分清在赫胥黎长达一生的寻求之中，哪些对幻觉描绘的词汇是真实的、哪些是比喻性质的。像威尔一样，赫胥黎发现，“答案是明明白白的：上帝——一个人们不大可能信仰的上帝，但是，不言自明，人人都会碰到上帝”。在赫胥黎最后一部小说的最后一页，他为知识哭泣，“身处黑暗中的人们并不尊重知识，仍旧需要启迪与开导”。佩拉岛上的八哥鸟一再重复着佛祖“知觉”的偈语（与《奇妙新世界》中的麻痹人们心灵的广告丛林形成强烈对比），它讲了此书的最后一句话：“注意”，这是在传达赫胥黎对现代世界的“教训”：保持清醒头脑。

1962 年 2 月至 4 月，赫胥黎在加州大学伯克莱分校享受着与在麻省理工学院一样的职位与待遇，但总的来说，这数月的经历更加安静。劳拉回忆说，“我有点困惑与惊诧，赫胥黎面对众人竟是那么轻轻松松、从容不迫。”他们还在继续做着麦角酸酰二乙胺的实验，劳拉对 1 月 22 日的那次实验作了详尽的描述。1962 年是“麻烦的、困惑的一年”，因为“奥尔德斯在那场火灾中损失了书籍、笔记、日记等，毁掉了我们生活在一起时度过的最美好岁月的家；他又患上了一场使他身体更加衰弱的感冒，而且，健康的前景不容乐观；小说《岛》的发行量很小，又普遍被人误解；我们什么时候着手建立我设计的新家仍然悬而未决、捉摸不定”。赫胥黎尽管遭受到这么多的挫折，他还是全身心地投入到一连串的演讲和出席会议的活动中去，去阿拉巴马、去费城、去锡拉丘兹（参加一个催眠术会议）、去阿拉莫斯（在那儿，他参观了阿波罗号的登月舱和最新式的空对地导弹，对于把几百万美元花在“服务于集体患偏执狂人的身上”大摇其头，因为处处存在饥饿）、去阿纳海姆、去纽约（出席美国文学艺术学院的座谈会）。赫胥黎被皇家文学协会公开授予“文学爵士”的荣誉称号。他还与蒂莫西·利里通信，利里后来因公开鼓吹不受限制地使用麦角酸酰二乙胺而闻名，赫胥黎对此行为深表不满。当年晚些时候，他对佩吉·拉姆森说，“如果蒂姆能参加峰会，并且送给两位K先生*[指当时苏联领导人赫鲁晓夫(Khruschev)和美国总统肯尼迪(Kennedy)——译者注]*一些蘑菇的话，结果将肯定是世界和平，而且，双方能打破各自的文化藩篱和思想体系！天哪，这样完美的结局真是太好了，简直叫人难以相信是真的，而冷酷的现实却是，我们还得继续生活在这个样样事情都叫人灰心丧气的世界上。”2月，赫胥黎热情洋溢地写信给利里，告诉他关于“普通人的圣事活动……无法超越的瑜伽——醒着、半醒着甚至不醒着——从生理上到精神上的各个层次都可以为之”。

6月，癌症复发。7月，赫胥黎做了一次钴疗法的小手术，术后健康慢慢恢复。腺线被切除，马克斯·卡特勒说，情况不太严重。赫胥黎给远在意大利的劳拉写信说，“或许是因为死亡的脚步临近，现在看来，我觉得一切是那么美好——绿叶、鲜花、蓝天、我们今天下午刚刚飞越过的平静大海，以及对你和对我所热爱关心的人的珍贵记忆。”一条令人欢欣鼓舞的消息传来，由弗兰克·豪叟重新排练《天才与女神》，并且在伦敦、曼彻斯特、里兹等处巡回演出，最后闭幕于伦敦的“喜剧剧院”。尽管批评家对此剧持不冷不热的态度，使用的也是牛津版的修改本，演出还是成功的。8月，赫胥黎收到一封“世界科学和艺术协会”的邀请函，“这个协会是由许多诺贝尔奖获得者发起的，旨在用一种相对明智的方式来利用他们科学上的发明”。赫胥黎成了这个协会委派出席各种集会的人。8月底，他飞往布鲁塞尔，这时又患上了另外一次感冒。感冒迫使他留在阿姆斯特丹，跟苏珊娜和乔伊·尼古拉斯呆在一起。后来，他又飞去伦敦，像往常一样，与朱利安和朱丽叶一起住在庞德大街。

返回洛杉矶，赫胥黎开始写作他最后一本书《文学与科学》。他可能是写这类题目书的独一无二的人选。他觉得，祖父托马斯·赫胥黎和19世纪80年代的大伯马修·阿诺德仍是这方面的最好的思想家，而最近在这方面作出贡献的人物有 C. P. 斯诺和 F. R. 刘易斯,他们已经搅动了英国知识界的水潭,他们的思想"非常抽象、非常概括"。赫胥黎把这方面适合的内容写成一篇论文,提交给"民主研究机构中心"举办的一次大会,又在中西部和东海岸巡回演讲,最后在纽约结束。赫胥黎展望新年 1963 年——也是他在世的最后一年,他发问道,"难道少数几十个直接决定世界命运的人会让世界在新的一年里变得好过一些?"赫胥黎写完文学与科学的论文之后,对罗莎蒙德·莱曼说,他正在"反复思考一种小说的形式",反省老朋友罗伯特的兄弟菲尔·尼古拉斯的死亡,"他随着年龄的渐长,慢慢进入独居和一种隔离的状态——虽然他是为数不多的能忍受大多数青年人的少数人之一。"他问朱丽叶,"你有没有像我一样注意到,一个人的年龄越大,说不出来的怪异之处就越多,跟他原来的生活有大相径庭之感,社会普遍就是如此吗?"3月,他又要去参加一次绝对必要的会议,于是飞往罗马,出席联合国食品和农业委员会召开的会议,作为'反饥饿运动'的一部分。在会议期间,赫胥黎觐见教皇约翰十三世。返回途中,他在纽约暂停,出席儿子马修和朱迪思·沃勒特·博德杰的婚礼。尔后,去俄勒冈大学、加州大学伯克莱分校、斯坦福大学演讲。

1963 年 4 月,赫胥黎又一次旧病复发,5 月,住进了医院。在 6 月和 7 月整整两个月内,他一直在做化疗,终于又一次康复。8 月,健康状况允许他参加又一次的国际会议——"世界科学和艺术协会"在斯德哥尔摩召开的大会。会后,赫胥黎去了伦敦。伦敦的亲朋故旧发现他外貌变化甚大(还是在加利福尼亚的时候,杰拉尔德·赫尔德就已经感觉到,电话里赫胥黎的声音"苍老而疲惫,实际上,交谈都十分困难")。朱利安和朱丽叶去希思罗机场接他,"我们立刻意识到,他的情况非常糟糕、相当可怕:脸呈烟灰色、骨瘦如柴、声音不及原来的一半洪亮。"赫胥黎再三强调说,是因为他在斯德哥尔摩时,半夜爬起来写备忘录,不当心得了感冒,会很快就好的。可是他并没有很快好起来,朱丽叶强迫他去巴特医院看医生。赫胥黎没有把自己患癌症的真相说出来，所以医生错误地判断，他的疲劳和倦怠是因为他必须面对、必须征服在火灾中房屋和财产的损失。

他们带着赫胥黎去看望故友，有达汀顿的埃尔姆赫斯特夫妇（后来，赫胥黎对多萝西·埃尔姆赫斯特说，“达汀顿是这个该遭诅咒的世界上为数甚少的地方之一，在这里，几乎人人都能感受到实实在在的乐观主义”）、菲莉丝·尼科尔斯、菲力普的遗孀、索尔特沃德城堡的肯尼思和简·克拉克。朱利安在回忆录中写道，“我会一直记住奥尔德斯，高大、苍白，在房间里、在庭院里走来踱去，时不时地弯下腰闻闻玫瑰花的芳香。”一天晚上，他描述了他的下一本书是“对历史的重新评价，将神话传说、15世纪的佛罗伦萨、万泽蒂*[Vanzetti (1888～1927)，美国 Sacco-Vanzetti 案中刑事被告人之一，意大利移民工人，因被指控杀人，遭逮捕定罪，被判处死刑后，世界各地举行抗议示威——译者注]*、根据锡耶纳君主（牧师不服从的人）的命令而被阉割的牧师以及牧师如何弄回被割掉的睾丸，为了继续能做主持仪式的牧师，他不得不用小袋盛装睾丸，带在身上等等情节全部糅杂在一起。”朱丽叶引用了8月18日的日记中所记载这件事的话，“奥尔德斯很喜欢这个故事，我记得，他是去年对我讲起这个故事的，当时我们俩一同乘坐24路公共汽车回家，他表情严肃、语气凝重。当赫胥黎天鹅绒般柔和的嗓音在叙述这一段段故事时，其他的乘客都像中了邪似地倾听着，同我们一起坐到舰队街”。

在会见了这些人之后，他们送赫胥黎去希思罗机场。（朱丽叶对他说，“你是越来越超然了。”“我感到孤寂，”他回答道。）“在道别之后，我们离开了，他孤身一人坐在拥挤不堪、人声鼎沸的候机大厅里，其实，他的心早已飞走了，他俯身阅读公文包上摊开的“时代周刊”的摘要。再见吧，这个头发灰白、形似幽灵、离我们大家如此遥远的人呵！”在伦敦时，赫胥黎曾与西比尔·倍德福德在河岸的鲁尔斯饭店共餐，这是她最后一次见到他了。饭后，赫胥黎坚持要散步，走了长长的一段路，站在一家商店的橱窗前问道，“为什么这些模特儿看上去都像杰克·肯尼迪？”赫胥黎从伦敦飞往都灵，与劳拉会合。他们在都灵爬了一次山，于8月底回到洛杉矶，开始了劳拉称之为“缓慢的、冷酷无情的衰退”。赫胥黎病情骤然加剧，卡特勒认为，这是化疗后脆弱的机体组织第二次发炎。赫胥黎情绪低落，此外，他的发声也受到影响，通往右声带的神经失去知觉了。他取消了东部地区的巡回演讲，然后给朱利安和朱丽叶写了一封信，告诉他们，自1960年以来，他就一直遭受着舌癌折磨的痛苦，他终于把事情原原本本地说了，得知此真相后，朱利安和朱丽叶无比惊骇。

赫胥黎在生命的最后几周里，继续做着力所能及的事情。“他穿着睡衣，坐在打字机旁，能干多久就干多久。感到无力支撑坐着时，他就躺在床上，在一张黄色文件夹的纸上用大写字母来书写。倘若他虚弱得连笔都拿不起的话，就会对床边的卡式录音机口授他要写的东西。”这是马克斯·卡特勒的叙述。他还回忆起赫胥黎对自己的康复是多么的充满信心。但是，他并未康复，终于住进医院，而且是用假名住院的，为的是不要公开曝光。其后，他回到马尔霍兰大道，对劳拉说，“我们不能再给金妮*[弗吉尼亚的昵称——译者注]*添任何麻烦了，我们必须搬走。”可是第二天，赫胥黎的病情就开始急剧恶化。

9月，《文学与科学》出版，这是一个体面的、令人满意的结局。赫胥黎花了整整一生的时间不停顿地写作，硕果累累、著作等身。他释放出全部的精力，下定决心，公开追求智慧和真理。这本书自称是“两种文化”的辩论，它既嘲笑C. P. 斯诺的《两种文化》一书中的“枯燥乏味的科学语言”，也嘲笑了F. R. 利维斯的“激烈而粗鲁的”里奇满演讲。这本薄薄的小书展现了赫胥黎在撰写非小说类的书籍风格中的全部优点：令人敬佩的博学、范围广阔的涉猎、娓娓道来的语气，全部融入诸如此类的学术著作中去，文笔优雅、思路清晰。此书讨论了科学家与诗人使用语言的两种不同的方式和目的以及两者之间的沟通,“人类不能单独依靠苦思冥想或者艺术创造过日子……他需要科学与技术”。赫胥黎的身上浸淫着英国诗人的传统,但是他花了至少最后的10年时间与科学家而不是与文人为伍,使他裨益颇多。他著书立说,集中精力批评了作家们未能反映现代世界科学的杰出发展,却没有指责科学家们忽略了对艺术的洞察力。他期待着“某位伟大艺术家”的到来,这位艺术家能够圆满完成“把科学的假设与幽默、动人和有说服力的艺术作品完美结合起来”的任务。赫胥黎号召科学家和艺术家(双方都应该认识到,不管是哪一种语言都不能“完整地表现世界”——这是赫胥黎最后一本书的最后几个字)共同前进,“搞文字的人与搞科学的人越来越走进不断扩大的、人类并不了解的领域”。

1963年临近结束,赫胥黎不可避免地步入另一个“人类并不了解的领域”——他必须穿过的人类边界。正像玛丽亚患了终有一死的癌症一样,赫胥黎地是如此,但是,他把癌症的威胁减至最小,不想让自己成为别的负担,希望精神能够战胜肉体。可是,到了10月底,赫胥黎身边的每一个人都心知肚明,他在世的日子已经屈指可数了。11月5日,克利斯托弗·衣修午德去黎巴嫩雪松医院看望正在那儿进行观察的赫胥黎。外科医生对衣修午德说,癌细胞迅速扩散,没有一点希望,“奥尔德斯看上去像一个枯萎的老人,脸色灰白、双目呆滞,说话声音很轻,嗓音嘶哑,很难理解其意。我必须与他直接面对面地坐着,因为他无法转动头颅。”赫胥黎可能是唯一不知道自己是一个快要死的人,他转弯抹角地对衣修午德说起年老的问题,“我一直在怀疑,这是一种比喻,一种涉及死亡的说法”。赫胥黎告诉衣修午德,他再也不写小说了,“我觉得,我与人们的接触越来越少了。”

不久,赫胥黎被带回马尔霍兰大道的住处。赫胥黎是一位真正的作家,他为纽约《秀》杂志撰写的文章《莎士比亚和宗教》尚未完稿,在无力打字的情况下,就用铅笔和纸来继续写作。朋友们都来探望他,有弗吉尼亚和劳拉、有采来自家花园鲜花的佩吉·基斯坎顿、有从奥嘉牧场带来鲜桔的罗莎琳德·拉加高波。赫胥黎毕其一生来探索人类生活的方方面面，他的亲朋好友中没有一个人不关注他的疾病和逼近的死亡，他生命垂危的几天里和弥留的几个小时中的点点滴滴的事情都被广泛地记载下来，在西比尔·倍德福德的自传中、在劳拉·赫胥黎的书中、在劳拉给赫胥黎家人的信中等等。赫胥黎对劳拉说，“倘若我这一次能闯过鬼门关的话，这几年的经历对我真是太重要了，有着十分了不起的意义。”

两名护士一天二十四小时地护理着赫胥黎，朋友们不间断地读点东西给他听。在劳拉的眼中，马克斯·卡特勒是一位非常优秀的医生，他从来不问寻常的问题，而是问病人对自己的病况有何想法、有何感觉。床边有一台录音机。在《永恒时刻》一书中，对赫胥黎逝世前的几天情况、奥尔德斯和劳拉之间的对话、奥尔德斯向劳拉叙述自己的梦境等都有着详细的记载。劳拉也记录下论文《莎士比亚和宗教》的最后三段文字，这三段文字很短，但写得漂亮极了，升华了全篇文章。在这篇文章中，赫胥黎评论了莎士比亚对宗教和死亡的态度。就像加州的先知赫胥黎在最后10年中不得不与各种各样的、比如来自电影公司的、来自美国联邦调查局的、来自麻木不仁的评论家等障碍作斗争一样，“莎士比亚的英雄也不得不与本能地敌视人种的世界作斗争”。莎士比亚——与赫胥黎不同——“没有当神学家和哲学家的雄心壮志”，只是想“真实地反映自然”。如果《暴风雨》中的普洛斯彼罗［*Prospero，莎士比亚剧作《暴风雨》中被篡了位的米兰大公，和女儿 Miranda 同被流放到一荒岛，后用魔法取胜而复得地位及财产——译者注*］的观点等同于莎翁观点的话，那么，莎翁的宗教观就是“唤醒我们使命的玛雅主义”。在灵床上，赫胥黎最后一次表述了在他一生中渐渐演进的世界观：

世界是一种幻觉，但它是一种我们必须认真对待的幻觉，因为自创世以来，它是真实的，我们要能够理解真实的方方面面。我们的使命已被唤醒。我们不得不寻觅办法，用自我中心的意识让我们所看到的来找出虚幻中的真实。我们不能一无所思地活着，把幻觉视为全部的真实，但是，与此同时，我们也不能杞人忧天地活着，试图逃离现实的梦境。我们一定要持之以恒地密切关注着有效的办法，这样，我们就能增强自己的意识。我们千万不要企图置身世外、脱离给予我们的这个世界，无论如何，我们必须学会改善世界、改观世界之貌。太多的"智慧"与太少的智慧是一样的不可取，不能玩魔术。我们要不依赖巫师的魔杖和咒语，学会接近真实。一个人必须找到一种生存在这个世界而又不依赖这个世界的办法，一种生存于时间之中而又不被时间全部吞没的办法。

第二天，11 月 17 日，星期天，医务人员匆匆赶来，执行一件极为困难的任务。赫胥黎几乎不能自主呼吸了，咳嗽阻断呼吸，声音微弱，连口授都无法进行。他有时拿出放大镜，看看文章中写好的部分。操作机终于被安装好，赫胥黎可以口授一封信了，这是他最后一封公开发表的信，是写给福斯特公司伦敦办事处的马克斯·凯斯特，内容是询问关于电视版《蒂洛森*[Tillotson (1630～1694)，英国高级教士、坎特伯雷大主教，曾任英王 Charles II 的宫廷牧师，反对无神论、清教主义和天主教教义——译者注]*宴会》和舞台版《几度寒暑天鹅死》的情况，他希望能在戏剧成功的舞台上谢世。

劳拉·赫胥黎叙述从 11 月 15 日至 22 日的最后一周情况是"奥尔德斯脑力活动最紧张的一段时期"。直至昨天，他"还没有清醒地意识到随时会死亡的事实"。劳拉继续说，"他的脑力活动积极而频繁，在我看来，似乎他的大脑触动了更高水准的新东西"。11 月 22 日，星期五，赫胥黎活在世上的最后一天，中午前后，他叫劳拉拿来一张活页信纸，在上面写道，"拿 100 毫克肌肉注射的麦角酸酰二乙胺"。劳拉离开床边，穿过大厅，走进房间，从药品柜里拿出麦角酸酰二乙胺。她非常吃惊地看到医生和护士正在看电视，这肯定不是看电视的合适时间，只是过了一会儿后，她就明白了他们是在看美国总统约翰 F. 肯尼迪在达拉斯被暗杀的震惊场面。不顾医生专业方面的警告，劳拉自己为赫胥黎注射麦角酸酰二乙胺，时间是上午 11:45。过了一段时间后，她又给他注射了 100 毫克的麦角酸酰二乙胺，因为第一次注射似乎没有产生预期的效果。劳拉使用赫胥黎的话——这些话，赫胥黎对玛丽亚说过；在《岛》中的莱克斯米死亡时使用过——对赫胥黎说，松手吧，融入光明中去吧。劳拉说，“你带着我的爱投入到玛丽亚的爱中去吧。”下午 3:15，赫胥黎轻轻地握了一下劳拉的手以示感谢。下午 5:20，赫胥黎平静去世。

早在近 3 周前，衣修午德离开医院，心里就已经想到，“一艘高贵的船正在静静地沉下深渊，而船上许多精致的、奇妙的机械设备却仍然完好无损，发出耀眼的光芒”。在赫胥黎逝世后几天，他写信给斯旺密·维迪特曼纳达说，劳拉“垮了，但行为举止甚是得体。我想，许多人对她评价有误”。赫胥黎逝世的当天，尸体就被火化了，没有人送行，没有举行任何仪式。星期日下午，劳拉和弗吉尼亚、马修和朱迪、玛丽亚的母亲、罗丝和儿子赛吉、贝蒂和桑福德·温德尔、佩吉·基斯坎顿和衣修午德在马尔霍兰大道聚会。正如西比尔·倍德福德所说，“他们沿着奥尔德斯过去散步的路走着，奥尔德斯只要能站立，每天总会沿着山谷的小道散步。从这儿可以俯瞰整个比佛利山庄的景色以及被奥尔德斯称为湖泊的、绿树环绕四周的水库”。12 月 17 日，在伦敦的“朋友之家”举行了一次追思会，许多认识赫胥黎的人都讲了话，梅纽因还演奏了巴赫的恰空舞曲。1971 年 10 月 27 日，赫胥黎的骨灰被埋在萨里郡康普顿其父母墓地，邻近瓦茨［*Watts (1674～1748)，英国非国教派牧师，被公认为英国赞美诗之父，写有著名的赞美诗《千古保障歌》、《耶稣普治歌》等——译者注*］纪念教堂。1972 年 10 月 10 日，玛丽亚的骨灰也被埋在一起。

如今，赫胥黎那默默无闻的墓地处处荒草，被人遗忘久矣！人们根本不知道赫胥黎的遗骸埋葬之处，这似乎是这位 20 世纪英国杰出的作家不应该有的结局。赫胥黎终究是一位有着持之以恒探索精神的作家、在当时文坛上无人可与之比肩的知识分子、在艺术和科学多种领域内颇有建树的多面手以及有着吸收一切知识为己所用的文人。

图书在版编目(CIP)数据

赫胥黎传 /（英）默里著；夏平等译. —上海：文汇出版社，2007.1

ISBN 978-7-80741-097-3

Ⅰ.赫... Ⅱ.①默...②夏... Ⅲ.赫胥黎传，A. L.(1894～1963)—传记 Ⅳ.K837.125.6

中国版本图书馆 CIP 数据核字(2006)第 160906 号

Aldous Huxley: An English Intellectual

赫胥黎传

N. 默里 著
夏平　吴远恒 译

责任编辑 / 季　元
封面装帧 / 周夏萍

出版发行 / 文汇出版社
上海市威海路 755 号
(邮政编码 200041)
经　　销 / 全国新华书店
照　　排 / 南京展望文化发展有限公司
印刷装订 / 上海长阳印刷厂
版　　次 / 2007 年 1 月第 1 版
印　　次 / 2007 年 1 月第 1 次印刷
开　　本 / 890×1240　1/32
字　　数 / 370 千
印　　张 / 14.375(插页 16 面)
印　　数 / 1—6 100

ISBN 978-7-80741-097-3
定价：29.00 元